Herbert Sinz   Das Handwerk

Herbert Sinz

DAS HANDWERK

Geschichte, Bedeutung und Zukunft

Econ Verlag Düsseldorf-Wien

1. Auflage 1977

Gesetzt aus der 10 Punkt Times der Linotype GmbH
Satz: Uni-Set, Düsseldorf
Druck und Bindearbeit: Salzer-Ueberreuter, Wien
Printed in Austria
ISBN 3 430 18540 8

Inhalt

In keinem Berufsstand
sind Traditionsgebundenheit
und Dynamik so nahe
beieinander wie im Handwerk
Konrad Adenauer

Die Eigenart des Handwerks

Das Handwerk ist das Urbild einer sich immer wieder von unten ergänzenden freien und selbständigen Wirtschaft. In seiner Synthese von Kapital und Arbeit, schöpferischer Intuition und unternehmerischem Wagemut verfügt es, wie Professor Erhard es einmal ausgedrückt hat, über eine erstaunliche Lebenskraft.

Durch seine Vielseitigkeit – es umfaßt heute 125 Berufe –, aber auch durch seine in der Geschichte wurzelnden Eigenarten ist es zu einer besonderen Rolle in unserer Wirtschaft und Kultur befähigt.

Ein Großteil unserer industriellen Entwicklung steht auf dem von tüchtigen und verantwortungsbewußten Handwerkern geschaffenen Fundament. Technische Errungenschaften wiederum haben als verbesserte Werkstattausrüstungen die Leistungen des Handwerks ständig erhöht.

Ein Handwerker kann und will jedoch seine Tätigkeiten nicht wie der Spezialist in der Industrie in Funktionen aufteilen. Er muß vielen in gleicher Weise gerecht werden: den stofflichen wie den technischen, den kaufmännischen wie den organisatorischen.

Immer noch gibt es keine gesetzliche Begriffsbestimmung für das Handwerk. Das hat sich bei der dynamischen Entwicklung der Verhältnisse nicht als nachteilig erwiesen. Rein organisatorisch gilt als Handwerksbetrieb ein Unternehmen, dessen Inhaber in der Handwerksrolle einer Handwerkskammer eingetragen ist. In den 500000 Betrieben mit ihren 4 Millionen Beschäftigten und einem Jahresumsatz von 260 Milliarden DM (1975) wird eine Fülle von individueller Handwerksarbeit für alle Bereiche geleistet.

Dabei bekundet das Handwerk Würde, Freiheit und demokratisches Staatsgefühl. Von Hans-Sachs-Romantik möchte es nicht mehr viel wissen. Dennoch konnte ich in diesem Buch, das sich um eine geraffte Gesamtdarstellung des Handwerks bemüht, nicht an jener Zeit vorbeigehen, in der das Handwerk ein Stück lebender Volkspoesie war, in der die Zünfte mit einer Ehre, einem Freudenbecher und einer Bahre unentbehrlich für das Sozial- und Wirtschaftsgefüge der mittelalterlichen Stadt waren. Der Gemeinschaftsgedanke bestimmte in jener Zeit das gesamte Leben.

Aufbauend auf dieser geschichtlichen Vergangenheit und im steten Ringen um seine Rechte hat das Handwerk immer wieder eine verblüffende Wandlungsfähigkeit und eine nicht weniger imponierende Dynamik bewiesen. Mit einer schlagkräftigen Organisation wird der strukturelle Anpassungsprozeß des Handwerks heute fortgesetzt, werden die Weichen für morgen gestellt.

Die industrielle Massenproduktion wird zu einem sich steigernden Bedarf an Wartung und Reparaturleistung führen; trotz aller technischen Finessen kann es nicht ohne handwerkliches Zutun gehen. Das gilt erst recht für den Dienstleistungssektor.

Alle Prognosen besagen, daß sich der technische Fortschritt mit immer größerer Geschwindigkeit entfalten, die Zeitskala des Entwicklungsprozesses immer kürzer wird. Für den Handwerker zieht das weittragende Konsequenzen nach sich. Von der Erfahrung und Intuition, mit denen er früher seinen Betrieb zu führen wußte, muß er zu unternehmerischem Denken mit exakten Daten kommen. Dieser Vorgang ist in vollem Gange. Das Handwerk wappnet sich für die Zukunft.

Dr. Herbert Sinz

Im Menschen ruhen alle Handwerke,
aber nicht offenbar, sondern erst
das Aufwecken bringt sie hervor
Paracelsus

Das Handwerk in alten Zeiten

Das erste organisierte Handwerk

In den grauen Zeiten des Altertums entstand das Handwerk überall da, wo die Völker aus dem Zustand des wandernden Hirtenlebens in geregelte Verhältnisse der Zusammengehörigkeit übertraten, sich also zu einer staatlichen Gemeinschaft zusammenschlossen. Hier mußte die Arbeit eingeteilt und eine gewisse soziale Ordnung vollzogen werden.
Ein gegliedertes Handwerk mit einer genauen Ordnung taucht jedoch erst im alten Athen auf. Bereits 1200 Jahre vor Christi Geburt wurde das Gewerbsleben dort organisiert. Es war die Zeit, in der in Ägypten gewaltige Pyramiden entstanden und in Indien Tempel, die heute noch unsere Bewunderung erregen.
Als in Athen die königliche Würde abgeschafft wurde und an ihre Stelle die Volksherrschaft trat, zeigten sich im griechischen Handwerk Ansätze eines zunftmäßigen Zusammenlebens.
Solon, vom Volke aufgefordert, eine Staatsform der Demokratie zu schaffen, teilte die Bewohner Athens in vier Klassen. Einer seiner Gesetzesvorschläge bestimmte, daß kein Bürger einer Stadt zweierlei Handwerk zugleich und kein Fremder ein Handwerk auf eigene Rechnung betreiben dürfe. Alles, was die Handwerksvereinigung beschließe, sei für die Mitglieder verbindlich, sofern es keinem öffentlichen Gesetze widerspreche. Daß ein solches Gesetz das Wirken des Handwerkerstandes entfaltete und seine Existenz festigte, wurde bald durch die kulturelle Entwicklung bewiesen.
Von der verschwenderischen und überladenen Pracht, mit der die Babylonier, Assyrer und Ägypter ihre Gebäude ausgeführt hatten, ging der griechische Bauhandwerker zur »edlen Einfalt« und »stillen Größe« über, so wie es sich uns heute noch in den erhalten gebliebenen Bauten dokumentiert.
Bei den Griechen finden wir aber auch die erste ausgesprochen kunstgewerbliche Form der Goldschmiedearbeit. Die Metall- und Erzarbeiter Griechenlands verehrten Vulkan, einen Sohn des Jupiter und der Juno, als ihren Schutzgott. Ihm werden folgende berühmte Arbeiten zugeschrieben: das goldene Zepter Agamemnons, die goldenen Hunde am Palaste des Alcinous, die goldenen Dreifüße, die sich von selbst bewegten, und der goldene Stuhl der Juno.
Das berühmteste Stück jedoch, das Vulkan angefertigt haben

soll, ist der Schild des Achilles, den Homer in seiner Ilias näher beschreibt. Nach dieser Darstellung nahm Vulkan verschiedene Barren von Erz, Zinn, Silber und Gold, ließ sie in seinem Ofen schmelzen, legte dann aus diesem neuen Guß fünf Platten übereinander und machte den berühmten Schild. Er soll ein Muster der Goldschmiedekunst gewesen sein. Es sind viele Künstler im Laufe des Jahrhunderts aufgetreten, die versucht haben, einen Schild nach den Beschreibungen Homers zu arbeiten.

Archimedes

Archimedes wurde 287 v. Chr. in Syrakus geboren. Seine Bedeutung liegt darin, daß er als erster an die Stelle der statischen Denkweise griechischer Mathematiker die dynamische Betrachtung gesetzt hat. Damit hat er zu Erkenntnissen beigetragen, die von großer Bedeutung für Wissenschaft und Technik waren.

Archimedes hatte klare Vorstellungen von Mechanik und Hydrostatik. Er lehrte den Satz, daß ein Körper in einer Flüssigkeit soviel an Gewicht verliert, wie die von ihm verdrängte Flüssigkeitsmenge wiegt (Archimedisches Prinzip). Zu dieser Erkenntnis soll Archimedes gekommen sein, als ihm König Hieron die Aufgabe stellte, zu untersuchen, ob die für den König angefertigte Krone aus reinem Gold sei oder nicht. Angeblich soll ihm beim Baden die Lösung des Problems eingefallen sein. Wie die Fama berichtet, soll er nackt nach Hause gelaufen sein und ausgerufen haben: »Heureka!« (Ich habe es gefunden!).

Archimedes entdeckte die Hebegesetze und erfand den Flaschenzug. Er beschrieb die Wasserschraube, die man seither »Archimedische Schraube« nennt und die schon im alten Ägypten zum Wasserheben benutzt wurde.

Der Sage nach soll er bei der Eroberung von Syrakus, für dessen Verteidigung er eine Reihe von Erfindungen machte, Figuren in den Sand gezeichnet haben, als die römischen Eroberer eindrangen. Ihnen rief er zu: »Zerstört mir meine Kreise nicht.« Obgleich der römische Feldherr Claudius den Befehl gegeben hatte, Archimedes, von dem er für seine eigenen Zwecke Unterstützung erwartete, zu schonen, wurde der große Mann von den Legionären niedergestochen.

In dieser Zeit erlebte das feinmechanische Handwerk bereits eine hohe Blüte. Ktsebios in Alexandria baute Druckpumpen, Wasseruhren und Luftgeschütze. Man erfand Dampfgebläse und Schöpfeimerketten, die mit Wasserkraft getrieben wurden. Aus der alexandrinischen Schule ging auch Heron hervor, der eine Schrift über »Druckwerke« und über »Automatentheater« verfaßte. Hier werden bereits Vorrichtungen angeführt, die heute unentbehrlich sind: Ventile, Hähne, Kolben, Zahnräder und Schrauben.

Die ersten Werkzeuge und Geräte

Schon in der frühesten Menschheitsgeschichte spielten zahlreiche Geräte und Werkzeuge eine Rolle. An ihrer Spitze steht der Fiedelbohrer. Ihn benutzte man sowohl zum Bohren von Löchern in Stein als auch zum Feuermachen. Heute noch findet man dieses Werkzeug bei den Naturvölkern.

Der Fiedelbohrer besteht aus einem Gestell, dem Bohrer und dem Bogen. Er konnte in so schnelle Drehung versetzt werden, daß man Löcher in Stein und Knochen damit bohren konnte. Quarzsand diente als Bohrmittel.

In frühester Zeit benutzte man zum Zerkleinern der Getreidekörner Reibsteine, die man hin und her bewegte. Bei dieser Arbeit kam man auf die kreisende Bewegung und so auf die Drehmühle, wie man überhaupt fand, daß Drehbewegungen aller Art, so auch die Kurbel, die Arbeit erleichterten.

Zu den Urerfindungen gehört auch der Webstuhl. Schon die Menschen der Steinzeit befaßten sich mit der Flechtkunst, aus der sich Weberei und Spinnerei entwickelten. Bei den Ausgrabungen in den Schweizer Pfahlbau-Siedlungen kamen Spindeln und Webgewichte zutage. Aus der Bronzezeit fand man Textilprodukte, die eine bemerkenswerte Webetechnik bezeugen.

Die Metallzeit brachte die Geschichte der Technik sprunghaft voran. Man arbeitete zuerst in Kupfer, dann in Bronze, schließlich in Eisen. Im Anfang hämmerte man das Kupfer – man empfand es als roten Stein – entsprechend zurecht. Es dauerte Jahrhunderte, bis der Mensch es lernte, Kupfer zu schmelzen und die Metalle aus Erzen durch Ausschmelzen zu gewinnen. Erzverhüttung und Kiestechnik gehören noch zu den entscheidenden Erfindungen der vorchristlichen Zeit.

Immer stärker wußte man sich gegen Unsicherheit und Daseinsnot zu schützen. In dem Maße, wie sich der Mensch körperlich und geistig entwickelte, lernte er es, sich seiner Umwelt anzupassen. Aus der handwerksähnlichen Tätigkeit ohne Leitbild wurde eine Handwerksübung, schließlich ein Beruf, der sich in langen Zeitläufen immer mehr vervollkommnete.
Auch die Töpferscheibe gehört zu den ältesten mechanischen Arbeitsgeräten. Sie wurde noch vor dem Rad erfunden. Mit ihrer Hilfe vermochte man ringförmige Tonwülste von Hand übereinander zu bauen und das Ganze glattzustreichen.
Die ältesten Töpferscheiben fand man in Mesopotamien, wo auch die ersten Keramikspuren entdeckt wurden. Aus der einfachen Drehscheibe hat sich die schnellaufende Töpferscheibe entwickelt, wie sie sich im Laufe der Zeit über das ganze Abendland verbreitet hat.
Zweirädrige Wagen wurden erstmals im vierten Jahrtausend v. Chr. gebaut. Ursprünglich hat man Waren und Materialien, die man fortbewegen wollte, geschleift. Dann erdachte man sich Rollen und Walzen. Der nächste Schritt war dann das Rad. Zunächst nur eine rohe, einfache Holzscheibe mit viereckigem Achsenloch, aus dem sich im Laufe der Zeit das Speichenrad entwickelte.
Jahrtausende v. Chr. wurden schon zahlreiche handwerkliche Fertigkeiten von Töpfern, Webern, Glasbläsern, Goldschmieden, Waffenschmieden, Steinmetzen, Gerbern, Schuhmachern und anderen Berufen geübt. Ausgrabungen, alte Bauwerke und Wandmalereien bezeugen das deutlich.

Die römische Handwerksordnung

Als das griechische Handwerk bereits auf hoher Stufe stand, wurde Rom erst gegründet (754 v. Chr.). Trotzdem vermochte es der Schwesterstadt Athen im Laufe der Jahrhunderte den Lorbeerkranz handwerklichen Könnens abzuringen, denn in dem Maße, wie die griechische Kunst sank, wuchs die Roms. Bald nach der Erbauung der Stadt entstand die erste Verfassung der römischen Zünfte. Hundert Jahre später fiel sie dem tyrannischen Dekret des Servius Tullius zum Opfer, wurde dann aber erneut bestätigt.
Der römische Handwerker gehörte zeit seines Lebens mit der Familie und seinem Hab und Gut einer Zunft (Collegin) an.

Diese Zünfte wurden vom Staate gefördert und hatten die Pflicht, in schlechten Zeiten alle Erzeugnisse dem Staate zu liefern. Eine Verpflichtung, die so weit ging, daß auch die im Sturm untergegangenen Schiffe vom Handwerk ersetzt werden mußten.

Fast immer waren es die Söhne von Handwerkern, die den Beruf des Vaters weiterbetrieben. Grobe Arbeiten, etwa das Behauen von Steinen, wurden von Sklaven ausgeführt.

Zu den großen Leistungen römischer Handwerker und Techniker gehören die Wasserleitungen. Diese Aquädukte sind heute noch bewunderswerter Ausdruck antiker Gestaltungskraft und technischer Leistung. Während die Griechen Druckleitungen bevorzugten, bauten die Römer Anlagen mit Gefälle. Sie leiteten das Wasser über weite Strecken in großen Aquädukten mit überdachten Rinnen. Im alten Rom hatten diese Wasserleitungen eine Gesamtlänge von über 500 Kilometern.

Staunend steht man heute vor Anlagen der Heizungstechniken. Fußböden und Bäder wurden in Häusern und Thermen durch heiße Abgase erwärmt, die durch Hohlräume strömten. Man kannte auch bereits ein »medisches Feuer«, das durch Erdöl entfacht wurde.

Besondere Erwähnung verdienen die Römerstraßen, die so gut gebaut waren, daß sie trotz der Verwahrlosung noch über ein Jahrtausend nach dem Zusammenbruch des Römerreichs bestanden. Die älteste und interessanteste ist die um 300 v.Chr. begonnene Via appia, eine gepflasterte Heerstraße, die nach dem Grundsatz der geraden Linienführung gebaut war.

Der Damm dieser Straßen war durchschnittlich ein Meter dick und in vier Schichten aufgeteilt. Auf eine Unterlage von handgroßen Steinen kam eine Lage Kiesel mit Kalk. Darüber legte man eine Steinmasse aus Ziegelmaterial und darauf das Pflaster. Das Ganze wurde mit zähem Mörtel verbunden und an den Rändern sorgfältig eingefaßt. Im allgemeinen waren die Straßen 5 bis 6 Meter breit.

Die Römer errichteten 23 Hauptstraßen mit einer Gesamtlänge von 78000 km. Eine Meisterleistung der damaligen handwerklichen Straßenbauer.

Als der Verfall Roms einsetzte, ging auch das zünftige römische Handwerk dahin. Aber in den Museen der Welt hat es wertvolle Zeugnisse seines Könnens hinterlassen.

Die handwerklichen Anfänge bei den Germanen

Als die Germanen seßhaft wurden, gingen sie dazu über, Geräte und Werkzeuge kunstvoller zu gestalten. Sie versahen das Gebälk ihrer Häuser mit Ornamenten und setzten auf den First geschnitzte Pferdeköpfe. Die Innenwände tünchten sie mit Kalk oder färbten sie mit Pflanzen- und Erdfarben.
Aus Ton stellte man Töpfe in bauchigen und zylindrischen Formen her. Mit der Technik der Drehscheibe machte die Töpferkunst weitere Fortschritte. An die Stelle des offenen Feuers trat der Brennofen.
Die Schmiedearbeit wurde ursprünglich im Hause des Germanen bei offenem Feuer ausgeübt. Esse und eiserner Amboß sind Errungenschaften späterer Jahrhunderte. Die Germanen verstanden es, sich einfache Eisenteile anzufertigen, die sie für Pflug und Wagen benötigten. Auch Äxte, Beile und Sensen entstanden in der Hauswerkstatt.
Die Weberei wurde kunstfertig betrieben. Aus Gräbern und Moorfunden ist uns Wollkleidung bekannt, die von hervorragender Beschaffenheit der Schafwollfaser und einer erstaunlichen Webetechnik Kunde geben.

Viele handwerkliche Tätigkeiten waren Sache der Frauen

Der römische Geschichtsschreiber Tacitus lobt in seinen Reiseberichten aus Germanien wiederholt die Frauen und schreibt, daß die Germanen eine angeborene, tiefwurzelnde Achtung vor der Frau hatten.
Mit dem Schlüsselbund empfängt sie bei der Trauung die Schlüsselgewalt, d.h. das Recht und die Pflicht, des Gatten Wirtschaft wohl zu leiten. Hausarbeit und Bestellung des Feldgutes machen den Hauptinhalt ihres Daseins aus. Unterstützt wird sie durch Töchter, minderjährige Söhne und unfreie Hausgenossen, Knechte und Mägde. Der freie Mann fand an der häuslichen Tätigkeit wenig Geschmack, von einigen wenigen handwerklichen Tätigkeiten abgesehen. Er ging lieber den Freuden des Weidwerks nach. So blieben der Frau die meisten handwerklichen Verrichtungen.
Wenn in der germanischen Küche Gersten- und Haferkörner mit der Handmühle zerquetscht wurden und aus gemahlenen

Körnern ein dicker und rauher Mehlbrei entstand, aus dem man Brot backte, haben wir Müller und Bäcker in den Uranfängen vor uns.

Fleisch wußte die germanische Frau geschickt zuzubereiten, und nordische Schweineschinken galten auf der Tafel der römischen Feinschmecker als Leckerbissen.

Das Brauen war ebenfalls Sache der Frauen. Gegorene Flüssigkeit wurde mit bitteren Kräutern durchsetzt. Met war ein Aufguß auf Honig.

Nicht weniger wichtig war die Sorge für die Kleidung. Hier war die germanische Frau Weber, Schneider, Schuhmacher und Kürschner in einer Person. Die Landwirtschaft gab den Flachs, die Schafzucht die Wolle, die Jagd die Felle. Der Flachs wurde bereitet, die Wolle gereinigt und gekämmt, die Felle gegerbt und geschmeidig gemacht. Spinnen war für die Germanin eine so bezeichnende Tätigkeit, daß die Spindel ebenso Wahrzeichen des Weibes war wie das Schwert für den Mann.

Gewebe aus dieser Zeit zeigen, daß die Weberei dem Flechten ähnelte. Der germanische Webstuhl glich einem Flechtrahmen. Garnfäden der Kette waren der Länge nach aufgespannt und wurden durch Gewichte straff gehalten. Gleichlaufende Fäden der Kette kreuzte man der Quere nach von den ebenfalls parallelen Fäden des Einschlags so, daß jeder Querfaden abwechselnd über und unter einen Längsfaden zu liegen kam. Auch Sticken und Häkeln war der germanischen Frau geläufig. Zwar hat sie keine Strümpfe gestrickt, wohl aber Netze. Es wurden Häkelnadeln aus Knochen gefertigt und am Griffende durchbohrt. Beweis dafür war, daß die Hausfrau die Nadel am Gürtel trug, um sie jederzeit zur Hand zu haben.

Die weibliche Tracht bestand aus einem eng anliegenden, leinenen Untergewand, das Arme und einen Teil der Schultern frei ließ. Darüber trug man ein mantelartiges, wollenes Obergewand, dessen obere Endzipfel auf der Brust durch eine Gewandnadel oder durch einen Dorn zusammengefaßt wurden. Um die Hüfte wurde ein aus Leder oder Stoff gefertigter Gürtel mit ehernem Gürtelblech geschlungen. Der Gürtel war, wie das Obergewand, mit allerlei Zierat behängt. Um den Hals trug die Germanin Halsbänder aus Bernstein, Bronze oder Glasfluß, manchmal auch halbkreisförmige Platten.

Die Kleidung der Männer wurde, als es bereits Gewebe gab, noch überwiegend aus Fellen angefertigt. Dazu lieferte die Jagd eine Menge brauchbarer Tierhäute. Kürschner war wiederum die Germanin, die die Häute durch Schaben auf der Fleischseite geschmeidig machte und sie zu Gewändern verarbeitete. Durch einen Besatz von andersfarbigen kostbaren Pelzen wurden sie verziert. Schuhe bestanden aus einem zugeschnittenen Stück Leder, dessen Enden über dem Knöchel mit Lederriemen zusammengefaßt wurden.
Aus der Fülle dieser Aufgaben ist ersichtlich, daß der römische Geschichtsschreiber die germanische Frau nicht zu Unrecht gelobt hat. Sie hat viel zur Entwicklung des Handwerks beigetragen.

Der Mensch ist zur Arbeit
geboren wie der Vogel zum
Fliegen
Martin Luther

Das Handwerk entfaltet sich

Der Berufsstand in frühen Berichten

Bei den Germanen konnte man noch nicht von einem handwerklichen Berufsstand im heutigen Sinne sprechen. Im 4. Jahrhundert stoßen wir auf die ersten gewerbsmäßigen Müller, die an der Mosel Wassermühlen erbauten. Bis dahin wurden die Getreidekörner zwischen Steinen zerrieben. Das Mehl konnte deshalb nur sehr grob sein.

Aus dem 6. Jahrhundert ist uns überliefert, daß dem König Theoderich aus Norddeutschland neben Pauken und Trommeln Schwerter geschickt wurden. Theoderich rühmte in einem Dankschreiben ihre beispiellose Schärfe, ihren Glanz und die Vortrefflichkeit ihrer Ausarbeitung. Man kann also um diese Zeit bereits die Existenz eines deutschen Waffenschmiedehandwerks annehmen.

Um die gleiche Zeit treffen wir auch auf ein Baugewerbe, das mit Kalk und Steinen baut, während bis dahin die Häuser aus übereinandergelegten Balken oder unförmigen Blöcken errichtet worden waren.

Erst unter Karl dem Großen bahnt sich eine entscheidende Epoche des deutschen Handwerks an. Er macht es jedem Vorsteher seiner Meierhöfe zur Pflicht, gute Handwerker heranzuziehen, und zählt im einzelnen Bäcker, Brauer, Schuster, Seifensieder, Drechsler, Wagner, Schildmacher, Schmiede, Gold- und Silberarbeiter auf. Diese namentliche Aufführung so vieler Handwerkszweige, die zudem nur unter anderen genannt werden, läßt darauf schließen, daß auch ohne Karls Zutun um diese Zeit der größte Teil aller Handwerksberufe bei uns bekannt war.

Karls Verordnungen förderten und verbreiteten diese Handwerkszweige erheblich, um so mehr, als die Vorsteher der königlichen Meierhöfe alljährlich über die Entwicklung der Berufe Bericht erstatten mußten. Durch die Anlage von Märkten und Messen, durch Wege- und Straßenbau konnte sich bald ein umfangreicher Handel entwickeln, der zum Austausch der handwerklichen Erzeugnisse beitrug.

So sehr sich Karl der Große um Handwerk und Handel bemühte, sowenig gelang es ihm, die handwerkliche Arbeit bei den Freien zum Allgemeingut zu machen. Der Freigeborene wollte nach wie vor seine Zeit auf der Jagd oder im Kriege verbringen. Er hielt handwerkliche Beschäftigung unter seiner Würde.

So blieben die Bestellung der Felder und die handwerkliche Tätigkeit weiterhin in Händen der Unfreien. Das Ansehen der Handwerker wurde nur auf königlichen Meierhöfen gehoben. Die in der Leibeigenschaft der Fürsten und Lehnsherren arbeitenden Handwerker hatten einen schweren Stand. Ihre Arbeiten und Geschäfte erreichten nur geringen Umfang. Sie blieben auf die Bedürfnisse weniger regelmäßiger Abnehmer beschränkt.

Wer sein Handwerk gut verstand, wurde im allgemeinen besser gehalten und mehr geachtet als andere Knechte, wenn er auch der Willkür seines Herrn ausgesetzt blieb. Wurde er aus der Leibeigenschaft entlassen und betrieb als Freigelassener sein Handwerk, so war er noch nicht dem freien Manne gleichgestellt, der sich nach wie vor über ihn erhaben fühlte.

Bestimmte handwerkliche Arbeiten wurden auch damals weiterhin von Frauen ausgeübt, so die Weberei, die Schneiderei, die Stickerei. In alten Chroniken trifft man den Ausdruck »Genitium« oder »Gynaeceum«, d.h. Spinnstube oder Spinnhaus. Es war der Ort, an dem sich die Frauen zu gemeinsamer Arbeit aufhielten und wo selbst die Frauen und Töchter der Fürsten arbeiteten. Das Weberhandwerk ist erst spät in Männerhände übergegangen, etwa unter Kaiser Otto II.

Die Gründung der Städte

Als die Hunnen und Ungarn in Deutschland einfielen, war es nötig, daß der Handwerker Schwert und Streitaxt neben seinen Handwerksgeräten liegen hatte. Doch mit der Wachsamkeit und Bereitschaft allein war es nicht getan. Man suchte auch Plätze und Flecken, in denen sich die Menschen zu gemeinsamer Arbeit zusammenfanden, um sich durch Befestigungen und Mauern gegen äußere Angriffe zu schützen. So entstanden die Anlagen zu den späteren Städten. Natürlich gab es vor diesem Zeitpunkt schon große und bedeutende Städte, vor allem in Süd- und Westdeutschland: Köln – das alte Colonia Agrippina, Augsburg – das Augusta Vindelicorum; Koblenz aus Confluentes entstanden, d.h. Zusammenfluß (von Mosel und Rhein). Auch Straßburg, Basel, Mainz und Trier sind römischen Ursprungs.

Als die Römer ihre »Kolonien« verließen, wurden diese Städte Stützpunkte für die Ausbreitung des Christentums. Bereits im

5. und 6. Jahrhundert wurden viele von ihnen zu Bischofssitzen. Da das Volk dorthin wallfahrte und auch andere große Volksversammlungen durchgeführt wurden, lag es nahe, daß Handwerk und Gewerbe starken Auftrieb bekamen. Verpflegungshäuser mußten errichtet und Lebensmittel beschafft werden. Bald entstanden hier die ersten Jahrmärkte. Die Bischöfe sammelten Hofstaat und ein stehendes Heer um sich. Auch dazu waren Handwerker aller Art erforderlich.

Kaiser Heinrich I. war es, der das Reich gegen die Einfälle der Ungarn dadurch zu sichern suchte, daß er die vorhandenen Wohnplätze mit Mauern umgeben und Städte anlegen ließ. Diese Tat brachte ihm den ehrenvollen Titel »Heinrich der Städtebauer« ein.

Die Städte jener Zeit waren freilich nicht viel mehr als unregelmäßige Haufen hölzerner Hütten oder plumper kunstloser Steinbauten, die mit Stroh oder Holz gedeckt wurden. In ihnen wohnten die gleichen Klassen, wie wir sie bereits auf den Meiereien kennengelernt haben: Freigelassene und Hörige. Der erste Stand, der hohe Adel, lebte weiterhin auf seinen Besitztümern und Burgen und hielt sich nur zu bestimmten Zeiten in den Städten auf. Den Großteil der Bevölkerung machten die Hörigen aus, die man Einwohner nannte, im Gegensatz zu den Freien, die Bürger hießen. Unter die Einwohner zählte man auch die Handwerker.

So ist es erklärlich, daß wir in späteren Jahrhunderten, als sich das Handwerk längst aus seiner Knechtschaft befreit hatte, immer noch in den Städten zwischen Bürgern und Handwerkern unterscheiden. Bis ins 14. Jahrhundert wird in der Kanzleisprache der Bürger nach den Rittern und vor den Handwerkern genannt. Selbst in den Kleiderordnungen der Reichsbeschlüsse von 1497, 1498 und 1500 haben die Bürger, die auch Geschlechter oder Patrizier heißen, größere Rechte als die Handwerker.

In den ersten Städten waren die Handwerker ganz der Willkür der Vögte ausgesetzt. Ja, mehr noch, sie waren keinen Augenblick sicher, nicht durch irgendein Dekret völlig ausgeplündert zu werden. Es war Sitte, daß die Vornehmen des Reiches oder die Gesandten der Könige und Kaiser von den Städten, durch die sie reisten, versorgt werden mußten. Bäcker, Metzger und

Brauer waren verpflichtet, alle zum Unterhalt dieser Herren und ihrer Gefolgschaft notwendigen Lebensmittel zu beschaffen.

Das Dienstverhältnis der Handwerker

In einem Stadtartikel Straßburgs heißt es: »Wenn der Bishof durchreite, dann jeklich Smit sol geben vier Rosysen und die Nagel. Die satler gent dem Bishofe zwene somsättle (Saumsättel).« Besonders schwer wurden die Handwerker vom Recht des »Budtheiles« und »Gewandtheiles« betroffen. Es bestand darin, daß ein Handwerker bei seinem Tod zunächst vom Vogt oder von seinem Leibherrn beerbt wurde. Dieser konnte sich das beste Stück des Nachlasses nehmen.

Im 11. Jahrhundert führten Fleiß und Arbeit der Handwerker die Städte zu Reichtum und Blüte. Nun wurde auch das Ansehen des Handwerks gehoben. Als dann die Städte dem Kaiser im Kampf gegen den räuberischen Adel beistanden, wurde durch Gnadenbriefe die Hörigkeit der Handwerker weitgehend aufgehoben und die Städte selbst »frei« gemacht. Einen solchen bedeutsamen Gnadenbrief Heinrichs V. kennen wir aus dem Jahre 1111.

Wo diese Befreiung nicht durch kaiserliches Dekret erfolgte, setzten sich die Städter selbst in den Besitz ihrer Freiheit. Das war der Augenblick, da den Handwerkern zum Bewußtsein kam, daß sie mit allen unter glücklicheren Verhältnissen Geborenen gleichberechtigt waren. Sie verlangten die Sicherheit ihres Eigentums, die Unantastbarkeit ihrer natürlichen Rechte und den Schutz ihrer persönlichen Freiheit. Das Selbstbewußtsein der Handwerker stieg nun in solchem Maße, daß niemand diesen geistigen Umbruch mehr aufhalten oder gar unterdrükken konnte. Die Chroniken jener Zeit berichten von häufigen Aufständen der Handwerker.

Wir müssen jedoch festhalten, daß sich die Handwerker nicht nur gegenüber den Fürsten, Vögten und kaiserlichen Schirmherren zu behaupten hatten, sondern vor allem gegenüber den Bürgern.

So zieht sich denn durch die ganze mittelalterliche Geschichte der deutschen Städte mal ein stiller, mal ein lauter Kampf des Handwerksstandes gegen die Geschlechter, wie die Bürger genannt wurden.

Die Anfänge der Zünfte

Über die Zeit der Entstehung der Zünfte liegen keine völlig zuverlässigen Angaben vor. Die ältesten deutschen Dokumente, die uns erhalten sind, stammen aus dem Anfang des 12. Jahrhunderts. In Italien sollen handwerkliche Vereinigungen schon im 11. Jahrhundert bestanden haben. In Deutschland war die Zeit für das Aufkommen der Zünfte insofern günstig, als ein allgemeiner Hang zu Bündnissen und Vereinigungen bestand.

Das erste Zunftdokument ist aus dem Jahre 1106 und stammt aus Worms. Es bezieht sich auf den Zusammenschluß von 23 Fischern. Dann folgt eine Urkunde des Königs Lothar, welche die Zunft der Tuchmacher und Kürschner in Quedlinburg bestätigt. Ab da treten die Zünfte in nahezu allen Städten als organisierte Gemeinschaften auf.

Mit dem Aufkommen der Zünfte wird das Handwerk als Eigenberuf in vollem Umfang anerkannt. Der Nichthandwerker, besonders der Landmann, konnte nun seine ganze Aufmerksamkeit dem speziellen Beruf widmen, ohne sich auch noch mit der Anfertigung von Kleidern, Schuhen und Gerätschaften befassen zu müssen. Die ausschließliche Betätigung des Handwerkers führt nicht nur zu dessen größerer Fertigkeit, sondern hatte vor allem weittragende moralische Auswirkungen.

Neben ihrer wirtschaftlichen, politischen und militärischen Bedeutung waren die Zünfte auch religiöse, sittliche und gesellige Vereinigungen. Sie hatten einen Heiligen als Schutzpatron, unterhielten in den Kirchen eigene Altäre und machten ihren Zunftgenossen eine werktätige, brüderliche Liebe untereinander zur Pflicht. Aus der Zunftkasse wurde dem verarmten und kranken Mitglied Unterstützung gewährt. Nach dem Tode eines Zunftbruders wurde, im Falle der Verarmung, der Witwe oder anderen nächsten Angehörigen geholfen. Anstand und Sitte waren ebenfalls Gegenstand der Zunftordnungen.

Für jedes Gewerbe bestand Zunftzwang. Nur der zünftige Handwerker durfte überhaupt seinen Beruf ausüben. Fremde Handwerker, aber auch einheimische , die nicht die Zunftbrüderschaft erlangt hatten, wurden vom Betrieb ihres Gewerbes ausgeschlossen. Alle Zunftmitglieder besaßen ein anerkanntes Recht auf Arbeit. Die Bürger waren verpflichtet, bei ihnen zu kaufen und arbeiten zu lassen.

Innerhalb des Verbandes wurde dem Zunftgenossen die wirtschaftliche Selbständigkeit gesichert. Der einzelne sollte nicht zum unselbständigen Lohnarbeiter herabsinken, andererseits sollte sich aber auch kein Zunftgenosse über den andern erheben. Eine über den persönlichen Gewerbebetrieb hinausgehende Produktion wurde von der Zunft beschränkt. Persönliche Arbeit war die entscheidende Grundlage jeder Berufsausübung. Das Kapital stand ganz im Dienste der Arbeit. Die Zunft suchte die Gleichheit aller ihrer Mitglieder herzustellen. Die Zahl der Gesellen und Lehrlinge, die ein Meister halten durfte, war genau festgelegt. Gewöhnlich waren nicht mehr als zwei Gesellen und ein Lehrling zulässig.

Jeder Meister durfte nur in einer Werkstätte arbeiten. Zur Benutzung gemeinsamer Zunftwerkstätten konnten die Mitglieder nur unter bestimmten Umständen verpflichtet werden. Es gab Zeiten, in denen genau die Menge festgesetzt wurde, die der einzelne Handwerker in einer bestimmten Zeit anfertigen durfte.

In den Verordnungen wird als Grund derartiger Einschränkungen ausdrücklich die Sorge für die ärmeren Zunftgenossen angeführt.

Gewisses Unternehmertum, das durch möglichst große Steigerung seiner Produktion die kleineren Betriebe zu erdrücken suchte, war damals also ausgeschlossen. Ausgeschlossen auch in dem Sinne, daß Unternehmer nur der Handwerksmeister sein durfte, der eine Lehr- und Gesellenzeit durchgemacht hatte.

Die Zunftordnungen sprechen es geradezu aus: »Niemand soll durch ›Knechte‹ (Gesellen und Lehrlinge) ein Gewerbe ausüben lassen, das er nicht selbst versteht.«

Die Zunftmitglieder durften einander nicht durch unredliche Mittel zu übervorteilen suchen. Unschickliche Reklame jeder Art war verboten. Bezüglich der Ausstellung in den Fenstern, die im Mittelalter bereits üblich war, bestanden genaue Bestimmungen.

Der Verkauf von nicht selbstgefertigten Waren war untersagt. Und wenn schon die Zunftbrüder einander nicht »ins Handwerk pfuschen« durften, so wurden sie besonders streng geahndet, wenn sie versuchten, sich gegenseitig die Kunden abspenstig zu machen. Bei manchen Zünften war es sogar untersagt, sich vom Schuldner eines Zunftgenossen eine Arbeit geben zu lassen, bevor die vorangegangene Arbeit voll bezahlt war.

Diese Beschränkungen, denen der einzelne Zunftgenosse unterworfen war, hatten alle das Ziel, jedem einzelnen Handwerksmeister zu helfen. Sie sind als Maßnahmen einer energischen Mittelstandspolitik aufzufassen. Die Wohlhabenheit aller Zunftgenossen sollte den Stand des Handwerks als Gesamtheit heben und ihm Ansehen und Macht bringen. Die Herstellung und Erhaltung des gewerblichen Mittelstandes ist also die einmalige und große soziale Leistung der mittelalterlichen Zünfte.

Zunftartikel und Morgensprache

Wenn eine Organisation ins Leben gerufen wird, gibt man ihr sogleich eine Satzung. Bei den Zünften waren es die Artikel. Die ältesten dieser Artikel scheinen jedoch nicht von den Handwerkern abgefaßt worden zu sein, sondern von den Obrigkeiten. Wenn man sie liest, fällt einem auf, daß sie den Innungen nur Pflichten auferlegen. Von Rechten ist so gut wie gar nicht die Rede. Erst spätere Artikel tragen den Stempel der Selbstgesetzgebung. Sie fallen auch in die Zeit, da das Handwerkertum zu erstarken begann. Es sind nicht immer schriftstellerische Meisterwerke. Oftmals fehlt es diesen Artikeln an Takt und Einsicht. Man darf aber nicht vergessen, daß die Handwerker in jener Zeit besser mit ihrem Werkzeug als mit der Feder umzugehen verstanden.

Unter Nummer 1 der Zunftartikel erschienen die Versammlungstage, die mit einem bestimmten Zeremoniell verbunden waren, das dem Charakter des Handwerks Rechnung trug. Es ist verständlich, daß man im Anfang derartige Versammlungen öfter abhielt, als notwendig war. Das lag am Reiz der Neuheit und auch an den Zeiten, die durch die Kreuzzüge äußerst unruhig waren. Zudem waren die Handwerker bestrebt, ihre Stellung in der staatlichen und städtischen Gemeinschaft laufend zu verbessern. Da meist bis in den späten Abend hinein gearbeitet wurde und der Handwerker sich eher morgens frei machen konnte (er hatte auch morgens schon Durst), legte man die Versammlungen auf den Vormittag und nannte sie

deshalb »Morgensprache«. Fiel eine solche Zusammenkunft auf einen Festtag, dann nannte man sie »hohe Morgensprache«.
Erst in späteren Zeiten, als das Handwerk seine politische Bedeutung wieder verlor, wurden auch diese Zusammenkünfte seltener, wenn sie auch regelmäßig blieben.

Wenn ein Handwerker Meister werden wollte

Das Wort Meister stammt aus dem lateinischen »Magister« und wurde bereits auf den Meiereien der Könige für die besten Bäcker, Schuster, Schneider und Köche angewandt. Erst mit der Zeit wurde dieses lange und fremde Wort verkürzt oder, wie es in einer Urkunde heißt, »maulgerecht« gemacht. So entstand unser »Meister«. Man wendete ihn später als Belohnung für die vollendete Geschicklichkeit in einem handwerklichen Berufe an und bezeichnete damit die oberste Stufe der Zunftgenossen.
Zum Unterschied von den Meistern nannte man die Vorsteher der Zünfte »Archimagistri«, d.h. Erzmeister, also das, was wir heute unter »Obermeister« verstehen. Daneben gab es für den »Obermeister« auch die Bezeichnungen Zunftmeister, Gildemeister und Gaffelmeister.
Wenn ein Handwerker Meister werden wollte, mußten folgende Voraussetzungen erfüllt werden: Der Nachweis des ehelichen und ehrlichen Herkommens, eine Bescheinigung von der Heimatgemeinde, daß er für den Fall der Verarmung wieder aufgenommen würde, ein hinlängliches Vermögen und die Bürgschaft ortsansässiger ehrlicher Meister. Die vorgeschriebene Lehr-, Gesellen- und Wanderzeit waren selbstverständlich nachzuweisen.
In manchen Handwerken war es üblich, daß ein Geselle, der sich in einer anderen als seiner Geburtsstadt niederlassen wollte, vor der Zulassung zur Meisterprüfung eine bestimmte Zahl von »Sitz- und Mutjahren« zu absolvieren hatte, und zwar in den ihm von der Zunft zugewiesenen Werkstätten.
Der Zweck dieser Sitzung bestand offensichtlich darin, den künftigen Meister mit den handwerklichen und örtlichen Gebräuchen vertraut zu machen, zugleich aber auch der Zunft und den Obrigkeiten Gelegenheit zu geben, die berufliche Tüchtigkeit und den sittlichen Wert des jungen Handwerkers

richtig beurteilen zu können. Das Entscheidende für die Aufnahme war das Meisterstück. Wurde dabei ein Hauptfehler entdeckt, so konnte die Zunft das Gesuch abschlagen. Der Anwärter hatte dann die Möglichkeit, es in einem Vierteljahr zu wiederholen, falls ihm nicht anempfohlen wurde, erst noch einmal auf die Wanderschaft zu gehen.
In vielen Chroniken ist uns überliefert, welcher Art das Meisterstück sein mußte. Es zeigt uns, wie hoch die Leistungsforderungen im mittelalterlichen Handwerk gestellt wurden.
In Eßlingen zum Beispiel mußte ein Schneider, nach der Zunftordnung von 1557, Rock, Hose, Wams, Kappe und Klagemantel für einen Adeligen anfertigen, daneben Kleidungsstücke für Bürgersleute, einen langen Rock für einen Doktor, Hosen und Wams für einen Bauern und Unterrock für dessen Frau. Von den Steinmetzen der gleichen Stadt wurde verlangt: »Eine gewundene Schnecke in Gips oder Letten, einen Hausbau in die Visierung stellen und einen im verjüngten Maßstab zeichnen.«
Die Schweriner forderten von ihren Tischlern, daß sie aus Kisten einen Tisch arbeiteten. In Tilsit mußten die Drechsler eine Pfeffermühle, ein Faß und eine Schale herstellen. Die Messerschmiede in Frankfurt hatten ein Weidmesser, die in Rothenburg ob der Tauber ein Richtschwert zu arbeiten. Die Schlosser mußten ein französisches, deutsches und ein Vexierschloß herstellen. Von den Maurern verlangte man die Fertigung eines Gewölbes und eines Rauchfanges.
Die Metzger hatten ein Schwein in vollem Lauf totzuschlagen, außerdem mußten sie das Lebendgewicht eines Ochsen, eines Schweines und eines Kalbes schätzen, wobei eine Differenz von höchstens je 10 Pfund erlaubt war. Die Schuhmacher mußten Schuhe nach Mode und für den täglichen Gebrauch machen.
Den Schmieden wurde im 16. Jahrhundert in Koblenz die Aufgabe gestellt, ein Pferd zu beschlagen, ohne das Maß des Hufes genommen zu haben. Das Eisen mußte der Schmied in zwei Hitzen anfertigen. Außerdem hatte er einen Wagen zu beschlagen. Die erste Aufgabe ist so zu verstehen, daß das Pferd zwei- bis dreimal vorübergeritten wurde und daraus der Schmied die Größe der Hufe erkennen mußte.

Leider kam es auch vor, daß einem jungen, tüchtigen Handwerker trotz des guten Meisterstücks der Zugang zur Meisterschaft verwehrt wurde, gerade weil man wegen seiner erwiesenen Tüchtigkeit die Konkurrenz fürchtete.

Die Zunftaufnahme

Die Aufnahme eines Jungmeisters in die Zunft war stets eine feierliche Angelegenheit. Das bestätigt eine Beschreibung aus den Gildebüchern der Stadt Northeim zu Anfang des 16. Jahrhunderts. Nachfolgend sei dieser Bericht in Hochdeutsch wiedergegeben:

Der Gildemeister: »Ich frage, ob so viele unserer Gilde versammelt sind, daß wir eine Morgensprache halten können.«
Ein Zunftbruder: »Ich befinde zu Recht, wenn Ihr von der Gilde Vollmacht habt, sind so viele beieinander, daß Ihr eine Morgensprache halten möget.«
Der Gildemeister (indem er auf den Tisch klopft): »Hier halte ich eine Morgensprache zum ersten Male, zum andern Male, zum dritten Male. Ich frage, was ich verbieten soll.«
Ein Zunftbruder: »Ich befinde, daß hier niemand spreche, es sei denn mit Anstand und Erlaubnis und mit Beistand des Fürsprechs, unserer Gilde zu Ehren, sich selbst zu Frommen.«
Der Gildemeister: »Ihr Gildebrüder, Ihr habt es wohl vernommen. Jedermann bewahre sich vor Schaden.«
(Nun tritt der Worthalter vor, der die bevorstehende Angelegenheit bearbeitet hat, es handelt sich um die Bewerbung einer Meisterschaft. Er stellt die notwendigen Fragen.)
Der Worthalter: »Ihr Gildebrüder, ich bitte um Aufmerksamkeit. Ist da jemand, der sich um die Aufnahme in die Gilde bewirbt, so wollen wir erst sichere Kunde haben, daß er seinen Bürgereid geleistet hat und mit des Rates Willen um das Gilderecht einkommt.«
(Jetzt tritt der junge Bewerber vor den Gildemeister und bittet um einen Mann, der für ihn sprechen soll. Auf ein Zeichen des Gildemeisters erscheint der Fürsprech.)
Der Fürsprech: »Herr Meister! Der Bewerber hat mich gebeten, daß ich für ihn spreche. Ist das Euer Wille, so bitte ich um Aufmerksamkeit, soviel er deren bedarf und erhofft. Wollt Ihr sein Wort?«

Der Gildemeister: »Es sei!«
Der Fürsprech: »Hier steht der Bewerber und bittet, daß Ihr ihm das Erbe überantworten sollt, wie es an ihn durch Erbgang gekommen ist.«
Der Gildemeister: »Ich frage, ob der Mann so geachtet ist und sich gegen unsere Gilde so verhalten hat, daß ich ihm das Erbe wohl vernünftigerweise überantworten kann.«
(Nun wird der Meisterschaftsanwärter aufgefordert, den Raum zu verlassen, damit über ihn beraten werden kann. Während seiner Abwesenheit werden seine Urkunden und Zeugnisse auf ihre Echtheit geprüft. Nach der Beratung und Beschlußfassung wird der Anwärter wieder hereingerufen.)
Der Gildemeister: »Ich befinde zu Recht, wenn er nach Maßgabe unserer geschriebenen Satzungen die Bedingungen erfüllt hat, so möget Ihr ihm mit allem Fug und Recht sein Erbe wohl überantworten.«
(Nun werden dem Bewerber, der die Eintrittsgebühren bezahlt, die Satzungen vorgelesen. Und wieder ergreift der Fürsprech das Wort.)
Der Fürsprech: »Da der Bewerber somit dem Gilderecht Genüge getan hat, so bittet er, daß ihm sein Erbe überantwortet wird.«
Der Gildemeister (erhebt sich, nimmt seine Mütze in die Hand und spricht): »Ich nehme dich in die Gilde auf. Im Namen des Vaters, des Sohnes und des heiligen Geistes. Amen.«
(Nun nimmt der neue Meister aus den Händen des Gildemeisters die Mütze entgegen und führt sie dreimal um seinen Kopf. Der Fürsprech tritt vor und bittet den Gildemeister, daß der neue Meister »in den Frieden der Zunft« aufgenommen werde. Der Gildemeister spricht daraufhin folgende Formel.)
Der Gildemeister: »Ich wirke ihm den Frieden, einmal, zweimal, dreimal, so daß ihn niemand hasse oder hindere unter dem Vorwand, er tue es mit besserem Recht, als jener es hier erworben hat.«
Der Worthalter: »Ich befinde zu Recht, er soll mit unseren Brüdern halten alles, was sie beschlossen haben und in Zukunft noch beschließen werden, und daß er soviel Recht daran habe wie ein jeglicher Gildebruder, der in unserer Gilde je gewesen, jetzt darin ist und künftig hineingelangt ohne Falsch.«

(Nun führt der Gildeknecht den Jungmeister zu seinem Platz in der Gildebank, und die Morgensprache nimmt ihren weiteren Verlauf.)

Die eheliche und ehrliche Geburt

Die Grundbedingungen für die Aufnahme im Handwerk mußten eheliche und ehrliche Geburt sein. Von dieser strengen Sitte leitet sich bekanntlich der bis in unsere Zeit noch gebräuchliche Ausspruch »Ehrbares und ehrsames Handwerk« her.

Wenn ein Junge diesen Grundanforderungen entsprach, so wurde er zunächst auf vier Wochen zur Probe genommen, um zu sehen, ob er die notwendigen Anlagen für das gewünschte Handwerk hatte. Erwies er sich in dieser Zeit als tüchtig, so wurde er den übrigen Meistern vorgestellt. Von ihrer Begutachtung hing es ab, ob er angenommen und ein Lehrvertrag mit ihm gemacht wurde. Nun mußte der Lehrbub dem Obermeister vor versammeltem Handwerk »mit Hand und Mund« geloben, daß er sich während seiner Lehrjahre ehrlich und redlich gegenüber seinem Lehrherrn und dem ganzen Handwerk betragen wollte.

Die Kosten, die bei diesem Aufdingen entstanden, waren, vom Lehrgeld ganz zu schweigen, erheblich. So heißt es in einer Schneiderordnung: »Ein solcher Knecht solle in die Stiffts-Silberkammer einen rheinischen Gulden, dem Gewerke in die Lade vor Essen, Bier und Wachs sieben Gulden dreizehn Groschen in seinem Anzug geben und vor solches Alles solle der Lehrknechtsmeister geloben, damit es wie gebräuchlich gegeben und vergnügt werde.«

Derartig hohe Kosten gaben häufig zu Beschwerden Anlaß. Die Städte erließen gegen diesen Mißbrauch Verordnungen. In einer heißt es: »Daß die unziemlichen Kosten, welche durchs Aufdingen und die dabei stattfindenden großen Zehrungen entständen und dadurch mancher taugliche, geschickte Knabe vom Handwerk abgehalten würde, abgestellt werden und die Behörden streng auf Befolgung solcher Verordnungen achten sollten.«

Die Zahl der Lehrjungen, die ein Meister halten durfte, war in den Zunftartikeln genauso festgelegt wie die Länge der Lehrzeit. Gewöhnlich durfte ein Meister nicht mehr als einen Lehr-

jungen haben. Hatte er zwei Gesellen, so wurde ihm oft die Haltung eines Lehrjungen untersagt.
Die Lehrzeit war auf drei bis vier Jahre festgelegt. Entlief ein Junge aus der Lehre und stellte sich innerhalb von sechs Wochen nicht wieder freiwillig, so mußte er entweder ein halbes Jahr länger lernen oder er konnte seiner bisherigen Lehrzeit verlustig gehen.
Die Pflichten des Meisters gegenüber dem Lehrjungen waren genau umschrieben. Nach der Württemberger Schneiderordnung aus dem Jahre 1685 sollte der Meister zuallererst den Jungen zum fleißigen Kirchengehen und zur Verrichtung des täglichen Gebetes anhalten. Dann erst zur gründlichen Erlernung des Handwerks. Der Meister habe ihm reichlich zu essen und zu trinken zu geben und solle ihn nicht »mit grausamen Stößen und Schlägen, wie es öfters ganz unchristlicher Weise zu gehen pflegte, traktieren«. Es bleibt dem Meister jedoch vorbehalten, den Buben in angemessener Form zu züchtigen.

Vom Lehrling zum Gesellen

Wenn der Lehrling seine Lehrjahre »ausgehalten« hatte, so wurde er von den Meistern vor offener Lade »losgesprochen« und durch eine halb ernste, halb spaßhafte Feierlichkeit, die man »das Hänseln« nannte, in den Gesellenverband aufgenommen. Je nach dem Brauche seines Handwerks wurde er nun von den um die Lade versammelten Gesellen »gehobelt«, »eingeweiht«, »gedreht«, »geschliffen« oder »aufgeblasen«. Das alles ging nicht ohne Mißhandlung ab. Der Vorstand des Gesellenverbandes, der Altgeselle, gab ihm oft in der naiven Weise echter Volkspoesie, nicht selten aber auch in einer rohen Sprache Ermahnungen und Anweisungen über sein Verhalten in der Werkstatt, auf der Landstraße und in der Herberge.
Jetzt war der junge Geselle Saal- oder Hausgenosse, Schuhmacher, Fleischer-, Bäcker- oder Schmiedsknecht, Mühl- oder Tuchmacherknappe. Er stand nun da als ein verpflichtetes, aber auch vollberechtigtes Mitglied des Gesellenverbandes.
Diese Gesellenschaft hatte ebensosehr einen gesellschaftlichen wie einen religiösen Charakter. Zudem hatte sie die Pflicht, gegenüber der Obrigkeit und den Meistern die Verbandsinteressen zu vertreten, den Arbeitsnachweis zu leiten

und eine gewisse richterliche Aufsicht über die Gesellen auszuüben.
Die in der Zunftstube oder Herberge aufbewahrte eisenbeschlagene Lade, in der die Artikelbücher, sonstige Urkunden, die Geldbüchsen und Trinkkannen, besonders der Willkommbecher lagen, wurde wie ein Heiligtum gehütet. Bei den Gesellenversammlungen wurde sie vom Knappmeister aufgestellt. Dann wurde zunächst »aufgelegt«, d.h. die Beiträge der Mitglieder erhoben und eingelegt sowie die verhängten Geldstrafen eingezogen, die dann sogleich beim nachfolgenden Gelage vertrunken wurden. Dabei ging es hoch her.
Nicht nur bei den Meistern, sondern auch bei den Gesellen war das »Zutrinken zum Halben und zum Vollen« im Schwunge. Die Verbote, die gegen das Trinken erlassen wurden, beschränkten sich mehr oder weniger auf das Verhalten in den Herbergen und auf der Straße. Gerade auf der Straße, so wollte es Brauch und Sitte, sollten sich die Gesellen ehrbar und anständig und vor allem standesgemäß benehmen.
Auch die Art der Kleider war in Ordnungen genau festgelegt. So lesen wir in einer dieser Verfügungen: »Handwerker und Handwerksknechte sollten kein Tuch zu Hosen und Kappen über 3 Arten eines Gulden, zu Rock und Kamisol inländisch Tuch nicht über 1/2 Gulden, kein Gold, Perlen, Sammet, Seide, noch gestückelte Kleidung, kein Marder, sondern Fuchs-, Iltis-, Lämmerpelz tragen, desgleichen keine Straußfedern.« Dem Schneidergesell war es untersagt, »keine Zehe über das andere oder dritte Haus ohne Rock, Mantel, Kragen, noch mit unbedecktem Haupt und ohne Handschuhe zu gehen«. Der Zimmermann mußte mit Rock und Halstuch zum Arbeitsplatz kommen. Niemand sollte barhäuptig oder barfuß auf der Straße erscheinen, keiner auf der Straße essen oder trinken. Nur dem Lehrjungen wurden solche ungebührlichen Manieren nachgesehen. Dafür wurde er bei der Gesellenaufnahme tüchtig »gehänselt«, um ihn so zu einem anständigen Mitglied der bürgerlichen Gesellschaft zu machen.
Auf dem Gang zur Kirche oder zur Herberge trug der Geselle, wenn er den »Anstand« wahren wollte, stets ein Stück seines Werkzeuges bei sich. Der Schmied einen Hammer, der Böttcher Beil oder Schlegel, der Tischler das Winkelmaß, der Ka-

minfeger die Kratze. Ging ein Bäcker in die Mühle, so mußte er eine weiße Schürze vorbinden und einen leinernen Sack über den Rücken hängen. Meister und Geselle trugen zu Mantel und Hut den Degen und zeigten damit an, daß sie freie Männer waren.
Die alten Handwerksordnungen enthielten viele Ermahnungen zu fleißigem Kirchenbesuch und zu gottesfürchtigem Lebenswandel. Fluchen, Schwören und Lästern, gottlose und unzüchtige Reden, Reime und Possen waren verpönt. Wer sich dagegen verging, wurde zu »Strafbier« verurteilt.
Wußte man von einem Gesellen, daß er ein »Weib« im Frauenhaus hatte, so wurde er verurteilt, ein Pfund Wachs zu zahlen.
Die Gesellen sollten bei ihrem Meister essen und wohnen. Auf diese Weise wurde die engere Verbundenheit zum Meisterhause gefördert. Allerdings mußte sich der Geselle an eine strenge Hausordnung halten. Abends um 10 Uhr, mancherorts schon um 9 Uhr, hatte er zu Hause zu sein.
In den alten Satzungen der Kannegießer lesen wir: »Welcher sich ungebührlich hielte in der Kammer, der soll dem Handwerk 5 Schilling geben.« Und an einer anderen Stelle: »Welcher seinen Hausvater, bei dem er zehrt, etwas zerbricht oder verwahrlost, der soll, wie das Namen hätte, dem Wirt das bezahlen.«

Arbeit nach Brauch und Recht

Die Dauer der Arbeitszeit war durch die Zunft festgesetzt. Kein Geselle durfte eher aufhören oder beginnen, wie es vorgeschrieben war. Am Sonnabend schloß man um 3 oder 4 Uhr, manchmal schon um 12 Uhr, damit die Gesellen und Lehrbuben ins Bad gehen konnten.
Die winterliche Arbeit bei Licht ging bis Fastnacht. Sie wurde dann mit einem »Lichtbraten« beendet. In Nürnberg zogen die Gesellen aus diesem Anlaß mit einem großen Leuchter brennender Kerzen durch die Stadt und warfen ihn in den Fluß.
Am Montag machten die Gesellen häufig blau. Über die Bedeutung des Ausdrucks »blauer Montag« gibt es mancherlei Erklärungen. Manche sagen, der wechsel- und leblose Himmel sei blau, daher heiße blau soviel wie leer, inhalt- und tatenlos. Rede man »ins Blaue hinein«, so rede man Unwichtiges,

Nichtiges. »Mache man blau«, so gäbe man sich dem Nichtstun hin, und der »blaue Montag« werde folglich zum nichtigen, tatenlosen Tag. Eine andere Erklärung besagt, daß diese Benennung von den blauen Decken herrühre, womit die Altäre in der Osterzeit behängt würden. Wiederum andere leiten das Wort vom Altdeutschen bliuvan ab, was soviel wie durchbleuen besagt. Demnach war der Montag also eine Art Prügeltag.
Lohnabzüge ließen sich die Gesellen am blauen Montag nicht gefallen. An ihrer Genossenschaft hatten sie einen starken Rückhalt. Diese verhängte sogar empfindliche Strafen gegen die Gesellen, die den Meistern nachgaben.
Schon um 1329 ließ sich das Bestreben der Gesellen erkennen, durch gemeinschaftliche Schritte einen Druck auf Meister und Zunft auszuüben. So berichtet eine Breslauer Chronik von einem förmlichen Gesellenausstand (er wird in der Chronik als »Strike« bezeichnet, daher das Wort Streik). Nach diesem Bericht erklärten die Gürtlermeister vor dem Rat: »Da die Gürtlerknechte sich vereinigt haben, ein Jahr lang alle Arbeit einzustellen, so wollen auch wir keinem Arbeit geben.«
Zweiundzwanzig Jahre später mußten die Tuchermeister zu Speyer im Streit mit ihren Gesellen wegen Lohnerhöhung nachgeben. Die Gesellen hatten andernfalls mit Ausstand und Abzug gedroht. Beide Teile kamen dahin überein, daß der Lohn nur in Geld, und zwar in der in Speyer üblichen Münze bezahlt werden sollte. 1362 erzwangen die Weberknechte in Speyer eine abermalige Lohnerhöhung.
Die erste förmliche Gesellenverbindung wurde in Basel geschlossen. Dort erklärten die Schneiderknechte, daß, wenn sie etwas gegen einen Meister hätten, ohne weiteres allen Knechten verboten werden konnte, bei diesem zu arbeiten. In wenigen Jahrzehnten setzten sich in allen rheinischen, niedersächsischen und ostdeutschen Städten diese Gesellenverbände durch. 1431 wurde in Landau den Gesellen das Recht auf eigene Gerichtsbarkeit zuerkannt. In einem alten Vereinsstatut aus dem Jahre 1468 heißt es, daß es »mit Erlaubnis, Willen und Gunst des Bürgermeisters und Rats« aufgestellt worden sei. Jeder Knecht war gezwungen, einer solchen Gesellenbruderschaft beizutreten. Der Handwerksgeselle hatte dem Meister gegenüber den Vorteil, daß er an keinen Ort gebunden war,

daß er sich »fremd machen« und jederzeit wieder auf die Wanderschaft gehen konnte. Wenn er das vorhatte, so mußte er am Sonntag nach dem Essen mit seinem Bündel auf dem Rücken vor den Arbeitgeber treten und ihm den Dienst in der üblichen Sprache des Handwerksbrauches aufkündigen. Von anderen Gesellen feierlich geleitet, zog er zum Ort hinaus.

Schon um die Mitte des 14. Jahrhunderts war das Gesellenwandern allgemein üblich. Man erwartete von den jungen Handwerkern, daß sie sich draußen weiterbildeten, ihren geistigen Gesichtskreis erweiterten und im Kampf mit der fremden Welt zu Männern heranreiften. Die vorgeschriebene Wanderzeit betrug gewöhnlich 3 bis 4 Jahre. Wer von der Wanderschaft mit heiler Haut und reichen Kenntnissen zurückkam, der hielt sich für besser als die Zuhausegebliebenen. Wer aus irgendwelchen Gründen nicht auf die Wanderschaft gehen konnte, wurde zwar auch Meister, aber als »Gnadenmeister« bezeichnet. Er konnte nie Vorsteher einer Zunft werden, und an seinem Hause wurde bei Umzügen die Zunftlade vorübergetragen, während man sie bei den anderen Meistern ehrenhalber absetzte.

Die Gesellen hielten jeden Monat eine Versammlung ab, die sich »Auflage« nannte, weil bei dieser Gelegenheit, wie wir schon sahen, die Beiträge »aufgelegt« wurden.

Die Versammlung wurde von dem Altgesellen etwa folgendermaßen eröffnet: »Also mit Gunst, ihr Brüder, so werdet ihr wohl wissen, daß wir alle vier Wochen unsern ehrlichen Ein- und Ausgang und auch einen ehrlichen Auflage- und Zechtag haben. Desgleichen wollen wir auch heute haben. Wo aber ein Jünger oder ein fremder Geselle anwesend sein möchte, so möge er warten, bis alle andern aufgelegt haben. Dann soll er aufstehen und mit aller Bescheidenheit hervortreten und sich befragen.«

Jetzt tritt der fremde Geselle vor und meldet sich bescheiden zu Wort: »So mit Gunst, ihr günstigen Herren Beisitzer als auch eine ganze ehrsame Brüderschaft, ich bitte, ihr wollt mir ein Wort oder zwei vergönnen.«

Darauf antwortet der Altgesell: »Es sei dir vergönnt in Gottes Namen.«

Der Fremde: »Dieweil Ihr mir vergönnt habt, so tu ich mich

bedanken von den Ältesten bis auf den Jüngsten, vom Jüngsten bis auf den Ältesten. Was ist ein fremder Gesell schuldig aufzulegen, der niemals vor offener Büchsen und Laden hat aufgelegt?«
Altgesell: »Einen Silbergroschen. Meine Herren Ältesten lassen Euch fragen, wo Ihr habt Euer Handwerk bekommen?«
Fremder: »In Nürnberg.«
Altgesell: »Habt Ihr Knappenrecht erlegt?«
Fremder: »Ja.«
Altgesell: »Habt Ihr Paten gebeten?«
Fremder: »Ja« (und er nennt drei Namen).
Altgesell: »Gesellschaft, meine Herren Ältesten, haben ein Genüge daran. Ihr wollet Euch setzen und ein Geschenk erwarten und dem Schreiber Euern Namen nennen.«
Nachdem sich der Fremde zum Schreiber begeben und sich dann wieder gesetzt hat, beginnt die sogenannte Umfrage, bei der die Gesellen Beschwerden und Wünsche aus ihrem Arbeitsbereich vorbringen. Die Auflage endet schließlich mit einem fröhlichen Trunk.

Störungen des Arbeitsfriedens

Man ist vielfach der Ansicht, die Streiks seien eine Frucht der im 19. Jahrhundert entstandenen Arbeiterbewegung, also eine durchaus neuzeitliche Erscheinung. Dem ist aber keineswegs so. Die Geschichte gibt uns genügend Beweise dafür, daß die Streiks im alten Rom und auch in Griechenland, ja selbst schon in Ägypten bekannt waren. Allerdings hat es sich da mehr um revolutionäre Aufstände unfreier Arbeiter gegen ihre Unterdrücker gehandelt.
Auch in Deutschland sind Störungen des Arbeitsfriedens bereits im frühesten Mittelalter bekannt. Die Geschichte des Handwerks meldet viele mit großer Leidenschaft geführte Arbeitseinstellungen und offene Kämpfe der Gesellen gegen die Meisterschaft. Manche Gesellenschaften bildeten im Mittelalter schon eine solche wirtschaftliche Macht, daß sich selbst die Behörden nur schwer gegen sie durchsetzen konnten.
Die älteste urkundlich nachgewiesene Arbeitseinstellung in Deutschland ist die der Gürtler in Breslau im Jahre 1339. Aus dem Jahre 1495 wird gemeldet, daß die Bäckergesellen in Kolmar wegen Nichteinräumung des ihnen zustehenden Plat-

zes bei der Fronleichnamsprozession einen zehnjährigen Streik begannen, der sich schließlich über das ganze Elsaß und den südlichen Teil Badens ausbreitete. Weite Kreise zog auch der Buchdruckerstreik in Basel im Jahre 1471. Von einem Streik der Schuhmacher im Bodenseegebiet ist uns bekannt, daß er sich über sieben Jahre hinzog, bis er durch eine unbeteiligte Instanz geschlichtet werden konnte.

Im 16. Jahrhundert wurden die Arbeiterausstände so häufig, daß nahezu jede deutsche Stadt derartige Arbeitsstörungen erlebt hat. Sie zogen sich bis weit ins 18. Jahrhundert hinein hin, um dann im 19. Jahrhundert von den eigentlichen Streiks abgelöst zu werden.

Im Jahre 1750 stellten die Hamburger Tischlergesellen die Arbeit ein, weil sie über die in ihrer Lade angesammelten Gelder frei verfügen wollten. Als man seitens der Meister dazu überging, die Wortführer dieser Forderung auszusperren, zogen sämtliche Gesellen nach Altona und griffen zu scharfen Gegenaktionen gegen die Meister.

Der Rat der Stadt forderte die Gesellen unter Androhung schwerer Strafen auf, zurückzukehren. Sie wurden schließlich alle auf eine schwarze Liste gesetzt und diese den Nachbarstädten zugeschickt, mit der Aufforderung, die Meuterer nicht in Arbeit zu nehmen. Als auch das nichts fruchtete, wurden alle streikenden Gesellen verhaftet, und erst nach weiteren drei Monaten gelang es, den Arbeitsfrieden wieder zu sichern.

Ein anderer großer Streik in der gleichen Stadt entstand 1753 durch einen Ausstand der Schneider wegen Lohnstreitigkeiten mit den Meistern. Aus Sympathie beteiligten sich dann viele andere Handwerksgesellen aus den Berufen der Tischler, Schuhmacher, Schmiede u.a. Es kam auch hier zu sehr langwierigen Verhandlungen, bei denen die Gesellen erst nachgaben, als sie ihre Rechte wenigstens in gewissem Umfang anerkannt sahen.

Die Frau im Handwerk

Während des ganzen Mittelalters kann man beobachten, daß die Frau an der Seite des Mannes, vielfach aber auch selbständig, arbeitet. Wir finden sie in fast allen Gewerben. Frauen konnten in etliche Zünfte aufgenommen werden, ja sie gründeten für bestimmte Berufe sogar ihre eigenen Organisationen. Im Jahre 1377 bestimmte die Ordnung der Schneider in Frankfurt a.M., daß jede Frau, die Bürgerin der Stadt ist, ein Handwerk frei ausüben konnte. Sie hatte dafür 30 Schillinge zu zahlen und ein Quantum Wein der Zunft zu geben. Es sind also die gleichen Forderungen, die auch an einen Schneider gestellt wurden.

Aus Straßburg ist uns bekannt, daß die Tucher- und Weberzunft den Frauen kein Hindernis in den Weg stellte. Sie wehrte sich nur gegen die unzünftige Arbeit und forderte von den Weberinnen, daß sie sich an allen Lasten beteiligten.

In einer Urkunde aus Überlingen aus dem Jahr 1450 wird die Regel aufgestellt, daß Frauen, die nähen wollen, in die Schneiderzunft gehen müssen. In Köln bestand eine eigene Garnmacherinnenzunft, und die Goldspinnerei war sogar ausschließlich den Frauen überlassen. In den Zunftbüchern, die uns aus München, Dortmund, Speyer und Mainz überliefert sind, finden wir Vorschriften über die Höchstzahl der Lehrtöchter, die eine Meisterin halten durfte. Weibliche Arbeitskräfte fanden Verwendung bei den Kürschnern, Bäckern, Wappenstickern, Goldschlägern, Paternostermachern, Lohgerbern, Tuchscherern und anderen. Es gab auch selbständig steuerzahlende Handwerkerinnen in der Leinen- und Schleierweberei. Die Schnur- und Bortenwirkerei wurde in Frankfurt im 14. und 15. Jahrhundert ausschließlich von Frauen betrieben.

Ein charakteristisches Bild mittelalterlicher Klassifizierung geben uns die Frankfurter Urkunden aus der Zeit von 1350 bis 1460, in denen die Gewerbe der Frauen in folgender Anordnung aufgezählt werden:

Kämmerin, Spinnerin, Tuchschererin, Wollenbeschneiderin, Radspinnerin, Spulerin, Weberin, Wirkerin, Leinenweberin, Schnurmacherin, Bändlerin, Bortenwirkerin, Schleierweberin, Schleierwäscherin, Hosenstrickerin, Hudelstrickerin, Hutmacherin, Schneiderin, Näherin, Mantelmacherin, Flickschneiderin, Kürschnerin, Bettebereiterin, Wäscherin, Mattenmacherin, Korbmacherin, Kerzenmacherin, Besenmacherin.

Im Kleinhandel: Hockerin, Setzerin, Senf- und Essigmengerin, Hühner- und Eierhändlerin, Milberin, Obsthändlerin, Käsehändlerin, Verkäuferin, Unterkäuferin, Altgewänderin, Kleiderhockerin, Schleierverkäuferin, Krämerin, Haferhändlerin,

Pfandsetzerin und Bademagd. Schließlich waren dieser Liste die weiblichen Musikanten und Ärztinnen beigefügt.
Bis ins 16. Jahrhundert arbeitet die Frau überall mit oder neben dem Manne. Bei den Zunftsatzungen kehren häufig Bestimmungen wieder, nach denen die Frau mit den Kindern im Geschäft ihres Mannes tätig sein kann und nach dessen Tod befugt ist, das Gewerbe fortzuführen. Angeführt seien hier nur die Frankfurter Schneiderordnung aus dem Jahre 1585 und das Zunftbuch der Mainzer Schneider von 1362. Nach 1631 entschied ein richterlicher Spruch in Jena, daß jeder Meister befugt sei, »Weib und Tochter zu seinem Handwerke einzusetzen und wie einen andern Knappen arbeiten zu lassen«.
Obwohl also, wie wir gesehen haben, die Frau in starkem Maße an der Arbeit im Mittelalter beteiligt war, wird sie doch nur selten erwähnt. Kommt hinzu, daß ihr große Aufgaben als Meisterfrau zustanden, da Lehrlinge und Gesellen als Familienangehörige betrachtet wurden.
Jahrhunderte hindurch fand also die Frauenarbeit keine gebührende Beachtung. Erst als man sie als Konkurrenz entdeckte, suchte man sie aus den handwerklichen Berufen zu verdrängen. So ist es verständlich, daß mit dem allgemeinen wirtschaftlichen Niedergang die Frau dem Druck der Verhältnisse zuerst weichen mußte. Aus dem 15. Jahrhundert liegt uns eine Beschwerde der Schneider von Konstanz vor, die diese gegen die Näherinnen führen. Es wird ihnen vorgeworfen, auch goldene Meßgewänder und allerlei Kleider zugeschnitten zu haben.
Nürnberg, das bis weit über das Mittelalter hinaus eine hervorragende Stellung einnahm, hat sich erst sehr spät entschlossen, die Frauen von den Berufen der Weber, Drahtzieher, Scheibenzieher, Rotschmieden und Gürtlern auszuschließen. In Straßburg kam es im 17. Jahrhundert zum endgültigen Verbot der weiblichen Arbeit.
Es wurden Strafen angedroht für denjenigen, der Gesellen neben Mägden arbeiten ließ, und schließlich für alle, die »Weibsbilder« unterrichteten, es sei denn, die ehelichen Frauen und Kinder.
Lange hielt sich die Sitte, daß eine Witwe, die den Gesellen heiratete, diesem den Weg zur Meisterschaft erleichterte.

Wo der Handwerker
seine Werkstatt gründet,
ist seine innerste Heimat
Johann Fischart

Der Handwerker in seiner Stadt

Der Bürger

Der äußere Eindruck der mittelalterlichen Stadt wurde durch die Stadtmauer bestimmt. Sie setzte das umbaute Gebiet gegen die sie umgebende Landschaft ab. Über die Mauer hinweg sah man die Dächer der Wohnhäuser, überragt von den Kirchen. Es war eine Art ehrfürchtige Zurückhaltung der Häuser gegenüber den Kirchen.

Als das Handwerk im 11. Jahrhundert erstarkte, als das gewerbliche Element auf der Grundlage des Marktes überall Fortschritte machte und das Handwerk sich auch erfolgreich gegenüber dem Handel durchgesetzt hatte, erwachte der Bürgerstolz.

Eine wohldurchdachte Baukultur und die gemeinsame Weltanschauung sind es, die die Schönheit des mittelalterlichen Stadtbildes ausmachen. Man bekundete Verständnis für optische Maßstäbe und für Raumempfinden, soweit es bei der Enge der Stadt möglich war. In fast allen Städten kann man von einer künstlerischen Einheit sprechen, von einer Relation der Straßen zu den Plätzen mit architektonischen Dominanten. Der Reiz wird meist durch die Umgebung erhöht, in die die Städte hineingesetzt wurden.

In dem Maße, wie sich das Handwerk entfaltete, gewann es auch Einfluß auf den Bau und die Ausstattung des Rathauses. Hier erfolgte die Selbstverwaltung der Stadt, hier war der Ort, von dem aus sich nach strengen Gesetzen das bürgerliche Leben und Treiben vollzog.

Zur Obhut der städtischen Verwaltung zählten auch Bauten und Räume außerhalb des Rathauses: Tore und Mauern, Münze und Marstall, Zucker- und Akzisehäuser, Apotheken, Spitäler und Siechenhäuser.

Zum gewerblichen Treiben gehörten die Märkte, die Lager-, Salz-, Schlacht-, Eich-, Korn- und Fischhäuser, die Brothallen, die Mühlen und die Stadtwaagen, alles Bauten und Anlagen, die eng mit den handwerklichen Tätigkeiten verbunden waren.

Nicht alle Einwohner der mittelalterlichen Stadt waren Bürger. Nur wer ehelich geboren war und einem ehrlichen Stand angehörte, wer persönlich frei und wehrfähig war, konnte Bürger werden. Als Bürger nahmen die Handwerker fast überall Anteil am Stadtregiment. Zur Verteidigung mußten sie stets bereit sein.

Wenn ein Handwerker von auswärts kam und sich in einer Stadt seßhaft machen wollte, mußte er einen »Echt« oder »Mannrechtsbrief« vorweisen, aus dem ersichtlich war, daß er die bürgerlichen Eigenschaften besaß.

Der Tageslauf eines Handwerkers

Am frühen Morgen besuchte er die Messe und ging dann in seine Werkstatt oder auf den Markt. In den meisten Städten wurde es den Handwerkern verboten, die Ware zu Hause feilzubieten. Auf dem Markt waren die Verkaufstische der Metzger und Bäcker, der Schuhmacher und Schneider, der Kürschner und Gerber, der Gold- und Silberschmiede.
In der Zeit von acht bis zwölf Uhr wurde auf dem Markt verkauft, um die Mittagszeit schloß man ihn. Fremde Handwerker durften nur mit besonderen Genehmigungen Waren auf dem Markt anbieten. Ihre Verkaufszeit wurde gegenüber der der einheimischen beschnitten.
Wenn der Handwerker vom Markt nach Hause kam, wurde zu Mittag gegessen. Die Hauptmahlzeit wurde jedoch am Abend eingenommen. Der Nachmittag war häuslichen Arbeiten vorbehalten. Wer am Vormittag auf dem Markt war, arbeitete am Nachmittag bis in den späten Abend in der Werkstatt.
Die Werkstatt war die innerste Heimat des Handwerkers. Hier fühlte er sich als Glied seines Berufsstandes, und zwischen Beruf, Familie und Religion bestand die denkbar engste Beziehung. Hier in der Werkstatt vollzog sich auch der Aufstieg vom Lehrling zum Meister.
An Sonn- und Feiertagen ging die Handwerkerfamilie geschlossen in die Kirche. Wieder wurde gemeinsam gegessen, aber zu einer früheren Zeit als an den Werktagen, um für den Nachmittag reichlich Zeit zu haben. Irgendwo war stets eine Festlichkeit. Dort tanzte, aß und trank man, und das gern und viel. Höhepunkte im Leben des Handwerkers waren die großen kirchlichen und bürgerlichen Feste. Abends wurde wiederum gemeinsam gegessen, und bis zum Anbruch der Dunkelheit saß man zusammen. Man kannte Spiele, darunter Würfel-, Dame- und Schachspiel, oder man musizierte. Wenn die Abendglocke läutete, wurde es Zeit, ins Bett zu gehen. In den Wirtshäusern wurde dann zum Aufbruch gemahnt. Die Straßen lagen dunkel da, die Tore wurden geschlossen.

Die Handwerkerehe

Der Handwerker erwartete von seiner Braut, daß sie einen guten Charakter hatte, aus einer ehrsamen Familie stammte, ein untadeliges Leben geführt hatte und eine hübsche Aussteuer mitbrachte.
Die Verlobung wurde festlich gefeiert und in der Kirche bekanntgegeben. Einen langen Brautstand kannte man nicht. Glaubte der junge Meister, einen eigenen Haushalt führen zu können, heiratete er. Hochzeitsfeierlichkeiten arteten häufig aus, so daß der Rat sich in vielen Städten genötigt sah, darüber Vorschriften zu erlassen.
Ein angesehenes Brautpaar rechnete mit reichen Geschenken. Es gab Kleider, Schmuck und Geld.
Die Taufe eines kleinen Erdenbürgers wurde wiederum feierlich begangen. Die Gratulanten brachten Geschenke, und die Eltern zeigten sich durch reichliche Bewirtung erkenntlich. Die meisten Handwerkerfamilien waren reich mit Kindern gesegnet. Fünf, zehn und mehr Kinder waren keine Seltenheit. Durch Kinderkrankheiten und mangelnde Hygiene war die Sterblichkeit der Kinder groß, die der Wöchnerinnen nicht minder. Die meisten Handwerker heirateten mehrere Frauen hintereinander.
Die Erziehung der Kinder war in der Regel streng. Es gab damals schon eigene Handwerksberufe, die sich ausschließlich mit Kinderspielzeug befaßten, die also Kügelchen drehten, Steckenpferde schnitzten, Blasrohre anfertigten und Puppen arbeiteten. Besonderer Beliebtheit erfreuten sich Tonpuppen, die vornehmlich in süddeutschen Städten beliebtes Kinderspielzeug waren.
Mit dem Lernen war es schlecht bestellt. Schulen gab es nur vereinzelt. Wer es sich leisten konnte, hielt sich einen Privatlehrer. Oft waren es die Zünfte, die den Unterricht der Kinder organisierten. Mit vierzehn begann stets die Lehrzeit des jungen Menschen.
In der Ehe eines Handwerkers herrschte stets der Mann. Die Frauen wurden angehalten, bescheiden zu sein und zurückgezogen zu leben. Nicht selten hatten sie unter der Roheit der Männer zu leiden. Das Ansehen der Frau wuchs erst im späten Mittelalter, als sich das Leben verfeinerte. Nun wurde der Familiensinn gepflegt. Der verheiratete Handwerker galt mehr

als der ledige. In Zunft und Rat konnte ein Junggeselle kein Ehrenamt bekleiden. Er konnte auch nicht Meister werden.

Der Speisezettel des Handwerkers

Sicherlich gab es festliche Essen, bei denen sich die Tische unter der Fülle der Speisen und Getränke bogen. Sie gehörten aber zu den Seltenheiten, obgleich das Essen als solches zu den bevorzugten Freuden der Handwerker zu zählen ist. Am Alltagstisch eines Handwerkers war Lukullus nicht zu Hause. Hauptbestandteile des wochentäglichen Küchenzettels waren gebackenes Brot, Hülsenfrüchte, Grütze, Gemüse, Fisch, selten Fleisch, manchmal Geräuchertes.
Wasser trank der Handwerker nie gern, auch in schlechtesten Zeiten nicht. Er schätzte das Bier und Wein. Nur wenn er krank war, trank er Tee. Streng hielt sich der mittelalterliche Handwerker an die Fastenzeiten, in denen weder Fleisch, Butter noch Eier auf den Tisch kamen.

Plätze und Straßen

Zentrum einer Stadt war der Marktplatz oder die breite, platzartige Marktgasse. Ein solcher Platz entstand entweder aus einer Straßenkreuzung, die sich ausweitete, oder war bewußt quadratisch oder rechteckig angelegt. Straßen und Gassen mündeten hier im Mittelpunkt des städtischen Lebens. Am Markt und an der Ausstrahlung der von ihm ausgehenden oder einmündenden Straßen zeigt sich die physiognomische Mannigfaltigkeit der Stadt. Die öffentlichen Einrichtungen, so auch die Zunfthäuser, waren meist um den Markt gruppiert. Hier zeigte sich die wohlige Geschlossenheit.
Auf den Märkten hatte das Handwerk alte Verkaufsrechte. Anfangs auf unbedeckten Ständen, auf Bänken und in Buden, später in Hallen und Lauben. Gleichartige Handwerksberufe hatten ihre Verkaufsbuden nebeneinander. Oft wurden solche Verkaufsbuden auch an Rathäuser und Kirchen angebaut, dann waren sie wie Schwalbennester in allen möglichen Vor- und Rücksprüngen eingefügt. Bisweilen waren die Marktbuden gleichzeitig Werkstätten. In manchen Städten war sogar vorgeschrieben, daß bestimmte Arbeiten nur in Marktbuden verrichtet werden durften.
Die Straßen waren sehr verschieden von den heutigen. Man kannte keine Bordsteine, erst recht keine Fahrbahn. Mitten

durch die Straße führte die Entwässerungsrinne, die einerseits die Straße vom Unrat befreite, andererseits den Gewerbetreibenden Wasser zuführte. Abwässer wurden ungehindert in die Straße geleitet. Dazu kam das Regenwasser von den Dächern, das durch die Traufgäßchen auf die Straße floß. So kam es, daß die Straßenrinnen meist verstopft waren und zu üblen Erscheinungen führten. Bei dieser mangelnden Straßenhygiene blieben Seuchen nicht aus.

Das Stangenrecht

Straßen waren »Allgemeingut«. Daher mußten Fluchtlinien eingehalten werden, die durch das Stangenrecht gewahrt wurden. Ein Beauftragter der Stadt ritt mit einem Speer, den er quer vor sich auf den Sattel legte, durch die Straßen. Alles, was dem Speer hindernd im Wege stand, mußte beseitigt werden. Das Stangenrecht wurde nach der Breite und auch nach der Höhe ausgeübt, um das breite Vorspringen der Erker zu verhindern. Verstöße wurden geahndet, so daß das Stangenrecht ein wichtiges Mittel war, um das Stadtsäckel anzureichern.
Im Winter und an Regentagen war es fast unmöglich, eine Straße zu passieren. Man half sich, indem man an den Kreuzungspunkten Springsteine anlegte. In einem alten Lied heißt es: »Wo sind die, die vom breiten Stein nicht wankten und nicht wichen.« Es wird darin auf Studenten angespielt, die, auf ihren Steinen stehend, anderen keinen Platz machten.
Nur selten wurden Straßen gepflastert. Die Pflastertechnik der Römer war in Vergessenheit geraten. Heute noch erinnern bestimmte Straßennamen wie »Großer Steinweg« oder »Auf den Platten« an die Seltenheit gepflasterter Wege.
Aus den Verordnungen der Städte geht hervor, daß Handwerker nicht zu ihren »Morgensprachen« zu kommen brauchten, wenn der Straßenschmutz es nicht gestattete. In Frankfurt hat man im 14. oder 15. Jahrhundert den Unrat auf großen Wagen aus der Stadt gefahren und die Straßen bei Regen mit Stroh bedeckt. Von Kaiser Friedrich III. wird erzählt, daß er bei seinem Besuch in der Freien Reichsstadt Reutlingen mit seinem Pferd beinahe im Straßenschmutz versunken wäre.
Ursprünglich oblag die Sauberhaltung der Straßen den Anwohnern. Da sie nicht damit fertig wurden, übernahm später der Magistrat die Reinigung.

Der moderne Straßenbau begann erst um 1700, als man, an römische Traditionen anknüpfend, systematisch Straßen baute. Die erste Asphaltstraße stammt von dem Baseler Ingenieur Merian aus dem Jahre 1849, die erste »Autobahn« entstand 1909.

Holz- und Steinbauten

Bis ins frühe Mittelalter hinein wurden die Häuser aus Holz errichtet, dann ging man dazu über, an den Außenwänden Steine zu verwenden. Die inneren Trennungswände wurden nach wie vor aus Holz gefertigt. Erst mit der wirtschaftlichen Erstarkung der Städte nahm der Steinbau zu, war jedoch stets teurer als der Holzbau.
Die Einführung des Backsteins schreibt man den Niederländern zu. Seit dem 12. Jahrhundert breitete sich der Ziegelbau überall in Nord-, Mittel- und Ostdeutschland aus.
Da die Dächer mit Stroh, Schilf oder Holzschindeln gedeckt waren, kam es immer wieder zu verheerenden Feuersbrünsten. Die Baumeister suchten verzweifelt nach feuerfesten Dachdeckungen. Sie arbeiteten nach überkommenen Regeln. Die Baukultur saß tief im Volk. Es herrschte eine traditionelle Baugesinnung, aus der das harmonische Bild unserer Städte erwachsen ist. Aus der bescheidenen und kleinsten Form des Hauses, dem einräumigen, entwickelte sich das größere, das aus Stube, Kammer und Küche bestand. In der Fuggerei in Augsburg sieht man, wie diese Häuser beschaffen waren.
Seit dem 14. Jahrhundert entwickelten sich die Häuser auf schmaler Parzelle in die Tiefe. Das Erdgeschoß eines Handwerkerhauses enthielt die meist geräumige Werkstatt und, wenn Platz war, eine Art Empfangsraum. In die oberen Geschosse, wo die Wohn- und Schlafräume waren, führte eine Treppe. Nach dem Hof wurde noch ein Raum abgetrennt oder geschaffen, der der Lagerung des Materials diente.
Alle Häuser der Städte wurden vom Handwerk ausgeführt. Allerdings waren im Verhältnis zu heute nur wenige Berufe am Bau: Maurer, Zimmerer, Tischler, Glaser und Schlosser. Tünchen, Ölen und Deckenanstrich nahm meist der Hausherr selber vor. Steinbauten blieben ohne Anstrich, während die verputzten Bauten eine Domäne des Malerhandwerks waren. Solche Häuser wurden mit Farbe gestrichen und oft reich bemalt.

Die innere Gestaltung

Auch an der inneren Gestaltung des Hauses hatte das Handwerk großen Anteil. Es beginnt mit der Tür, die aus schwerem Eichenholz gearbeitet und mit Schmiedearbeit überzogen wurde.

Das Türschloß hatte eine lange Entwicklung vom Holz- zum eisernen Schloß hinter sich. Ursprünglich kannte man nur einen hölzernen oder eisernen Riegel, der in einen Haken eingriff und von außen an einem Riemen hochgezogen werden konnte. Anstelle dieses Riemens erschien später ein Drücker aus Metall. Innen wurde die Tür mit einem Holzbalken verriegelt. Langsam verdrängte das Eisen den Holzmechanismus. Um das 14. Jahrhundert erschienen die ersten Schnappschlösser. Aus den Eisenschlössern entwickelten sich wahre Wunder an Feinschmiedekunst, wobei es weniger darauf ankam, daß eine Tür verschlossen wurde, sondern daß das Schloß spielerisch wirkte. Künstlerisch steht das mittelalterliche Schloß weit über dem heutigen Fabrikschloß.

Die Wände in den Bürgerhäusern wurden getüncht, bemalt, mit einer Holztäfelung versehen oder mit Stoff überspannt. Die Holzvertäfelung bestand aus einem Sockel und den darüber senkrecht angebrachten Füllbrettern mit breitem Abschlußsims. Oft verschmolz die Vertäfelung mit der Decke zu einem einheitlichen Raumgebilde. Im 15. Jahrhundert kamen Tapeten auf, die man mit Woll- und Glasstaub bestäubte, um ihnen ein samtartiges Aussehen zu geben.

Die Stubendecken bestanden aus einer einfachen Balkenlage mit eingespannter Bretterverschalung.

Fenster wurden in den Anfängen des Bürgerhauses mit Pergament oder Tierhaut, mit Hornplatten oder Teppichen geschlossen. Glasfenster setzten sich erst im 14. Jahrhundert und dann nur allmählich durch. Das Material war zu teuer und daher nur wenigen zugänglich. Anfänglich handelte es sich um bleigefaßte, geblasene Fenster von höchstens 11 cm Durchmesser, also um kreisförmige Butzenscheiben. Als rechteckige Scheiben aufkamen, setzte die Glasmalerei ein und kam zu hoher Blüte.

Das Mobilar war im frühen Mittelalter noch denkbar einfach. Man kannte Tisch, Stuhl und Bett. Bald kam die Truhe hinzu und später der Schrank, die Leuchter und Spiegel.

Den Tisch kennt das Mittelalter in zwei Arten, als Tisch auf Böcken und auf Stollen. Die Böcke wurden durch Verbindungshölzer zusammengehalten. Als Eßtisch benutzte man einen langen Tisch, dessen Platte bis zu 8 m lang sein konnte. Unter der Tischplatte war oft eine Art Schrank mit Türen angebracht, in welchem man die großen Eßbestecke aufbewahrte. Den Tisch auf Stollen führte man in wertvollem Material aus, in Stein, Marmor oder Bronze.
Die Bank war ursprünglich ein fest eingebautes Möbel und stets aus Stein. Als die hölzerne Bank aufkam, war sie zunächst mit der getäfelten Rückwand verbunden. Die einfache Bank mit Lehne ruhte auf achteckigen Beinen. Man belegte die Bänke mit Decken oder weichen Kissen, die es auch für die Lehnen gab.
Aus dem festen Sessel, der ursprünglich aus Stein in einem Stück gearbeitet wurde, ist der Stuhl hervorgegangen. Zur reinen Bretterkonstruktion kam später die Pfostenkonstruktion mit Füllbrettern. Eine besondere Art des Stuhles war der Faltstuhl mit beweglichem Sitzbrett ohne Rückenlehne. Die Seitenteile bestanden aus Vierkantstäben, die am Fuß und am Ende mit Bohlen zusammengehalten wurden.
Das Bett war aus dem einfachen Liegebett entwickelt worden. In vornehmen Häusern baute man darüber einen Baldachin, der mit reichem Schnitzwerk versehen war. Dazu gehörten Vorhänge, die wiederum, je nach Wohlhabenheit des Besitzers, prächtig gewählt wurden. Die Betten waren so hoch, daß man sie nur über ein Trittbrett erreichen konnte. Immer waren sie zweischläfrig.
Eng verbunden mit dem Bett ist die Wiege für den kleinen Erdenbürger. Sie ruhte auf zwei runden Kufen und war mit Schnitzereien verziert.
Wichtigstes Möbelstück des Mittelalters war die Truhe. Da sie das Lieblingsmöbel der Frau war, wurde sie reich ornamentiert. In den Truhen wurden Wäscheteile, Kleidungsstücke, aber auch Geld und sonstige Wertgegenstände aufbewahrt.
Aus der Truhe entwickelte sich der Schrank. Daher hatten Schränke zunächst die Form von zwei übereinander gestellten Truhen, die auf vier Pfosten ruhten. Die Türen der Schränke waren mit Bändern beschlagen, die Füllungen bestanden aus

durchbrochenem Maßwerk. Der Aufbau dieser Schränke ist fast immer architektonisch.
Zu den festen Möbeln gehörte auch der Ofen. Meist war es ein Kachelofen mit Unter- und Oberbau. Auf dem Gebiet der Kachelherstellung hat das mittelalterliche Handwerk seit dem 15. Jahrhundert Vorzügliches geleistet, wobei man bedenken muß, daß die primitive Brandtechnik große Schwierigkeiten in der Kachelanfertigung mit sich brachte.
Als Lichtträger kannte man Leuchter, die kunstvoll ausgebildet waren. Meist trugen diese Leuchter nicht nur Lichter, also Kerzen oder Kienspäne, sondern auch das Hauswappen.

Das häusliche Geschirr

Bis ins 13. und 14. Jahrhundert war das häusliche Geschirr aus Holz gearbeitet. Erst mit steigender Wohlhabenheit wurde es in den Goldschmiedewerkstätten aus Edelmetall hergestellt. Beliebt waren Tafelaufsätze, die sich in ihrem Stil an die kirchliche Überlieferung hielten.
Kunstvoll wurden die Pokale gearbeitet, in denen die Technik des Metalltreibens deutlich wird. Der Pokal sitzt auf einem konstruktiv durchdachten Fuß und wird mit einem gebuckelten Deckel geschlossen. Auch die Becher wurden kunstvoll graviert, und neben solchen aus Metall wurden andere aus Kristall geschnitten und mit Gold- und Silberarbeiten verziert. Aus der Hand des Goldschmiedes kamen ebenfalls Kannen, Löffel, Messer und Salzfässer.

Man badete paarweise

Bäder gehörten nicht zur Wohnung. Sie waren stets außerhalb der Häuser. Solche Badestuben, von Badern geführt, mußten wie Wirtshäuser vom Magistrat privilegiert werden. Das Badewesen war äußerst volkstümlich. So zählte man 1489 in Ulm 168 Badestuben. Ob warm oder kalt gebadet wurde, richtete sich nach der Jahreszeit. Im Winter wurde nur heiß gebadet. Die Bader erhitzten das Wasser in großen Kübeln.
Im März badete man gegen Krankheiten, im Mai für die Schönheit. Es wurde dabei gegessen und getrunken. Unzählige Darstellungen schildern, daß auch das Liebesleben dabei reichlich auf seine Kosten kam, denn man badete stets paarweise. Mann und Frau saßen sich in der Bütte gegenüber, schmausten und tranken an einem Eßbrett. Immer wurde in

Gesellschaft gebadet. Für einen einzelnen wäre die Einrichtung des Bades zu teuer gewesen.
Der Bader sorgte für Musik, und seine Bademägde standen dem Junggesellen für allerlei Kurzweil zur Verfügung. Nach dem Bad wurde getanzt, und zwar in der Kleidung, in der man badete. Das Bad dauerte viele Stunden, oft einen ganzen Tag, und vollzog sich nach bestimmten Regeln.
Man kannte auch das Dampfbad, das ebenfalls vom Bader hergerichtet wurde. Solche Schwitzstuben waren, wie heute die Sauna, besonders beliebt. Darin wurden die Männer von Bademägden, die Frauen von Badeknechten empfangen, die sie mit lauwarmem Wasser begossen und ihnen Rücken, Arme und Beine massierten. Durch ständiges Begießen des Ofens wurde der Wasserdampf vermehrt. Hatte der männliche Besucher genügend geschwitzt, wurde er von den Bademägden gewaschen und eingeseift, dann kam der Scherer, der ihm Haar und Bart schnitt. Nach dieser Prozedur ruhten Männlein und Weiblein auf einem Liegebett aus, auch das in vergnügtem Durcheinander.
Diese Art Badevergnügen war nicht billig. Doch wer im Handwerk etwas auf sich hielt, leistete es sich alle vier Wochen.

Leben und Tätigkeit
sollen beim Handwerk
in einem verschmelzen,
und alles zur Ehre Gottes
Martin Schongauer

Die Blütezeit des Handwerks

Die Zeit der großen Schöpfungen

Die Blütezeit des Handwerks lag zwischen dem 14. und dem 16. Jahrhunn dieser Zeit war in den großen Städten die Mehrzahl der Einwohner Handwerker. 1363 gab es in Nürnberg 1217 Handwerksmeister, von denen allein 318 in Metallberufen tätig waren.

In den bedeutenden Städten waren durchweg 50 bis 60 Zünfte; in Wien sollen es über 100 gewesen sein. Ihnen ist es zu verdanken, daß der Handwerker im Mittelalter im großen und ganzen keine Existenzsorgen hatte. Aus dieser inneren Sicherheit erwuchs seine seelische Einstellung. Aus dieser Einstellung wiederum kamen die großen Schöpfungen des Handwerks.

Abnehmer der handwerklichen Erzeugnisse waren Kaufleute und Patrizier, und dort, wo der Handel blühte, wanderten die Produkte in die weite Welt. Man kann sich daher die Blüte des Handwerks nicht ohne die gegenseitige Befruchtung von Handwerk und Handel vorstellen. Es vollzog sich ein geschlossener Wirtschaftsaustausch. Durch ihn kam es zu Wohlhabenheit und zu gesteigerten Bedürfnissen nach geistigen und kulturellen Werten. Das Handwerk wurde zu Spitzenleistungen angespornt.

Der Einfluß der Zünfte

Durch die gegen die Geschlechter gerichteten Zunftkämpfe hatten sich die Handwerker fast zu politischen Körperschaften formiert, die allenthalben Anteil an der Stadtverwaltung bekamen. Sie saßen im Rat, übten eigenes Recht aus, hatten eine Gewerbegerichtsbarkeit und erließen rechtsverbindliche Vorschriften. Militärisch waren sie so etwas wie Unterabteilungen der städtischen Bürgerwehr.

Gleichzeitig waren die Zünfte oder die neben ihnen einhergehenden Bruderschaften religiöse Genossenschaften, die kirchliche und politische Zwecke verfolgten und die die ersten Kranken-, Sterbe- und Unterstützungskassen ins Leben riefen.

Die wichtigste Stellung hatten die Zünfte auf gewerblichem Gebiet. Als freie Genossenschaften vertraten sie einerseits die Interessen ihrer Mitglieder, andererseits waren sie als »Amt« ein Organ der Stadt zur Förderung der öffentlichen Wohlfahrt. Aus dieser Doppelstellung erwuchsen ihnen bedeutsame Pflichten für die Gesamtheit der städtischen Verbraucher. So

hatten sie in der geschlossenen Stadtwirtschaft auch das ausschließliche Recht auf Arbeit. Die Verbraucher hingegen hatten die Pflicht, jede Arbeit oder Ware nur bei den Zunftgenossen zu erstehen. Als »Amt« nahm die Zunft auch die Belange der Verbraucher wahr, sie sorgte für rechtzeitige Lieferung, Güte und Billigkeit der Erzeugnisse und konnte bei Zuwiderhandlungen Strafen erlassen.
Das Interesse ihrer Mitglieder nahmen die Zünfte durch Ausschluß der freien Konkurrenz wahr. Nur wer der Zunft angehörte, konnte das Handwerk selbständig betreiben. Dabei war dem einzelnen Zunftmitglied ein standesgemäßes Einkommen garantiert, das ihm weder von anderen geschmälert noch von ihm selbst auf Kosten anderer Meister erhöht werden konnte. Man suchte das durch eingehende Zwangsvorschriften zu erreichen, indem man eine Gleichheit in Menge, Kosten, Erzeugung und Absatzbedingungen herbeiführte. Ein Aufstieg zum Großunternehmer war unmöglich.
Diese Anordnungen brachten zweifellos dem einzelnen Handwerker Härten. Später erwiesen sie sich auch als zu starr, in der Blütezeit der Städte waren sie aber ein großer Segen. Sie führten zu solidem Wohlstand.

Das Zunfthaus war der Mittelpunkt

Zu einer Zunft gehörten in den Städten zwischen 20 und 50 Meister, in manchen Berufen auch erheblich mehr. Das Zunftleben spielte sich in den Zunfthäusern, bei kleineren Gemeinschaften in Zunftstuben ab. Die Protokolle aller Zünfte befassen sich mit dem An- und Verkauf solcher Zunfthäuser und mit deren Unterhaltung.
An der Spitze der Zunft stand der Amtsmeister, der mancherorts auch Werkmeister, Ältester oder Vorgeher hieß. Ihm zur Seite standen der Säckelmeister, der Schlüsselmeister und die Schaumeister.
Zur Abwicklung der Zunftgeschäfte dienten bestimmte Einrichtungen und Hilfsmittel, die in den Inventarlisten der Zünfte aufgeführt waren. In einem solchen Verzeichnis vom Jahre 1666 ist in Lübeck bei den Malern die Rede von einer Amtslade, einer Amtsrolle, dem Meisterbuch, dem Jungenbuch, dem Amtsbuch, dem Schreiberbuch, dem Zunftsiegel, der Zunftbüchse und dem Gerichtsstab.

Ursprünglich hatten die Zunfthäuser nur den Zweck, den Zünften Räumlichkeiten für ihre amtlichen Versammlungen, ihre »Morgensprache« und für ihre geselligen Zusammenkünfte zu bieten. Noch im frühen Mittelalter hatten stets mehrere Zünfte ein Haus. Dann aber wurden die Zunfthäuser so allgemein, daß jede größere Zunft ihren Stolz darin sah, ein besonders schönes Haus zu besitzen. Die Zunfthäuser waren nie öffentliche Gasthäuser. Sie standen nur den Zunftgenossen zur Verfügung. Mit der Besorgung des Vorrats machte man es so, daß der Stubenknecht, wenn sich die Zunftbrüder zusammenfanden, den Bedarf überschlug und auf Zunftkredit Wein beim Weinschenk, Brot beim Bäcker und alles sonst Erforderliche bei den betreffenden Gewerbetreibenden holte.
Die Stubenordnung hielt streng auf Zucht und Sitte. Auswüchse der Zunftgenossen wurden geahndet und konnten den Ausschluß aus der Zunft zur Folge haben.
Wichtigstes Requisit des Zunfthauses war die Zunftlade. In ihr wurden die Zunftbücher mit den Artikeln, Statuten und Namensverzeichnissen, die Dokumente und Urkunden, die Siegel und Wappen aufbewahrt. Sie war auch die Hauptkasse der Zunft.
Die Lade war meist aus Eisen, immer aber mit Eisenblech beschlagen. Sie hatte mehrere Schlösser, deren Schlüssel in verschiedenen Händen waren. Sobald bei den Morgensprachen die Lade göffnet war, begann der offizielle Teil der Versammlung. Alle Dinge von Bedeutung wurden vor offener Lade verhandelt: wenn ein Lehrjunge losgesprochen, ein Gesell zum Meister gemacht, ein Auswärtiger in die Zunft aufgenommen, wenn Kapitalien verliehen und Eintragungen in die Bücher gemacht wurden.
Die Kapitalbildung erfolgte durch den Kassenanteil an den verschiedenen Gebühren. Ein Teil dieser Beiträge wurde zur Erhaltung von Spitalstellen und für die Begräbnisse von Meistern und Gesellen verwendet. Ein anderer Teil diente zur Erhaltung der Zunfthäuser und Herbergen und zur Unterstützung durchwandernder Gesellen. Ein dritter Teil wurde in Bier und Wein umgesetzt, das den Meistern »vom besetzten Tisch« für ihre Mühewaltung gereicht wurde.

Die Zunftordnung

Diese Ordnung spiegelte die Grundauffassung des Handwerks wider. Sie war so etwas wie ein genossenschaftliches Gesetz. In den Statuten heißt es, daß jeder erst seiner Gemeinde zu dienen hat, daß er aber durch seine Handarbeit nicht mehr und nicht weniger verdienen darf, als er zum standesgemäßen Unterhalt für sich und seine Familie benötigt. Man legte Wert darauf, daß innerhalb eines Berufes nach Möglichkeit Einkommensgleichheit herrschte.

In den Zunftordnungen ist die Rede von der Größe eines Handwerksbetriebes, vom Werkstoffeinkauf, von der Sorge um gute und ehrliche Arbeit, von der Abnahme, Ablieferung und dem Verkauf und der Bezahlung der Arbeit, vom Abschluß der Arbeitsaufträge und -verträge, vom Lohn und der Arbeitszeit der Gesellen, von der Sorge für den ehrlichen Wettbewerb, vom Kampf gegen Störer und Schwarzarbeiter und schließlich von den Abgrenzungen des Arbeitsgebietes gegenüber anderen Handwerksberufen.

Was die Größe des Handwerksbetriebes anging, so wurden einem Meister kaum mehr als drei Gesellen zugebilligt. Nur wenn ein Handwerker einen ganz besonders großen Auftrag zu erfüllen hatte, konnte er bei der Zunft um weitere Gesellen nachsuchen. In einer Ulmer Ordnung aus dem Jahre 1496 liest man jedoch, daß jeder Meister so viele Gesellen anstellen kann, wie er mag.

Was die Zahl der Lehrlinge anging, so durfte der Meister in manchen Städten nur einen, in anderen zwei Lehrjungen halten. In Münster, in Lübeck, in Augsburg und in Ulm war es üblich, daß nur dann ein zweiter Lehrling eingestellt werden konnte, wenn der erste kurz vor der Gesellenprüfung stand. Mehr als vier Gesellen und zwei Lehrbuben sah man nur in Ausnahmefällen.

Der Werkstoffeinkauf war genau geregelt. Die Zünfte sorgten dafür, daß kein Meister vor dem anderen durch günstigen Einkauf unverdiente Vorteile hatte. Wer einen besonders günstigen Einkauf machte, mußte – wie es in einer Kölner Zunftordnung aus dem 14. Jahrhundert vorgeschrieben war – ihn mit seinen Zunftgenossen teilen. Auf jeden Fall hatte er bei einem guten Einkauf die anderen zu benachrichtigen. Tat er es nicht, erwartete ihn eine empfindliche Strafe.

Über die gute Arbeit, über den verarbeiteten Werkstoff und über die Übergabe einer Qualitätsarbeit wachte ebenfalls die Zunft. Man hatte genaue Verdingungsverträge entwickelt, in denen der Auftrag beschrieben, die Maße und Eigenschaften des Werkstückes festgelegt, die Fertigungsbedingungen dargelegt und die Zahlungsverpflichtungen vorgeschrieben waren. Die Bezahlung spielte keine geringe Rolle. Gewöhnlich wurde der Meister täglich ausgezahlt, aber es gab auch nach der Beendigung der Arbeit Gesamtbeträge.

Was den Lohn und die Arbeitszeit der Gesellen angeht, so hatte man ein Verhältnis zwischen Meister- und Gesellenlohn aufgestellt. Die Relationen lagen bei 12:16 oder 15:20. Man kannte Tages- und Wochenlohn. Fast immer zog man bei der Entlohnung das Kostgeld ab, denn die Gesellen lebten und wohnten, von Ausnahmen abgesehen, im Hause des Meisters. Ein Dorn im Auge waren den Meistern die vielen Feiertage. Nur die wenigsten Wochen im Jahr hatten sechs Arbeitstage. Bei den zahllosen Feiertagen wurde in manchen Wochen nur an drei oder vier Tagen gearbeitet, hinzu kam der blaue Montag, der die Arbeitszeit weiter verkürzte.

Das Zunftgericht

Es bestand aus den Zunftältesten mit dem Vorsprecher und war befugt, Strafen über solche Zunftmitglieder zu verhängen, die gegen die Disziplin der Zunft verstoßen hatten. Mit der Zeit ergaben sich aus der Praxis bestimmte Strafmaßnahmen. Das schwierigste war immer die einwandfreie Überführung des Schuldigen.

Verstöße gegen die innere Zunftordnung wurden hart geahndet. Die schwerste Strafe, die verhängt werden konnte, war das Verjagen aus der Zunft. Dazu mußte jedoch der Rat die Zustimmung geben. Alle Streitigkeiten zwischen Meistern oder zwischen Meistern und Gesellen wurden vor dem Zunftgericht verhandelt. Das Stadtgericht wurde nur dann angerufen, wenn man es in letzter Instanz benötigte.

Wettbewerb und Schwarzarbeit

Unredliches Einkommen und minderwertige Arbeit wurden durch strenge Zunftmaßnahmen unterbunden, aber es gab noch andere Übel. Dazu gehörte das gegenseitige Abjagen von Gesellen und Arbeitsaufträgen.

Hat einer dem anderen einen Arbeitsauftrag abgenommen und es wird gegen ihn geklagt, dann hatte er eine erhebliche Buße an die Zunftkasse zu zahlen.
Schwarzarbeit war von jeher geächtet und gefürchtet. Sie nahm in Zeiten des Niedergangs in steigendem Maße zu.
Das Handwerk ging nicht sanft mit »Störern« und »Bönhasen« um. Werkgerät und Arbeitsstücke wurden zerstört und oft den Schwarzarbeitern eine gehörige Tracht Prügel verabreicht.
Der Kampf gegen das Pfuschertum ist so alt wie das organisierte Handwerk. Man gab diesen Pfuschern die verschiedensten Namen, oftmals in Verbindung mit dem Beruf, den sie ausübten. So sprach man von einem Strohschneider, einem Winkeltischler, einem Heimlichen, einem Stümper und einem Hudler. Der verbreitetste Ausdruck war Bönhase. Man verstand darunter einen Handwerker, der nicht in offener Werkstatt arbeitete, sondern in einem geheimen Winkelchen, im Keller oder auf dem Boden eines Hauses. Wenn ihn die Zünfte aufgespürt hatten, wurde er buchstäblich wie ein Hase verfolgt und gejagt.
Auch die Bezeichnung Störer ist seit Jahrhunderten bekannt. Man bezeichnete damit Meister und Gesellen, die im Haus der Kunden arbeiteten oder, wie man sagte, »auf die Stör« gehen, also das Handwerk stören. Deshalb wurden sie verachtet und verfolgt. Was die Abgrenzung der Handwerke anbetrifft, bereitete auch das Schwierigkeiten zwischen Maurern und Tünchern, Tischlern und Glasern, Schnitzern und Bildhauern, Schlossern und Schmieden.
In manchen Städten war man in dieser Angelegenheit nicht kleinlich, da die Verflechtungen unvermeidlich waren. Erst als das Handwerk immer mehr verkrustete, nahm auch der egoistische Argwohn zu und damit diese Auseinandersetzungen.

»Das Handwerk gelegt«

In der Handwerkssprache verstand man unter »Schelten« die Beschuldigung eines Zunftgenossen, der sich gegen Ehrbarkeit und gute Sitten vergangen hatte. Wer von einem solchen Vergehen wußte, war verpflichtet, es der Zunft zu melden. Verschwieg er es, so wurde er dem Täter gleichgestellt.
Stellte sich ein Geselle oder Meister, der sich gegen die Zunftgesetze vergangen hatte, nicht, dann wurde er »aufgetrieben«,

d.h. ein Meister wurde geächtet, in unserem Sinne boykottiert. Kein »ehrlicher« Geselle hätte neben ihm gearbeitet oder mit ihm verkehrt. »Auftreiben« heißt nicht »Forttreiben«, sondern Ausschluß aus der Zunftgemeinschaft. Das Auftreiben erfolgte nicht nur mündlich in- und außerhalb der Handwerksversammlung, sondern auch schriftlich. Der Name des Aufgetriebenen wurde in das »schwarze Buch« eingetragen oder in der »Kundschaft«, also im Wanderbuch des Gesellen, vermerkt, so daß man im ganzen Lande vor ihm gewarnt wurde. »Schelten« und »Auftreiben« waren also Zwangsmittel des alten Handwerks, um die Zunftgenossen zum Gehorsam zu bringen.

Das »schwarze Buch«, in das die Aufgetriebenen eingetragen wurden, lag stets bei den Zusammenkünften zur Einsicht offen. Die Zahl der aufgetriebenen Handwerker, die im »schwarzen Buche« standen, war nicht gering. Sie konnte in die Hunderte gehen. Nichtbezahlung von Schulden, Vertragsbrüchigkeit und Stiftung von Unfrieden waren die häufigsten Vergehen.

Ein noch schärferes Mittel gegen ungehorsame Meister war das »Legen des Handwerks«. In diesem Fall wurde die Werkstatt zugemacht und das Werkzeug weggenommen oder versiegelt. Die heute noch übliche Redensart »Jemandem das Handwerk legen« ist darauf zurückzuführen.

Das Mindesteinkommen

Wer sich um die Aufnahme in eine Zunft bemühte, mußte ein gewisses Mindesteinkommen haben. So war es in den Zunftordnungen festgelegt. Man wollte es nicht darauf ankommen lassen, daß ein Handwerksbetrieb wegen mangelnden Kapitals und zu geringer Reserven in Kürze auf die Hilfe durch die Zunft angewiesen war. Waren diese Voraussetzungen erfüllt und das Meisterstück zur Zufriedenheit der Zunftmeister ausgefallen, trat der junge Geselle nach langen Jahren der Vorbereitung in die Reihe der Meister ein. Nun war er sein eigener, freier Herr.

Mit der Verleihung des Meisterrechts war auch eine Eidesleistung vor der städtischen Obrigkeit verbunden. Erst wenn dieser Eid abgelegt war, erfolgte der Meistereid vor der offenen Zunftlade. Dieser Eid begann mit den Worten: »Ich lobe und

schwöre, daß ich unserem Amte stets treu dienen will, so wahr mir Gott helfen soll und sein heiliges Evangelium.«
Die Eintragungen, die man in alten Zunftbüchern liest, beginnen meist so: »In die Zunft wurde heute NN aufgenommen. Er hat geschworen, die Zunftordnung zu halten wie alle anderen Zunftbrüder.«

Die gegenseitige Hilfe

Die alten Fürsorgegemeinschaften im Handwerk, die ihren Ausdruck in den Unterstützungsladen hatten, geben ein leuchtendes Beispiel für die Hilfsbereitschaft im alten Handwerk. Im einzelnen handelte es sich um die Hilfe für Meister und Gesellen, die unverschuldet in Not geraten waren, um die Unterstützung der Angehörigen, um die Begräbnisfürsorge und schließlich um die Sorge für die Hinterbliebenen der verstorbenen Meister.
Unterstützungskassen wurden sowohl von Meistern als auch von Gesellen unterhalten. Sie leisteten nicht nur Hilfe in den oben angeführten Fällen, sondern mit diesen Geldern gab man auch Darlehen, um einem jungen Meister beim Aufbau seiner Werkstatt behilflich zu sein. Am besten kommt diese Hilfsgemeinschaft in dem Satz zum Ausdruck, daß die alten Zünfte eine Kasse, einen Becher und eine Bahre hatten.

Die Meistersfrau

Sie nahm nur indirekt an den Rechten und Pflichten ihres Mannes teil. Unter den Rechten kann man mehr die Teilnahme an Festlichkeiten und Zunftveranstaltungen verstehen, während sich die Pflichten hauptsächlich auf ihren Lebenswandel und auf die Betreuung der Lehrlinge und Gesellen bezogen.
Zeitlebens mußte sie sich untadelig führen, sonst geriet sie genauso mit der Zunft in Konflikt wie ihr Mann. Es gab einen Kernsatz: »Der Männer Ehre ist auch der Frauen Ehre, doch der Weiber Schande ist auch der Männer Schande.« Im Haus hatte sie für eine gute Beköstigung, für züchtige Kleidung und für angemessene Schlafgelegenheiten zu sorgen.
Wenn ein Meister starb, hatte die Witwe das Recht, den Betrieb des verstorbenen Mannes zunächst weiterzuführen, damit sie wirtschaftlich gesichert war und nicht der Zunft oder der Gemeinde zur Last fiel. Voraussetzung war, daß sie einen

guten Leumund hatte. Nach geraumer Zeit wurde ihr jedoch geraten, einen Gesellen zu ehelichen, der den Betrieb dann übernahm. Eine solche Heirat wurde von der Zunft weitgehend gefördert.
Eigene Lehrlinge durfte die Witwe nicht halten, es sei denn, sie wären von ihrem Mann bereits eingestellt worden. Auch den Zunftversammlungen durfte die Witwe nicht beiwohnen, wie die Meister ohnedies nur selten erlaubten, daß die Frauen in die Zunfthäuser kamen.

Der Kleiderluxus

In dem Maße, wie sich das Ansehen des Handwerkerstandes hob, verbesserten sich auch die äußeren Gewohnheiten. Während der Handwerker bis zu Beginn des 14. Jahrhunderts zu Fuß zu gehen pflegte, setzte sich nun der Handwerksmann, wenn er verreisen wollte, auf Wagen oder Pferd.
Eine Folge der Bewaffnung des Handwerkers war, daß er sich auch an Fest- und Galatagen mit Waffen schmückte. Meister und Gesellen trugen Schwert oder Degen an der Seite oder, wie der Küfer, ein langes Messer im Gurt.
Die Meister trugen samtene Kleidung, ließen die Ärmel mit Silberstreifen besetzen und einen Gürtel, der aus edlem Metall verfertigt war. Der Luxus nahm zeitweise so überhand, daß die Behörden sich genötigt sahen, durch Kleiderordnungen den Aufwand zu steuern.
In einem auf dem Reichstag zu Freiburg im Jahre 1498 erlassenen Gesetz wird die Kleidung der Handwerker wie folgt festgesetzt: »Handwerksleut und ir Knecht, auch sunst ledig Knecht, sollen kein Tuch zu Hosen tragen oder Kappen, daß die Elle über drew Ort eines Guldin (d.h. über ¾ Gulden) kost: aber zum Rücken und Mänteln sollen syn sich Innlendischen Tücher, der die Ele nit über ein Halben Guldin kost, begnügen lassen: auch kein Gold, Perlin, Silber, Sammet, Seyden, Schamaloth, noch gestückelt Kleydung antragen.«
Vordem hatten die Zünfte Vorschriften erlassen, wie sich Meister und Gesellen in der Öffentlichkeit zur Wahrung von Anstand und Handwerksehre zu kleiden hatten. Es sei erwähnt, daß Hosen erst allgemein im 15. Jahrhundert aufkamen, was durch vielerlei Zunftvorschriften beleuchtet wird, in denen man den Zunftgenossen untersagt, »barschenklig« in die Ver-

sammlung zu kommen, es sei denn, daß sie lange Kleider tragen, so daß man die Beine nicht sähe.
Das wurde nun ganz anders. Aus den bescheidenen Kleidungsverhältnissen kam es zum Luxus der Meister, der Gesellen und selbst der Lehrbuben. Aus einer um 1600 erlassenen Verordnung geht hervor, daß den Lehrbuben das Tragen seidener Gewänder verboten und den Gesellen das Recht, seidene Strümpfe, Atlas, Damast oder Samt zu tragen, entzogen werden mußte.
Die Handwerkerfrauen wollten nicht hinter den Männern zurückbleiben. Sie erschienen in langen, weiten Mänteln, in Kleidern mit Schleppen, in reichen und prachtvollen Hauben und trugen dazu edles Geschmeide. Der Rat von Breslau schien darüber so erbost zu sein, daß er in einer Bekanntmachung droht, »den hoffärtigen Frauenzimmern nöthigenfalls die langen Schweife (Schleppen) abzugewöhnen«, so wie später Zar Peter den Russen die langen Bärte verbot.
Daß die Prunksucht im Handwerk so überhandnehmen konnte, hing mit dem wachsenden Wohlstand zusammen, zu dem das Handwerk durch den ausgedehnten Handel gekommen war. Die 74 Städte, die sich in der Hanse zusammengeschlossen hatten, belieferten nahezu alle Marktplätze Europas mit Waren aus deutschen Handwerksstädten, und die Reichtümer, die sie von diesem Handel zurückbrachten, ergossen sich über ganz Deutschland. Solange wie dieser Handel blühte, hielten Reichtum und Ansehen des Handwerks an.

Wappen und Zunftfahne

Ursprünglich dienten Wappen dazu, Freund und Feind im Nahkampf auseinanderhalten zu können. Bald wurden sie bleibende und erbliche Kennzeichen ganzer Familien und bestimmter Organisationen. Daher wählten sich auch die Zünfte Wappen mit den Kennzeichen der betreffenden Berufe. Jeder Meister wurde verpflichtet, ein solches Wappen zu führen, sobald es ihm verliehen worden war.
Die Schmiede führten Hammer und Zange mit einer Schlange im Wappen, die Metzger zwei gekreuzte Beile auf rotem Hintergrund, die Weber einen goldenen Stuhl in Blau, die Schuhmacher einen schwarzen Schuh auf rotem Feld, die Schneider einen Mohrenkopf mit Schere in Gold, die Zimmerleute die

Breitaxt, die Tischler Hobel, Zirkel, Winkelmaß und Grabstichel, die Gerber gekreuzte Schabeisen, die Uhrmacher eine Kartusche mit Zifferblatt, darüber einen Globus mit der Umschrift: »Respondent intima fronti« (d.h. die Innenseite stimmt mit dem Äußeren). Es gab Hunderte von Wappen, die sich auch nach Stadt und Land unterschieden. Viele von ihnen werden heute noch von den Innungen und Verbänden aufbewahrt und geführt.

Die Schutzpatrone der Handwerker

Jeder Handwerksberuf hatte seinen Schutzheiligen, ja die Handwerker in Nord und Süd, in Ost und West, oft von einer Stadt zur anderen, hatten unterschiedliche Patrone. Einige seien hier aufgeführt.
Die Bäcker verehrten die hl. Elisabeth von Thüringen. Sie war im Jahre 1231 gestorben und galt als Brotspenderin der Armen. Sie wurde mit Brotkorb und Weinkrug dargestellt. Bei den Buchbindern galt der hl. Ludwig, 1270 gestorben, als großer Bücherfreund. Ihn stellte man mit Presse und Buch dar. Bei den Buchdruckern war es die hl. Katharina, die als Schriftgelehrte – sie starb um 300 – Sinnbild dieses Handwerks war. Als Patron der Dachdecker wurde der hl. Raphael, der schützende Erzengel, verehrt. Man stellte ihn mit silbernen Werkzeugen im roten Feld dar. Der Apostel Simon, der Sohn eines Färbers gewesen sein soll, gilt als der Patron der Färber. Die Spengler wählten sich den um 812 verstorbenen hl. Wilhelm als Patron aus, den sie in silberner Ritterrüstung darstellten. Der hl. Serapion, der aus dem Fenster gestürzt wurde, ist der Patron der Glaser. Sie führten in ihren Fahnen ein gotisches Doppelfenster und blausilberne Farben. Der Bischof und Goldschmied Eligius gilt als Patron der Gold- und Silberschmiede. Ihn stellt man mit goldenen Ringen und mit silbernem Ehrenpokal dar. Als Patronin der Gürtler gilt die hl. Agatha. Ihr Tod ist im Jahre 251 beurkundet. Sie verehrten sie deshalb, weil die Henker nicht in der Lage waren, den gutgearbeiteten Gürtel von ihrem Leib zu entfernen.
Patron der Hutmacher ist St. Jakob, den man mit einer Muschel am Hut darstellt, oft ist es ein schwarzer Hut in blauem Feld. Die Maler wählten sich St. Lukas, um das Jahr 80 gestorben. Sie stellten ihn mit roten und blauen Wappenschildern

dar. Der im Jahre 34 gesteinigte hl. Stephanus ist der Schutzpatron der Maurer und Steinmetze. Aber auch der hl. Reinholdus, der im Jahre 960 als Mönch an einem Bau erschlagen wurde, wird gerne als Patron der Steinmetze mit einem Hammer dargestellt.

Der 286 gestorbene hl. Moritz, ein ritterlicher Held, ist der Patron der Messerschmiede, deren Sinnbild drei silberne Dolche sind. Bei den Metzgern ist der hl. Matthias, der mit dem Beil hingerichtet wurde, ein vielverehrter Patron. Auch der hl. Lukas genießt bei den Fleischern hohe Verehrung.

Als erster Brillenträger wird der hl. Fridolin, gestorben 538, angesehen, deshalb ist er auch der Patron der Optiker. Die Friseure halten es mit der hl. Magdalena wegen ihrer schönen langen Haare, die Sattler hingegen mit dem hl. Georg, dem tapferen Ritter, der fest im Sattel sitzt, wenn es darum geht, den Drachen niederzukämpfen. Er starb um 300.

Petrus mit dem Schlüssel ist Patron der Schlosser. Die besonderen Sinnbilder dieser Handwerker sind zwei gekreuzte Schlüssel und ein Vorlegeschloß. Johannes der Täufer wurde der Patron der Schneider, von ihm sagt man, daß er sich seinen Rock aus Kamelgarn selber gewebt und geschneidert hätte.

Die Schornsteinfeger haben den hl. Florian, der das Feuer löschen soll. Er starb im Jahre 304. Bei den Schreinern und Tischlern gilt der hl. Rochus, der 1327 starb, als Patron. Er stand selber an der Hobelbank. Sonderbarerweise hat er stets am linken Schenkel eine Pestbeule. Man bildet ihn mit Säge und Hobel ab.

Patron der Uhrmacher ist wiederum der hl. Petrus mit dem Hahn. Sinnbild ist ein großes silbernes Ziffernblatt. Die hl. Athanasia gilt als Patronin der Weber, die sie mit einem Weberschiffchen darstellt.

Die Meistersinger

Wenn der Meistergesang auch erst im Nürnberg des 15. und 16. Jahrhunderts seine Blüte erreichte, so liegen die Anfänge doch weiter zurück. Von einem ritterlichen Minnegesang sprach man bereits im 12. Jahrhundert. Beim Sängerkrieg auf der Wartburg, der unter dem Landgrafen Hermann von Thüringen ausgetragen wurde, sollen drei Handwerker beteiligt gewesen sein: ein Glaser, ein Seiler und ein Hufschmied.

An diesen ritterlichen Minnegesang knüpft der Meistergesang des deutschen Handwerks an. Er wurde in Mainz begründet, von wo aus er sich über Süddeutschland verbreitete. Die erste Meisterschule wurde um die Mitte des 13. Jahrhunderts von Heinrich Frauenlob gegründet. Schon 100 Jahre später finden wir in Augsburg, Nürnberg, Regensburg, Eßlingen, Freiburg, Worms, Straßburg, München, Basel und anderen Städten Schulen des Meistergesangs, von denen die Nürnberger die bedeutendste wurde.
Das Dichten im Sinne des Meistergesangs beruhte auf starren Regeln. Es waren genau festgesetzte Weisen und Töne, in die die Meistersinger ihre geistigen Erzeugnisse einzuzwängen hatten. Wenn einige dieser Meisterweisen von langer Lebensdauer waren oder sich bis heute erhalten haben, so spricht das dafür, daß wohl mancher echte Dichter unter den Meistersingern war. Die Weisen des Meistergesangs, es handelte sich um bestimmte Silbenzahlen, trugen Namen wie Güldenweis, Silberweis oder Benennungen nach Vögeln und Blumen.
Die Meistersinger, von denen Hans Sachs der berühmteste ist, setzten sich aus allen Kreisen des Handwerks zusammen. Lehrer des Hans Sachs war der Leineweber Nunnenbeck. Von den Nürnbergern war Berthel Regenbogen Schmied, Michael Behaim wie Nunnenbeck Weber, Hans Folz Barbier, Konrad Nachtigall Schlosser, Fritz Kothner Glockengießer, Hans Rosenblüth Maler, Friedrich Turner Tuchscherer, Melchior Christoff Bäcker, Martin Mäscher Schriftgießer und Paul Vischer Kürschner. Von den Augsburger Meistersingern wurden der Goldschmied Martin Schrot, der Glaser Daniel Ost und der Messerschmied Raphael Dülner besonders berühmt.
Den interessanten Bericht über die Meistersinger verdanken wir Johann Christoph Wagenseil, der im Jahre 1697 eine Schrift »Von der Meistersinger holdseliger Kunst« veröffentlichte. Er hat darin alles zusammengetragen, was ihm an Einzelberichten über Regeln und Vorschriften der Meistersinger zugänglich war. Von ihm erfahren wir auch die alte Gründungssage, nach der im Jahre 962, als Otto I. deutscher Kaiser war, 12 sangesbegabte Männer die erste Vereinigung zur Pflege des Gesanges bildeten. Ihnen wurden unfreundliche Aussagen über Papst und Geistlichkeit vorgeworfen.

Der Kaiser rief sie zusammen. Sie trugen ihm so schöne und kunstvolle Lieder vor, daß dieser sich von ihrer Frömmigkeit überzeugte und sie mit allen möglichen Freiheiten ausstattete. Der Papst schenkte ihnen daraufhin eine Krone, die lange Zeit in Mainz aufbewahrt wurde. Deshalb nannte man später bestimmte Melodien »die gekrönten Töne«. Sie wurden in vielen Schulen gesungen.
Man sieht sofort, daß es sich um eine Sage und nicht um eine geschichtliche Wahrheit handelt; denn die angeführten Meister lebten später als Otto I.
Wahr ist, daß die Kunst des Dichtens und Singens bereits zur Zeit der Hohenstaufen an den Höfen der Fürsten von Minnesängern betrieben wurde.
Meistersingerzünfte entstanden in vielen Orten Süddeutschlands, aber auch in Norddeutschland. Die Gesetze, die sich die einzelnen Zünfte gaben, waren in der »Tabulatur« festgehalten. In ihnen war der Aufbau der Lieder geregelt, dort waren aber auch die Fehler angezeigt, die man machen konnte. Ein Merker hatte die Fehler mit Kreide auf eine Tafel zu schreiben. Wer eine gewisse Anzahl Fehler machte, hatte »versungen«. Der Merker war ein Mann, der auch etwas von Grammatik verstand. Deshalb läßt Wagner seinen Beckmesser auch Stadtschreiber sein.
In der Singschule wurden Preise für gute Lieder verteilt. So sind in den Nürnberger Meisterprotokollen von 1575 bis 1689 alle Gewinner solcher Preise vermerkt.
Richard Wagner hat das Meistersingertum genau studiert. Viele Namen, die in seinem Werk vorkommen, können in der Chronik von Wagenseil nachgelesen werden.

Hans Sachs

Der Nürnberger Schuhmacher und Poet wurde am 5. November 1494 als Sohn des Schneidermeisters Jörg Sachs und dessen Frau Christine geboren.
In einem Gedicht vom Jahre 1518 beschreibt er seine eigene Jugend. Er erzählt, daß am Tage seiner Geburt in Nürnberg die Pest herrschte, und bezeichnete diese Seuche als das »grausame große Sterben«. Mit 7 Jahren, so teilt er mit, ging er in die Schule, lernte Grammatik und Musik, und mit 9 Jahren erkrankte er schwer. Mit 15 Jahren verließ er die Schule, um bei

einem Schuhmacher in die Lehre zu gehen. Zwei Jahre wanderte er, wie es damals üblich war, von einem Ort zum andern. Zurückgekehrt, wurde Hans Sachs vom Leineweber Nunnenbeck in den Meistergesang eingeführt. Er sang in eigenen Tönen und erfand die Singweise für seine Gedichte. Von ihm stammen »Silberweise« und der »güldene Ton«.

Nachdem er sein Meisterstück als Schuhmacher gemacht hatte, wurde er in die Meistersingerzunft aufgenommen. 1519 heiratete er Kunigunde Kreuzerin, und von da an blieb er – von kleinen Reisen abgesehen – in Nürnberg seinem Handwerk treu. Der Meistersingerkunst war er begeistert zugetan und gewann in der Zunft großen Einfluß.

Hans Sachs war ein ausgeglichener Mensch, der oft Streitigkeiten zwischen den Meistern zu schlichten hatte. In seinen Dichtungen ermahnt er seine Zeitgenossen zu Zucht und Ordnung und rät ihnen, die Tugenden der Väter zu pflegen.

Ebenso wie Dürer war auch er begeisterter Anhänger Luthers und brachte das in seinen Gedichten zum Ausdruck. Der Rat der Stadt war mit ihm nicht immer zufrieden und gebot ihm einmal, das Reimen aufzugeben, da es nicht seines Amtes sei.

Als die Reformation in Nürnberg festen Boden gewonnen hatte, trat Hans Sachs mit der großen Dichtung »Die Wittenbergisch Nachtigall« hervor, deren erste acht Zeilen in Richard Wagners Meistersingern wiederkehren.

Groß ist die Zahl der Dichtungen, die Hans Sachs in seinem langen Leben geschrieben hat. Es sind Gedichte, Lieder, Tragödien, Komödien und Fastnachtsspiele. Oft behandelte Sachs Geschichten des Alten Testaments oder übernahm die Stoffe der Mythologie. In den Fastnachtsschwänken geißelte er seine Zeit. Insgesamt schrieb er 4275 Gesänge und 1700 Fabeln und Schwänke. Nach dem Tod seiner Frau im Jahre 1560 heiratete er noch einmal, obgleich er bereits 65 Jahre alt war.

Nach einem langen Leben, das dem Handwerk und dem Gesang gewidmet war, starb Hans Sachs im Alter von 82 Jahren am 19. Januar 1576. Er wurde auf dem Johannesfriedhof begraben. Im Totenbuche stand die Eintragung: »Gestorben ist Hans Sachs, der deutsche Poet. Gott gebe ihm und uns eine fröhliche Auferstehung.«

Schöpferisches Schaffen

Nicht nur Patrizier und reiche Kaufherren, auch der kleine Gewerbsmann suchte sich seine Räume stattlich und schön auszugestalten. Überall entdeckte man den Sinn für schöne Kannen und Geräte, für wertvolles Tafelwerk, kunstvolle Schlösser und Malereien.
Vielseitig waren diese Handwerker daran beteiligt. Es sei nur an Albrecht Dürer erinnert, der in Eisen grub, in Kupfer stach, in Holz schnitt, den Buchdruck betrieb und eine große Anzahl bedeutender Malereien schuf.
Peter Flötner, der erst vor einigen Jahrzehnten in seiner ganzen Bedeutung erkannt wurde, leistete Unvergängliches als Holzschnitzer und Kunstschreiner, als Medailleur und feinsinniger Buchillustrator, als Töpfer, Zinngießer, Elfenbeinschneider und Steinbildhauer.
Es ist die große Schaffenszeit eines Adam Kraft, eines Peter Vischer, eines Tilman Riemenschneider und eines Veit Stoß.
Mit den aufblühenden Wissenschaften der Renaissance wurde die mechanische und technische Seite vieler Handwerke weiter ausgebildet und bis zu höchster Vollkommenheit ausgeprägt.
Von den angewandten mathematischen Wissenschaften verlangte besonders die Astronomie, die unter Männern wie Bernhard Walther, Johann Werner und Regiomontan in Nürnberg eine hohe Blüte erreichte, feinste Instrumente, die geschickte Schlosser und Schmiede anfertigten. Ebenso war es mit feinen Meßinstrumenten, die von den Zirkelschmieden hergestellt wurden, und exakten Waagen, die aus der Werkstatt der Waagemacher kamen. Zu immer neuen Verbesserungen fühlten sich die Schlosser angeregt.
Das Handwerk entfaltete sich nicht nur, es verfeinerte sich auch immer mehr. Es war die hohe Zeit des Kunsthandwerks.
Die Einwirkungen des Orients durch die Kreuzzüge auf das Gold- und Silberschmiedehandwerk, auf Teppichweberei und Schneiderei blieben unverkennbar. Auch die hochentwickelten Kunsthandwerke in Italien und Frankreich beeinflußten das deutsche Handwerk, wie diese andererseits wieder aus Deutschland Anregungen empfingen.
Goldschmiedearbeiten aus deutschen Städten, vor allem aus Augsburg, Köln und Nürnberg, waren in der ganzen Welt be-

gehrt. Auf vielen Fürstentafeln prunkten die kostbaren Tafelaufsätze aus Gold und Silber.
Die Goldschmiede zählten zu den vornehmen Kreisen, zu den Patriziern. Sie waren besonders geachtet und geehrt, denn sie verstanden es, mit Edelmetallen und Edelsteinen umzugehen. Die bevorzugten Kunden waren die reichen Geschlechter, die Fürsten und der hohe Klerus. Ihre Kunst ist eng mit den Kirchenschätzen verbunden, mit Reliquiaren, von denen der Dreikönigsschrein in Köln der bedeutendste ist, mit Monstranzen, Kelchen, Silberbüsten und Figuren.

Das Handwerk und die Kirchen

Wenn es zuerst die schweren, romanischen Kirchen waren, die man zur Ehre Gottes erbaute, so waren es später die hohen, gotischen Kirchen, in denen man Gott verherrlichte. Gotisch bauen, das hieß damals mit der Zeit gehen, und dort, wo man bereits eine romanische Kirche hatte, baute man an oder aus, fügte gotische Türme und gotische Kapellen an, riß nieder und baute neu auf. Zahlreiche Handwerksberufe lebten über Jahrhunderte vom Kirchenbau.
In der romanischen Epoche war es gelungen, die Plastik in der Kirche durchzusetzen, in der Gotik wurde sie zur besonderen künstlerischen Form erhoben. Daneben wurde die Dekoration des Portals immer reichhaltiger. Das wird besonders deutlich an den Domen von Regensburg, Augsburg und Eichstätt, an den Nürnberger Kirchen von St. Lorenz und St. Sebald.
Die neue Form der gotischen Plastik stand in enger Verbindung mit den Grabdenkmälern in und an der Kirche. Schließlich lösten sich die Plastiken ganz von der Architektur. Sie wurden an den Wänden der Kirche zur Belebung des Raumes postiert. In der Kunstgeschichte von Karlinger heißt es: »Der stille, große Münsterraum heischt Leben und bewegte Gesten in Figur und Farbe. Heilige gestikulieren von ihren Konsolen wie modische Herren.«
Während das Handwerk bis dahin anonym in der Kirchenkunst tätig war, werden jetzt die Namen großer Meister bekannt. Sie alle waren von der Idee erfüllt, das Gotteshaus zu bereichern und es zu verschönern.
Die Kirche suchte das Glaubensgut zu vermitteln, das Volk suchte es zu erfassen. Die Kunsthandwerker aber waren aufge-

rufen, es verständlich zu machen. So sagt man mit Recht, daß die gotischen Kirchen gewaltige Hilfswerke der Kulturgeschichte waren, und nichts hat in späteren Jahrhunderten die Sprache der Volkskunst, mit der das Handwerk aufs engste verwoben war, so eindringlich geredet wie die Kirchen.
Es wäre falsch, die Volkskunst der damaligen Zeit als eine primitive Verformung gängiger Stilelemente ansehen zu wollen. Es war vielmehr ein eigenwilliger Ausdruck kunsthandwerklichen Könnens. Der Kunsthandwerker von damals erkannte die Schönheit der Natur, er wußte in ihr zu lesen und seine Eindrücke in die Kirchenkunst zu übertragen. Noch heute zeigen die Werke jener Zeit formale Schönheit und tiefes seelisches Empfinden. Es war eine Kunst, die zum Herzen der Gläubigen sprach und die die Mysterien der Religion tiefer erleben ließ.
Von Italien aus hat dann der Humanismus und die mit ihm verbundene Renaissance den Kirchenbau neu geformt. Auch die handwerkliche Kunst wurde auf neuen Boden gestellt und in neue Formen gekleidet. Dieser Geist war weniger aus dem religiösen als aus dem profanen Leben geboren. Er diente auch weniger der Verherrlichung Gottes als der des Menschen und der Verschönerung seines Lebens. In Deutschland entwickelte sich diese neue Kunstform nur allmählich und zunächst an Bildwerken mit der Betonung des Persönlichen, des Individuellen. Drei Generationen mußten tätig sein, bis die Renaissance in Deutschland ihren eigenen Ausdruck gefunden hatte.

Henlein und die Uhren

Die Technik machte im 15. Jahrhundert rasche Fortschritte. Besonders offenkundig wurde das an den öffentlichen Zeitmessern, den Uhren.
In vielen Städten waren tüchtige Schlosser am Werk, die Uhren nicht nur mit mechanischem Läutewerk verbanden, sondern ihnen allerlei figürliches Beiwerk gaben. Bekannt dafür war der Kupferschmied Sebastian Lindenast und der Schlossermeister Jakob Bullmann. Dieser Bullmann hat so kunstvolle Uhren angefertigt, daß Kaiser Ferdinand II. ihn nach Wien holen ließ, damit er ihm die Feinheiten seines Uhrwerks erklären sollte.
Unsterblich geworden ist auch Peter Henlein, der 1480 geboren wurde und 1509 seine Prüfung als Schlossermeister ableg-

te. Ein paar Jahre später kam er mit seiner aufsehenerregenden Erfindung heraus: Er hatte die Spiralfeder einer Uhr verkleinert und sie anstelle des geräumigen Pendels zum kleinen Triebwerk eines handlichen Gerätes gemacht, das bereits eine neue Zeitmessung ermöglichte.
Bald wurden diese »Nürnberger Eier« überall eine modische Bereicherung, und man versah sie mit Edelsteinen und anderen Kostbarkeiten. Überall machte man sie zum Geschenk. Auch Luther erhielt ein solches »Nürnbergisch Ei«.
Schon in der Antike hat es Uhren mit Zahnrädern gegeben. Die im Mittelalter bei uns übliche Räderuhr wurde erstmalig um 1350 gebaut und blieb in ihrer Form bis tief ins 17. Jahrhundert bestehen. Wer die Zahnhemmung, also die »Waaghemmung« erfunden hat, ist nicht bekannt. Uhren mit automatischen Figuren kennt man seit der Mitte des 15. Jahrhunderts. Ihr Mechanismus darf als Vorstufe für die kleinen Uhrwerke angesehen werden, die zu Beginn des 16. Jahrhunderts gearbeitet wurden.
Uhrmacher sind in Köln seit dem Jahre 1200 nachweisbar. Einen großen Namen hatte der Frankfurter Uhrmacher Konrad, der um die Mitte des 14. Jahrhunderts von sich reden machte. Ein unbekannter Meister baute 1352 die mit bewegten Figuren und einem Glockenspiel ausgestattete Straßburger-Münster-Uhr, die als das bedeutendste mechanische Werk des 14. Jahrhunderts anzusehen ist.

Mikroskop und Fernrohr

Das weite Gebiet der Optik nahm im 16. Jahrhundert mit der Erfindung von Mikroskop und Fernrohr einen starken Aufschwung. Parallel dazu gingen die Erfindungen auf dem Gebiet der Feinmechanik und des Instrumentenbaus. Große Handwerker dieser Art waren Andreas Schoner, Eberhard Baldwein, Christoph Rothmann und Jost Bürgi. Aus ihren Werkstätten kamen Quadranten und Sextanten, ja ganze Planetarien.
Das Augsburg des 16. Jahrhunderts wurde gerade wegen seiner Feinmechanik berühmt. Hier ist vor allem der Mechaniker Christoph Schissler zu nennen, dessen Instrumente und Kunstuhren heute noch in Museen und Sammlungen stehen. Die Erbauer solcher Instrumente waren vereinzelt und bilde-

ten nirgends eine eigene Zunft. Sie gehörten entweder zu den Uhrmachern, zu den Goldschmieden oder zu den Schlossern. Alle Fürsten jener Zeit hatten Interesse an feinmechanischen Instrumenten, vor allem der Kurfürst August von Sachsen, der viel für den technischen Fortschritt seines Landes getan hat.

Die ersten Augengläser

In der Heidelberger Liederhandschrift aus dem Jahre 1270 heißt es, daß derjenige, der im Alter die Schrift nicht mehr gut sehen könnte, einen lichten, klaren Spiegel nehmen müsse, um hindurchzusehen. »Unter Spiegel verstand man damals klares gewölbtes Glas.« Um eine Brille in unserem Sinne hat es sich sicherlich nicht gehandelt, eher um ein Vergrößerungsglas.
Bereits 1305 pries der italienische Mönch Giordano die Erfindung der Augengläser als göttliches Geschenk. Als erster Arzt erwähnt Bernard Gordon im Jahre 1303 die Brille. In diesem Jahrhundert wurde Murano bei Venedig, wo sich die größte Glashütte im alten Europa befand, der Hauptsitz der Brillenherstellung.
Es handelte sich um kleine hölzerne Gestelle, in denen man die Gläser befestigte. Bügel waren noch nicht bekannt. Die beiden Fassungshälften wurden von einer Niete zusammengehalten und die Brille auf die Nase geklemmt. Auf einigen Gemälden des Mittelalters sind Personen mit Brillen dargestellt. Diese Brillen waren nur für Alterssichtige bestimmt, denn Brillen für Kurzsichtige konnte man erst später herstellen.
In Nürnberg treten die ersten Optiker 1500 auf. Man nannte sie »Parillenmacher«. Dem Namen nach ist nur Jakob Pfuhlmaier bekannt. Aufschlußreich ist auch das Bild des Stradamus aus dem Jahre 1575, das eine Straße mit Brillenhändlern darstellt.

Kuriositäten

Um die Mitte des 16. Jahrhunderts entstanden auch alle möglichen Kuriositäten. Sie kamen aus den Werkstätten der Mechaniker und Schlosser, manchmal waren sie auch das Erzeugnis eigenbrötlerischer Bemühungen.
Einer der fähigsten deutschen Mechaniker war Hans Hautsch, der ein Modellhaus baute, in welchem 72 verschiedene Handwerksberufe ihre Kunst zeigten. Er konstruierte auch einen Stuhl für Gichtkranke und einen selbstfahrenden Wagen, wie

ihn bereits Albrecht Dürer in einer Ideenskizze angedeutet hatte.
Ein Lübecker Uhrmacher namens Stefan Farfler baute ein Fahrzeug, das er mit Kurbeln fortbewegte. Man geht nicht fehl in der Annahme, daß es sich hier um einen echten Vorläufer des Autos handelte.

Leonardo da Vinci

In diesem Zusammenhang verdient Leonardo da Vinci Erwähnung. Ihm ging es um die Auseinandersetzung mit der Natur und ihren Möglichkeiten. Seine Gedankengänge führten bereits hin zum ersten Motor, von dem die Handwerker damals träumten.
Schon die Zeit vor Leonardo da Vinci (1452–1519) hatte eine bessere Ausnutzung der tierischen und natürlichen Energien gebracht. Man verstand Wind und Wasser gut zu nutzen. Doch immer noch standen Maschinenkonstruktionen unter den Ideen des Aristoteles von der Eigengesetzlichkeit, also vom eigenen Dasein der Maschinen.
Leonardo war es, der sich als erster frei machte von den hemmenden Elementen der Vergangenheit und der eine Maschine schuf, die aus einer Summe von Elementen bestand. Er untersuchte das Erweiterungsmoment und versuchte eine Anzahl Arbeitsvorgänge zu koppeln. So erfand er eine Flugmaschine als ein, wie er sagte, »nach mathematischen Grundsätzen arbeitendes Werkzeug«. Diese Maschine flog zwar nie, aber die Konstruktionszeichnungen sind uns erhalten. Eine Zeitlang ging er, dessen Gedanken sowohl vom Technischen und Konstruktiven als vom Metaphysischen ausgingen, dem Traum eines Perpetuum mobile nach, wandte sich dann aber wieder von ihm ab.
Leonardos Geist umspannte die ganze Welt, manchmal freilich war er maßlos in seinen Vorstellungen. Von Cesare Borgia war er zum Generalingenieur ernannt worden. Die einen sagten, er sei ein »Enkel Gottes«, und die anderen nannten ihn den »Ingenieur des Satans«.
Als Mensch, als Forscher, als Konstrukteur, als Anatom und Geograph, als Maler und Bildhauer sah sich dieser geniale und vielseitige Künstler einer Natur gegenüber, die voll von ungeahnten Möglichkeiten war. Die Technik verdankt ihm kühne

Konstruktionen, die Medizin anatomische Erkenntnisse, die Geographie neue Anschauungen, selbst in der Botanik tragen seine Arbeiten den Charakter von Pionierleistungen. Mit seinen klugen Augen beobachtete Leonardo seine Umwelt, den Himmel und die Gestirne. Es gab kaum ein Wissensgebiet, das er nicht befruchtet hat.
Am Ende seines reichen Lebens stellte er fest, daß er zwar gelernt habe zu leben, daß er aber nun lernen müsse zu sterben.

Christoph Weigels Ständebuch

Das Handwerk der Renaissance und der Barockzeit wäre uns nicht mehr so gegenwärtig, wenn es uns nicht durch wertvolle zeitgenössische Bilderfolgen erhalten geblieben wäre. Hier verdienen die Radierungen von J.J. van Blid, die Kupferstiche von Jan und Kaspar Luyken Erwähnung. Vor allem aber ist es das Ständebuch des Christoph Weigel, das in der Darstellung der technischen Gegenstände und damit auch der Ausrüstung einer Handwerkswerkstatt an Genauigkeit nicht zu überbieten ist.
Die Verse unter den Bildern des Weigelschen Werks schrieb kein Geringerer als der große Bußprediger des Mittelalters, Abraham a Santa Clara. Text und Bilder verschmelzen in diesem wertvollen Ständebuch zu einer Einheit und geben schließlich Aufklärung darüber, wie das Handwerk von damals arbeitete.
Erwähnenswert sind aber auch die Holzschnitte des Formenschneiders Jost Amman aus Zürich (1539–91), zu denen Hans Sachs Verse schrieb, die den sachlichen Bildinhalt ergänzten. Bei Abraham a Santa Clara sind Text und Inhalt zwar auch verschmolzen, aber bisweilen weist der Mönch in die überzeitliche Welt, und neben seinem »gedenke zu leben« steht oft auch das deutliche »memento mori«.

Abraham a Santa Clara

Der Mönch, der uns in seiner urwüchsigen Sprachkraft eine vorzügliche Darstellung des mittelalterlichen Handwerks gegeben hat, war der Augustiner Abraham a Santa Clara, der mit bürgerlichem Namen Ulrich Megerle hieß. Er wurde am 2. Juli 1644 in der Nähe von Meßkirch in Baden geboren und trat 1662 in Wien in den Barfüßer-Orden der Augustiner ein.
Seine gründliche theologische Bildung und eine für die dama-

lige Zeit ungewöhnliche Belesenheit, die ihn auch mit allen Gebieten des Handwerks vertraut machte, dazu die Gabe einer hinreißenden Beredsamkeit, ließen ihn zu einem der bekanntesten Kanzelredner seiner Zeit werden. 1677 wurde er Hofprediger des Kaisers in Wien und 3 Jahre später Prior in Graz. Er starb am 1. Dezember 1709.
In oft burlesken Wortspielen von anschaulicher und wirksamer Lebendigkeit schildert er in seinem Buch »Etwas für alle« die handwerklichen Berufe seiner Zeit und hält ihnen mit schlagkräftigem Witz und großer Menschenkenntnis den Spiegel vor. Dieser Witz ist aber nur das äußere Kleid seiner Schriften. Das Wesen seiner Arbeiten zeigt sich im Streben nach Besserung des Menschen. Das Original dieses Buches, von dem er sagte: »Ein gutes Büchel ist der Seel ein Küchel«, befindet sich in der Universitätsbibliothek der Stadt Marburg.

Das Geheimnis der Formgestaltung

Bei den meisterhaften Leistungen des Mittelalters fragt man sich oft, welche Maße der Konstruktion der Geräte und der Bauten zugrunde gelegen haben. Wir wissen, daß es bei den Ägyptern, Griechen und Römern schon Objekte exakter Wissenschaft waren.
Sehr viel anders war es im Mittelalter auch nicht. Die Hauptmaße eines Gefäßes, wie Höhe, Durchmesser und Standfläche, haben meist ein klar bestimmbares Verhältnis zueinander. Man stößt auf die Zahlenverhältnisse 1:2, 2:3 oder 3:4. Die Handwerker arbeiteten mit Spanne, Fuß und Elle und deren Unterteilungen. Die Maße waren also dem menschlichen Körper entnommen. Es lag nahe, daß dadurch auch harmonische, den Menschen besonders ansprechende Größenverhältnisse entstanden.
Dürer erwähnt einmal, daß ein »wohlgeschickter Milchkrug dritteinhalb Schuh hoch, im Bauch ein Schuh weit und oben einen halben sein solle. Aber den Fuß mache unten weiter«. Das ergäbe das Verhältnis 35:10:5:7,5.
Im alten Handwerk waren viele geometrische Hilfsmittel bekannt, so das Quadrat, das Rechteck, der Kreis und seine Teilungen. Die Gestaltungsgesetze wurden vielfach als Werkstattgeheimnis gehütet. Der Meister gab sie höchstens an einen Gesellen weiter, den er für besonders würdig hielt.

Eine große Rolle spielte von jeher die Summenreihe 1:2:3:5:8:13:21. Sie gibt den annähernd zahlenmäßigen Ausdruck für das Verhältnis des Goldenen Schnitts wieder. Natürlich kannten die Handwerker noch kein Zentimetermaß, aber sie besaßen ein Maßbrett, auf dem bewährte Verhältniszahlen eingetragen waren.

Die große Zeit des Barocks

Als bei uns in der Baukunst die Renaissance zum Tragen kam, war sie in Italien bereits durch den Barock abgelöst worden. Dort im Süden war einer der größten Baumeister, Bildhauer und Maler aller Zeiten am Werk: Michelangelo. Von ihm stammt der Satz: »Schönheit ist Kraft und Ausdruck der inneren Bewegung.«
Rasch fand die Barockkunst ihren Weg über die Alpen nach Deutschland. Hier wetteiferten bald italienische Baumeister mit deutschen. Namen wie Santino, Solari, Viscardi oder Guarioni sind uns ebenso als tüchtige italienische Baumeister überliefert wie etwa die deutschen Schorr, Gumpp, Beer oder Thumb.
Die Fürsten riefen italienische Baumeister wie Barelli oder Zuccali ins Land, damit sie den deutschen Baumeistern zeigen sollten, was Barock sei. Es dauerte aber nicht lange, da wurden die Italiener von großen deutschen Baumeistern, die sich schlicht »Maurermeister« nannten, übertrumpft. Einer der Großen war Georg Dientzenhofer, der sich in Prag einen Namen machte. Erstaunlich ist, wie sich dieser und andere Baumeister der italienischen Formwelt anpaßten und ihr dann eine eigene Richtung gaben. Georg Dientzenhofer hatte stets seinen Bruder Christoph zur Seite, der gleichzeitig sein Polier war.
Auf besonders fruchtbaren Boden fiel der Barock-Kirchenbau in Franken, Bayern und Schwaben, wo die großen Baumeister gelehrige und eifrige Schüler fanden. Dazu zählen die Namen Zimmermann und Asam. Gerade die Brüder Kosmas Damian und Egid Quirin Asam, ursprünglich ebenfalls Maurermeister, gehörten später zu den meistbeschäftigten Barockkünstlern Bayerns. Sie bewiesen eine unerschöpfliche Phantasie. Farbe, Licht und Schatten sind die Ausdrucksmittel Asamscher Kirchenräume.

Im Barock kommen auch die Stukkateure zur höchsten Entfaltung, daneben vor allem Bildhauer und Maler. Sie alle hatten mit großem Einfühlungsvermögen die Raumgestaltung des Baumeisters zu unterstützen.
Im zweiten Jahrzehnt des 18. Jahrhunderts wandelte sich in Frankreich der Barock ins Rokoko um, ursprünglich auch nur in weltlichen Räumen. Den Kirchentüren blieb dieser Stil lange verschlossen, weil man dort – wie es hieß – das ungeistliche Gepräge dieses Stils nicht wollte.
Die Bayern öffneten dem Rokoko zunächst ihre Kirchentüren und paßten ihn dem religiösen Empfinden der Kirchenbesucher an. Vor allem in den großen Wallfahrtskirchen sollten Licht, Reichtum und Leichtigkeit des Raumes dem Wallfahrer die Sorgen des Alltags vergessen machen. Die üppige Kirchenkunst sollte ihn an die Herrlichkeit des Himmels erinnern.
Heute wird noch von manchen Kunsthistorikern das Rokoko, ein Stil, in dem sich das Handwerk nach allen Richtungen hin tummeln konnte, als eine Abart des Barocks empfunden. München ist die Wiege des Rokoko-Kirchenbaus geworden.

Klangvolle Namen

Das deutsche Handwerk ist mit Recht stolz darauf, daß in seiner Geschichte schöpferische Persönlichkeiten in reicher Zahl auftreten. Ob in der Kunst, in der Technik, in der Wirtschaft, überall sehen wir große Gestalten, die, im Handwerklichen wurzelnd, von dort in andere Gebiete hinübergegriffen haben. Aus den Schaffenswerten des Handwerks ist es zu bedeutenden Erfindungen und anderen überragenden Leistungen gekommen.
Die wenigen hier angeführten Handwerkergestalten sind in ihrem Werdegang nur kurz umrissen, ihr Werk auf eine knappe Formel gebracht. Viele von ihnen haben in der ganzen kulturellen Welt Klang und Namen: Adam Kraft, Veit Stoß, Tilman Riemenschneider oder Peter Vischer.
Aus der ernsten Auffassung ihrer handwerklichen Arbeit haben sie Unvergängliches geschaffen. Sie alle fingen als Lehrling an, machten ihr Gesellenstück, gingen auf die Wanderschaft und mußten sich um die Meisterwürde bewerben, gleichwohl, ob sie in Erz gossen, Altäre schnitzten oder Madonnen malten. Ihre Namen mögen für viele andere stehen.

Albrecht Dürer

Nach dem Vorbild des Vaters erlernte Albrecht Dürer, er wurde am 21. Mai 1471 in Nürnberg geboren, das Goldschmiedehandwerk. Beim Maler und Kupferstecher Michael Wohlgemuth und auf der Wanderschaft in Italien bildete er sich weiter aus. Dürer arbeitete mit erstaunlicher Vielseitigkeit. Er malte, machte Holzschnitte, Kupfer- und Stahlstiche und schuf aus dem inneren Reichtum eines Menschen, dessen Wurzeln im Nährboden der blühenden Handwerkstradition seiner Zeit lagen. Als er am 6. April 1528 starb, trauerte ganz Nürnberg um seinen größten Sohn.

Tobias Christoph Feilner

Als Zwanzigjähriger kam Tobias Feilner im Jahre 1793 nach Berlin, wo er als Töpfer arbeitete. Er erfand eigene Methoden, um die bisher unansehnlichen Kacheln heiterer und heller zu machen. Über 100 Gesellen beschäftigte Feilner später. Sein Wohnhaus, das »Feilnerhaus«, wurde zu einem gesellschaftlichen Mittelpunkt des damaligen kunstverständigen Berlin.

Johannes Gutenberg

Das Verdienst Gutenbergs, der um 1400 in Mainz geboren wurde, ist es, als erster bewegliche Einzelbuchstaben in beliebig großer Anzahl vervielfältigt zu haben. Während man vorher die Buchstaben schnitzte, fertigte der Mainzer Buchdrukker Matrizen an, mit deren Hilfe er Buchstaben goß. Gutenberg hat das Los vieler Erfinder geteilt. Er hatte selber keinen Nutzen aus seiner Arbeit. Arm und kinderlos hat er die Welt im Alter von 70 Jahren verlassen, der er eine der größten Erfindungen aller Zeiten hinterließ.

Elias Holl

Elias Holl wurde als Sohn eines Maurermeisters am 28. Februar 1573 zu Augsburg geboren. Nach Lehrlings- und Gesellenjahren im väterlichen Betrieb vertiefte er sich in Italien in die Formensprache der Renaissance. In die Heimatstadt zurückgekehrt, fiel ihm als Stadtwerkmeister die Errichtung bedeutender Bauten zu. Den höchsten Grad seines Könnens erreichte er im Bau des Augsburger Rathauses. 1646 starb er.

Wenzel Jamnitzer

Der berühmte Goldschmied arbeitete für die Kaiser Maximilian, Ferdinand und Rudolf II. In Nürnberg bewohnte er in der Zistelgasse ein prunkvolles Haus. Neben der Goldschmiedetätigkeit befaßte er sich mit Mathematik, Physik und Mechanik. Die berühmteste Arbeit Jamnitzers ist der sogenannte »Merkelsche Tafelaufsatz«. 1573 wurde Jamnitzer in den Rat der Stadt berufen.

Adam Kraft

Das Selbstbildnis am Sakramentshäuschen zu St. Lorenz in Nürnberg zeigt den großen Steinmetzen als etwa 40jährigen Mann. Das Sakramentshäuschen stellt einen 20 Meter hohen Turm mit einem Schrein und einem mehrstöckigen Aufsatz dar. Dieses im Auftrag von Hans Imhof ausgeführte Werk begründete den Ruhm Adam Krafts. Nach den Worten Wölfflins ist das Sakramentshäuschen der »Inbegriff spätgotischer Form«. Adam Kraft starb 1509.

Johann Georg Oegg

Als Balthasar Neumann den Auftrag erhielt, das fürstbischöfliche Residenzschloß in Würzburg zu bauen, ließ er von Johann Georg Oegg die schmiedeeisernen Arbeiten ausführen. Oegg, am 24. April 1707 geboren, legte dabei ein so hohes handwerkliches Können an den Tag, daß er eine Berufung als fürstbischöflicher Schlosser erhielt. Das bedeutendste Werk und zugleich die Krönung seiner Lebensarbeit ist das Gartentor der Residenz.

Michael Pacher

Der Bildschnitzer Michael Pacher ist der berühmteste Tiroler Altarschöpfer. Er zog wie viele in der damaligen Zeit nach Italien, um sich weiterzubilden, und arbeitete bei Bellini, Donatello und Mantegna. Gegen Ende des 15. Jahrhunderts schuf er den Flügelaltar von St. Wolfgang, den man heute als Höhepunkt in der Gesamtentwicklung des deutschen Flügelaltars ansieht. Der große Holzbildhauer starb 1498.

Mathes Daniel Pöppelmann

Als Baumeister des Kurfürsten von Sachsen stieg Pöppelmann, der einem Kaufmannsgeschlecht in Herford entstammte, auf der Stufenleiter des Erfolgs empor. Er erbaute die Schlösser Joachimstein und Moritzburg, das Japanische und das Holländische Palais und trug so dazu bei, daß Dresden ein Kunstzentrum des Abendlandes wurde. 1736 starb Pöppelmann, 73 Jahre alt.

Jakob Prandtauer

Beim Maurermeister Georg Asam im Stanzertal hatte Jakob Prandtauer, geboren am 16. September 1726, das Bauhandwerk erlernt. Er wurde einer der begabtesten Baumeister des kirchlichen Barocks. Von seinen bedeutenden Bauten ist das Kloster Melk an der Donau an erster Stelle zu nennen.

Christian Daniel Rauch

Von 1790 bis 1797 erlernte Rauch in seiner Heimatstadt Arolsen das Bildhauerhandwerk. In Berlin, wohin es den jungen Bildhauer gezogen hatte, fand er in Schadow einen überragenden Lehrmeister. Von den vielen Arbeiten Rauchs, der am 3. Dezember 1857 starb, verdient der Marmorsarkophag der Königin Luise besondere Erwähnung.

Tilman Riemenschneider

In Tilman Riemenschneider haben Handwerk und Kunst vielleicht die idealste Verbindung gefunden. Man bezeichnet Riemenschneider wegen seiner ehrlichen, jeder Verkrampfung abholden Formensprache als den schlichtesten Meister der Spätgotik. Aus all seinen Altären und Denkmälern sprechen eine ergreifende Frömmigkeit und ein von demütigem Glauben erfülltes Handwerkertum. Am 7. Juli 1531 ist Tilman in Würzburg gestorben.

Johann Heinrich Riesener

Die kostbaren Möbel Rieseners können heute noch in den Museen der Welt bewundert werden. Aus den Arbeiten dieses großen Tischlers, der in Paris schaffte und am Hofe von Versailles in hoher Gunst stand, spricht die Linienführung des späten Rokokos. Riesener erwarb sich besonderen Ruhm durch seine kunstvoll angefertigten Schreibtische, die von vielen europäischen Fürsten begehrt wurden. Der Meister starb im Jahr 1806.

David Röntgen

Als dem Tischler und Kistler Abraham Röntgen am 11. August 1743 der Sohn David geboren wurde, ahnte niemand, daß dieser einmal berufen sein sollte, den Königen und Kaisern seiner Zeit Möbel für ihre Prunkgemächer anzufertigen. Für die Möbel Davids wurden die höchsten Preise gezahlt, die vielleicht je für Tischlerarbeiten gezahlt worden sind. Die schönsten Stücke Röntgens sind noch heute in den Museen vieler Länder zu besichtigen.

Andreas Schlüter

Kurfürst Friedrich III., der spätere preußische König Friedrich I., berief den in Danzig geborenen Bildhauer nach Berlin. Große Aufgaben wurden Schlüter übertragen, so der Um- und Neubau des Schlosses. Durch den Einsturz des unzureichend fundamentierten, von Schlüter erbauten Münzturms ging der Baumeister all seiner Ämter verlustig. 1714 starb er in Petersburg.

Martin Schongauer

Ursprünglich betrieb Martin Schongauer, 1450 in Colmar geboren, wie sein Vater das Goldschmiedehandwerk. Erst in späteren Jahren wandte er sich der Malerei zu, in der er bis zu seinem Tode (1491) Großes leistete und eine eigene Schule ins Leben rief.

Veit Stoß

Veit Stoß wurde um 1450 geboren, wahrscheinlich in Nürnberg. 1477 siedelte er nach Krakau über, wo er für die deutsche Gemeinde den Marienaltar schnitzte. Dieses monumentale Werk brachte dem Nürnberger großen Ruhm ein. 1496 kehrte der Meister in seine Vaterstadt zurück. Bei allen Schwierigkeiten und Wirrnissen seines Lebens entwickelte Veit Stoß noch im Alter eine erstaunliche Vielseitigkeit als Holzschnitzer, Baumeister und Kupferstecher. Sein schönstes und reifstes Werk wurde der »Englische Gruß«.

Johann Andreas Thelot

Der Augsburger Silberschmied Thelot, er lebte von 1654 bis 1734, gilt als der bedeutendste Meister der dekorativen Treibtechnik. Seine Arbeiten trugen einen so persönlichen Charakter, daß er den Silberschmieden bis in unsere Zeit ein leuchtendes Vorbild blieb.

Peter Vischer

Der Messingguß, wie ihn Peter Vischer betrieb, war im 15. Jahrhundert eine ausgesprochene Nürnberger Handwerkskunst. Es wurden Leuchter, Ringe, Schellen, Gewichte und kleine Waagen auf diese Weise hergestellt. Peter Vischer gehörte einer bekannten Gießerfamilie an. Sein großartigstes Werk ist das Sebaldusgrab, das am 17. Juli 1519 im Chor der Sebalduskirche aufgestellt wurde. Man sagt, daß sich um dieses Sebaldusgrab willen eine Wallfahrt zur alten Reichsstadt lohne.

In seinen Sitten und
Geschichten ist das Handwerk
ein Stück Poesie unseres
Volkslebens
Peter Rosegger

Das Handwerk in Sitte, Brauchtum, Wort und Lied

Aus dem Geist der Zeit

Im Jahre 1812 schrieb Jakob Grimm: »Wenn man das hohe Alter vieler dieser Sitten erweisen kann und erwägt, so ist es für die gründliche Erforschung des deutschen Lebens ersprießlich und notwendig.«
Viele der mittelalterlichen Bräuche kommen uns heute derb vor, aber man muß sie aus dem Geist der damaligen Zeit zu verstehen suchen und sie als zur handwerklichen Erziehung und zünftigen Geschlossenheit gehörend betrachten. Trotzdem ist es für den Handwerker unserer Tage von Wert, aus den äußeren Formen des mittelalterlichen Handwerks auf dessen innere Haltung schließen zu können. Es wird uns immer interessieren, wie der Handwerker in der Blütezeit lebte, wie er sich kleidete, wie er Feste feierte.
Wenn man von alten Handwerksbräuchen liest, stößt man auf viele poetische Züge, denen eine sittliche und erzieherische Kraft zugrunde liegt. Wir lernen die Handwerker in ihrer kernigen Eigenart, in ihrer Frische und ihrem Humor und nicht zuletzt in ihrer Ausdrucksweise kennen. In ihren geselligen Zusammenkünften, im Wander- und Herbergsleben, in ihren Zunftordnungen und ihren Festen spiegelt sich ein farbenfreudiges Bild des mittelalterlichen Lebens und Strebens.

Butzen und Beißen

Jeder Beruf hatte seine eigenen Gebräuche und für das Gesellenmachen eine eigene Bezeichnung.
Bei den Schlossern erfolgte der Eintritt in den Gesellenstand durch das Bart- oder Schlüsselbeißen. Dem Lehrling wurde dabei symbolisch die Zunge gelöst. Erst jetzt durfte er wie jeder »gemachte« Geselle in den Versammlungen seine Stimme erheben und mit jedermann frei und ungefragt sprechen.
Das Schlüsselbeißen ging folgendermaßen vor sich: Ein Geselle steckte dem Jünger einen Schlüssel in den Mund und drehte ihn, wie beim Öffnen eines Schlosses, dreimal um. Dabei sagte er: »Also mit Gunst für den Herrn Lademeister. Also mit Gunst für den Altgesellen. Also mit Gunst für die ganze Gesellschaft.« Da diese Prozedur manchmal grob durchgeführt wurde, kam es nicht selten zu Verletzungen des Mundes. Von diesem Brauch wird auch die Redensart hergeleitet: »Nicht in den Schlüssel beißen wollen.«
Das Schmiedehandwerk achtete sehr darauf, daß seine alten

Gewohnheiten wie Ordensregeln befolgt wurden. Wenn ein Lehrling seine Lehre beendet hatte, so prüfte man sorgfältig, ob er den Anforderungen des Gesellenstandes gewachsen war, ob man ihn auf die Wanderschaft schicken konnte und ob er dem Handwerk überhaupt zur Ehre gereichen würde.
Eine solche Prüfung hieß »Die Vorsage«. Der neue Geselle wählte sich unter den älteren drei Paten heraus, die ihn mit den Vorschriften seines Handwerks in althergebrachten Formeln vertraut machten. Bei der folgenden Gesellentaufe, dem »Butzen«, ging es nicht gerade zimperlich zu.

Der Taufakt der Buchdrucker

Das »Gautschen« ist heute noch üblich. Die Gesellen suchten einen günstigen Augenblick aus, um den Täufling zu packen. Die Rollen waren verteilt in: Gautschmeister, dem ersten und zweiten Anpacker, dem Schwammhalter und den Zeugen.
Auf den Ruf des Gautschmeisters »Packt an!« wurde der Jünger gefaßt, in eine mit Wasser gefüllte Wanne oder, wenn sie es »leidlich machen wollten«, auf einen mit Wasser vollgetränkten Schwamm gesetzt. Während dieser Prozedur hielt der Schwammhalter eine launige Ansprache an den Jünger. Dann wurde dem Jünger feierlich der »Gautschbrief« ausgehändigt, den er wie einen Lehrbrief oder ein Wanderbuch aufzuheben hatte.

Das Schleifen bei den Schuhmachern

Bei den Schuhmachern wurde dem losgesprochenen Lehrling der Stand des »Burschen« sozusagen abgeschliffen. Zu diesem Zwecke mußte sich der Lehrbub beim Altgesellen melden und ihn bitten, sein »Schleifpfaffe« zu werden. Gleichzeitig wählte er andere Gesellen als »Schleifpaten«.
Das Schleifen war ein derber Spaß. Während der Bursch eine lange Predigt mit allerlei Ermahnungen über sich ergehen lassen mußte, wurde er geprügelt, geohrfeigt, mit Bier übergossen und sonstiger Schabernack mit ihm getrieben. Hatte er alles überstanden, mußte er mit einer Runde den Gesellen den Einstand geben. Mancherorts nannte man das Gesellenmachen auch Beuteln. Es verlief ähnlich.

Die Tischler hobelten

Im Tischlerhandwerk erfolgte die Gesellenaufnahme durch die sogenannte »Behobelung«, ein Ausdruck, der auch auf andere

Handwerksberufe übergegangen ist. Er spielte sich etwa so ab: Unter Vorantritt der Musik kamen der »Papa«, die beiden Paten und in ihrer Mitte unter dem von ihnen gehaltenen Richtscheit der Lehrjunge, »Kuhschlüssel« oder »Kuhschwanz« genannt, sowie der Glöckner und ein Schreiber in den Saal, wo Gesellen und Meister vor offener Lade versammelt waren. Der Junge hatte folgendes aufzusagen:
»Ich bitt' Euch, liebe Meister und Gesellen, / daß Ihr nach Handwerksbrauch mit mir handeln wöllen. / Ich bitt', Ihr wollt meiner im besten gedenken, / ich wollt' gern meinen Namen verschenken, / dieweil ich gottlob meine Lehrjungenjahr hab überwunden, / will ich mit Euch liegen oben und unten. / Bitt' zum ersten um einen Pfaffen und zwei Boten (Paten), / daß mich nicht mehr die Meister und Gesellen verspotten. / Um einen Messmer desselben gleich, / weils der Gebrauch ist im Römischen Reich.«
Dann folgte die eigentliche Zeremonie des Gesellenmachens, die Behobelung. Der Junge wurde auf eine Bank gelegt, wobei alle Werkzeuge des Tischlers an ihm gebraucht wurden. Allerdings muß gesagt werden, daß diese Werkzeuge nur aus Holz waren und keine Schneiden enthielten. Richtscheit und Hobel waren eigens für diesen Zweck ausgehöhlt und mit Erbsen gefüllt, damit sie während der Behobelung viel Krach machten. Als Zeichen dafür, daß der Jünger nun Geselle geworden war, spielten die anderen mit ihm Karten; denn einem Lehrjungen war es streng verboten, um Geld zu spielen. Die Krönung des Ganzen erfolgte aber erst, wenn dem neuen Gesellen von einer Jungfrau der Gesellenkranz aufgesetzt wurde.

Die Wanderpflicht

Im 15. Jahrhundert wurde bei den Zünften die Wanderpflicht eingeführt. Zunächst schickte man die jungen Gesellen nur einige Monate auf die Wanderschaft, später dehnte man es auf 3 bis 6 Jahre aus. In dieser Zeit sollte sich der Geselle in seinem Handwerk so vervollkommnen, daß er ein »erfahrener« Meister wurde.
Neben diesem Wandergebot gab es für manche Zünfte allerdings auch ein Wanderverbot. Es waren die »gesperrten« Handwerke, die auf das Gesellenwandern verzichteten, weil sie befürchteten, daß auf diese Weise Berufsgeheimnisse wei-

tergetragen werden könnten. Besonders galt das für einige Zünfte in Nürnberg, die sich gewisser Erfahrungen rühmten oder Verfahren entwickelt hatten, deren Geheimnis sie sorgsam hüten wollten.

Im allgemeinen war das Gesellenwandern in den Zunftordnungen festgelegt. Auch die Obrigkeiten erließen entsprechende Verordnungen zur Förderung des Wanderns.

In einer solchen Verordnung aus dem 18. Jahrhundert heißt es: »Welche Schule kann wohl besser für ihn (den Handwerksgesellen) sein, als wenn er große, volkreiche, wegen seines Handwerks berühmte Städte besucht? Hier lernt er neben den nützlichen Vorteilen seines Handwerks, welche ihm dasselbe leichter und erträglicher machen, Bescheidenheit und besseren Anstand, seine milderen Sitten erwerben ihm die Gunst seiner Obern und die Achtung seiner Mitbürger. Sein Fleiß, seine Geschicklichkeit rechtfertigen bald das günstige Urteil, welches anfangs sich bloß auf das äußerliche Ansehen gründete. In kurzem sieht er seine in der Fremde angewandte Mühe mit reichlichem Gewinnst belohnt und sich in den Stand gesetzt, durch Ernährung und gute Erziehung einer zahlreichen Familie sich selbst das süßeste Vergnügen und dem Vaterlande den angenehmsten Dienst zu erweisen.«

Das Wandern geschah also zum Zwecke der allgemeinen und der beruflichen Weiterbildung. Bis gegen Ende des 19. Jahrhunderts belebten noch viele Tausende von Handwerksburschen die Landstraßen. Sie zogen über die deutschen Grenzen hinaus durch ganz Europa.

In guten Zeiten wurden die Gesellen von den Meistern festgehalten, aber auch wieder entlassen, wenn die Arbeit weniger wurde. Im Frühjahr war naturgemäß die Wanderlust besonders rege. Dann leerten sich die Werkstätten, und die Straßen und Herbergen füllten sich.

Hans Sachs, der Leiden und Freuden der Wanderzeit lange Jahre hindurch genossen hat und weite Strecken Deutschlands durchreiste, hat seine Erlebnisse in folgenden Versen zusammengefaßt:

»Fünf ganze Jahr ich wandern thät
In diese und viele andre Stätt.
Spiel, Trunkenheit und Buhlerei

Und andrer Thorheit mancherlei
Ich mich in meiner Wanderschaft
Entschlug und war allein behaft
Mit herzenlicher Lieb und Gunst
zu Meistergesang, der löblichen Kunst.«

Auf dem Rücken das Felleisen

Von einigen Berufen abgesehen, waren die wandernden Gesellen mehr oder weniger gleich ausgerüstet und gekleidet. Sie trugen einen Hut oder eine Schirmmütze, kräftige Kleider und Schuhe, auf dem Rücken das Felleisen. Man wollte nicht schwer daran tragen, mußte aber das vom Handwerk vorgeschriebene eigene Werkzeug mit sich führen.

Bei den Schmieden war es vorgeschrieben, daß sie in ihrem Schurzfell Hose, zwei Hemden, Taschentücher und Socken trugen und einen Beschlaghammer bei sich hatten. Bei den Metzgern war »Felleisen« nicht gebräuchlich. Sie trugen ihre ganze Habe auf dem Leib: die »Stauden« (Hemd), die »Buxen« (Hose), die »Trittlinge« (Schuhe) und auf dem Kopf den »Obermann« (Hut).

Ein sauber gekleideter und gut ausgerüsteter Wanderbursche war bei Meistern und Gesellen gern gesehen. Er wurde auch in der Herberge freundlich aufgenommen. Man mußte ihm ansehen, daß er nicht aus »Not« wanderte, sondern »von wegen des Handwerks«.

Eine eigene Kleidung hatten von jeher die Zimmergesellen. Sie waren von weitem an ihrem Anzug aus schwarzem Manchestersamt kenntlich, ihren sich nach unten erweiternden Hosen und dem breitrandigen Filzhut. Mit diesem Hut trieben sie einen förmlichen Kult. Sie nannten ihn, wie die Metzger, geheimnisvoll den »Obermann« und setzten ihn selbst auf dem Werkplatz nur ungern ab. Der kurze Rock war mit Perlmuttknöpfen geziert, ebenso die weit ausgeschnittene Weste. Außerdem trugen sie ein weißes Hemd ohne Kragen mit einem schmalen Krawattenband, das sie »Ehrbarkeit« nannten. Der dicke gewundene Knotenstock hieß »Stenz«. Er wurde unter dem Rock eingeknöpft, wenn die Gesellen um Arbeit anklopften.

Die Zimmerleute hatten verschiedene Brüderschaften, deren Angehörige auch äußerlich kenntlich waren. So trugen die

»Freiheitsbrüder« rote »Biesen« an ihrer schwarzen Hose, die »Rolandsbrüder« farbige Krawattenbänder. Der »Berliner« der Zimmergesellen bestand aus einer Art Rolle, in die der Name eingestickt war. Er wurde auf der Schulter getragen. Wenn der Geselle sich um Arbeit bemühte, nahm er den »Berliner« ab und breitete ein großes rotes Taschentuch über ihn aus.

Statt Handwerksgruß die »Kundschaft«

Die Hauptsache war der Ausweis. Während man sich im Mittelalter mit dem üblichen Handwerksgruß, mit dem Erkennungszeichen der einzelnen Berufe und mit der Ehrlichkeit begnügte, kam im 17. Jahrhundert als besonderes Ausweispapier die »Kundschaft« auf. Es war ein von der Obrigkeit ausgestellter Ausweis, der Auskunft gab über Name, Heimat, Beruf und bisherige Aufenthaltsorte des wandernden Gesellen.
In der Reichsverordnung vom Jahre 1731 wurden genaue, allgemein gültige Bestimmungen über den Inhalt dieser »Kundschaft« erlassen. Später wurde sie durch das Wanderbuch ersetzt, das jeder Geselle bei sich tragen mußte. Es hatte folgenden Inhalt: »Gegenwärtiges Wanderbuch wird mit der Bescheinigung ausgestellt, daß der Träger desselben (Name) als (Beruf) zu wandern gedenkt und von ehrlichem Herkommen, geimpft und krätzefrei ist und sich jederzeit rechtschaffen betragen hat.« Es folgten Vorschriften für den wandernden Gesellen. »Wenn diese Erfordernisse dem Wanderburschen abgehen, ohne es befriedigend entschuldigen zu können, oder wenn ohne wichtige Verhinderungsgründe, wie z.B. glaubwürdig bezeugte Krankheit, ein mehr als vierteljährlicher Arbeitsstillstand sich hieraus erzeiget, so wird dem Gesellen das Wanderbuch abgenommen und er als Müßiggänger und Landläufer auf dem nächsten Wege in seine Heimat gewiesen werden.«

Die Walz hat ihre eigene Sprache

Man darf die deutsche Walz- oder Kundensprache nicht mit dem Rotwelsch der Gauner und Landstreicher verwechseln. Wenn die Kundensprache auch eine Reihe von Wörtern aus dem Rotwelsch, ja selbst aus dem Hebräischen, Jiddischen und der Zigeunersprache übernommen hat, so ist sie doch im großen und ganzen ein eigenes Sprachprodukt geblieben.

In dem Maße, wie der Brauch des Wanderns verlorenging, geriet auch diese Sprache in Vergessenheit. Werner Krebs hat in seinem Buch über alte Handwerksbräuche Ausdrücke zusammengestellt, die uns mit der Sprache eines wandernden Gesellen auf der Landstraße und in der Herberge vertraut macht: »Ein freies Leben führen wir!« Das gilt vor allem von den »tapernden« (wandernden) Gesellen. Wenn auch »Schmacht« (Hunger) und Frost sie plagen, das kümmert sie wenig. Die »Kunden« (Wanderburschen) sorgen nur für das Heute und denken kaum an das Morgen. Fröhlich »tippeln« (wandern) sie auf der »Strehle« (Straße) von »Mochum« (Stadt) zu »Kaff« (Dorf), bei den »Krautern« (Meistern) Umschau haltend, und wenn das »Kies« (Geld) ausgegangen ist oder der »Vater Weiß« (der Winter) vor der Türe steht, so wünschen sie »anzuschieben« (Arbeit zu nehmen).

Abends kehren sie in der »Penne« (Herberge) ein, wo aus allen »Tierrachen« (Landstrichen) die »Kunden« zusammenströmen, sich ihre Erlebnisse erzählen, »Hanf« und »Lehm« (Brot) oder, wenn das »Abklopfen« oder »Fechten« (Betteln) besonders ergiebig gewesen ist, auch »Weißlinge« (Eier), »Schieberling« (Kuchen), »Unvernunft« (Wurst) und »Fettigkeit« (Speck) zum »Picken«, »Plempe« (Bier) oder einen »Rittmeister« (Schnaps) mit »Schokelmei« (Kaffee) zum »Schwächen« (Trinken) verlangen. Dann gibt ein »dufter Kunde« (geriebener Walzbruder) einem »Äffchen« (unerfahrenen Burschen) Anweisung im Fechten oder gar im »Flebbern« (Fälschen) von »Zinken« (Stempeln) und »Flebben« (Wanderbuch) und läßt sich dafür »Plempe« blechen.

Ist es Zeit zum »Rauschen« (schlafen), so wird von jedem Kunden vom »Vizeboos« (Hausknecht) das »Schlummerpech« (Schlafgeld) eingezogen; dann beginnt das »Filzen« (Untersuchen der Kleider) nach »Bienen« (Läusen oder Wanzen). Wenn solche »Reichskäfer« in »Stauden« (Hemden) oder »Weitchen« (Hosen) getroffen werden, heißt es »Bankarbeit« leisten (auf Bänken oder Tischen statt im »Weichling« schlafen).

Da findet sich allerlei Volk zusammen. Fast jeder treibt eine andere »Religion« (Handwerk): »Lehmer« (Bäcker), »Verschönerungsräte« (Barbiere), »Rumtreiber« (Küfer), »Elementenfärber« (Brauer), »Heringsbändiger« (Kaufleute), »Dreckschwalben« (Maurer), »Flammer« (Schmiede), »Pechhengste« (Schuhmacher), »Stichler« (Schneider), »Schwarzkünstler« (Kaminfeger), »Galgenposamenter« (Seiler), »Hobeloffiziere« (Schreiner) usw. kommen mit »Türklinkenputzern«, »Wolkenschiebern« und »Chausseegrabentapezierern« (Spottnamen für »Kunden«, welche kein Handwerk erlernt oder es wieder verlernt haben), zusammen.

Wörterbuch der Walzsprache

abklopfen – fechten
Äffchen – unerfahrener Bursche
anschieben – Arbeit nehmen
aufklopfen – Umfrage bei der Lade

Bankarbeit leisten – auf der Bank schlafen
Barras – Brot
Berliner – Reisetasche
Bettelvogt – Schutzmann in Zivil, Spezialist für Bettler
Biene – Laus, Wanzen, bienen – lausen
blattmachen – im Freien schlafen
Boßhart – Fleisch
Buden abschaben – nach Arbeit suchen
Buxen – Hosen

Chausseegrabentapezierer – Stromer

dalfen – betteln
Deckel – Gendarm
Dreckschwalbe – Maurer
Draht – Geld
dufter Kunde – geriebener Kunde

Elementenfärber – Bierbrauer

Fackel – Zeugnis
Fettigkeit – Speck
Filz – Laus. filzen – Läuse suchen
Flammer – Schmied
Fleppen – Wanderbuch, Ausweisschrift
fleppern – Schriften fälschen
Flößling – Fisch

Galgenposamenter – Seiler
Greifer – Schutzmann in Zivil

Hanf – Brot
Heringsbändiger – Kaufmann
Hobeloffizier – Schreiner
hochfliegen – einsperren
Hochmattis – Scheune

Johann – Wein

Kaff – Dorf, Kaffer – Bauer
Katzuff – Metzger

Katzkoff – Schlosser
Kies – Geld
Kirschenpflücker – Landstreicher im Sommer
Kittchen – Gefängnis
Klabot – Kleidung
Klappe – Schlafstätte
klopfen – fechten
Kluft – Kleidung
Krauter – Kleinmeister
Kreuz- und Querschläger – Feilenhauer
Krüppelschütz – Kleinmeister
Krüppler – Arbeiter
Kunde – Wanderbursche
Kundschaft – Wanderbuch
Krummholzer – Wagner
Kohldampf schieben – hungern

Lehm – Brot
Lehmer – Bäcker
Leiche – Käse

Mochum – Stadt
bei Mutter Grün – im Freien schlafen

Obermann – Hut

Pechbengel – Schuhmacher
Pennbruder – besserer Landstreicher
Penne – Herberge
pennen – übernachten
Pfefferstaude – Stock
picken – essen
Pikus – Essen
Plempe – Bier
pochen – um Arbeit fragen
Polyp – Polizist
Ponum – Gesicht

Rädlifuxer – Uhrmacher
rauschen – schlafen
Reichskäfer – Ungeziefer
Religion – Handwerksberuf
Rittmeister – Schnaps
rote Asche – Kupfergeld
Rummelmann – Wanderbursch
Rumtreiber – Küfer
Rundling – Kartoffel

Schale – Kleidung
schennegeln – arbeiten
Schenks – Begleiter einer Dirne
Scheinlinge – Augen
Schickse – Mädchen
Schieber – Parlier
Schieberling – Kuchen
Schlabbe – Mund
Schlummerboos – Herbergsvater
Schlummerkies oder
Schlummerpech – Schlafgeld
Schmacht – Hunger
schmachten – Hunger haben
Schnalle – Suppe
Schneeschippfer – Landstreicher im Winter
Schokelmei – Kaffee
Schugger – Polizist
Schütz – Meister
schwächen – trinken
Schwarzkünstler – Kaminfeger, auch Buchdrucker

Schwimmling – Hering
Spitzkopp – Gendarm
Sposchen – Münze
Staude – Hemd
Stenz – Stock
Stift – Lehrbursch
Stichler – Schneider
Strehle – Straße

tapern – laufen, wandern
Teckel – Polizist
Teigaff – Bäcker
Tierrachen – Landstrich
tippeln – laufen, wandern
Tippelschickse – Landstreicherin
Trampelhengst – verheirateter Gesell
Trittlinge – Schuhe, Stiefel
Turmspitzvergolder – Türklinkenputzer, Stromer

Unvernunft – Wurst

Vater Weiß – Winter
verkündigen – verkaufen
verschechert – betrunken
Verschönerungsrat – Barbier
verschütten – verhaften
Vizeboos – Hausknecht

Walz – Wanderschaft
Weichling – Brot
Weißlinge – Eier
weiße Asche – Silbergeld
Weitchen – Hosen
Winde – Arbeitshaus
Wolkenschieber – Stromer

Zinken – Stempel
Zitronenschleifer – Landstreicher
zusammenkratzen – betteln

Feste wurden gefeiert, wie sie fielen

Solange das Handwerk besteht, solange hat es Feste gefeiert. Wenn sich dazu kein besonderer Anlaß bot, dann wurde er geschaffen.
Viele der Feste und Umzüge, die wir im Handwerk kennen, leiten ihren Ursprung aus geschichtlichen Ereignissen und gemeinsam überstandenen Gefahren her. Andere sind von religiösen Bräuchen übernommen worden.
Die meisten Feste waren mit Umzügen verbunden, bei denen Tänze aufgeführt wurden. Wir denken an die Schäfflertänze der Küfer oder die Schwerttänze der Messerschmiede. Einige jährlich wiederkehrende Handwerkerumzüge waren besonders bekannt und haben sich bis in unsere Zeit erhalten.

Das Schembartlaufen

Zu den Nürnberger Volksbelustigungen in der Fastnachtszeit gehörte das Schembartlaufen. Es führt auf ein altes kaiserliches Privileg an die Metzger aus dem Jahre 1349 zurück. Der historische Zusammenhang ist kurz erzählt:

Das schnelle und üppige Emporblühen der Stadt Nürnberg hatte um die Mitte des 14. Jahrhunderts zu einer heftigen Krise geführt, in der sich die Handwerker gegen die zunehmende Macht der »Geschlechter« auflehnten. Es kam zu einem Aufstand, der für Nürnberg ein Ereignis von geschichtlicher und folgenreicher Bedeutung wurde. Im Juni des Jahres 1348 hatten die Handwerkszünfte, an ihrer Spitze das Schmiedegewerbe, sich gegen die Stadtregierung verschworen.
Sie wollten es sich nicht länger gefallen lassen, von der Teilnahme an den Ratsgeschäften ausgeschlossen zu werden. Das Rathaus wurde gestürmt, die Mitglieder des Rats verjagt und von der siegreichen Partei ein neues Regiment eingesetzt.
Um diese Zeit war gerade im Reich der Streit um die Kaiserwürde entbrannt. Der alte Nürnberger Rat hatte sich für Karl IV. erklärt, der auch als neuer König und Kaiser, sein Gegenkönig war Ludwig der Bayer, auf den Thron kam. Karl IV. setzte sich sogleich für den vertriebenen Rat ein. Im Herbst 1349 kam er mit einer Streitmacht nach Nürnberg, um dort wieder Ruhe und Ordnung zu stiften. Es wurde strenges Gericht gehalten, die Hauptanstifter des Aufruhrs hingerichtet oder aus Nürnberg verbannt, der alte Rat aufs neue eingesetzt und mit aller Macht ausgerüstet.
Geschützt durch die kaiserliche Gunst, zog bald wieder Friede in die Stadt ein. Aus der stürmischen Episode blieb nichts übrig als eine Volksbelustigung: das Schembartlaufen, für das die Metzger ein Privileg erhielten, weil sie als einzige Zunft dem Rat treu geblieben waren. Es wurde bald eine ausgesprochene Fastnachtsbelustigung mit Mummenschanz. Die für den Lauf bestimmte Kleidung änderte sich jedes Jahr. Meist war die Farbe der Kleidung geteilt, rechts und links verschieden, mal braun und gelb, dann gelb und grün. Die Läufer trugen Masken, einen Leibgürtel mit Schellen und auch um die Knie einen Schellengürtel. In der einen Hand hielten sie einen hölzernen Spieß und in der anderen die sogenannte »Quaste«, einen aus Eichenblättern zusammengepreßten Kolben. Dem Zuge dieser Läufer gingen Narren mit Pritschen voraus.
Der Aufzug hatte symbolischen Charakter. Es sollte damit der aufrührerische Sinn der Rebellen veranschaulicht werden. Vor dem Rathaus wurde als Höhepunkt des Schembartlaufens die

sogenannte »Höll«, das Sinnbild der Empörung, verbrannt. Es handelte sich um einen hölzernen Turm oder einen Drachen. Nachdem die »Höll« verbrannt war, genossen die Schembartläufer die Narrenfreiheit der Fastnacht. Sie trieben in den Schenken und Häusern Unfug, und die ganze Bevölkerung nahm freudig daran Anteil.

Die Schäfflertänze

In vielen Städten veranstalteten die Gesellen des Böttcherhandwerks in der Fastnachtszeit öffentliche Umzüge und führten ihre Reifentänze auf. Besonders bekannt wurde der Münchner Schäfflertanz, der auf eine alte Tradition zurückging. Nach der schrecklichen Pest, die in den Jahren 1515–1517 die Stadt heimsuchte, waren Böttchergesellen die ersten, die die Bevölkerung wieder zu Frohsinn aufriefen.
In Nürnberg trugen die Böttchergesellen rote Hosen, weiße Hemden und grüne Bänder. Von ähnlichen Tänzen wird aus Salzburg, Zittau, Frankfurt, Freiburg, Breslau, Memmingen und Eßlingen berichtet.
Wie ein Küfertanz aussah, entnehmen wir einer Chronik vom Jahre 1754:
»Voraus gingen fünf Musikanten, nämlich zwei Geiger, ein Klarinettist, ein Fagott- und ein Oboebläser. Danach kamen zwei Büchsenknechte mit großen silbernen Küferschlegeln. Diesen folgte der Reifenschwinger, der nichts über sich hatte als ein schön weißes Hemd, scharlachrote Hosen mit gelben Knöpfen, weiße Strümpfe, samtlederne Schuhe und ein rosenfarbenes Käpplein mit kreuzweise darauf gehefteten Kränzchen auf dem gekräuselten und gepuderten Haar. In der rechten Hand trug er einen kleinen Reif, darin er drei Gläser, das mittlere Gesundheitsglas mit rotem, die anderen zwei mit weißem Wein angefüllt, gestellt hatte.
Hierauf kamen dreizehn andere Gesellen, alle ihrem Vorgänger gleich gekleidet und gezieret, welche große, schwanke offene Reifen, in die Höhe gerichtet, trugen, so daß ein jeder in einer Hand das andere Ende von seines Vorgängers und in der anderen Hand das eine seines eigenen Reifen hatte und immer behielt. Sie stunden vor vornehmer Leute und Meisters-Häusern still und hielten ihren Tanz, der besser und lustiger zu sehen als zu beschreiben ist:

Bald machten sie einen Kreis, schwangen ihre Reifen in gleicher Zeit gegen den Boden und sprangen darüber. Bald kehrten sie sich wieder, richteten die Reifen in die Höhe und tanzten darunter durch, als ob sie Fahnen schwängen. Dann stellten sie sich reihenweise einander gegenüber und trennten sich wieder voneinander. Bald wieder schlossen sie einen engen Kreis, indem sie mit ihren Reifen eine hohle Halbkugel bildeten und damit ihren Reifenschwinger, der sich darein gestellt hatte, dreimal auflüpften. Hierauf wickelten sie sich nach dem Takte der Musik wieder auseinander, hoben ihre Reifen in die Höhe und legten sie so übereinander, daß sie eine erhabene Halbkugel machten.
Endlich tanzten die Gesellen schlangenweise durcheinander durch, bis sie einen weiten Kreis bildeten. In dessen Mitte stellte sich der Reifenschwinger auf, schwang seinen Reifen mit den Gläsern rechts und links um den Kopf, um den Leib und unter den Beinen durch. Dies tat er mit einer solchen Fertigkeit, daß ihm selten ein Glas abfiel. Alsdann trank er aus dem mittleren Glas auf die Gesundheit des Herrn, dem zu Ehren sie tanzten.«

Schwerttänze

Nicht weniger berühmt waren die Schwerttänze der Messerschmiede, die bis ins 17. Jahrhundert üblich waren. In der Nürnberger Chronik heißt es: »Der Stadtpfänder, der den Messerschmieden eine Mahlzeit ausrichtete, ritt mit ihnen nebst einem Spießjungen und acht Einspännigern. Sie tanzten vor dem Rathaus und hielten eine Fechtschule.«
An einer anderen Stelle heißt es: »1615 sind die Messeresgesellen an der Aschermittwoch auch mit Drummeln und Pfeifen in der Stadt aufgezogen, unter denen der mehrere Theill schöne große überguldte Drinkgeschirr von mancherlei förmen in Händen gehalten.«
Die Messerschmiede führten bei allen außergewöhnlichen Gelegenheiten ihre berühmten Waffentänze auf, so beim Einzug des Kaisers oder anderer Fürstlichkeiten in die Stadt.

Metzgersprung

Bis gegen Ende des vorigen Jahrhunderts wurde am Rosenmontag in München der Metzgersprung gezeigt. Er sollte seinen Ursprung in der Pestseuche des Jahres 1517 haben, als die

Metzgerschaft durch die Stadt zog und die verängstigte Bevölkerung wieder aus den Häusern lockte.
Der Metzgersprung sah so aus: Die ganze Zunft versammelte sich vor dem alten Rathaus am Marienplatz und bildete einen weiten Ring. Die Lehrburschen, die in Schafspelze gehüllt waren, wurden nun von dem Altgesellen dreimal um den Rohrbrunnen geleitet. Dann sprangen sie auf den Rand des Brunnens und schließlich ins Wasser. Darauf wurden die nassen Burschen mit folgenden Worten zu Gesellen gemacht:

Altgesell: »Wo kommst du her, aus welchem Land?«
Lehrbursch: »Allhier bin ich ganz wohlbekannt,
Allhier hab ich das Metzgerhandwerk gelernt
Und will ein rechtschaffener Metzgerknecht werden.«
Altgesell: »Ja, ja, du hast das Handwerk gelernt und sollst
Ein rechtschaffner Metzgerknecht werden.
Werd aber getauft zu dieser Frist,
Weil du gern Fleisch, Bratwurst und Bradel ißt.«

Die Täuflinge bespritzten nun auch das versammelte Volk mit Wasser und warfen ihm Nüsse zu. In den Gaststätten wurde dann bei Tanz und Schmaus das Fest zum Abschluß gebracht.

Das Fahnenschwenken der Bäcker

Ein alter Brauch ist das Fahnenschwenken. Allgemein wird es auf die Tat der Bäcker bei der Errettung Wiens zurückgeführt. Tatsächlich schwenkten die Bäcker schon in vielen deutschen Städten vor dieser Zeit ihre Fahnen. Die Bäckergesellen zogen am dritten Weihnachtsfeiertag in Prachtgewändern, die reich mit Gold besetzt waren, durch die Straßen der Stadt. An ihrer Spitze war ein Musikzug, dem die Fahnenschwenker folgten. Vor den Häusern der Bewohner, die besonders geehrt wurden, blieb der Zug stehen, und die Gesellen erwiesen mit Hut, Degen und Fahne ihre Achtung. Am Rathaus hielt sich der Zug so lange auf, bis eine Deputation einen Riesenkuchen überbracht hatte. Die geschicktesten Fahnenschwenker wurden mit Geschenken bedacht.

Riesenwürste der Metzger

In einigen Städten war es üblich, daß die Metzger an Festtagen lange Würste durch die Straßen trugen.

Eine solche Riesenwurst wurde im Jahre 1583 in Nürnberg von 91 Fleischergesellen getragen. Sie war 596 Ellen lang und wog 434 Pfund. Die beiden Fleischergesellen am Anfang und am Ende hatten die Wurst etliche Male um den Leib geschlungen. Die anderen Gesellen trugen die Wurst auf der Schulter.
Die am 1. Januar 1601 in einer süddeutschen Residenzstadt hergestellte Wurst soll sogar 1005 Ellen lang gewesen sein. Die Metzger trugen sie durch die Stadt zum Schlosse des Fürsten und schenkten diesem 130 Ellen. Der Rest wurde an die Armen verteilt. Die Bäcker backten dazu acht große »Strützel« und sechs runde, große Kringel. Und wer's genau wissen will: Die Wurst hat alles in allem 412 Taler und 16 Groschen gekostet.
Als Kaiser Matthias das Metzgerhandwerk besonders auszeichnete, schenkte es ihm dafür eine Wurst, die 658 Ellen lang war und 514 Pfund wog. Einer der großen Wurstumzüge wurde in Kupfer gestochen, so daß er der Nachwelt im Bilde überliefert wurde.

Das Richtfest

Ein alter Brauch, der heute noch geübt wird, ist das Richtfest. Es wird immer dann gefeiert, wenn sich das Dachgerüst über einem Bauwerk gewölbt hat. Der Bau ist dann zwar noch nicht fertig, aber er kann nun nicht mehr wachsen, er kann nur noch ausgebaut, eingerichtet und ausgeschmückt werden.
Diesen Augenblick hält der Bauhandwerker fest, um sich an dem Erreichten zu freuen. Das Richtfest wurde und wird vielerorts mit einem feierlichen Kirchgang eingeleitet, bei dem die Zimmerleute zu ihrer halsbrecherischen Arbeit gesegnet werden. Dann hält der Polier vom First des Dachgerüstes eine Taufrede, die als Zimmerspruch bekannt ist. Es gibt eine Reihe solcher Sprüche, die oft voll launiger Lebensweisheit sind. Hier sei einer angeführt:

Ein Zimmergesell bin ich genannt
Und gereist zu den Fürsten und Grafen durchs Land.
Arbeit bei den Meistern ums Geld,
So lang und wo es mir gefällt.
Mag gerne etwas profitieren;
Doch lieber geh ich noch spazieren

Und esse und trinke wie große Herrn
Die guten Speisen und Weine gern.
Ich liebe, was fein ist,
Wenn's gleich auch nicht mein ist,
Und wenn's auch mein nicht werden kann,
Hab ich doch meine Freude dran;

Bei meinem Meister in Schwäbisch-Gmünd
Bekam die Meisterin ein Kind;
Die Tochter zwei, die Dienstmagd drei,
Das gab ein volles Hausgeschrei!
Mir ging zu Herzen jeder Ton!
Ich schnürte mein Bündel und ging davon.

Hoch soll der ehrsame Bauherr leben!
Und hoch die Baufrau auch daneben!
Ich wünsche alles, was ihnen vonnöten:
Viel Korn auf die oberen Böden,
Dann in die Ställe Schafe und Rinder,
Der Baufrau auch ein Dutzend Kinder,
Und Flachs und Hanf, und daß dabei
In Küche und Keller Vorrat sei!
Hoch! Hoch! Hoch!

Auch unser Meister lebe hoch
Und baue viele Häuser noch!
Und jeden nimmt das Glück in Gunst,
Wer lernt und treibt die Zimmerkunst!
Hoch! Hoch! Hoch!

Der 1. Mai

Den 1. Mai feiern ist uralter Brauch. Es wurde ein Maikönig oder eine Maikönigin, ein Maigraf oder eine Maigräfin gewählt. Man feierte, tanzte, und daß die Handwerker dabei mitwirkten, liegt nahe.
Bei vielen Zünften war die Beteiligung an diesen Maifesten durch Satzung festgelegt, das Fernbleiben unter Strafe gestellt. Die Zünfte Norddeutschlands zogen mit Pfeifen und Trompeten durch die Städte. Manchmal kam es bei solchen Maiumzügen zu Streitigkeiten.

1572 entstand auf dem Marktplatz einer westfälischen Stadt eine schwere Prügelei zwischen Webern und Schneidern. Die Schneider hatten ihrem Maigrafen einen Rosenkranz aufgesetzt, ein Recht, das bis dahin nur den Webern zugestanden war. Der Rat der Stadt hatte für diese handgreifliche Auseinandersetzung wenig Verständnis. Er ließ kurzerhand die Rädelsführer einlochen.

Wo man den Maieneinzug nicht feierte, da führte man zu Pfingsten große Umzüge durch. Die Bilder der Zunftheiligen wurden feierlich umhergetragen. Am Dienstag nach Pfingsten zogen die Meister und Gesellen unter Musik und fliegenden Fahnen hinaus ins Freie, um sich bei Spiel und Tanz zu belustigen. Bei dieser Gelegenheit wurden auch Schießübungen veranstaltet und eine Art Sturmlauf durchgeführt. Beendet wurden diese Festlichkeiten stets mit zünftigen Gelagen.

Geheimkünste

In alten Zeiten standen die Schmiede im Rufe, etwas von geheimen Künsten zu verstehen, mit denen sie außergewöhnliche Taten vollbringen könnten. Wir kennen die Sagen von den Waffenschmieden, die Schwerter arbeiteten, mit denen ihren Trägern zugleich eine unüberwindliche Kraft gegeben wurde. Von den Huf- und Grobschmieden nahm man an, daß sie einen Zauberspruch in das Eisen hineinschmieden würden und so Dinge zuwege brächten, die anderen unmöglich waren. Bekannt ist auch, daß jener Schmied, der zuerst ein Stück Eisen magnetisieren konnte, als Hexenmeister angesehen wurde.

Daß auch die Obrigkeiten von diesen Geheimkünsten der Schmiede überzeugt waren, beweist eine Verfügung der Stadt Köln aus dem Jahre 1427. Es wird darin ausdrücklich den Schmieden aufgetragen, kein Zauberwerk und kein Beschwörungswesen zu treiben. Man drohte ihnen sogar die Todesstrafe an, falls sie ihre Künste an Lehrjungen weitergeben würden.

Alte Weiber am Braubottich

Noch bis vor 50 Jahren, wo es in Süddeutschland viele kleine, primitiv eingerichtete Brauereien gab, war die Ansicht verbreitet, daß ein in das Lagerfaß gesetzter Molch imstande wäre, das bei der Gärung verdorbene Bier wieder zu retten. Daneben bestand, wie Berlepsch in seiner »Chronik der

Gewerke« berichtet, die Sitte, zu Beginn einer neuen Brauperiode eine Anzahl alter Weiber um den Braubottich zu versammeln. Während das Malz mit Wasser vermengt wurde, mußten diese Frauen auf ein gegebenes Wort in den Brei spucken.
Andererseits findet sich auch gerade bei den Brauern ein frommer Glaube. So heißt es bei ihnen: »Der Brauer bereitet das Bier nach besten Kenntnissen und überläßt das übrige der Allgewalt Gottes.«
Wenn der Oberbursche morgens die Brauer weckte, dann tat er es mit den Worten: »Auf geht's in Gottes Namen!« An das erste Lagerfaß, das frisch in den Keller gelegt wurde, schrieb der Kellermeister stets mit Kreide: »G. G. G.«, das bedeutet: Gott geb Glück.

Brautsuppe und Brömelbier

Bei den Hochzeitsfeierlichkeiten der Handwerker war es üblich, daß eine Brautsuppe serviert wurde. Der Naumburger Senat erwähnt sie in einem Erlaß vom 28. Juni 1666 ausdrücklich, wenn er sagt: »Soll wegen der Weiber, welche in ein Handwerk freien, eine Brautsuppe gegeben werden.«
In einem anderen Bericht des Senats von Jena aus dem Jahre 1680 wird betont, daß bei der Verehelichung eines Meisters die gesamten Mitmeister, dem Ehestand zu Ehren und zur Zierde des Kirchganges, das junge Paar begleiten sollen und dafür eine Brautsuppe erhalten.
In den Zunftartikeln der Schmiede zu Jena heißt es: »Wenn ein Meister sich verehelicht, der soll dem alten Herkommen gemäß die gewöhnliche Brautsuppe, wenn aber nach Gottes gnädigen Willen, einer oder der andere zur zweiten oder dritten Ehe schreiten müßte, der soll vor bemeldete Brautsuppe einen Reichsthaler zu geben schuldig sein.« Aus diesen Artikeln geht hervor, daß die Brautsuppe bei der ersten Ehe gewöhnlich kostspieliger gewesen ist als bei der späteren Ehe.
Unverheiratete Handwerksmeister waren zur Abgabe des »Brömelbiers« verpflichtet. Der Brauch wird im Handwerkslexikon von Beyer folgendermaßen beschrieben: »Bei etzlichen Zünften, muß der, so Meister werden will, nicht nur dem Handwerke seine Braut ansagen, ob sie etwa auch daran einen Vorwandt nehmen könnten, ihm wo nicht gar abzuweisen,

doch ihm die Sache schwerzumachen und aufzuhalten, sondern sogar auch Hochzeit vorher zu halten, damit ihm ja so viel aufgehe, daß er das Hauswesen und Handwerk anzuheben, keinen Vorschub behalte. Andere, ob sie ihm gleich dies übersehen, nötigen ihn doch, binnen Jahresfrist bei 10 Gulden Strafe solches noch nachzuholen oder vor der Oberzeche sich zu entschuldigen, warum er sich zur Zeit noch nicht verehelichen könne oder wolle. Solchen unehelichen Stand muß er jährlich mit einem Geschenk lösen, so sie das Brömelbier nennen.«

Totenschau mit Zitronen

In einer Schreinerordnung aus dem Jahre 1595 wird berichtet, daß die Schreiner verpflichtet waren, bei allen Beerdigungen, zu denen sie die Särge geliefert hatten, auch die Totenschau zu halten. Es wurde ihnen vorgeschrieben, die Toten im Sarg »unter der Rippe und auf dem Bauch noch einmal zu betasten, ob an diesen auch keine Wärme mehr zu verspüren sei«.
Sie hatten auch dafür zu sorgen, daß keine Blumen in den Sarg gelegt wurden. Ließen sie es dennoch zu, so mußten sie mit einer empfindlichen Geldstrafe rechnen.
Bei den Zimmergesellen war es Brauch, daß sie einen verstorbenen Mitgesellen auf seinem letzten Gang begleiteten und dabei die Äxte geschultert trugen. In einem Bericht über ein solches Begräbnis heißt es: »Ihnen folgt eine Truppe in Hemdsärmeln mit den Abzeichen des Handwerks: Winkeleisen, Hammer und Hobel, und auf diese Werkzeuge sind Zitronen gespießt. Dann folgt die übrige Gesellenschaft mit der Zunftfahne an der Spitze. Am Grabe wirft jeder eine Scholle Erde auf den Sarg mit den Worten: ›Als Fremder bist du gereist, als Fremder bist du gestorben, als Fremder sollst du in fremder Erde begraben sein.‹ Dann werden die aufgespießten Zitronen mitgegeben. Auch den Leichenträgern wird eine Zitrone in die Hand gegeben. Dieser Brauch deutet darauf hin, daß die Zitrone durch ihren scharfen und erfrischenden Geruch die Fäulnis vertreiben soll.«
Aus anderen Schriften geht hervor, daß die Zitrone eine »übelabwehrende« Frucht sei. Der Brauch soll aus den Pestzeiten des Mittelalters überliefert sein, wo die Leichenträger, um Ansteckung zu verhüten, eine Zitrone in den Mund genommen hätten.

Die Zitrone benutzte man übrigens auch, um eine Axt und ein Beil damit einzureiben. Die damals noch kostbare Frucht sollte vor Unheil bewahren, wie man es von vielen heimischen Kräutern erhoffte, und vielleicht auch das Arbeitsgerät vor Rost und Verfall schützen. Noch heute spielt in den Ländern des Südens die Zitrone in den Sitten und Gebräuchen der Bevölkerung eine beachtliche, auf Aberglauben und Tradition beruhende Rolle.

Das Liedgut des Handwerks

Das Volkslied ist so alt wie der menschliche Gesang. In Deutschland erlebte es seine Blüte, als das Rittertum verfiel und mit ihm die höfische Dichtung. Seit der Adel seine führende Stellung im nationalen Leben aufgeben mußte, seit in den Städten ein selbstbewußtes Handwerkertum entstand, trat das Volkslied mehr und mehr aus dem Dunkel hervor, denn nun fand es überall die nötigen geistigen und künstlerischen Vorbedingungen.

Das Wort »Volkslied« selbst ist neueren Datums. Es wurde von Herder um das Jahr 1770 geprägt, damals, als auch der Begriff »Volk« klare Formen anzunehmen begann. In den Jahrhunderten vorher sagte man einfach »Lied«, »Neulied«, »Hübschlied«, »Grasliedlein« oder »Gesellenlied«.

Sangeslust und Sangeskunst sind seit undenklichen Zeiten allgemein verbreitet und häufig höher entwickelt gewesen, als man gewöhnlich annimmt. So werden es neben den berufsmäßigen Sängern vor allem die Handwerksgesellen gewesen sein, die auf ihren Wanderungen oder auch bei der Arbeit oft unvermittelt Dichter eines Volksliedes wurden.

Manchmal nennt sich der, der das Lied dichtete, am Schluß des Liedes, oder auch sein Name ist sonstwie überliefert worden. Es bleibt aber immer nur einer aus dem Volk.

Der Dichter war immer zugleich auch der erste Sänger: Wort und Weise waren untrennbar. Das bestätigen uns vor allem wieder die Nürnberger Meistersinger mit Hans Sachs an der Spitze. Sobald die Weise gefiel, sang sie jedermann nach, am meisten die Handwerker in ihren Werkstätten, Stuben und auf den vielen Festen, die sie feierten.

Der wandernde Geselle nahm sie von Stadt zu Stadt und Land zu Land mit. Hier auf den Wanderschaften aber wurden die

Lieder von den Gesellen verändert, gekürzt, erweitert, mit Anspielungen auf das eben verlassene Meisterhaus und das schöne Töchterlein dort versehen und noch für allerlei sonstige Zwecke zurechtgestutzt.
Solange man die Volkslieder allgemein sang und jeder sie kannte, druckte man sie nicht. Erst als Strophen, Zeilen und Worte locker und unsicher, Beziehungen und Anspielungen unklar und das Bewußtsein der Melodie wankend wurden, gab man sie in Druck. Jede Innung und jeder handwerkliche Beruf begann zu jener Zeit die ihm eigenen und von ihm besonders geschätzten Lieder zu veröffentlichen. Das Volkslied erreichte damit einen ungewöhnlichen Höhepunkt.
Dann kam der Dreißigjährige Krieg. Mit der Verwüstung der Länder, dem Niedergang des Handwerks schienen auch Kunst und Dichtung zu zerbrechen. Aber das Volkslied erwies sich als stark genug, um diese Zeiten überdauern zu können. Es lebte dürftig und kümmerlich weiter und wurde von den sogenannten gebildeten und höheren Schichten verschmäht. Um so mehr wurde es aber von den Geringeren, dem werktätigen Volke, also vor allem vom Handwerk, geschätzt und gefördert.

So machen sie's

Wie machen's denn die Schneider?
  So machen sie's:
Hier ein Läppchen, da ein Läppchen,
Machen draus ein Kinderröckchen!
  So machen sie's,
  Ja, so machen sie's

Wie machen's denn die Schuster?
  So machen sie's:
»Sind das nicht die besten Sohlen,
Soll mich gleich der Teufel holen!«
  So machen sie's,
  Ja, so machen sie's

Wie machen's denn die Uhrmacher?
  So machen sie's:

Hängen die Uhren an die Wand,
Nehmen die Mädchen bei der Hand.
  So machen sie's,
  Ja, so machen sie's

Wie machen's denn die Müller?
  So machen sie's:
Die Mühle geht die Klipp, die Klapp
»Das beste Mehl in unsern Sack.«
  So machen sie's,
  Ja, so machen sie's

Wie machen's denn die Metzger?
  So machen sie's:
Am Abend schlachten sie ein' alte Geiß,
Am Morgen ist's gut Hammelfleisch.
  So machen sie's,
  Ja, so machen sie's

Wie machen's denn die Bäcker?
  So machen sie's:
Sie backen die Semmeln gar zu klein
Und backen Leib und Seel' hinein.
  So machen sie's,
  Ja, so machen sie's

Wie machen's denn die Schreiner?
  So machen sie's:
Sie stehen an der Hobelbank
Und hobeln grün Holz zu dem Schrank.
  So machen sie's,
  Ja, so machen sie's

Wie machen's denn die Schmiede?
  So machen sie's:
Sie schlagen die Nägel neunmal krumm,
Damit der Bauer gleich wieder komm.
  So machen sie's,
  Ja, so machen sie's

Wie machen's denn die Schlotfeger?
  So machen sie's:
Sie fahren den Schlot auf und ab
Und bringen doch kein' Ruß herab.
  So machen sie's,
  Ja, so machen sie's

Ein Bürstenbinder bin ich ja…
(Aus Franken)

Ein Bürstenbinder bin ich ja,
ich bin ja von der Art;
mein Vater war ein Bürstenbind'r,
hat keinen Heller g'spart.
Das Handwerk treib ich auch halt so,
weil ich nicht anders kann;
ein'n Kaufmann geb ich auch nicht her,
ich bin ein Handwerksmann.

Die Borsten, die ich dazu brauch,
die kauf ich mir zusamm,
und was ich nicht vom Metzger krieg,
muß ich vom Schindler nehm.
Viel Bürsten mach ich, allerhand,
viel Pinsel auch dazu;
das ist mein ganzer Reichtum ja,
kein' Geis und keine Kuh.

Und wenn ich sie zum Markte trag,
viel über bleibt mir nichts,
bis ich in Markt herummer komm,
hat ich einen rechten Spitz.
Der erste Tropfen schmeckt mir gut,
so schmeckt auch der letzt',
denn ein Maß Bier, die langt mir nicht,
zum wenigst vier – fünf – sechs.

Einer nach dem andern
(Aus Schlesien)

Der Fleischer mit der Fleischbank,
der macht halt den Anfang
in das Himmelloch, in das Himmelloch,
in das Himmelloch hinein.

Der Schneider mit dem Bügeleisen,
der wird den Weg uns weisen
in das Himmelloch, in das Himmelloch,
in das Himmelloch hinein.

Der Schornsteinfeger mit der Leiter,
der steiget immer weiter
in das Himmelloch usw.

Und der Schmied mit dem Hammer,
und der Zimmermann mit der Klammer,
müssen auch mit, müssen auch mit
in das Himmelloch usw.

Der Sattler mit der Ahle,
der Schneider mit der Nadel
müssen auch mit, müssen auch mit
in das Himmelloch hinein usw.

Und der Schuster mit dem Pechdraht,
und der Bürgermeister und der Landrat
müssen alle, müssen alle
in das Himmelloch hinein usw.

Das Handwerk im Sprichwort

Wie der Landmann in den alten Bauernregeln, so hat der Handwerker in manchen Sprichwörtern Erfahrungen niedergelegt, wie etwa in: »Der Handwerksleute Kunst steckt in den Händen.« Aus anderen spricht eine gewisse moralische Nutzanwendung: »Handwerk und Tugend sind der Kinder bestes Erbteil« oder »Fein Handwerk hat auch feine Art«. Viele Handwerker brachten es zu Wohlstand: »Ein Handwerks-

mann soll einen Rentherren auszehren«, »Mit einem Handwerk kommt man weiter als mit tausend Gulden«, »Ein Handwerk ist eine Grafschaft« und schließlich das bekannteste Wort: »Handwerk hat goldenen Boden.«
Da aber immer ein gut Teil der Handwerker unter Not und Sorgen zu leiden hatte, so gab der Volkshumor dem letztgenannten Sprichwort Zusätze wie diese: »Handwerk hat goldenen Boden, aber man muß ihn bis zum Ellenbogen suchen« oder »Handwerk hat goldenen Boden, sagt der Weber, da schien ihm die Sonne in den leeren Brotbeutel«.
Das Sprichwort befaßt sich auch gern mit der Zuständigkeit der einzelnen Handwerke, wie z.B.: »Schuster, bleib bei deinem Leisten« oder »Der Tischler halte den Hobel, und der Kürschner bleibe bei seinem Zobel«.
Sehr häufig waren jedoch auch Sprichwörter, die davor warnten, mehrere Handwerke gleichzeitig zu betreiben. Einige davon lauteten: »Vierzehn Handwerk, fünfzehn Unglück«, »Dreizehn Handwerk, vierzehn Bettelleut«, »Viel Handwerk, Betteln das beste« und »Bei vielen Künsten wird man zum Narren«.
Ganz Ähnliches besagen auch die Worte: »Wo ein Bräuhaus steht, kann kein Backhaus stehen« und »Wo der Malzsack steht, kann der Roggensack nicht stehen«.
Ursprünglich finden wir die Bierbrauerei immer in unverkennbar enger Beziehung zur Bäckerei. Das hat seinen Grund in der gemeinsamen Verwendung von Getreide und Hefe, aber auch in der Benutzung der gleichen Betriebseinrichtungen. So gab es in Osnabrück um 1480 neun Brauer, die gleichzeitig Bäcker waren. Und gegen Ausgang des 17. Jahrhunderts waren in Münster in Westfalen ebenfalls beide Gewerbe fast immer in einer Hand vereint.
Eine Reihe von Sprichwörtern beschäftigt sich mit den Verhältnissen in den Zünften und Innungen, wobei immer wieder zum Ausdruck kommt, daß ein makelloser Ruf die Voraussetzung für die Mitgliedschaft ist. »Die Zünfte müssen so rein sein, als wären sie von Tauben gelesen«, »Was unrein ist, können die Zünfte nicht leiden«, »Nichts Unehrliches leiden die Zünfte«.
Auch das Gesellenwandern hat in Sprichwörtern seinen Nie-

derschlag gefunden. »Ein ungewanderter Handwerksgeselle und ein gewandertes Frauenzimmer taugen nicht viel«, »Von ungewanderten Junggesellen und gewanderten Jungfern wird wenig gehalten«, »Was ich nicht habe erlernt, das habe ich erwandert«. In alten Zunftordnungen waren die Meistersöhne vielfach privilegiert. Daher das Sprichwort: »Meistersohn bringt das Recht mit sich.« Im Widerspruch dazu stehen die Wörter: »Kunst erbt nicht« und »Kundschaft ist kein Erbgut«. Es war auch altes Zunftrecht, daß die Witwe eines Handwerkers den Betrieb nur fortführen konnte, wenn sie einen des Handwerks kundigen Mann heiratete. Daher das Wort: »Heiraten und Meister werden folgt Schlag auf Schlag.«
Schier unerschöpflich aber sind die sich auf einzelne Handwerksberufe beziehenden Sprichwörter, von denen nun eine Auswahl folgt:

Der Bäcker

Bäcker und Brauer können nicht auf einem Platze sitzen.
Bäcker und Müller sind die letzten, die Hungers sterben.
Bäter mit'n Bäcker to ätn as mit'n Apotheker.
Dem besten Bäcker verdirbt ein Kuchen.
Der Bäcker schiebt das Brot in den Ofen, aber er bleibt haußen.
Lieber dem Bäcker als dem Doktor.
Man muß Bäcker Kinner ken Stuten (Weißbrot) geven.
Wer ein Bäcker werden will, gibt keinen Maler.
De Bäcker heat siyn Wyn döer jajet.
(Wenn das Brot sehr großporig ist.)
Ein Bäckergewissen im Brote finden.
(Von ungebührlich kleinem Brot.)
't is acht Uhr, Backers Kind (das Brot) word begrawen.
Bäcker sind die besten Baumeister, sie bauen aus kleinen Semmeln große Häuser.
Bäckerbrot ist Leckerbrot.

Der Barbier

Bei mir gilt kein Ansehen der Person, sagte der Bader, ich mache Armen und Reichen gleich heiß.
Der Barbier lernt das Schaben am Barte des Narren.

Der Barbier will mehr als den abgeschnittenen Bart.
Ein guter Barbier hat auch für den Bettler eine Rinde.
Es ist ein schlechter Barbier, der nur einen Kamm hat.
Es ist ein törichter Barbier, der eine Ader schlägt und dann erst fragt, wie er sie verbinden soll.
Wer zu spät zum Barbier kommt, findet stumpfe Messer und schmutzige Tücher.
Wer zum Barbier geht, bleibt nicht ungeschoren.
Ein schlechter Barbier nimmt Haar und Haut.
Man bezahlt den Barbier nicht, wenn man die Haare in seiner Bude läßt.
In einer Barbierstube fehlt es nicht an Neuigkeiten.

Der Gerber
Man schimpft den Gerber nicht, wenn man ihn einen schäbigen Mann nennt. (Da er ja vom Schaben der Felle lebt.)
Ein Gerber zeucht dem Schuster den Rock aus.
Ein Gerber kennt die Häute.
Man darf dem Gerber das Leder nicht stehlen, um den Armen Schuhe daraus zu machen.
Wer bei einem Gerber gewesen, riecht den ganzen Tag danach.
Der Gerber meint, die Eichbäume wüchsen nur der Rinde wegen.
Häutchen, wie stinkst du, aber Geldchen, wie klingst du, sagen die Gerber.

Der Kaminfeger
Ein Handwerk ist so gut wie eine Grafschaft, sagte der Schornsteinfeger, als er oben aus der Esse sah.
Der Kaminfeger trägt sonntags wohl auch ein Hemd so weiß wie Schnee.
Ein Schornsteinfeger macht mehr voll, als sieben Leute rein machen.
Schornsteinfeger und Höflinge kommen hoch hinauf, aber sie kriechen durch dunkle Kanäle und machen sich schwarz.
Meine Tochter will hoch hinaus, sagt die Mutter, da heiratete sie einen Schornsteinfeger.
Schostenfeger will ik warden, seggt lütt Hans, denn brük ik mi ni to waschen.

Der Maurer

Den Maurern ist im Sommer kein Maß Bier zu teuer, im Winter kein Knust Brot zu hart.
Der Maurer bleibt auf dem Gerüst, und der Knecht bei seinem Mist.
Der Maurer halte die Kelle, und der Gerber schabe die Felle.
Die Maurer, eune Stunne metet se, eune Stunne etet se, eune Stunne liuret se, eune Stunne miuret se, eune Stunne rauket se Tabak, un säou vergeut de gansse Dag.
Ein geschickter Maurer baut sein Haus.
Ein geschickter Maurer bringt jeden Stein auf den besten Platz.
Ein guter Maurer verwirft keinen Stein.
Was die Maurer in der Woche gewinnen, muß am Sonntag durch die Gurgel rinnen.
Wenn der Maurer gesündigt, soll man nicht den Zimmermann hängen.
Maurerschweiß steht hoch im Preis.

Der Metzger

Ein guter Metzger leidet keine Scharten im Messer.
Metzger tragen mehr Hirn auf der Tasche, als Narren im Kopf.
Wenn der Metzger eine Sau schlachtet, so gebührt ihm eine Wurst davon.
Wenn ein Metzger vorangeht, folgen die Kälber nach.
Es sind nicht alle Schlächter, die auf den Viehmarkt gehen.
Besser der Fleischer im Haus als der Doktor.
Kein einziger Fleischer fürchtet sich vor tausend Ochsen.
Jeder Fleischer lobt sein Rindfleisch.
Wenn der Fleischer Ochsen kaufen will, geht er aufs Land.

Der Müller

Er beutelt wie der Müller um die Hälfte.
Dem Müller kommt's auf dem Wasser angeschwommen (sein Gewinn).
Der Müller ist ein adelig Kind, es arbeiten für ihn Wasser und Wind.
Der Müller kann die Mühle drehen, aber nicht den Wind.
Der Müller meint, das Korn wachse nur für seine Mühle.
Der Müller stiehlt net, jeder sagt zu ihm: Nimm meins zuerst.

Der Müller und der Bach, die haben eine Sach.
Der Müller und sein Esel haben nicht immer einerlei Gedanken.
Des Müllers Hühner taugen nicht auf den Bauernmist, sie mögen nicht scharren.
Des Müllers Kinder sind des Klapperns gewohnt.
Es sind nicht alle Müller, die weiße Röcke tragen.
Es wäre um die Müller geschehen, wenn es Mehl schneite.
Kein Müller hat Wasser, kein Schäfer Weide genug.
Wie der Müller, so die Mühle.
Der Müllerbursche ist oft weißer als der Meister selbst.
An einem gehenden Mühlrad gibt's keine Spinnweben.
Während der Müller schläft, fließt viel Wasser davon.
Dat is'n ander Korn, sä de Müller, do beet he up'n Muskötel (Mäusedreck).
Was der Müller aufschüttet, das mahlt die Mühle.

Der Seiler
Dem Seiler gerät's am besten, wenn's brav hinter sich geht.
Der Seiler zieht seine Sache in die Länge und wird doch zur rechten Zeit fertig.
Man muß, wie der Seiler, vor sich sehen und hinter sich gehen.
Er wird mit des Seilers Halstuch beschenkt (gehenkt werden).
Er wird eine Seilerstochter heiraten (dasselbe).

Der Schmied
Ein Grobschmied kann nicht mit der Stecknadel dreinschlagen.
Dem Schmied, der fleißig den Hammer schwingt, fehlt es nicht an Brot.
Der Schmied gebraucht die Zange, damit er sich die Hände nicht verbrennt.
Der Schmied macht mehr Lärm, um seinen Groschen zu verdienen, als der Goldarbeiter um eines Dukaten willen.
Der Schmied spricht gern von Hammer und Amboß.
Ein geschickter Schmied verbrennt sich auch mal die Finger.
Ein wackerer Schmied hat für jeden Huf ein besonderes Eisen.
Es ist kein Schmied so alt, er spricht noch gern von Eisen und Kohlen.

Es ist nicht jeder ein Schmied, der ein Schurzfell trägt.
Je schwarter de Schödt, je blanker dat Gold.
Jeder Schmied lobt die Axt, die er gemacht hat.
'n Smedt, de nich supet un'n Hase, de nich lupet, de döget alle beide nich.
Was einem Schmied taugt, ist nicht gut für einen Schneider.
Wenn der Schmied ein Pferd sieht, denkt er ans Beschlagen.
Der Schmied beschlägt das Pferd besser als das Schmiedlein.

Der Schneider
Jeder bleibe bei seinem Fach, dann fällt auch kein Schneider vom Dach.
Der Schneider soll von der Nadel reden und nicht vom Sterngucken.
Ein jeder Schneider meint, er schneide die beste Kappe zu.
Faule Schneider nehmen lange Fäden.
Wenn der Schneider feiert, so verrosten die Nadeln.
Wer'n Schnider ist, de mot fin un blank sin, wer'n Mürker (Maurer) es, de mot grow un schmutzig sind.
Tähn Schnider wigen hundert Pfund, wenn se't ne, sin se nich gesund.
Den Schneider ausklopfen. (Jemand, der ein neues Kleidungsstück trägt, scherzweise schlagen.)
Eine Schneiderscher' zwickt oft mehr als eine Krebsscher'.
De Snider seggt: Da hangt'n Stück Speck. De Schomaker seggt: 'k will der nix van hebben. De Wefer seggt: Do mi man her! Der Zimmermann seggt: Dar hast't.
Wenn er hät woll de Sni'r en hel Büx un de Schoster hel Stäweln.
Was einer hat, das hat er!, sagte der Schneider und ließ statt einer Kuh eine Geiß aus dem Stalle.
Er friert wie ein Schneider.
Der Schneider kommt ihm in die Augen (er wird müde).
Er sammelt sich wie beim Schneiderjungen die Ohrfeigen.

Der Schreiner
Der Schreiner führe den Hobel, und der Kürschner verarbeite den Zobel.
Der Schreiner muß überall den Hobel führen.

Des Schreiners Familie ißt an einem wackeligen Tische.
Jeder Schreiner hot'n Hobel im Kopf.
Wer ein Schreiner werden will, muß auch harte Bretter bohren lernen.

Der Schuhmacher

Wenn de Schuhmacher sterwe, komme de Garber un erwe.
In Schuhmachers Kutsche fahren (zu Fuß gehen).
Dem Schuster ist der Schuh wichtiger als der Fuß.
Der Schoster recht no Bech.
Der Schuster bleibe bei seinem Leisten.
Der Schuster geh zu seinem Leder, und der Schreiner behalte die Feder.
Der Schuster macht erst einen Stiefel fertig, ehe er den andern anfängt.
Die Schuster gehen in die Kirche, um Gott zu bitten, daß er Schafe sterben lasse.
Ein predigender Schuster macht schlechte Schuhe.
Ein Schuster soll nicht weiter klügeln denn von seinen Leisten.
Jeder Schuster schilt seinen Draht.
Mag der Schuster brummen, wenn er nur gute Stiefel macht.
Auf Schusters Rappen reiten.
Wenn du den Schoi nich wut smeren, sau kannst du den Schauster den Buel (Beutel) smeren.

Der Töpfer

Der Häfner (Töpfer), so den Lehm nicht tritt, verfertigt keinen Topf damit.
Der Häfner will auch leben. (Wenn Geschirr zerbrochen wird.)
Dem sterbenden Töpfer gelten die Töpfe nur als Scherben.
Den Töpfer kümmert's nicht, wenn ein Topf zerbricht.
Ein betrunkener Töpfer macht schiefe Häfen.
Jeder Töpfer lobt sein Geschirr, das besonders, was einen Riß hat.
Wie der Töpfer will, so bekommt der Ton die Form.
Wer die Hafen macht, kann sie auch zerbrechen.
Ernsthaft wie 'ne Töpferschürze.

Der Weber

Die Leineweber dürfen Stock und Degen tragen, seit sie bei Augsburg den Feind geschlagen.
Auch ein alter Weber verwirrt sich zuweilen das Garn.
Besser beim Weber als beim Holzhauer.
Dem geschicktesten Weber bricht zuweilen ein Faden.
Weberwitz ist federleicht.
Dät Licht brannt (nämlich sehr schlecht), as wenn der'n Wefer um't Hus to loppt und freet na de Maid.
Gah hen un lehrt Wefen, denn kannst'n Amt.

Der Zimmermann

't is 'n Meisterstück, säd d' Timmermann, harr'n Hunnenhütt bugt un't Lock vergeten.
Die schlechtesten Zimmerleute machen die meisten Späne.
Die ungeschicktesten Zimmerleute brauchen die schärfsten Beile.
Die Zimmerleute bauten Noahs Kasten, aber sie gingen nicht hinein.
Auch einem alten Zimmermann kann das Beil einmal abfahren.
Dem Zimmermann ist im Sommer keine Kann' zu teuer und im Winter keine Rinde zu hart.
Der Zimmermann findet bald einen Keil.
Des Zimmermanns Haus hat keine Bank.
Einem faulen Zimmermann rostet das Beil.
Einem ungeschickten Zimmermann taugt kein Beil.
Wenn der Zimmermann will spielen geh'n, so fallen keine Spän'.
Des Zimmermanns Loch suchen (die Tür).

Ein paar faule Sprüche

»Wir treffen uns wieder«, sagte der Fuchs zum Wolf, »wenn nicht eher, so gewiß beim Kürschner auf der Stange.«
»Meine Werke folgen mir nach«, sagte der betrunkene Töpfer, da fiel er mit seinem neuen Ofen hin.
»Ich kann auch nicht an jeden Dreck denken«, hat der Geselle zum Glasermeister gesagt, als er beim Einglasen den Kitt vergessen hatte.
»Ich fürcht' die Arbeit nicht, ich leg' mich zu ihr hin.«

»Arbeit macht das Leben süß«, hat der Sattlergeselle gesagt, »ich aber war nie für Süßigkeiten.«
»Es ist alles Gewohnheit«, sagte der Bäcker, da kehrte er mit einer Katze den heißen Ofen aus.
»Schade um den schönen Durst«, sagte ein Handwerksbursch und trank widerwillig ein Glas Wasser.
»Es ist ein Meisterstück«, sagte der Zimmermann, da hatte er eine Hundehütte gebaut und vorne das Loch vergessen.
Die Schusterweiber und die Schmiederösser gehen meist barfuß.
»Diese Woche will auch wieder gar kein Ende nehmen«, hat der selbige Maurer am Montagmorgen gesagt.
»Das gibt sich beim Bügeln«, hat der Schneider gemeint, als beim Anprobieren die Hosenfalte hinten gewesen ist.
»Kinder, betet, der Vater schneidet zu!« hat des Schneiders Weib gesagt.

Familiennamen aus dem Handwerk

Im Mittelalter wohnten die Handwerker und Gewerbetreibenden meistens in bestimmten Gassen oder Stadtvierteln, und die zahlreichen noch vorhandenen Straßennamen, die auf ein Gewerbe hindeuten, erzählen von der früher üblichen Arbeitsteilung, oft aber auch von untergegangenen Handwerken. Der Name des Gewerbes ging häufig auf den über, der es betrieb. Dieser hinterließ seinen Namen wiederum den Nachkommen auch dann noch, wenn sie längst andere Berufe ergriffen hatten. Auf diese Weise wurde der Standesname zu einem Familiennamen.
Betrachten wir nun einige Handwerksbezeichnungen und ihre Entwicklung zu den Familiennamen. Schneider (mittelhochdeutsch snidaere, niederdeutsch Schnieder, Schnieders) kommt her von schneiden, hat also eine allgemeine Bedeutung. Im mittelalterlichen Sprachgebrauch bezeichnete es auch den Schnitter oder Pflüger (niederdeutsch Plöger). Eine allgemeine Bedeutung dieses Wortes offenbart sich auch in den heute gebräuchlichen Familiennamen Brettschneider und Riemenschneider, wobei diese Namen gleich darauf hinweisen, was diese Schneider schnitten.
Auf niederdeutschem Sprachgebiet war auch der Name Schröter (von schroten = zerschneiden, zermahlen, zernagen) ge-

bräuchlich, besonders für den Schneider, dessen Gewerbe anfangs den Tuchhandel mit umfaßte. Diese Bedeutung ist in unserer Zeit jedoch gänzlich ausgestorben. Die zahlreichen Familiennamen Schröter, Schröder, Schrader zeugen aber noch von dem einst ausgedehnten Gebrauch. Man kannte früher auch einen Münzschröter, einen Schalenschröter, der in der Messerschmiede die Knochen und das Elfenbein für die Messerschäfte zerschnitt. Latinisiert wird der Schneider zu Sartor, Sartorius, Sartori.

Auf das Taschenmachen verlegten sich die Taschner oder Täschner, wie sie in Nürnberg im Taschnergäßlein wohnten. Sie haben ebenfalls manchen Familien den Namen gegeben.

Zum Schneider gehört der Schuster. Im Grimmschen Wörterbuch wird der Ausdruck »eine Bastardbildung« genannt, denn er ist zusammengesetzt aus dem deutschen Wort »Schuh« und dem lateinischen »Sutor« (verdeutscht Sutter, Sauter, Sütterle, Sütterlin), weitergebildet zu Sutorius. Anfangs begnügte man sich mit der einfachen, mit der deutschen Endung versehenen Bezeichnung sutari. Da jedoch sutor mit seiner eigentlichen Bedeutung »Näher« heißt, so konnte man das Wort ebenso für den Schneider verwenden. Deshalb setzte man »Schuh« vor das Wort, um den Schuhmacher deutlicher zu bezeichnen: schuochsutaere = Schuhnäher. Die althochdeutsche Bezeichnung für diesen Handwerker ist schuochwürchte = Schuhwirker, was noch in Familiennamen wie Schuhwirth, Schuchard, Schubart und Schubert erhalten ist.

In Hessen kannte man im 14. und 15. Jahrhundert nur die »Schuhworchte«. Die Bezeichnung Schuhmacher taucht ebenfalls im Mittelhochdeutschen auf. Sie gilt als feiner und hat Schuster vielfach zurückgedrängt, besonders als offizielle Bezeichnung. Gebräuchlich ist auch Schuhmann (Schumann, niederdeutsch Schomann). Ein Handwerkskollege des Schuhmachers ist der Holzschuhmacher. Holzschuhe sind im Niederdeutschen aber Holschen, und so entsteht der Name Hölscher.

Mit dem Schuster arbeitet der Gerber zusammen, der das Leder gar macht, zubereitet. Eine Spielart ist der Rotgerber und der Weißgerber.

Das Wamsen und Durchwalken übernimmt die Familie Wam-

ser und Walker (Walke, Wälker). In Augsburg gibt es ein Wämstlergäßchen. Die Lederarbeiter heißen auch Lederer. So gibt es beispielsweise in München eine Ledergasse.
Mit der Bekleidung des Menschen beschäftigen sich ferner die Kürschner, Kirscher (mittelhochdeutsch kürsenaere von kürsen = Pelzrock), dann die Pelzer (Pelzmacher) und die Weber in vielfachen Zusammensetzungen, wie Wollenweber, Wüllenweber oder Leinweber. Lein ist als ein frühes Lehnwort aus dem Lateinischen (linum) gekommen.
Für die Damen arbeiteten die Schleiermacher oder Schleiermann und die Seidensticker (Seidenstücker). Während die obengenannten Handwerker die Sorge um die Bekleidung im weitesten Sinne übernehmen, haben es andere Zünfte mit den Lebensmitteln, mit Speise und Trank zu tun, und auch sie steuerten zur Entwicklung der deutschen Familiennamen bei: Müller, Bäcker, Metzger, Brauer, Wirt, und rechnen wir hinzu auch alle Stände, die Gefäße für Nahrung und Genußmittel bereiteten, dann finden wir noch Böttcher, Küfer und viele andere. Vergessen dürfen wir in diesem Zusammenhang allerdings auch nicht den Bauer und den Ackermann.
In Süddeutschland ist für Bäcker Pfister gebräuchlich, aus dem Lateinischen pistor (Pistorius). Eine halb lateinische, halb deutsche Bildung ist Pfisterbeck. In München hieß die Hofbäckerei einfach die Pfisterei. Der Vorsteher einer Pfisterei hieß Pfistermeister. Oberdeutsche Schriftsteller und Mundarten verwenden das Wort Beck noch heute in den Zusammensetzungen Brotbeck, Semmelbeck, Zuckerbeck u.a.m. In der Schriftsprache ist allmählich Beck erloschen und durch Bäcker (Becker) verdrängt worden. Schon Luther schreibt nur Bekker. In den häufigen Familiennamen Beck, Böck, Bäkh haftet noch die hochdeutsche Form.
Wenn im folgenden noch eine ganze Reihe Familiennamen aufgeführt werden, so wird es nicht schwer sein, ihre Herkunft abzuleiten: Tucher, Zwirner, Fingerhut, Plattner, Ringer, Helmer, Hubener, Schwertner, Sporer, Bogner, Bolzner, Nagler, Nadler, Nüschler, Nestler, Kettler, Feiler, Klampferer, Kessler, Dengler, Münzer, Gießer, Zinner, Deschner, Wagner, Rademacher, Scheffler, Binder, Fässler, Kiefer, Küper, Dreher, Schüssler, Wanner, Kistner, Kistler, Tischler, Schnitzler. Körbeler, Krüger, Pötter, Potthoff und Kurgelmann.

Das Handwerk und der Volkshumor

Das Handwerk hat in Humor und Spott des Volkes von jeher eine große Rolle gespielt. Nach Belieben wurde dabei dick aufgetragen oder auch nur mit feinem Pinsel gearbeitet.
Der Handwerker selbst stand diesem Humor keineswegs grimmig gegenüber. Ganz im Gegenteil, er fand eine Lust daran, andere, aber auch sich selbst zu verspotten. Man erzählte sich die Späße in den Versammlungen und Morgensprachen, bei den Festen und Feiern, aber auch bei Hammerschlag und Amboßklang.
Seit dem 15. Jahrhundert, also seit die Literatur volkstümlich geworden ist, läßt sich auch der Handwerkshumor und insbesondere die spotthafte Durchhechelung des Handwerks aufs beste verfolgen. Es nahm zeitweise einen solchen Umfang an, daß Abraham a Sancta Clara, der berühmte Wiener Kanzleiredner, sagte: »So fliegen denn die Handwerksneckereien herum wie die Mucken zu Pharaons Zeiten.«
Aus dem 16. Jahrhundert ist uns eine ganze Reihe Schwankbücher überliefert, die von diesem Handwerksspott leben. Einige seien genannt: »Schimpf und Ernst« des Barfüßermönches Johann Pauli, das »Rollwagenbüchlein« des Colmarer Meistersingers Jörg Wickram, die »Gartengesellschaft« von Jakob Frey, »Katzipori« von Michael Lindener, der »Wegkürzer« des Straßburgers Martin Montanus, Hans-Wilhelm Kirchhofs »Wendunmuth« und nicht zuletzt die Schwänke, Possen und Gedichte des Nürnberger Schuhmachers und Poeten Hans Sachs. Auch im 17. und 18. Jahrhundert entstanden noch viele Schwankbücher, die jedoch keine literarische Bedeutung mehr hatten.

Eine Malerrechnung aus dem Jahre 1746

J. F. Marquard, wohlbestellter Maler in der Kirche zum Heiligen Geist zu Nürnberg, beliebt den Herren Vorstehern der Kirche folgende spezifizierte Rechnung über Malerei aufzustellen:

1. Die heiligen Zehn Gebote verändert und das sechste neu aufgefrischt	2 Florin	24 Kreuzer
2. Dem einen Schächer am Kreuze eine neue Nase gemacht.	1 Florin	30 Kreuzer

3.	Den Pontius Pilatus aufgeputzt, neues Pelzwerk um die Mütze gesetzt und hinten und vorn neu angestrichen	3 Florin	36 Kreuzer
4.	Dem Engel Gabriel die Flügel mit frischen Federn besetzt und hintersten vergoldet	2 Florin	50 Kreuzer
5.	Des Hohenpriesters Magd dreimal angestrichen	1 Florin	50 Kreuzer
6.	Dem Petrus einen Zahn eingesetzt	1 Florin	30 Kreuzer
7.	Den Himmel ausgebreitet und neue Sterne eingesetzt	2 Florin	15 Kreuzer
8.	Das höllische Feuer vergrößert und dem Teufel mehr Malice gemacht	1 Florin	12 Kreuzer
9.	Dem Judas die 30 Silberlinge versilbert	–	45 Kreuzer
10.	Die heilige Magdalena, welche ganz verdorben war, wiederhergestellt	2 Florin	–
11.	Dem linken Schächer am Kreuze eine verzweifelte Miene gegeben und ihn herumgedreht	2 Florin	12 Kreuzer
12.	Dem Moses mehr Ansehen gegeben und seinen Bruder Aaron ausgeputzt	1 Florin	50 Kreuzer
13.	Das Jüngste Gericht furchtbar gemacht	1 Florin	40 Kreuzer
14.	Die fünf klugen Jungfrauen nachgesehen und hie und da verbessert	7 Florin	–
15.	Der keuschen Susanna eine Nase gemacht	1 Florin	12 Kreuzer
16.	Das Rote Meer, das ganz schmutzig war, wieder rein gemacht	3 Florin	17 Kreuzer
17.	Das Ende der Welt verlängert	2 Florin	45 Kreuzer

18. Den Pferden vor Elias' Wagen neue Hufeisen gemacht und den Weg zum Himmel genauer gezeichnet	2 Florin	15 Kreuzer
19. Dem Joseph mehr Unwillen ins Gesicht gegeben und die Frau Potiphar gefirnißt	5 Florin	–
20. Dem blinden Tobias frischen Schwalbendreck aufs Auge gemacht	–	10 Kreuzer
Summa	50 Florin	13 Kreuzer

Marterlspruch für einen Brauer

Christ, steh' still und bet' a bißl',
Hier liegt der Bräuer Johann Nißl,
Zu schwer fast mußt' er büßen hier,
Er starb am selbstgebrauten Bier.

Das Handwerk ist berufen,
das Schöpferwerk des Herrn
fortzusetzen
Ekkehart

Kleine Chronik alter Berufe

Die Bauhütten-Organisation und Bedeutung

Im 13. Jahrhundert gingen die Bauleute dazu über, sich von der kirchlichen Bevormundung frei zu machen und sich selbst zu organisieren. Sie gingen sogar noch einen Schritt weiter, indem sie sich von den Zünften emanzipierten und eine Organisation gründeten, die ihren kosmopolitischen Gedankengängen weitgehend Vorschub leistete: die Bauhütten.
Den Namen »Bauhütte« leiteten die Steinmetze, die sich in erster Linie in dieser Organisation zusammenschlossen, von den bei den Kirchenbauten errichteten Bretterhütten ab. In England fand eine ähnliche Organisation statt, die sich »lodges« (Lauben) nannte, ein Wort, das in unseren Logen wiederkehrt. Die Mitglieder der Bauhütten hießen Brüder und ihr über ganz Deutschland und über die meisten westeuropäischen Staaten ausgedehnter Bund: die Brüderschaft. Durch das Wandern der Steinmetze von Hütte zu Hütte wurde ein entscheidender Beitrag zur Verbreitung des gotischen Bauideals geleistet.
Im Jahre 1449 wurde in Speyer eine »Ordnung und Vereinigung gemeiner Brüderschaft des Steinwerks und der Steinmetzen« erlassen, die in den folgenden Jahren verbessert und vom Kaiser Maximilian bestätigt wurde. Die einzelnen Urkunden wurden im »Bruderbuch« zusammengefaßt.
An der Spitze jeder Bauhütte, die sich in Meister, Parlierer (Poliere) und Gesellen gliederte, stand ein Werkmeister. Der Meister von Straßburg wiederum nahm unter allen deutschen Meistern den ersten Rang ein.
Die Brüderschaft der Steinmetzen hatte nicht nur technische, sondern auch moralische Ziele. Es war den Brüdern verboten, verstorbene Meister und ihre Werke zu schmähen. Streitigkeiten durften nur innerhalb der Bauhütten durch einen Schiedsrichter beigelegt werden. Die in den Bauhütten erworbenen Kenntnisse durften auch nicht für Geld an andere, nicht in der Brüderschaft organisierte Bauleute weiter verbreitet werden. Keinem Meister war es erlaubt, einen Gesellen zu entlassen. Das war nur nach Beratung mit anderen Meistern und mit Zustimmung der übrigen Gesellen möglich. In regelmäßigen Versammlungen wurden Geselligkeit und Freundschaft gefördert. Geheime Erkennungszeichen, feststehende Grußformen und ein Händedruck besonderer Art sorgten dafür, daß die Unverletzlichkeit der Kunstgeheimnisse gewahrt blieben.

Neue Gesellen wurden unter besonderen Zeremonien, aus denen sich die der Freimaurer entwickelt haben, aufgenommen und auf die Bundesgesetze verpflichtet. Der Aufgenommene konnte dann überall, wohin er kam, d.h. innerhalb der Bauhütte, sein Wissen unentgeltlich erweitern. Jeder »Bruder« erhielt ein besonderes Handzeichen, das er in seine Arbeiten einzumeißeln pflegte. Daneben bestanden noch die allgemeinen Sinnbilder des Steinmetzhandwerks, wie Hammer, Zirkel und Winkelmaß.

Wenn sich die Bauhütte auch frühzeitig von der kirchlichen Bevormundung losgelöst hat, so war sie doch bemüht, den christlichen Charakter des Bundes aufrechtzuerhalten. Im 15. Jahrhundert wird jedoch der Oppositionsgeist gegen die geistliche Hierarchie zunehmend stärker. Er äußerte sich in satirischen Darstellungen an Kunstwerken, und zwar ohne Scheu auch an denen der Kirche selbst.

So finden wir Darstellungen von Päpsten in der Hölle, von törichten Jungfrauen mit Bischofsmützen, von Prozessionen der verschiedensten Tiere mit Kerzen in den Pfoten und nicht selten auch von Dingen, die gegen guten Ton und Anstand verstießen. Es ist erstaunlich, daß die geistlichen Bauherrn diesen Satiren freien Lauf ließen.

Im 15. Jahrhundert, als die Gotik ihren Kulminationspunkt überschritt, erreichten auch die Bauhütten ihre höchste Blüte. In der darauffolgenden Zeit zerfielen die Bauhütten und damit eine Einrichtung, deren Einfluß auf die deutsche Kultur- und Kunstgeschichte unbestritten groß war.

Der Steinmetz

Man unterschied Steinmetze der Bauhütten und städtische Steinmetze, von denen die letzteren in Zünften organisiert waren. Zwischen beiden kam es oft zu Spannungen, ja sogar zu handgreiflichen Auseinandersetzungen.

Oft trafen sich die Steinmetze zu großen Tagungen, und zwar meist in Domstädten, in denen die Bauhütten wie in Regensburg, Straßburg, Freiburg und Köln besonders stark waren. Eine wichtige Rolle in der Arbeit der Steinmetze spielte von jeher der verhauene Stein, den man im Mittelalter »toter Bernhard« nannte. Meist hat man ihn feierlich begraben, und der Steinmetz, der das Verhauen verursacht hatte, wurde zu

einem Leichentrunk verurteilt. Steine, die bis zur Lohnauszahlung nicht fertig geworden waren, nannte man »Kapuziner«. Jede Bauhütte hatte ein eigenes Wappen, das der Meister im Siegel führte, wie er auch ein besonderes Erkennungszeichen trug, das ursprünglich für die Arbeitszuteilung gedacht war und später nur als Wertmarke benutzt wurde.
Es gibt Tausende solcher Steinmetzzeichen, die sich häufig auf Quadrate, Triangel, aber auch auf Symbole und Werkzeuge zurückführen lassen. Jedes Steinmetzzeichen wurde in ein besonderes Buch eingetragen, und niemand durfte ein solches Zeichen ändern.

Die Steinmetzzeichen

Die Steinmetzzeichen wurden verschieden gedeutet. Man hielt sie für Monogramme, also für ineinandergezogene Buchstaben, wie sie schon auf alten griechischen Münzen von den Künstlern angewendet wurden. Dann sprach man von Merkmalen, durch die eine richtige Zusammenstellung der Bauteile vermittelt werden sollte, und wiederum andere Forscher glaubten, in ihnen das Symbol einer Gemeinschaft zu sehen. Sie schlossen das zum Beispiel aus den Zeichen an der Bildsäule Heinrichs des Löwen, am Markomannenturm in Klingenberg und an einem Brunnen in Siegen.
In neuerer Zeit hat sich jedoch die Ansicht durchgesetzt, daß mit dem Steinmetzzeichen in der Hütte die Steine bezeichnet wurden, die den einzelnen Steinmetzgesellen zur Bearbeitung zugewiesen waren. Es handelte sich sozusagen um Zeichen, mit denen man sich die Ordnung erleichterte. Die Arbeit des einzelnen sollte mit einem Blick erkannt und ersehen werden. Wir finden solche Steinmetzzeichen an allen Bauwerken des Mittelalters. Oft wurden sie von den Meistern als Wappen und Siegel gebraucht, wie wir es auf dem Grabmal Tilman Riemenschneiders sehen. Alles in allem waren die Steinmetzzeichen der Bauhütten, die übrigens selbst eigene schöne Wappen führten, eine Art Gütezeichen des mittelalterlichen Bauhandwerks.

Der Maurer

In der Regel arbeitete der Meister im Auftrag eines Bauherrn, wobei er diesem die Baumaterialien, wie Ziegel, Kalk, Kacheln, Mörtel und Platten, verkaufte.

In den Zünften waren Maurer, Gipser, Tüncher und Steinhauer vereint. In der Steinmetzordnung der Stadt Eßlingen aus dem Jahre 1558 wurde als Meisterstück die Errichtung eines Gewölbes und eines Rauchfangs gefordert. Von den Zunftangehörigen verlangten die Statuten, daß sie »fein, züchtig, ehrbar, still und friedlich« zu sein hatten.
Die Maurerarbeit wurde im Taglohn bezahlt. Jedes einzelne Stück unterlag einer besonderen Berechnung. So wurde ein Gewölbe anders bezahlt als eine Mauer. Im Winter war der Lohn im allgemeinen geringer.
Gearbeitet wurde im Sommer von vier Uhr morgens bis sechs Uhr abends, nur am Samstag hörte man eine Stunde früher auf. Feier- und Regentage, die in die Woche fielen, wurden dem Gesellen vergütet. Von dem reichen Brauchtum der Maurer ist leider nur noch das Richtfest erhalten geblieben.

Von alten Bauordnungen

Mehr als irgendein anderer Handwerker war der Maurer für das Werk seiner Hände verantwortlich. Bei der Ausführung neuer Gebäude, bei Umbauten, beim Abtragen alter Häuser und bei Reparaturen war er an die strenge Beachtung von Bauordnungen und Vorschriften gebunden.
In der Bauordnung der Stadt Breslau aus dem Jahre 1605 heißt es: »So soll auch vermöge unser Feuer-Ordnung eine jede Feuermauer an dem niedrigsten Orte von den Rinnlein, so dahinter liegt, anzufangen vier Ellen hoch gehalten und gebauet werden. Da aber jemand befunden würde, der diese Ordnung nicht nachlebete und was niedriger baute, auf solchen Fall wollen wir uns gegen den Werck-Mann, welcher es bauen würde, ebensowohl, als gegen den Bauherrn oder Besitzer des Hauses so offt es geschieht, mit Abforderung zweier Schock Groschen unnachlässiger Poen zu verfahren, deutlichen angegeben haben.« Nach den Hamburger Statuten wurde jeder bestraft, der ohne Genehmigung eine Mauer abbrach. In der obenerwähnten Bauordnung der Stadt Breslau wird jeder Meister, der einen Bau »verdirbt«, mit folgenden Worten schadenersatzpflichtig gemacht: »Wenn ein Meister einen Bau übernimmt und denselben seinem Bauherrn verderbete und Schaden zufügete, soll der Meister solchen Schaden nach Erkenntnis zu richten und zu zahlen schuldig sein.«

Pünktlichkeit und Gewissenhaftigkeit werden immer wieder gefordert. »Der Maurer und Zimmermeister, der einen Bau führt, soll selbigen recht abwarten, auf das gewissenhafteste ausführen und immer pünktlich sein.«
Um unangenehme Zwischenfälle unter den Meistern zu vermeiden, wurde in einer Maurerordnung der Stadt Tübingen aus dem Jahre 1661 festgelegt, daß die an einen Meister vergebene Arbeit von keinem anderen Meister übernommen werden durfte »ohne den ausdrücklichen Willen dessen, mit dem der Bau-Akkord seitens des Bauherrn abgeschlossen war«. Als Ausnahme galt nur, wenn höhere Gewalten, etwa Krankheit oder Tod, eintraten.
In einer anderen Maurerordnung wird bestimmt, daß ein Meister nicht mehr als zwei Bauten gleichzeitig übernehmen dürfe, daß »den Maurern bei zehn Schilling Strafe verboten wird, zugleich mehr als zwei verdingte Werke zu übernehmen«.

Dachdecker gehörten zu den bestbezahlten Handwerkern

Von Dachdeckern ist erstmalig im 13. Jahrhundert die Rede. In alten Chroniken führen sie die Bezeichnung »Tekken«. Sie galten in den meisten Städten als »Freies Gewerbe«, ähnlich wie die Färber und Glaser. Sie waren also keinem Zunftzwang unterworfen. Zur Ausübung ihres Gewerbes mußten sie nur das Bürgerrecht der betreffenden Stadt besitzen, in der sie tätig waren.
Diese Befreiung vom Zunftzwang brachte es mit sich, daß auch andere Berufe berechtigt waren, Dachdeckerarbeiten auszuführen. Darunter scheint das Dachdeckerhandwerk nicht gelitten zu haben. An guten Dachdeckern war immer Mangel, so daß die Städte tüchtige Meister von weit her kommen ließen, um die Türme der Kirchen zu decken, eine Arbeit, die großer Erfahrung bedurfte. Kein Wunder, daß die Dachdecker während des Mittelalters zu den bestbezahlten Handwerkern gehörten.
Bei der Frage nach den damals verwendeten Materialien folgen wir der Chronik Heinrich Bullingers vom Jahre 1573. Es heißt da, daß die Mehrzahl der Häuser bis ins 14. Jahrhundert hinein »baumin« oder »hültzen« sind, aus Balken und Dielen errichtet und mit Schindeln, Stroh und Schilf, vermischt mit Mörtel, gedeckt worden seien. Als Bedachungsmaterial kennt

man neben Schindeln, Stroh und Schilf aber auch schon Holzziegel. Um 1300 werden Ziegeldächer erwähnt.
Da das Gewerbe zumeist nur in den guten Jahreszeiten ausgeübt wurde, sahen sich die Dachdecker während des Winters nach einer anderen Beschäftigung um und kamen deshalb nicht selten mit den Obrigkeiten und den Zünften in Konflikt, die sich gegen eine Betätigung der Dachdecker in anderen Berufszweigen wehrten.

Schornsteinfeger

Bis ins frühe Mittelalter besaßen die Häuser eine Feuerstätte, deren Rauch durch eine Öffnung im Dache abziehen konnte. Dann entwickelte sich aus dieser einfachen Feuerstelle ein erhöhter Herd mit Rauchfang, dem Vorläufer des Kamins. Seit dem 14. Jahrhundert sind Öfen bekannt, die aus Kacheln, ja sogar schon aus gegossenen Eisenplatten angefertigt worden sind. Die Kacheln besorgte der Ofenmacher oder Ofner, der aus dem Töpferhandwerk hervorgegangen war.
So wie sich die Öfen einbürgerten, entwickelten sich auch die Schornsteine. Um sie regelmäßig zu entrußen und zu reinigen, bildete sich das Handwerk der Schornsteinfeger, die man auch Kamin-, Esse-, Kender-, Kemmet- und Hellefeger nannte und noch nennt. In vielen Gegenden wurde die Arbeit des Rauchfangreinigers von den Dachdeckern mit übernommen, aber seit dem 15. Jahrhundert treten die Schornsteinfeger überall als eigenes Handwerk auf.
Anfänglich waren diese Kaminkehrer in ihrer rußgeschwärzten Kleidung ein Kinderschreck, die Angst vor dem »schwarzen Mann« war weit verbreitet. Es ist auch noch nicht sehr lange her, daß man von einem Kaminkehrer erwartete, daß er mit der groben Bürste den Kamin von innen säuberte, indem er in den Kamin einstieg.
Aus der Kaminkehrerzunft entwickelte sich ein Handwerk mit hohem Berufsstolz, das sich kräftig gegen alle die zur Wehr setzte, die als Berufsfremde Schornsteinfegertätigkeit ausüben wollten. Bereits vor 100 Jahren erhob dieses Handwerk die Forderung nach festen Kehrbezirken, nach bestimmten Kehrterminen und Kehrlöhnen. Es ist ein Beruf, der große Bedeutung für den Feuerschutz in Stadt und Land hat und der eine halbamtliche Funktion ausübt.

Spengler sorgten für die Regenwasserableitung

Der Spengler oder Klempner ist ursprünglich ein Blechschmied, also ein Handwerker, der Blech erzeugte und verarbeitete. Er stellte das Blech her, indem er ein mehr oder weniger großes Metallstück bis zur erforderlichen Dicke oder Dünne, je nach Zweck, breit schlug. Eine solche Ausschmiedung mit dem Hammer von Hand war außerordentlich mühsam. Das ist wohl der Grund, warum die Blechverwertung im Mittelalter keine große Verbreitung fand. Die meisten Spengler fertigten aus dem von ihnen geschlagenen Blech Gebrauchsgegenstände an, die allerdings den Nachteil hatten, daß sie rasch rosteten.

Man suchte dem vorzubeugen, indem man geschmolzenes Zinn mit Werg in die heißgemachten Eisenbleche einrieb. Haftbar war das aber nicht. Von diesem verzinnten Blech, dem »Weißblech«, ist bereits im 14. Jahrhundert die Rede. Erst zu Beginn des 17. Jahrhunderts ersetzte man diese einfache Verzinnung durch ein rationelleres Verfahren, indem man das Metall in flüssiges Zinn tauchte oder es mit Zinn und Weinstein kochte. Dadurch wurde das Eisenblech rostfrei und ließ sich zur Anfertigung von Gebrauchsgegenständen besser verwerten.

In den letzten Jahrzehnten des 17. Jahrhunderts kamen Walzwerke auf und führten einen völligen Umschwung in der Blechproduktion herbei. Sie gaben der Spenglerei ein beliebig verwendbares Material in die Hand, so daß sich das Arbeitsgebiet des Spenglerhandwerks nun bedeutend erweitern konnte. Als Steinbauten aufkamen, wurden die Regenwasserableitungen notwendig. Das Wasser mußte durch Dachkennel, Dachrinnen und Traufen und deren Wasserabläufe, den »Wasserspeiern«, nach außen abgeleitet werden. Noch heute sieht man diese Wasserspeier aus Eisen- oder Kupferblech oft in Form phantastischer Tier- und Drachenköpfe. Durch sie wurde das Wasser direkt auf die Straße hinausgespien. Wasserröhren mit Ablauf längs der Hauswand in eine Kanalisation sind Errungenschaften der Neuzeit.

Die Dachrinnen bestanden ursprünglich aus Blei, wurden aber im Laufe der Zeit durch das billigere Blech ersetzt. Da die Dächer und Türme oft mit Metall, und zwar mit Kupferblech, bedeckt wurden, bot sich auch da den Bauspenglern viel Arbeit.

Pfannenflicker arbeiteten auf »kaltem Wege«

Die Kesselflicker, auch Keßler oder Pfannenflicker genannt, waren seit dem 15. Jahrhundert Konkurrenten der seßhaften und zunftmäßig zusammengefaßten Spengler und Klempner. Häufig wird über diese Kesselflicker, die Töpfe aller Art, selbst irdene, wieder zusammensetzten, Klage geführt. Das störte die Wanderspengler aber wenig. Sie zogen durch die Lande und sangen ihr Lied:

Und wer sein Handwerk guet versteht,
der leidet keine Not,
und wer das Pfanneflicke guet versteht,
verdient sein täglich Brot.
Der Pfanneflick macht sich nichts draus,
schreit Pfanneflick, flick, flick von Haus zu Haus.

Diese wandernden Gesellen verstanden es, aus mitgebrachten Kupfer- oder Messingblechen auf dem »kalten Wege«, allein durch die Hammerfertigkeit, Kessel und Schalen herzustellen und natürlich auch schadhafte wieder herzurichten. Viele von ihnen machten sich im Laufe der Zeit seßhaft, gingen aber zu gewissen Zeiten wieder auf die Wanderschaft, um die eigenen Produkte zu verkaufen.

Schlosser – »Ein Stück davon«

Symbol dieses Handwerks ist ein Vorhängeschloß, durch das ein Katzenkopf schaut. Auf dem Schloß stehen die beiden Worte »Stück davon«.
Sie haben ihren Ursprung im alten Brauchtum der Handwerker. Wenn früher ein Wandergeselle bei einem Schlossermeister um Arbeit vorsprach, wurde er gefragt, ob er ein Schlosser sei. Die zünftige Bescheidenheit verlangte es, daß er nur antwortete: »Ein Stück davon.« Man wollte damit zum Ausdruck bringen, daß keiner den Beruf ganz erlernen könnte, so vielseitig sei er.
Die Tätigkeit der Schlosser hat sich aus der des Schmieds entwickelt und wurde spezialisiert, als man das Schloß erfunden hatte. Ursprünglich benützte man nur Riegel an den Türen, doch als es gelang, den Riegel von außen zurückzuschieben, da war gewissermaßen der Schlüssel erfunden. Bald kam jedoch die Bedingung hinzu, daß ein bestimmter Schlüssel auch nur für einen bestimmten Riegel passen durfte.
Einer der größten Künstler im Mittelalter war auf diesem Ge-

biet der Nürnberger Schlosser Hans Ehemann, der Patentschlösser erfand, die an Präzision und Sicherheit den heutigen kaum nachstanden. Überhaupt waren die Schlosser des Mittelalters sehr vielseitig, sie konstruierten Uhrwerke, bauten Wagen und alle möglichen Mechanismen. Auch Henlein, der Erfinder der Taschenuhr, war ursprünglich Schlosser. Von dem Breslauer Schlosser Schnabel wird berichtet, daß er bereits im 14. Jahrhundert ein Schloß gefertigt hatte, das so klein war, daß eine Fliege es über den Tisch ziehen konnte.

Im 16. Jahrhundert trifft man überall auf ein zünftiges Schlosserhandwerk mit eigenen Zunftregeln. Die Lehrzeit wurde auf drei Jahre festgesetzt, ebenso die Wanderzeit. Kein Geselle durfte ohne Wissen und Bewilligung des Meisters einen Schlüssel anfertigen und noch viel weniger einen Hakenschlüssel, einen Dietrich oder ein anderes Instrument, mit dem Schlösser heimlich geöffnet werden konnten. Wer es dennoch tat, hatte eine hohe Geld- und Leibesstrafe zu erwarten.

Als Meisterstück war folgendes anzufertigen: 1. ein gutes französisches Schloß mit zwei oder drei Touren, 2. ein Vexierschloß nach Angaben des Obermeisters, 3. Türbeschläge, 4. ein deutsches Schloß für einen Schrank und 5. zweierlei Vorlegeschlösser.

An Sonn- und Festtagen durften weder Meister noch Geselle arbeiten oder Ware anbieten. Um Streitigkeiten zwischen Schmiede- und Schlosserhandwerk, die noch jahrhundertelang auftraten, zu schlichten, wurden in vielen Städten besondere Räte und Richter eingesetzt.

Schmied war der verbreitetste Beruf

Solange die Menschheit Metallbearbeitung kennt, solange gibt es den Schmied. Im Anfang war er als Kupfer- und Bronzeschmied tätig, dann als Grob- und Hufschmied, und daraus hat sich der Gold- und Silberschmied entwickelt. Da die Griechen jede menschliche Errungenschaft den Göttern zuschrieben, machten sie ihren Gott Hephaistos zum ersten Schmied.

Das Hufeisen war bereits bei den Griechen bekannt, nicht jedoch bei den Römern. So kam es, daß sich in den Feldzügen die Pferde häufig die Hufe gänzlich abliefen.

Im Mittelalter differenzierte sich der Schmiedberuf immer mehr. So wurden in Frankfurt Hufschmiede, Grobschmiede,

Nagelschmiede, Messerschmiede, Scherenschmiede, Haubenschmiede, Pflugschmiede, Kupfer- und Ketten-, Zirkel-, Rohr-, Sichel-, Pfannen-, Löffel- und Flaschenschmiede gezählt.

In Köln kamen noch einige andere hinzu, so daß der Schmied mit großem Abstand hier der verbreitetste Beruf war, und daher nimmt es nicht wunder, daß sich der Beruf auch immer häufiger im Namen niederschlug. Wer das Kölner Adreßbuch aufschlägt, findet über Seiten den vom Schmiedberuf abgeleiteten Namen Schmitz.

In den Chroniken der Kölner, der Ulmer, der Magdeburger, der Frankfurter und der Augsburger Zünfte kann man lesen, daß man dem Schmiedemeister abverlangte, »kein Zauberwerk und kein Beschwörungswesen« zu treiben. Offenbar brachte man das Feuer in der Schmiede mit dem höllischen Feuer in Verbindung. In Märchen und Sagen taucht der Schmied immer wieder auf. Besonders bekannt ist die Sage vom Wieland dem Schmied, der in Siegen beheimatet gewesen sein soll. Der Schmied von Ruhla wurde durch seinen Ausspruch »Landgraf, werde hart« bekannt.

Messerschmied war ein namhaftes Handwerk

Im Mittelalter galt Messer allgemein für Klinge. Die Messerer waren die Klingen- und Messerschmiede. Aus der Nürnberger Chronik geht hervor, daß sie um 1290 bereits ein namhaftes Handwerk bildeten. Es wurde ihnen zur Bedingung gemacht, ein ihnen eigentümliches Zeichen in die Klinge einzuschlagen, damit der Käufer, wenn die Ware nicht gut sei, sein Recht geltend machen konnte. Von den Zünften wurden Schaumeister ernannt, welche die Arbeit der Zunftgenossen zu prüfen hatten.

In den alten Satzungen der Freiburger Zunft heißt es, daß niemand Messer schmieden dürfte, der seinen Beruf nicht zünftig erlernt hatte. Starb ein Meister, so vererbte sich das Meisterrecht auf den jüngsten Sohn. Die geschworenen Meister hatten darauf zu achten, daß niemand »ysenschuwige messer mache oder ysenschuwige messer uff blye slyeffe«. Es war auch nicht gestattet, zwei Zeichen auf einer Klinge anzubringen. Ausdrücklich wird in dieser Satzung darauf hingewiesen, daß weder Meister noch Geselle einem ihnen Unbekannten irgendein

Stück Arbeit liefern dürften. Den ansässigen Bürgern durften jährlich nur ein großes und zwei kleine Messer gemacht werden.

Es sind uns Berichte darüber erhalten, welche Meisterstücke von den Messer- und Klingenschmieden gefordert wurden. In Rothenburg ob der Tauber wurde ein Richtschwert verlangt. In Koblenz, wo die Messer- und Klingenschmiede Schwertfeger hießen, mußten die Meisterschaftsanwärter ein Schlachtschwert mit geschliffener, gefegter und polierter Klinge anfertigen.

Der kriegerische Geist des 12. und 13. Jahrhunderts gab den Schmieden neuen starken Auftrieb. Es entwickelten sich die berühmten und kunstfertigen Waffenschmiede, die die Ritter für ihre Heeresfahrten ausstatteten und die bis zur Erfindung des Schießpulvers Rüstungen und Waffen arbeiteten, mit denen die harten Kämpfe Mann gegen Mann bestanden werden konnten. Man bedeckte den Kopf und die Brust mit Helm und Harnisch. Viele Ritter ließen sich ganz in Eisen panzern, um völlig hieb- und stichfest zu sein. Der Eisenverbrauch für Waffen und Waffenschutz wurde so groß, daß alle Handwerker, die für diesen Zweck arbeiteten, rasch zu Ansehen und Wohlstand kamen.

Wann und wo sich die Waffenschmiede zum ersten Male zünftig zusammenschlossen, steht nicht genau fest. In den alten Pergamenten Nürnbergs tauchen 1298 erstmalig Waffenschmiede auf. Von da an begegnen sie uns ständig als Bogner, Saarworchte, Harnischmacher, Hauben- und Helmschmiede.

Bogner und Plattner

Das längst eingegangene Handwerk der Bogner genoß besondere Rechte. Man verlangte von seinen Mitgliedern kein Meisterstück und nannte sie trotzdem Rüstmeister.

Sie stellten das Bogen-Wurfgeschoß her. Ursprünglich war das ein gebogener Stab aus hartem Holz, der mit einer Sehne bespannt wurde, von der Pfeile abgeschossen werden konnten, also in der Art, wie diese Bogen bei wilden Völkern noch üblich sind. Später fertigte man den Bogen aus Stahl an, befestigte an ihm einen Schaft, um dem Pfeil eine um so sichere Richtung geben zu können.

Die Bogner stellten drei Arten solcher Waffen her, das Stahlgeschoß, zu dessen Bogen der beste Stahl genommen wurde und wovon der Bogen allein 6 bis 10 Pfund wog. Dann die Armbrüste, die auch »Craparmbroste« oder »Armbste« hießen, Wörter, die aus dem Französischen »arbaleste« entlehnt sind. Der Stahlbogen der Armbrust wog etwa 4 Pfund. Geschossen wurde mit Spitzbolzen. Als drittes sind die Schnepper oder Balester zu nennen, die kleiner als die vorgenannten waren und mit denen man sowohl Pfeile als auch Kugeln fortschleuderte. Sie wurden häufig, wie die Armbrüste, kostbar ausgelegt und noch bis ins 16. Jahrhundert hinein verwendet. Götz von Berlichingen schreibt in seinen Lebenserinnerungen darüber ausführlich.

Die Zahl der sonstigen Rüstungshandwerker war groß. Kein Wunder bei den unruhigen Zeiten des Mittelalters. Da sind die Schilderer, die auch Plattner hießen. Sie waren zahlreich und wohlhabend, ehe sie durch die Erfindung des Pulvers überflüssig wurden. Eine Unterabteilung der Plattner waren die Hauben- und Helmschmiede, in deren Werkstatt Helme und Pickelhauben entstanden. Zu dieser Gruppe gehörten auch die Harnischpolierer.

Die Plattner in Nürnberg hielten alljährlich um Fastnacht ein Gesellenstechen ab. Dabei erschienen sie nicht zu Pferde, sondern saßen auf hohen Stühlen. Mit leichten Rüstungen angetan, »räumten sie einander ab«. Ein solches Stechen fand zuletzt 1579 statt.

Die Plattner von Augsburg waren so begehrt, daß die Stadt große Summen bot, wenn einer dieser Handwerker die Absicht äußerte, auszuwandern.

Büchsenmacher – Nachfolger der Wehrhandwerker

Mit der Erfindung des Schießpulvers begann die große Zeit der Feuerwaffen. Der Büchsenmacher wurde Nachfolger der einstigen Wehrhandwerker, zu denen die Harnischmacher, Bogner und Armbruster gehörten. Lang ist der Weg bis zur Entwicklung des heutigen Gewehrs. Eine Muskete aus dem Dreißigjährigen Krieg hatte noch ein Kaliber von 22 mm und ein Gewicht von sechs kg. Noch zur Zeit Friedrichs des Großen benutzte man Rundkugeln, die 20 g wogen. Wenn es ein Gewehr hoch brachte, dann auf fünf Schuß in der Minute.

Durch Dreyse wurde das Zündnadelgewehr 1841 bei der

preußischen Armee eingeführt, und allmählich entwickelte sich der Einlader zum Mehrlader, zum Magazin- und Repetiergewehr, bis schließlich die Maschinenwaffen die Handfeuerwaffen verdrängten und diese wieder von den Raketenwaffen überrundet wurden.
Die Büchsenmacher, die im Mittelalter zwar stets eine kleine, aber bedeutsame Zunft bildeten, haben nach einer vorübergehenden Flaute wieder ständig an Bedeutung gewonnen. Meist ist ihren Werkstätten ein Jagdartikelgeschäft angegliedert, und immer noch steht die Kunst des Büchsenmachers hoch in Ehren. Die alten Bezeichnungen wie Schießeisen, Schießprügel und Donnerbüchse sind noch nicht ausgestorben. Man wendet sie scherzhafterweise heute für Meisterwerke der Büchsenmacherkunst an.

Die Glockengießer lieferten berühmte Namen

Die ersten Glockengießer, die man auch Gelbgießer nannte, werden urkundlich im 9. Jahrhundert erwähnt, sie erscheinen aber erst im 12. Jahrhundert als seßhaftes städtisches Handwerk. In den Städten Straßburg, Köln und Lübeck erinnert eine Glockengießerstraße an ihre Tätigkeit.
Seit dem berühmten Meister Hermann vom Jahre 1277 machten viele bedeutende Glockengießer weit im Lande von sich reden.Zinngießer tauchen erstmalig zu Beginn des 14. Jahrhunderts in Augsburg auf. Gegen Ende dieses Jahrhunderts zählte dieses Handwerk in Nürnberg 14 Meister, die in hohem Ansehen standen.
Zu Beginn des 9. Jahrhunderts war auf Veranlassung Karls des Großen die erste Bronzetür für das Aachener Münster gegossen worden. Bald folgte die des Mainzer Doms.
Wie viele handwerkliche Gewerbezweige, so ging auch das der Erzgießer aus den Klosterwerkstätten hervor. Einer seiner Förderer war Bischof Bernward von Hildesheim. Von den Klöstern wurde der Bronzeguß in den Städten verbreitet, wo er sich rasch zu einem blühenden Gewerbe entwickelte. In Norddeutschland bezeichnete man die Bildgießer als Affengießer, wahrscheinlich deshalb, weil sie gerne Tierköpfe für ihre Motive verwendeten.
Aus der Bildgießerei entstand die Geschützgießerei. Die Zahl der geschickten und berühmt gewordenen Geschützgießer, die

man auch Stückgießer nannte, ist nicht gering. Viele von ihnen betrieben gleichzeitig den Glockenguß und waren in ganz Deutschland gesucht und geschätzt.
In diesem Zusammenhang verdienen auch die Messing- und Rotschmiede Erwähnung, die vor allem in Nürnberg zu den angesehensten Gewerben zählten. Ihr Handwerk vererbte sich durch Geschlechterfolgen. Die bekannteste Gießhütte in Nürnberg hatte Peter Vischer, der mit seinen Söhnen das Sebaldusgrab goß.

Goldschmiede schufen unermeßliche Werte

Als Vater der griechischen Goldschmiede wird Dädalus angesehen, aber lange vor ihm haben Völker noch älterer Kulturen Beweise ihrer Goldschmiedekunst erbracht. Man bezog das Gold aus vielen Goldgruben des Orients, Nordafrikas und später aus Spanien.
Gold- und Silberschmiede brachten ihr Handwerk seit dem 8. Jahrhundert auch in Deutschland zu hoher Blüte, und viele Schatzkammern sind heute noch ein Spiegelbild der Goldschmiedekunst des frühen Mittelalters.
Seit der Zeit Karls des Großen haben wir genauere Kunde über die Verarbeitung von Gold und Silber. Der Kaiser machte es den Vorstehern seiner Meierhöfe ausdrücklich zur Pflicht, auch Gold- und Silberschmiede zu unterhalten.
Im 9. Jahrhundert wurde das Goldschmiedehandwerk maßgeblich durch Benediktinermönche beeinflußt, die neue Techniken aus Italien nach Deutschland brachten. Der erste namentlich angeführte Goldschmied, der alle »mechanischen und schönen Künste«, wie es in einer Chronik heißt, in der für seine Zeit höchsten Vollkommenheit beherrschte, soll Bernward von Hildesheim gewesen sein. Da er Bischof war, standen ihm die Gelder zur Verfügung, geschickte Meister und Handwerker an sich zu ziehen, um sie entweder in seinen eigenen Werkstätten auszubilden oder aber von ihnen zu lernen.
Starken Einfluß auf die Entwicklung der Goldschmiedekunst nahmen die Kreuzzüge, vor allem die vier ersten von 1096 bis 1200. Die kostbaren Gegenstände, die aus dem Morgenland mitgebracht wurden, regten die deutschen Kunsthandwerker stark zur Nachahmung an.
Die Nachfrage nach kostbaren Reliquiaren gab den Gold-

schmieden großen Auftrieb. Viele heute noch erhaltenen Reliquienschreine, von denen die in Köln besondere Erwähnung verdienen, zeugen nicht nur von der Goldschwemme, sondern auch von den einmaligen Leistungen des Goldschmiedehandwerks.

Daneben arbeiteten sie formschöne Geräte und Leuchter, und in dem Maße, wie sich die Goldschmiedearbeit verweltlichte, entstanden wertvolle Stirnreife, Diademe, Ohrgehänge, Ringe, Broschen, Gürtel, aber auch Amtsketten und Orden. Von da an führte ein gerader Weg zur Blütezeit des Goldschmiedehandwerks, dessen bedeutendster Vertreter im Mittelalter der Nürnberger Wenzel Jamnitzer war.

Die Technik der Goldschmiedearbeit hat sich – von Verfeinerungen abgesehen – über Jahrhunderte erhalten. Dieser Handwerker arbeitet mit Hammer, Meißel, Zange und Punze. Er preßt, stanzt, poliert und emailliert, versilbert, vergoldet, plattiert und doubliert. Alles in allem gibt es nur wenige Berufe, in denen sich die individuellen Fähigkeiten so entfalten können wie in diesem Handwerk.

Münzgenossen prägten das Geld

Als nach langen und blutigen Kämpfen das Deutsche Reich wieder geeinigt worden war, wurde zunächst dem Kaiser, als dem Repräsentanten der höchten Macht, allein das Recht eingeräumt, Münzen zu schlagen. Bald mußte er dieses Privileg an die Fürsten und Städte abtreten. Er konnte die Münzfabrikation nur noch durch Beamte beaufsichtigen lassen. In Ulm z.B. wurde die Münze an Goldschmiede verpachtet, die sich hier und anderswo Münzgenossen nannten. Sie waren Graveure und Prägstockschneider zugleich, sie prüften und mischten das Metall.

In den Stadtbüchern von Nürnberg lesen wir unter dem Datum des 16. Juni 1622, daß dort zwei bestätigte Stadtmünzer gewesen seien, nämlich Hans Christoph Lauer und Hans Putzer, die mit noch elf anderen Mitmünzern, meistens Goldschmiede, die Münze der Stadt geprägt haben. Sie erhielten etliche Zentner Kupfer, damit sie »Kupfergeld an ganzen und halben Kreuzern, Dreiern, Dreihellerstücken und Pfennigen nürnbergischen Gepräges machen sollten«.

Die Zahl der Mitglieder einer Münzerhausgenossenschaft war

in den verschiedenen Städten und unter den verschiedenen Fürsten gewöhnlich zwölf, stieg aber mancherorts bis auf achtzig oder gar hundert Goldschmiede an.
Es blieb nicht aus, daß sich hier und da Goldschmiede an dem ihnen anvertrauten Edelmetall zu bereichern versuchten. Die Strafen dafür waren hart. Man schlug einem Goldschmied, der sich an den Münzgeldern vergriffen hatte, die rechte Hand ab und verjagte ihn aus der Stadt.
Die Goldschläger standen in enger Verbindung mit den Edelsteinarbeitern und Diamantpolierern, die man auch »Edelsteinwürker« oder »Edelsteinhawer« nannte. Aus ihnen entwickelten sich, soweit sie nicht vom Schmiedehandwerk herkamen, die Edelschmiede, die auch »Geschmeidler« hießen. Ihnen oblag die Anfertigung edler Arbeiten in Metall.

Kupferstecher

Ob die Kupferstechkunst in Italien oder in Deutschland erfunden wurde, ist bis heute nicht eindeutig geklärt. Man hat in Kirchen aus dem 11. Jahrhundert Messingplatten gefunden, die auf eine Kupferstechtechnik aus dieser Zeit hinweisen.
Im allgemeinen verlegt man die Anfänge der Kupferstechkunst nach Italien, wo ein Florentiner Goldschmied damit begann, in die gestochenen Silberarbeiten Erdfarben hineinzureiben. Er goß dann Schwefel auf die Platten, feuchtete sie mit Öl an und bekam den gewünschten Abdruck. Ein anderer verbesserte das Verfahren, das sich auch der Maler Sandro Boticelli zu eigen machte. Von Florenz aus soll sich die Kupferstechkunst nach Deutschland verbreitet haben.
Sehen wir von den obenerwähnten Messingplatten aus dem 11. Jahrhundert ab, so finden wir in Deutschland die ersten Kupferstiche im Jahre 1440. Es sind elf Kupferstiche, die das Datum 1440 tragen und die Passionsgeschichte darstellen. Man fand sie in Nürnberg.
Im Jahre 1472 wurden bereits Landkarten als Kupferstiche gearbeitet. Es handelt sich bei diesen frühesten Werken immer um reine Goldschmiedearbeit. Erst später machten sich die Kupferstecher selbständig. Dürer und Aldegrever sind die hervorragendsten Vertreter dieser Kunst.
Auf den uns heute noch erhaltenen Blättern sind oft viele Signaturen zu sehen, aus denen ersichtlich ist, daß der eine das

Ziselieren ist uralt

Bild gemalt (pinxit), der andere es erfunden (invenit), ein dritter es gezeichnet (delinevet), ein Stecher es modelliert (skulpsit) und ein Drucker es schließlich gedruckt hat (impressit).

Die Technik des Ziselierens ist Jahrtausende alt. Sie zeigt sich auf Tellern, Schalen, Bechern, Urnen, Vasen, auf Waffen und Schmuck. Ziselieren ist der Hammerarbeit des Gürtlers verwandt. Der Schlag des Hammers wird mittels kleiner Stahlmeißel (Punzen) auf die Metallfläche übertragen. Diese Punzen haben Spitzen, die je nach ihren Zwecken gewölbt, kantig oder flach sind.
Der Ziseleur kittet das Werkstück zur besseren Handhabung auf eine Kugel auf, die in einem Lederkranz beweglich bleibt. Zur Führung des Punzen braucht der Ziseleur großes Formgefühl.
Besondere Möglichkeiten bietet das Gußziselieren, ein Arbeitsgebiet, das von der feinfühligen und vorsichtigen Arbeit der vom Bildhauer geschaffenen Form bis weit zur eigenen schöpferischen Tätigkeit reicht.
Ein Ziseleur muß mit dem Wesen aller Metalle vertraut sein, denn er arbeitet in Eisen, Zinn, Bronze, Gold und Silber. Dabei gehört es zu seiner besonderen Kunst, den bildnerischen und technischen Stil eines Modells in seiner Eigenart zu erfassen.

Vom Zauber der gravierten Arbeit

Alte Siegel, Münzen und Waffen legen Zeugnis von der frühen Existenz dieses Handwerks ab. Die ganz frühen erscheinen noch grob oder ungelenk, sind aber nichtsdestoweniger schön. Im Laufe der Jahrhunderte ist die Arbeitsweise des Graveurs ständig verbessert und verändert worden, die Grundprinzipien des Gravierens sind jedoch geblieben. Gravieren heißt soviel wie Einschneiden. Alle Tätigkeiten des Graveurs haben gemeinsam, daß Formveränderungen am Werkstück durch spanabhebende Werkzeuge bewirkt werden. Diese Werkzeuge sind Stichel, Meißel und Punzen.
Eine der schwierigsten Arbeiten des Graveurberufs ist das Stempelschneiden für den Schriftguß, da es hierbei auf äußerste Genauigkeit im Einhalten der Schrifthöhe, der Balkenstärke und der Schräglage ankommt.

Gürtler

Dieser Beruf hatte es ursprünglich mit dem Gürtel zu tun, dem der Handwerker eine Gürtelschnalle gab, die immer aus Metall war und schon frühzeitig zum Schmuckstück gestaltet wurde. Es war vielfach der Mode unterworfen und machte schon im Mittelalter den »Gürtler« zu einem angesehenen Beruf. In den Arbeitsbereich der Gürtler wurde auch das Lederzeug für Pferde einbezogen. Als die etwas grobere Drückarbeit hinzukam, traten Gürtler und Metalldrücker in gemeinsamen Zünften auf.
Bei ihren Arbeitsvorgängen geht es um Biegen, Formen, Drücken, Schlagen, Schmieden, Gravieren, Löten und Schweißen. In seiner Werkstatt gehen handwerkliche und künstlerisch-formende Arbeit Hand in Hand. Der Gürtler muß schöpferische Ideen mit sorgfältiger Präzisionsarbeit verbinden. Aus seiner Werkstatt kommen Beleuchtungskörper, Orden, Dosen, Andenken, Kruzifixe, Tabernakel, große und kleine Töpfe und aus der des Schmuckgürtlers Broschen, Anhänger, Ketten, Ringe und Armbänder.
Der Metalldrücker hingegen liefert Wetterhähne, Uhrgehäuse, Treibarbeiten jeder Art, und wenn man so will, arbeitet er alles vom Kochtopf bis zum Autokarosserieteil.

Edelsteinschleifer bei allen Völkern zu Hause

Edelsteine kunstvoll zu fassen und sie auch zu schleifen ist eine uralte Kunst, die bei fast allen Völkern geübt wurde. 1456 wurde zum erstenmal ein Diamant in seinem eigenen Pulver geschliffen und vielfältig facettiert. Erst nach dieser Zeit lernte man auch Brillanten rundum zu schleifen.
Die handwerklichen Edelsteinschleifer schlossen sich früher zu Bruderschaften und später auch zu Zünften zusammen, manchmal reichte es auch nur bis zu einer Vereinigung. Wir kennen Ordnungen der Balierer und Bohrer, wie man diese Schleifer auch nannte, aus dem 15. Jahrhundert. Diamant und Diamantschleifer spielten im 17. Jahrhundert eine besondere Rolle, die zunahm, als man in Südamerika Diamantenlager entdeckte.

Uhrmacherkunst

Alvernus, der 1248 als Erzbischof von Paris starb, benutzt in einer Abhandlung über die Unsterblichkeit der Seele die Uhr als Vergleich zum menschlichen Organismus.

In einem Werk des Scholastikers Guilemus Durandus aus dem Jahre 1286 wird die Uhr ausdrücklich als eines der wichtigsten Bestandteile des Kirchengebäudes bezeichnet. Und in einem Gedicht aus dem Jahre 1270, einer Fortsetzung von Wolfram von Eschenbachs »Titurel«, wird bei der Schilderung des Gralstempels eine Uhr folgendermaßen beschrieben:

»Die zeigen abent und morgen
Orolei von Kunst der richen
mit listen so verborgen,
daz oug nie kund erkiesen ihr umbeschlichen
und gingen doch ihr zirkelzeichen schöne
die siben Tagezite
zimbal uz golde in kunden wol mit done.«

Um jene Zeit waren aber auch die Räderwasseruhren der Kirchen und Klöster bereits zu komplizierten astronomischen und astrologischen Uhren entwickelt worden. Man liest von Kalender- und Datumuhren, die den kirchlichen Festkalender neben den kanonischen Horen angaben. Diese Gattung Uhren stellt den vollendetsten Typus kirchlicher Zeitmesser und zugleich den Höhepunkt kirchlicher Uhrmacherkunst dar. Sie sind aber auch das Endglied einer Entwicklung, das von hier zur modernen Uhrmacherkunst führt.
Es steht fest, daß der Übergang von der antiken Wasseruhr zur modernen Gewichtsräderuhr in der kirchlichen Uhrmacherkunst gegen Ende des 13. Jahrhunderts vollzogen wurde. Dieser Übergang beruhte aber nicht zuletzt auch auf klimatischen Gründen. Die Wasseruhren nämlich, die im Orient und im Süden Europas zu allen Jahreszeiten benutzt werden konnten, waren im Winter in den nördlichen Ländern meist nicht zu gebrauchen, weil das Wasser in den kalten Kloster-, Kirchen- und Palasträumen vereiste. Zudem waren die oft sehr großen und schweren Uhrwerke mit Wasserkraft nicht leicht aufzustellen.
Die Entwicklung zielte auf leichtere und handlichere Uhrwerke, auf die automatische Zeitmessung und Zeitangabe, die nicht mehr die Unzulänglichkeiten und Störungen der alten Uhren kannten. Das Resultat war die moderne Gewichtsräderuhr.

Erste Brillenmacherzunft 1535

Die Geschichte des Optikerhandwerks hängt eng mit der Erfindung und der Geschichte der Brille zusammen. Zwar ist der Erfinder der Brille nicht bekannt, aber seit dem 13. Jahrhundert sind Sehhilfen in Europa bekannt. Aus dem 11. Jahrhundert ist uns das Buch des Arabers Ibn el Heitham überliefert, das sich bereits mit der Anfertigung von gläsernen Kugelsegmenten befaßt, die es ermöglichen, einen Gegenstand vergrößert zu sehen.
Seit Beginn des 14. Jahrhunderts stellen die Glasmacher verschiedener Länder, vor allem aber die in Venedig, Brillen her. 1535 wurde die erste Brillenmacherzunft in Nürnberg gegründet, und bald darauf finden wir sie auch an anderen Orten. Als die Buchdruckerkunst erfunden war, stieg der Bedarf an Brillen verständlicherweise erheblich an. Es dauerte dann nicht mehr lange, bis man Brillen serienmäßig herstellte.

Die Hydraulos waren die ersten Orgeln

Die heutigen Orgeln gehen auf die antiken Orgeln, die Hydraulos, zurück, von denen Cicero berichtete, daß sie ein Genuß für sein Ohr seien. In der Zeit der Völkerwanderung ist der Bau der Orgeln untergegangen, doch bereits 757 schenkte Kaiser Konstantin Pipin dem Kleinen eine Orgel. Seit der Zeit ist immer wieder die Rede von großartigen Zeugnissen der Orgelbaukunst und von Geschenken dieser Art, die Kaiser und Könige den Päpsten und Bischöfen machten.
Die Zahl der Orgelbauer war nie groß. Es bestand zu allen Zeiten ein lebhafter Austausch. Das war nötig, um neue Erfindungen anwenden zu können, sei es, daß es sich um die Schaffung des Pfeifenwerks handelte oder um die Schleif- und Springladen.
Besonders erfolgreich im Ausbau neuer Orgeln waren die Holländer. Als großer deutscher Orgelbauer gilt Gottfried Silbermann (1683–1753), der die chorische Dispositionsgliederung einführte.
Als man sich später immer mehr um die Nachahmung des Orchesters bemühte, gingen viele echte Farben der Orgelmusik verloren. Technisch kam es zu einer Pneumatisierung der Traktur. Man baute Hochdruckregister, Fernwerke, Oktavkoppeln und Druckköpfe für Piano, Pianissimo und Forte.
Im letzten Jahrhundert hatte die Orgel zeitweilig eine rückläu-

fige Entwicklung. Albert Schweitzer war es, der sich für die Reform des Orgelbaus auf der Grundlage der Silbermannschen Kunst einsetzte.

Das Geheimnis des Geigenbaus

Wenn auch Italien die berühmtesten Geigenbauer hervorgebracht hat und die Cremoneser Schule mit Amati den Höhepunkt bildete, so kann Deutschland doch auch auf eine bedeutsame Geigenbautradition zurückblicken.
Einer der größten Geigenbauer war Jakob Stainer, dessen Geigen man große »Anmut« nachrühmt. Als Gründer der Tiroler Geigenbauschule hat Stainer Urban Klotz beeinflußt, der in Mittenwald den Grund zu einem bedeutenden Streichinstrumentenhandwerk gelegt hat.
Der Geigenbau wurde in Heimarbeit ausgeführt, und zwar in geteilter Arbeit. In einer Werkstatt wurden Decken hergestellt, in einer anderen Zargen und in einer dritten Schnecken. Die Geigenbauschule in Mittenwald wahrt diese Tradition in besonderer Weise.
Die Decke einer Geige besteht aus Fichtenholz, Boden und Seitenwände hingegen aus Ahorn. Lagerung und Trocknung des Holzes spielen eine besondere Rolle. Auch der Lack spielt eine Rolle. Nicht wenige Geigenbauer sehen in der Lackzusammensetzung die besondere Eigenart einer Geige.
Alle Einzelteile einer Geige, wie Steg, Griffbrett, Hals, Schnecke, Wirbel und Zapfen, müssen in richtiger Beziehung zueinander stehen. Der Bau des Korpus erfolgt nach dem Goldenen Schnitt. Das erforderliche Holz wird nicht, wie in der Tischlerei üblich, waagerecht geschnitten, sondern in konischen Stücken senkrecht. Griffbrett, Saitenhalter und Wirbel hat man früher gern aus Buchsbaum angefertigt, heute mehr aus Ebenholz.
Der Bogen und die Resonanzdecke werden nicht gepreßt oder gefräst, sondern mit einem Spezialmesser aus einem Holzstück herausgeschnitten. Da die Decke dünner sein muß als der Boden, ist es nötig, ständig mit einem Meßzirkel nachzumessen. Die F-Löcher richten sich nach der gewünschten Klangfarbe. Je schmaler sie sind, um so dunkler ist der Ton. Wenn die Schnecke geschnitzt ist, wird der Hals auf- und der Stimmstock in die Decke eingesetzt. Durch ihn werden die Schwingungen

in der Längsrichtung verstärkt. Die schwache Decke würde sonst dem Ziehen und Drücken der Saiten nicht standhalten können.
Über das Geheimnis der Lackzusammensetzung ist schon viel geschrieben worden. Innerhalb der Familien haben sich ganz bestimmte Mischrezepte vererbt. Man kennt auch heute noch die Lackmischung, die Klotz vor fast 300 Jahren benutzt hat. Der Lack ist sozusagen die Rüstung der Geige und schützt sie vor den Witterungseinflüssen. Zehn- bis zwölfmal pflegt man eine Geige zu überstreichen. Zu einer guten Geige braucht man 150 Stunden Arbeitszeit.

Der Tischler

Dieses wichtige Handwerk hat sich aus dem Zimmermannsberuf entwickelt. Erstmalig taucht die Bezeichnung Tischler im Jahre 1380 auf. Zweifellos ist es, bevor es zur Verselbständigung des Tischlerhandwerks kam, zu harten Zunftkämpfen gekommen.
Der Tätigkeitsbereich des Tischlers ist stets vielseitig gewesen. Er arbeitete Kasten und Schränke, Schreine und Chorstühle, er baute Gesimse und Türen und hatte Anteil an Holz- und Hausgerät. Alles, was er schuf, mußte er mit Leim und Holzpflöcken zusammenfügen. Immer wenn er Nägel benötigte, erhoben die Zimmerleute Einspruch, denn dann kam der Tischler in ihr Gebiet.
Jost Amman schreibt in seinem Ständebuch von den Tischen und Bettstätten, vom Tafelwerk und Truhen, von Kästen und Stühlen und von vielem anderem, das in der Werkstatt des Tischlers entstand.
In dem Maße, wie sich die Wohnkultur verbesserte, bekam auch der Tischler neue Aufgaben; die Schlafzimmer verfeinerten sich, die Wohnzimmer wurden mit immer schöneren und mehr Möbeln ausgestattet.

Auch Fürsten drechselten gerne

Die Drechslerkunst war bei Griechen, Römern und wahrscheinlich schon bei noch älteren Kulturen bekannt und beliebt. Für diese Tätigkeit verwendete man Holz, Elfenbein und Edelsteine. Man arbeitete am Drehstuhl Geräte und Möbelstücke, vor allem Dosen, Schüsseln und Teller.
Die älteste Drechslerzunft wird 1180 genannt. Aus dem Mit-

telalter sind viele Amtsbriefe der Drechsler überliefert. Deutsche Drechslergesellen waren überall in Europa zu Hause und gern gesehen.
Über Jahrhunderte arbeitete der Drechsler an der hölzernen Fußdrehbank, wie sie schon Leonardo da Vinci gezeichnet hatte. Allmählich setzte sich die motorisierte Drehbank durch, erst mit Wasserkraft betrieben und später mit dem Elektromotor. Aber heute wie früher spannt der Drechsler sein Werkstück zwischen Spindel und Reitstock ein und arbeitet mit Meißel, Ausdrehhaken und Ausdrehstahl. Drechseln gehörte zu den Lieblingsbeschäftigungen an den Fürstenhöfen.

Der Wagenbau hat eine lange Geschichte

Bei vielen Völkern des Altertums waren neben den Kriegswagen Staats- und Prachtwagen, Reise- und Gütertransportwagen bekannt. Wagen entstanden, indem man unter flache Tafeln, auf denen die zu transportierenden Gegenstände lagen, Rollen legte und sie so fortwalzte. Später brachte man die Achse an und an beiden Achsenenden kleine volle Scheiben, deren Nabe sich um die Achse bewegte.
Aus diesen einfachen ersten Anfängen entwickelte sich das große Speichenrad, wie es auf der Trajanssäule in Rom zu sehen ist, wo es an einem mit zwei Pferden bespannten Kriegswagen dargestellt wird.
Eine spätere Erfindung ist der zweirädrige Karren (Carpentum), der auf altrömischen Münzen abgebildet ist. Er war mit kostbaren Tüchern und Teppichen behängt. Noch eine dritte Art von Kutschen war bei den Römern in Gebrauch, die »Carrucae«, von denen man aber nicht genau weiß, wieviel Räder sie gehabt haben. Sie galten als vornehmes Fuhrwerk, wurden oft mit Gold und Edelsteinen geschmückt, und die Römer sahen es als besondere Ehre an, in ihnen zu fahren.
In Deutschland kam der Kutschwagen verhältnismäßig spät auf. Die Zeiten des frühen Mittelalters und die des Rittertums ließen es nicht zu, daß der Mann den Wagen mit dem Roß hätte vertauschen können. Man befürchtete, daß die Wehrfähigkeit darunter leiden, daß man sich des Reitens entwöhnen könnte und zum Kriegsdienst untauglich würde. Herren und Diener, Weltliche und Geistliche ritten deshalb zu Pferde.
Noch zu Anfang des 16. Jahrhunderts ritten die Ratsherren ei-

ner Stadt stets zu ihren Ratssitzungen, so daß man heute noch an vielen Rathäusern einen kleinen eingemauerten Vorsprung erkennt, von dem aus die Herren aufs Pferd zu steigen pflegten.

Bis weit ins 14. Jahrhundert hinein wurden Wagen nur zum Gütertransport benutzt, und erst dann tauchten in Deutschland und anderen Ländern vereinzelt Kutschen auf. Es handelte sich um ausgeschlagene Hängewagen – hier liegen also die Anfänge der Wagenfedern – und um große Kammerwagen, in denen der Reisende das Gepäck mitführte.

Zu Anfang des 16. Jahrhunderts wurden die bedeckten Personenwagen bekannter. Sie wurden in erster Linie von vornehmen Frauen verwendet, da es die Männer auch um diese Zeit noch für unter ihrer Würde hielten zu fahren.

In vielen Teilen des Reiches wurde der Gebrauch von Kutschen als Landesfrevel angesehen. Man verbot bei Strafe, derartige »Faulenzerwagen« zu benutzen. Im Jahre 1588 untersagte Herzog Julius von Braunschweig ausdrücklich das Kutschenfahren. Aber all diese Verbote halfen nichts. Der Gebrauch von Kutschen nahm von Jahr zu Jahr zu.

Die Form der Kutschen des 17. und 18. Jahrhunderts ist noch plump. Die Wagen glichen häufig einem Himmelbett, das auf vier Rädern ruht. Die Hinterräder waren höher als die Vorderräder. Achsen waren bis ins 18. Jahrhundert aus Holz. Erst die Engländer haben eiserne Achsen eingeführt, die in Messingbüchsen liefen.

Dem Wagenbau Eleganz, Sicherheit, Leichtigkeit und Bequemlichkeit zu geben war erst dem ausgehenden 18. Jahrhundert vorbehalten. Dann freilich verbreiteten sich die Kutschwagen so rasch, daß man um die Mitte des vorigen Jahrhunderts allein in Paris über 15000 zählte.

Der Hofwagner Lankensberger in München erfand den neuen Ried für den Vorderwagen an Kutschen, der keines Scheibengestelles mehr bedurfte und ohne Verlust an Raum die Wagen erheblich verkürzte. Eine andere Erfindung machte Reichenbach durch die Anfertigung geschlossener, ringförmiger Wagenfedern, und so folgte eine Verbesserung der anderen, manche noch zu einem Zeitpunkt, als die Kutschen bereits von den Motorfahrzeugen abgelöst wurden.

Die Küfer hatten den Meistergulden

Wenn ein Küfer Meister werden wollte, mußte er, wie es in anderen Handwerken auch Sitte war, ein Meisterstück liefern. Das war nicht überall gleich. Städte mit hoher Handwerkskultur stellten auch entsprechend hohe Anforderungen.
In Nürnberg hatte der Prüfling ein 24-Eimer- oder Zweifuderfaß zu liefern, »welches nicht durchs Feuer gezwungen worden war«. Ferner hatte er zwei Eimer herzustellen, »deren Dauben 2½ bis 3 Zoll dick und so passend gefugt werden müssen, daß keine Reifen zum Halt nöthig sind; man muß die Eimer auf der Erde hin und her rollen können, ohne daß die Dauben in den Fugen wanken, und wenn Wasser darin gegossen wird, so darf nichts rinnen«. Diese Stücke sollten aus Eichenholz geliefert werden, während aus weichem Holz außerdem noch ein Zuber und eine längliche Wanne herzustellen waren.
Nach der württembergischen Küferordnung von 1680 mußte der angehende Meister ein zweifudriges Faß und eine sechseimerige Weinbutte arbeiten. In Schleswig verlangte die Böttcherordnung, daß »drei unsträfliche Biertonnen von zubereitetem Holze« angefertigt wurden.
Wenn ein Anwärter auf die Meisterschaft die Prüfung nicht bestand, wurde ihm angeraten, sie nach einer gewissen Zeit zu wiederholen und bis dahin sich noch weiter in seinem Handwerk auszubilden. Die zu entrichtenden Gebühren nannte man den »Meistergulden«. Es kamen aber noch das Meisteressen und auch die sogenannten »Amts-Köste« hinzu, die das Meisterwerden oft zu einer recht teuren Angelegenheit machten.

Schirme waren ein Attribut der Würde

Schon in alten griechischen Gedichten, so bei Aristophanes, wurde der Schirm erwähnt. Es heißt dort: »Deine Ohren waren aufgespannt wie ein Schirm und klappten wieder zu.« Man kann daraus schließen, daß auch damals die Schirme bereits zusammenlegbar waren.
Im Mittelalter war der Schirm ein Zeichen der Würde; wir wissen, daß Papst Paul I. im Jahre 760 Pippin dem Kurzen einen Schirm schenkte. Aus dem Schirm entwickelte sich der Baldachin, doch nach wie vor blieb der aufgespannte Schirm, der vor hohen Würdenträgern hergetragen wurde, ein Hoheitszeichen.
Bereits um 1700 soll in Paris der Taschenschirm erfunden

worden sein, den man in der Mitte zusammenlegen konnte. Merkwürdig ist, daß in England, einem Land, in welchem es besonders häufig regnet, der Schirm verhältnismäßig spät aufkam und über lange Zeit nur ein Modestück war.
Man hatte die verschiedensten Bezeichnungen für Schirme. Ursprünglich nannte man sie Parasol, später Parapluie. So wurde der Schirm auch bei uns Schutz gegen Sonne und Regen und ein Attribut der Mode. Vor allem um die Mitte des vorigen Jahrhunderts gehörte der Herrenschirm so zum eleganten Herrn wie der Hut.
Die Herstellung der Schirme lag bis vor 100 Jahren in der Hand des Drechslers, von dem aus sich der Beruf des Stock- und Schirmmachers abzweigte. Eine Schirmindustrie in unserem Sinne kann man etwa seit 1860 beobachten.

Die Korbmacher hatten reiche Zünfte

Dieser Beruf, der heute noch am Rande des Handwerks steht, bildete im Mittelalter große und reiche Zünfte. Man unterschied Schwarzkorb- und Weißkorbmacherei, je nachdem, ob man die Weide mit oder ohne Schale verarbeitete.
Als Johan Puppert 1773 Weidenruten erstmalig spaltete und auch behobelte, nahm die Flechterei kunstvolle Formen an. Man entfernte das Mark der Weiden. Dadurch wurden die Weiden elastischer und die Verwendungsmöglichkeiten größer.
In Deutschland gab es von jeher bestimmte Gebiete, vor allem in Oberfranken, wo die Korbflechter besonders heimisch waren. In der Werkstatt des Korbflechters unterschied man zwischen Grünarbeit, Weißarbeit, Rohrarbeit, Gestellarbeit und schließlich Feinarbeit.
Korbmacher zogen oft als wandernde Händler durch die Lande und zeigten die immer neu erdachten Muster.

Bürsten waren Symbol des Rechts

Es ist heute kaum noch bekannt, daß im alten deutschen Rechtsbuch, dem »Sachsenspiegel« (13. Jahrhundert), die Bürsten als Rechtssymbol angesehen wurden. Vielleicht dachte man daran, daß man mit der Bürste eine schmutzige Sache wieder saubermachen konnte.
Schon im Mittelalter, das übrigens die Bürste auch in Liedern und Gedichten besang, kannte man Haar-, Kleider- und Putz-

bürsten, wobei zu sagen wäre, daß die Ägypter und Chinesen bereits vor 3000 Jahren die Kunst des Bürstenmachens beherrschten.
Es ist noch nicht lange her, da sah man den Bürstenmacher noch durch Städte und Dörfer ziehen, um seine Ware anzupreisen. Die Bürstenmacher, früher in Zünften zusammengeschlossen, arbeiteten zumeist in Gemeinschaft mit den Kammachern. Auch einen Schutzpatron hatten die Bürstenmacher, den heiligen Antonius, den sie gern auf ihren Schutzbriefen abbildeten.

Tapezierer in der Bibel beschrieben

Die Ausgrabungen in Ägypten ergaben, daß man unter den Pharaonen schon die Kunst des Webens, Wirkens und Stickens beherrschte. Damit waren auch die Vorbedingungen für das Tapeziererhandwerk gegeben.
Im Britischen Museum in London befindet sich ein Relief aus der babylonisch-assyrischen Kulturepoche, das den König Assurbanipal auf einem modern anmutenden Liegebett ruhend zeigt, neben ihm die Königin in einem Armlehnstuhl mit Kissen. Die Beine des Königs sind mit einer mit Borden und Quasten verzierten Decke bedeckt, einem Zeichen dafür, daß bereits Tischler, Polsterer und Tapezierer tätig waren.
In der Bibel, im zweiten Buch Moses, 36. Kapitel, wird ausführlich eine Vorhangherstellung beschrieben. Es heißt dort: »Die Länge eines Teppichs war achtundzwanzig Ellen und die Breite vier Ellen, und alle waren in einem Maß. Und Belzal heftete je fünf Teppiche zusammen, einen an den anderen. Und machte gelbe Schleiflein an eines jeden Teppich Ort, da sie zusammengeführt wurden, je fünfzig Schleiflein an einen Teppich, damit einer den andern faßte. Und machte fünfzig goldene Häklein und fügte die Teppiche mit den Häklein einer an den andern zusammen, daß es eine Wohnung würde. Und machte elf Teppiche von Ziegenhaaren zur Hütte über der Wohnung, dreißig Ellen lang und vier Ellen breit, alle in einem Maß, und fügte ihrer fünf zusammen in einen Teil und sechs zusammen aufs andere Teil. Und machte fünfzig Schleiflein an jeglichen Teppich am Ort, damit sie zusammengeheftet würden, und machte je fünfzig eherne Häklein, damit die Hütte zusammen in eins gefügt werde. Und machte eine Decke über die

Hütte von rötlichen Widderfellen und über die noch eine Decke von Dachsfellen. Und machte den Vorhang mit dem Cherubin dran, künstlich mit gelber Seide, rosinrot und gezwirnter weißer Seide ...«
Im ersten Buch der Könige finden wir auch die Beschreibung eines Königsthrones, die ebenfalls auf den Polsterer- und Dekorateurberuf hinweist. Auch im Neuen Testament spielt der Tempelvorhang, der beim Kreuzigungstode Christi zerriß, eine Rolle.
Aus der griechischen Kulturepoche sind uns wenige Zeugen des Tapeziererhandwerks überliefert. Es gibt einige Bildhauerwerke, auf denen Lehnsessel, Hocker und Sitzkissen dargestellt sind. Wir wissen, daß Weberei und Wirkerei im alten Griechenland in hoher Blüte standen und folglich auch Handwerke nach sich ziehen mußten, die diese Gewerbe verwerteten. Homer berichtet uns von der Königin Penelope, die Teppiche für den Wandschmuck wirkte. Die schönen Faltungen und Raffungen griechischer Gewänder lassen ebenfalls darauf schließen, daß man das Dekorative des Stoffes kannte und es auch schmückend anzuwenden verstand.
Weit zahlreicher sind die römischen Dokumente alter Tapeziererarbeit. Auf ungezählten Bildwerken sind Sessel und Ruhebetten zu sehen. Dem Faltenwurf maß man so große Bedeutung bei, daß eigens Sklaven dafür ausgebildet wurden. Reiche Vorhänge waren besonders beliebt. Man kannte Sonnenstores, die im Zirkus und auf den Terrassen zum Schutz gegen die Sonne gezogen wurden. Die Wandmalereien legten eindeutig Zeugnis ab von den reichhaltigen Vorhangverzierungen der Innenräume.

Der Sattler

Virgil erzählt von den Löwen-, Tiger- und Luchshäuten, mit denen die Reiter des Altertums die Rücken ihrer Pferde bedeckten. Bei Julius Cäsar ist nachzulesen, daß die Germanen es geradezu für eine Schande hielten, nicht auf dem nackten Pferderücken zu reiten. Erst um das Jahr 300 berichtet Walter von Aquätanien über reichverzierte Sättel seiner Zeitgenossen, obgleich die Völker des Altertums sicher auch schon prunkvolle Sättel gekannt haben.
Im Mittelalter standen die nürnbergischen Sattelmacher bei

Kaisern, Königen und Fürsten wegen ihrer kunstvollen Sättel aus Messing, Holz und Samt in hohem Ansehen.

Bootsbauer schon vor 4000 Jahren

Der Gedanke der Fortbewegung auf einem schwimmenden Untersatz ist uralt. Die Ausnutzung einer solchen Möglichkeit wird sich zunächst auf Reisigbündeln und auf Holzstämmen vollzogen haben, wobei die Fortbewegung und Steuerung durch die Arme und Beine bewerkstelligt wurde. Aus dem Reisigbündel wird sich die Herstellung von geflochtenen Booten entwickelt haben, wie zum Beispiel die Binsenboote in Peru.

Der griechische Geschichtsschreiber Herodot (5. Jahrhundert v. Chr.) beschrieb die von Chaldäern am Euphrat und Tigris benutzten Boote aus Weiden und Häuten. Ein schon hoch entwickeltes Boot dieser Art ist der Kajak der Eskimos, der aus einem Geflecht mit einem Überzug aus Leder besteht.

Eine andere Art der Entwicklung ergab sich aus dem Baumstamm. Mehrere Baumstämme zusammengefügt ergaben ein Floß, oder der ausgehöhlte Baumstamm wurde zum Einbaum, dessen Stabilität durch Ausleger gesichert werden konnte. Eine höhere Entwicklung zeigte sich aber erst im Übergang zum Plankenboot, das sich allmählich in den verschiedensten Gebieten sowohl in Übersee wie in Europa durchsetzte. Als Hilfsmittel kommen Ruder und Mast mit Segel hinzu.

Die ältesten Darstellungen von Booten finden wir in Ägypten. In einer Felszeichnung aus der 5. Dynastie (um 3500 v. Chr.) ist eine Barke mit Segel und Steuerpaddel zu sehen. Die ägyptischen Fahrzeuge dienten dem Verkehr auf dem Nil. Seefahrzeuge mit Segeln fanden wir in der minoischen Periode (um 2000 v. Chr.). Im alten Griechenland wurde die Schiffbaukunst hoch entwickelt. Im 6. Jahrhundert v. Chr. gab es sehr leistungsfähige, seetüchtige Ruder- und Segelschiffe, sowohl für Kriegs- als auch für Handelszwecke. Die Länge betrug etwa 30 m.

In Nord- und Mitteleuropa sind Einbäume die ältesten erhaltenen Wasserfahrzeuge. In der Bronzezeit (1500 v. Chr.) gab es kajakähnliche Kielboote und Seefahrzeuge, die denen der Wikingerzeit ähnelten.

Ein schönes Beispiel der Schiffbaukunst bildet das Nydamboot aus dem 4. Jahrhundert n. Chr., das seinen Namen nach dem Fundort auf der Insel Alsen trägt. Das Boot hat eine Länge von 23 m. Mit Booten dieser Art fuhren die Wikinger 900 n. Chr. nach Grönland und Amerika. Die Fahrzeuge der Wikinger waren aus Eichenplanken im Klinkerbau hergestellt. Diese schönen und leistungsfähigen Boote müssen aus Bauerfahrungen von Jahrhunderten hervorgegangen sein. Eine weitere Entwicklung der Wikingerboote sind die Normannenschiffe (1000 n. Chr.). Sie hatten ein Deck mit Aufbauten und segelten zum Teil schon mit zwei Masten.

Zur Zeit der Hanse bildete sich als vorherrschender Schiffstyp (13.–15. Jahrhundert) die Hansekogge heraus. Die Hansekoggen waren etwa 20 m lange hochbordige Einmaster mit Rahsegel, Stevenruder, geradem Kiel und ebensolchem Steven. Sie waren seetüchtig und geeignet, größere Warenmengen zu befördern. Kolumbus segelte im Jahre 1492 mit Karavellen nach Amerika. Diese waren kleiner als die Koggen, aber schnittiger gebaut und dadurch schneller.

In der folgenden Zeit wurden die Schiffe größer und breiter und mit höheren Aufbauten versehen. Diese waren in der Barockzeit – besonders bei Kriegsschiffen – kunstvoll ausgestattet. In dieser Zeit waren im Schiffbau die Holländer und Engländer führend. Die Segelschiffe kamen durch den Typ der sehr schnellen Klipper im 19. Jahrhundert zu ihrer höchsten Entwicklung.

Eine Wende im Schiffbau ergab sich aus der Anwendung des Maschinenantriebs durch Dampfkraft. 1707 konstruierte Papin aus Marburg ein Radschiff mit Dampfantrieb und fuhr mit ihm auf der Fulda von Kassel nach Minden. Dort wurde dieses erste Dampfschiff von den um ihre Existenz fürchtenden Schiffern zerstört.

Einhundert Jahre später konstruierte Fulton die »Clarmont«, die von einer Dampfmaschine und zwei Schaufelrädern angetrieben wurde und den Hudson in regelmäßigem Dienst befuhr. 1816 wurde die »Weser« als erstes genutztes deutsches Dampfschiff in Vegesack gebaut.

Glas seit 7000 Jahren

Phönizische Seeleute sollen die ersten gewesen sein, die beobachtet haben, wie Glas entsteht. Beim Zubereiten ihrer Mahl-

zeit am Strand von Sidon hätten sie bemerkt, so wird überliefert, wie sich Sodabrocken durch die Hitze mit dem Sand zu einer durchsichtigen, harten und spröden Masse verbunden hätten.
Tatsächlich kennt man seit siebentausend Jahren Glas, und die Ägypter erreichten bereits eine so hohe Kunstfertigkeit, daß sie Glas der verschiedensten Färbung zu Schmuckgegenständen verarbeiten konnten. Die Römer haben der Gewinnung und Anwendung von Glas neue Wege eröffnet, und durch sie ist gerade in der Umgebung von Köln die Glasherstellung zu großer Blüte gekommen.
Die ersten Glasscheiben tauchten bei uns im 9. Jahrhundert auf. Bis dahin wurden die Maueröffnungen in den weltlichen Bauten mit gewachsten Stoffen oder geöltem Papier verschlossen. Anfänglich waren nur Kirchen- und Klosterfenster mit Glas versehen, da die Kunst des Glasmachens von Mönchen geübt wurde. Zur Glaserei gehörte immer schon die Glasmalerei. Auch das war anfänglich ein Privileg der Klöster.
Bereits im 13. Jahrhundert gingen die Glasmacher und Glasverarbeiter getrennte Wege. Das aufkommende Bürgertum und vor allem die Erfindung der Butzenscheibe ließen das Glasfenster auch in profanen Bauten Einzug halten. Eine Butzenscheibe entstand, indem man einen Glasposten mit dem Mund zu einer Kugel blies und dann flach zusammendrückte. Im Zuge dieser Entwicklung trennten sich die Glaser von den Glasmalern, und so entstanden die ersten reinen Glaserzünfte.
Glas gilt nicht als eine chemische Verbindung. Es ist vielmehr eine erstarrte Schmelzmasse eines Gemisches aus Kieselsäuren und Oxiden. Bei der Erstarrung kommt es nicht zur Kristallbildung. Dadurch ist das Glas amorph, also gestaltlos. Wissenschaftlich gesehen, gilt es als eine Flüssigkeit mit unvorstellbar hohem Zähigkeitswert.
Wenn man im frühen Mittelalter auch schon viele Glasarten kannte, so ist man doch erstaunt zu hören, daß man heute in der amerikanischen Glasfabrikation bereits über 50000 verschiedene Rezepte kennt. Es gibt Gläser, die leichter als Kork, und andere, die schwerer als Eisen sind. Die einen sind hart wie Stahl, die anderen weich wie Watte. Man kennt Gläser, die die Elektrizität leiten, und andere, die isolieren. Es gibt keinen

Zweifel: Das Glas gehört zu den vielseitigsten Stoffen unserer Zeit.

Die Glasmaler arbeiteten mit wenigen Farben

Ursprünglich war diese Glasmalerei, die im frühen Mittelalter ihren Anfang nahm, eine kirchliche Kunst. Man sagt der in Köln gestorbenen Kaiserin Theophanu nach, daß sie dieses Handwerk besonders gefördert hätte. Es begann in der Glasmalerei mit kleinen Stücken gefärbten Glases, die man mit Blei verband, wobei man Schwarzlot zum Malen benutzte.
Bis ein Glasgemälde entstand, waren viele Prozeduren notwendig, von der Zeichnung über das Schneiden der Gläser und das Glätten der Ränder bis zum Zusammensetzen der Stücke zum Malen. Das dazu benutzte Schwarzlot stellte der Maler aus Kupferasche, grünem und blauem Bleiglas her. Die Farben wurden eingeschmolzen. Die Zahl der Farben war gering. Blau, Rot, Grün, Gelb und Violett herrschten vor. Fleisch konnte man nur in Weiß oder in Blaßrot darstellen.
In der Zeit der Hochgotik kam zum Schwarzlot das Silbergelb. Allmählich wurde die Skala der Farbtöne mannigfaltiger, bis die Malerei im 15. Jahrhundert ihren Höhepunkt erreichte. Jetzt fanden die Glasmaler nicht nur in den Kirchen, sondern auch in den Adelshäusern, in Rat- und Zunftstuben ein reiches Betätigungsfeld.

»Mit Pinsel und Farbe himmlische Wunder«

Wer die Geschichte des Malerhandwerks schreiben will, muß bis weit in die Antike zurückgehen, als die Maler im Dienste der Herrscher das Leben der Götter und Szenen großer Schlachten darzustellen hatten. Bei den Römern finden wir die Fresko- und die Seccomalerei, also die eine auf nassem Bewurf, die andere auf trockenem Grund ausgeführt.
Die Entwicklung geht über die Malerei mit Farben in flüssigem Wachs zur Tafel- und Gefäßmalerei und schließlich zu den Miniaturen, den farbigen Illustrationen der Pergamenthandschriften.
Auf dem schmalen Grat zwischen Handwerk und Kunst bewegt sich die deutsche Malerei des Mittelalters. Im 13. Jahrhundert werden in Deutschland die ersten Malerzünfte genannt. In Köln sind Maler und Schilderer 1396 schon eine einflußreiche Zunft. In den »Dreizehn Büchern der deutschen

Seele« werden die kölnischen Meister lobend erwähnt: »Sie lockten mit ihren Pinseln und Farben die himmlischen Wunder hinein in den staunenden Tag.«

Wismutmalerei – eine verschollene Kunst

Die Anfänge der Wismutmalerei reichen bis ins 15. Jahrhundert zurück. Zu Beginn des 19. Jahrhunderts war sie aber schon »verschollen«.

Wismut ist ein bei 271 Grad schmelzendes silberweißes Metall mit rötlichem Schimmer. Es kommt auf Nickel- und Kobalterzgängen vor. Georg Agricola hat in seinen Büchern wiederholt über Wismut geschrieben, und es besteht kein Zweifel darüber, daß der Name auf das althochdeutsche Wort »Wiz« = weiß zurückzuführen ist.

Hauptsitz der Wismutmalerei war Nürnberg. Hier bildete sich ein eigenes Handwerk, für das der Rat der Stadt Nürnberg im Jahre 1613 eine Ordnung erließ. Aus ihr geht hervor, daß die Wismutmaler handwerklich organisiert waren, ihre Zunftregeln und Zusammenkünfte hatten. Im 18. Jahrhundert ist das Gewerbe der Nürnberger Wismutmaler aber bereits im Aussterben.

Nach den heutigen Erkenntnissen kann man sagen, daß die Wismutmalerei ein Ersatz für größere Kunst und für kostbare Materialien und Techniken war. Die hervorragenden Malereien der Renaissance und die mit Edelmetallen verzierten Kästen des Mittelalters mögen den Wismutmalern wohl als Vorbild gedient haben. Der matte Glanz der Wismutschicht, der häufig noch durch Lack gehoben wurde, war ein billiger, aber doch reizvoller Ersatz für Arbeiten in Edelmetall.

Der bayerische Kunsthistoriker Wibel hat sich gegen Ende des vorigen Jahrhunderts eingehend mit der Wismutmalerei befaßt und chemische Untersuchungen angestellt. Dabei stellte er fest, daß eine dünne, kaum 1/10 mm dicke Schicht von reinem Wismut auf einem Untergrund aus Kreide und einem leimartigen Bindemittel aufgetragen ist.

Der von den Malern bereitete Wismutbrei wurde auf das mit einem Leim-Kreide-Grund überzogene Holz aufgepinselt und der graue Wismutüberzug, sobald er trocken war, glänzend poliert. Auf dieser Schicht konnte dann mit Deckfarben gemalt werden. Durch Oxydation entstanden Anlauffarben.

Der Kerzenzieher

Bei den Römern waren die Kerzenzieher ein bekannter und beliebter Beruf, denn Wachskerzen waren sehr gebräuchlich. In Deutschland kamen sie im Mittelalter auf. Bis dahin benutzte man zur Erleuchtung der Räume immer noch den Kienspan.
Das Wachs für die Kerzen kam von den Imkern, die reichlich zu tun hatten, da Kerzen in den zahlreichen Kirchen des Mittelalters ständig benötigt wurden. In den Privathäusern hingegen ging man sparsam mit Kerzen um. Die Herstellung der oft kunstvollen Leuchter und Kerzenständer gehörte zu den Aufgaben der Klempner.
Im 18. Jahrhundert wurden glanzvolle Feste bei Kerzenbeleuchtung gefeiert. So ist uns überliefert, daß am Hofe des sächsischen Königs bei einem Fest 14000 Kerzen brannten.
Um 1800 wurde die Stearinkerze erfunden. Sie hing mit der Verseifung der Fette mit Kalk zusammen. Hergestellt wurden sie aus Stearin und Palmetinsäure. Auch Paraffinkerzen haben einen ähnlichen Herstellungsprozeß wie Stearinkerzen.
Wenn die Kerzenproduktion auch heute maschinell ist, so hat handwerkliches Können vor allem bei der Anfertigung der begehrten Schmuckkerzen immer noch Gültigkeit.

Parkett schon in vorchristlicher Zeit

Ausgrabungen im Orient haben bewiesen, daß man bereits in vorchristlicher Zeit Parkett verwendet hat. In Deutschland kam der Parkettboden in der Zeit der Spätgotik auf. Nach dem Dreißigjährigen Krieg trat neben das schon früher bekannte, aus kurzen Riemen bestehende Stabparkett das kunstvolle Tafel- und Intarsienparkett. Dem Ideenreichtum und der Freude an reicher Ornamentik schienen keine Grenzen mehr gesetzt zu sein. Der Parkettfußboden wurde zu einem beherrschenden Element der Raumgestaltung. Heute noch können wir ihn in Schlössern und Palästen bewundern.
Die Handwerker jener Zeit kannten sich sehr genau in den für ihren Beruf benötigten Hölzern aus. Sie entwickelten zahlreiche Muster und schätzten die Zusammenstellung von verschiedenfarbigen Hölzern zu phantastischen Darstellungen oder zu Gebilden, die durch eine gewisse optische Täuschung eine plastische Wirkung hatten.

Die Seiler waren in der Reepschläger-zunft

Die Hamburger Reeperbahn war die Zone der Seiler, ja man sagt, daß die Seilerei von hier ihren Anfang genommen hätte. Sie war also nichts anderes als eine Seilerstraße, deren Handwerker in der Reepschlägerzunft vereinigt waren. Noch zu Beginn des vorigen Jahrhunderts stellten die Reepschläger in Hamburg eine nicht zu unterschätzende Macht dar. Hier wurde Seilwerk für Ackerbau, Fischfang, für den Bergmann und für den Zimmermann angefertigt. Die Meisterstücke waren Zimmermannsseile und Wagenleinen für Fuhrleute. Bis ins 18. Jahrhundert behielten die Seiler überall ihre hohe Bedeutung. Besonders wichtige Arbeitsplätze waren an Flüssen und Seen, denn die Schiffer hatten ständigen Bedarf an Seilerwaren.

Der Töpfer

Auf den ältesten ägyptischen und babylonischen Darstellungen sieht man Töpfer am Werk. In der Tätigkeit des Töpfers hat die gestaltende Hand wohl ihre erste künstlerische Betätigung gefunden.

Die einfache irdene Ware war nur schwach gebrannt und noch wasserdurchlässig. Die Scherben – so nennt man den gebrannten Ton – waren leicht zerbrechlich. Bereits Jahrtausende vor Christus lernte man, die Oberfläche des Gefäßes zu veredeln, indem man die Gefäße vor dem Brennen in Tonschlicker tauchte und dadurch besondere Wirkungen im Brand erzielte. Fast aus allen Kulturepochen sind Vasen mit entsprechender Malerei erhalten, die von den verschiedensten Höhepunkten in der Geschichte der Keramik erzählen.

Von jeher wurden in der Töpferei auch Kleinplastiken hergestellt. Glasuren wurden bereits von den Ägyptern verwendet. Die Römer kannten schon kunstvolle Bleiglasuren.

In der Geschichte der Keramik spielt die Fayencetechnik mit den vielen Möglichkeiten der künstlerischen Gestaltung eine besondere Rolle. Ihr Zauber entfaltet sich in Fliesen, ganz besonders in orientalischen Moscheen. Aus Spanien über Mallorca und Italien kam die Majolika. In den Niederlanden entwickelte sich im 17. Jahrhundert in Delft ein großes Fayence-Zentrum.

Auch Steingut gehört in diese Gruppe. Man versteht darunter poröse Scherben, die aus einer künstlich gemischten Masse

entstehen. Dem feingeschlämmten Naturton werden Zusätze von Kreide hinzugegeben. Das Glasieren erfolgt mit einer alkalischen, farblosen Glasur. Sie macht die Ware dicht. Das erste Steingut wurde um die Mitte des 18. Jahrhunderts in England hergestellt.
Die moderne Keramik wendet alle möglichen Techniken an, die auch in der Vergangenheit bekannt waren. Wissenschaftliche Erkenntnisse aus Physik und Chemie haben den Arbeitsgang verbessert und zu schöneren Glasuren und Farben geführt.

Buchdruckerkunst von den Chinesen bis Gutenberg

Wenn man die Geschichte der Buchdruckerkunst studiert, so scheint es fast unbegreiflich, daß man nicht früher darauf gekommen ist, den Buchdruck mit beweglichen Lettern zu erfinden. Die Kunst des Druckens, und zwar mit Holztafeln, war lange vor Gutenberg bekannt, vor allem bei den Chinesen.
Bereits Cicero hat sich über die Möglichkeiten einer solchen Erfindung Gedanken gemacht, heißt es doch in seiner Schrift »Über die Natur der Götter«: »Ich begreife nicht, warum derjenige, der sich einbildet, eine Anzahl fester und unteilbarer Körper könne durch ihr zufälliges Zusammentreffen sich zu einer ordnungsvollen, schönen Welt bilden, nicht auch glauben sollte, daß, wenn man eine ungeheure Anzahl der 21 Buchstaben, sie mögen aus Gold oder sonst irgendeinem Stoffe sein, zusammenwürfe und auf der Erde ausbreitete, die Annalen des Ennius sofort lesbar zusammengesetzt werden könnten.«
Es scheint also, als ob diese große Erfindung hier bereits so nahe gelegen hat, daß man sie mit den Händen greifen konnte. Dennoch mußten einige hundert Jahre vergehen, ehe diese Gedanken über die mechanische Vervielfältigung des geschriebenen Wortes praktisch verwertet wurden.
Auf Grund einer chinesischen Enzyklopädie nimmt man an, daß die Buchdruckerkunst schon vor dem Jahre 593 n. Chr. erfunden wurde. Der damals regierende Kaiser hatte alle noch nicht veröffentlichten Schriften zu sammeln, in Holz zu schneiden und herauszugeben, womit also das Bekanntsein der Vervielfältigung durch den Druck vorausgesetzt wurde.
Nach einer anderen Quelle soll die Buchdruckerkunst in China im Jahre 581 erfunden worden sein und sich nur langsam aus-

gebreitet haben, bis 904 der Schnitt der klassischen Bücher in Holz erfolgte, nachdem man früher schon von eingehauenen Steinen gedruckt hatte.
Die Erfindung von beweglichen Lettern wird gegen Ende des 11. Jahrhunderts erwähnt. Ein Schmied in China soll die Typen in dünne Tontafeln modelliert und dann zerschnitten haben. Darauf wurden die Schriftzeichen in Feuer gehärtet und die einzelnen Zeichen je nach Bedarf auf eisernen Formen zusammengestellt.
Auch er soll, wie seine Vorgänger es taten und seine Nachfolger es heute noch tun, den Abdruck mit Hilfe einer Bürste gemacht haben. Das System wurde jedoch nach dem Tode dieses Schmieds nicht fortgesetzt. Erst nachdem im Abendland durch Gutenberg die Buchdruckerkunst erfunden worden war, griff man auch in China, und zwar auf Veranlassung von Missionaren, auf die alten Formen zurück, um sich dann der Gutenbergschen Erfindung und ihrer Vorteile zu bedienen.
Wenn man bedenkt, daß man in der ersten Hälfte des 15. Jahrhunderts bei der völligen Abgeschlossenheit Chinas in Deutschland und im Abendland nichts von der Erfindung im Fernen Osten wußte, so bleibt unserem Johann Gutenberg die Ehre der unabhängigen Erfindung gewahrt, um so mehr, als diese Erfindung erst nach ihm ihre kulturelle Bedeutung bekam und eine ungeheure Entwicklung nahm.
Während des Mittelalters wurde die Vervielfältigung der Bücher nur durch Abschreiben ermöglicht, eine Arbeit, die hauptsächlich in den Klöstern besorgt wurde. Neben den Büchern der Heiligen Schrift und der Liturgie waren es vor allem die Klassiker der Griechen und Römer, die man kopierte.
Als nach den Kreuzzügen das Geistesleben im Abendlande reger wurde und die neugegründeten Universitäten, aber auch der erhöhte Handelsverkehr größere Anforderungen stellten, genügte die Tätigkeit der bücherabschreibenden Mönche nicht mehr. Es entstanden neben ihnen Briefmaler und Kartenmacher, aus denen hinwiederum zu Beginn des 13. Jahrunderts die Formschneider und Briefdrucker, das heißt Drucker kleiner Schriften, hervorgegangen sind.
Gegen Ende des 14. Jahrhunderts war in Deutschland der Holzschnitt aufgekommen, und zu Anfang des 15. Jahrhun-

derts begannen – hauptsächlich auf Veranlassung der Geistlichkeit – Kartenmacher mit ihrer Holzschneidekunst Heiligenbilder zu vervielfältigen. Diesen Bildchen fügte man bald entsprechende Texte bei, bis man endlich sogar ganze Bücher, auch ohne Bilder, in Holztafeln schnitt und druckte.
Diese Drucke waren die sogenannten Blockbücher, die nicht durch die Presse, sondern mittels Abreibens und ohne bewegliche Lettern von den Holztafeln hergestellt wurden.
Daraus geht hervor, daß Gutenberg nicht eigentlich das Drukken erfand, denn vor ihm war schon mit ziemlichem Geschick gedruckt worden. Was ihm zu verdanken ist, ist das Verfahren der mechanischen Vervielfältigung von Wort und Bild mit jener Beweglichkeit, wie sie die heutige Buchdruckerkunst nur noch weiter vervollkommnen konnte, in der aber die ganze Genialität Gutenbergs ihren Ausdruck fand.

Bucheinbände im Wandel der Zeit

Die Völker des Altertums kannten noch keine Bücher im heutigen Sinne. Für ihre Aufzeichnungen benutzten sie Schriftrollen aus Papyrusblättern, die sie aneinanderklebten. Die Griechen und Römer bedienten sich für ihre Texte wachsüberzogener Tafeln, auf denen die Buchstaben in diese Wachsschicht eingeritzt wurden.
Die Wandlung von der Papyrusrolle zum Buch hat sich über Jahrhunderte vollzogen. Man sagt, daß die ersten Bücher im 4. Jahrhundert n. Chr. entstanden seien. Als das älteste abendländische Buch sieht man das Evangeliar der Königin Theodelinda in Italien an.
Das Buch- und Schriftwesen des Mittelalters lag in den Händen der Geistlichkeit. In den Klöstern schrieben die Mönche auf Pergamentblättern und malten mit großer Sorgfalt kunstvolle Initialen. Es gab aber auch in den Klöstern Mönche, die das Buchbinden verstanden, eine Kunst, die von den geistlichen und weltlichen Fürsten hoch geschätzt war. Karl der Große schenkte 744 einem Kloster in Frankreich einen Wald mit großem Wildbestand, damit die Bücher des Klosters in die Felle der erlegten Tiere eingebunden werden konnten.
Wie das Drechseln, so war auch das Buchbinden zeitweilig eine beliebte Beschäftigung von Königen und Kaisern. Vor allem soll Ludwig IX., der Heilige, dieses Handwerk begeistert aus-

geübt haben, weshalb er auch als Patron der Buchbinder verehrt wird.
Das sakrale Buch genoß besonders hohe Verehrung, was sich in den kostbaren Einbänden zeigt. Aus dem frühen Mittelalter haben wir Einbände in Gold und Silber, mit Filigranarbeiten und Edelsteinen ausgestattet. Aus dem Orient waren vergoldete Lederbände nach Deutschland gekommen. Nun wurde man in den Klöstern unerschöpflich in der Flächendekoration des Einbandes.
In dem Maße, wie Bücher immer häufiger abgeschrieben und vervielfältigt werden mußten, nahm auch der Wert des einzelnen Stückes ab. Im 15. Jahrhundert begann die große Zeit der Lederbände. Sie lösten den hölzernen Einbanddeckel ab. Zu den ältesten Einbänden dieser Art gehören die berühmten Codices Bonifatiani. An Lederarten wurden damals benutzt: Schafleder, Kalb- und Rindleder, aber auch schon Ziegenleder aus Spanien.
Das 17. Jahrhundert liebte Metallbeschläge. Aus dieser Zeit sind uns reizvolle filigrane Durchbrucharbeiten überliefert. Im 18. Jahrhundert sind viele reichverzierte Einbände, die vom hohen Niveau der Buchbinderkunst künden, entstanden. Die Ornamente stehen im engen Bezug zur damaligen Kleidermode. Allmählich entwickelte sich jedoch ein geschmeidiger Ledereinband, vor allem, nachdem aus Frankreich der »Franzband« nach Deutschland gekommen war. Im Laufe des 19. Jahrhunderts wandelte sich der Bucheinband immer mehr vom künstlerisch gestalteten und handwerklich gearbeiteten Werkstück zum zweckmäßigen Einband.
Immer umfangreicher wurde das Arbeitsgebiet des Buchbinders, der bald in Ganz- und Halbleinen, in Pappe und Papier arbeitete. Neben der Herstellung von Einbänden gingen ihm auch wertvolle Restaurierungsarbeiten zu.
Jetzt füllte sich seine Werkstatt mit Heft- und Schneidemaschinen, mit Kleb- und Fälzelmaschinen, Leimapparaten und Pappzuschneidemaschinen und schließlich mit Automaten für die Draht- und Fadenheftung.

Das Kürschnerhandwerk

Die Tätigkeit des Kürschners gehört zu den ältesten Handwerksberufen. Höhlenzeichnungen beweisen, daß bereits die

Menschen der Steinzeit eine Pelzkleidung mit Mütze trugen. Schon vor 50000 Jahren wurden für Fellbearbeitung Feuersteinschaber benutzt, von denen sich die Kürschnermesser unserer Zeit nur im Material unterscheiden.
Im Laufe der Jahrhunderte machte die Fellverarbeitung erhebliche Fortschritte, so daß der Pelz nicht nur als Kälteschutz, sondern auch als Schmuck Verwendung fand. Besonders Hermelin und Feh genossen wegen ihrer dekorativen Eigenschaften auch im Mittelalter hohe Wertschätzung. Vom Hermelin sagt man, daß es in der Natur des Tieres liege, eher zu sterben, als seinen Pelz zu verunreinigen.
In vielen Städten gehörten die Kürschner zu den bedeutendsten Gewerben. Aus Frankfurt ist bekannt, daß sie im 14. Jahrhundert durchschnittlich 30 Meister zählten. Auch Frauen arbeiteten in diesem Handwerk und werden in den Chroniken als »kursenere« erwähnt. Die Kölner Kürschnerzunft besteht seit 1303.
Oft arbeiteten die Kürschner nicht nur in der eigenen Werkstatt, sondern auch im Hause des Auftraggebers. Dann mußte ihnen laut Ratsbeschluß Kost und Garn geliefert werden. Für gewöhnlich beschränkten sich die Kürschner auf die Verarbeitung von Schaf- und Lammfellen, wenn sie auch als Verfertiger von Pelzkleidung und Pelzwerk aller Art galten. Neben ihnen bestanden die Buntmacher oder Buntfutterer, von denen die Felle der Eichhörnchen und anderer Wald- und Wiesentiere verarbeitet wurden. Das Hermelin und anderes teures und vornehmes Pelzwerk kam aus der Werkstatt der Fechner. Auch die Pelzer verdienen als Nebengewerbe der Kürschner Erwähnung. Sie waren mit ihnen in einer Zunft vereinigt.

Schuhmacher in hohem Ansehen

Vom Schutz des Fußes mit einfachen Tierfellen bis zum heutigen eleganten Schuh sind viele Etappen durchschritten worden. Bei den Griechen und Römern gab es bereits modisches Schuhwerk aller Art. In den Capitulare de villis Karls des Großen nehmen die Schuhmacher neben den Bäckern, Brauern, Drechslern und Wagnern einen festen Platz ein.
Es läßt sich nicht mehr mit Sicherheit ermitteln, wann und wo sich die Schuhmacher in Deutschland zuerst zu einer Zunft vereinigt haben. Die älteste und bekannteste Urkunde, die zu-

gleich zu den ältesten Handwerksurkunden überhaupt gehört, ist die vom Erzbischof Wichmann in Magdeburg ausgestellte aus dem Jahre 1157. Sie lautet in hochdeutscher Übersetzung: »In allen unseren Handlungen, bei denen wir etwas zum Ruhme und Nutzen der magdeburgischen Kirche zu tun uns bestrebten, wollen wir die Freiheit als die Mutter unserer Handlungen wissen, so daß, wenn es sich um Ehre und Gemeinnützigkeit in unseren Überlegungen handelt, immer die Freiheit obenan stehe, weil Ehre und Nützlichkeit ohne Freiheit nur als eine feile Dienstbarkeit zu erachten ist. Es sei daher allen Gegenwärtigen wie Zukünftigen hiermit kund, daß wir sowohl die großen als die kleinen Gewerke unserer Stadt in ihren Ehren und Rechten unbeeinträchtigt wissen wollen und demgemäß das Recht und den Vorstand der Schuhmacher dahin bestimmen, daß sie keine anderen Vorgesetzten über sich zu erkennen brauchen als die, welche sie mit ihrer Gemeinschaft Zustimmung selbst als Vorstand gewählt haben.
Da ferner das unter ihnen bestehende Recht und ihre Ordnung jene, welche an der Ausübung des Schusterhandwerks keinen rechtlichen Anteil haben, auf diese Weise davon ausschließt, daß Fremde eine fertige Arbeit innerhalb der gesetzlichen Grenzen des allgemeinen Marktes nicht verkaufen dürfen, so bestimmen wir, daß Fremde ihre fertige Ware bloß dann zu Markte bringen dürfen, wenn sie die Zustimmung aller jener, welche jenes Vorrecht, das man Zunft nennt, genießen, für sich haben.
Als Anerkennungsgebühren sollen sie jährlich dem Erzbischof von Magdeburg zwei Talente zahlen, welche ihr Zunftmeister zu erlegen hat, sobald es der Erzbischof verfügt. Wir bestätigen diese unsere unverbrüchliche Verfügung unter Gottes Schutz mit der uns verliehenen Macht unter Zuziehung sicherer Zeugen und verbieten jede Verletzung derselben.«
Aus dieser Urkunde geht hervor, daß sich die Schuhmacher von Magdeburg bereits vor dem Jahre 1157 der fremden Beaufsichtigung entzogen hatten und ein aus ihrer Mitte gewählter Obermeister den Vorsitz über das Handwerk führte. Sie hatten auch bereits festgelegt, daß nur derjenige das Handwerk betreiben durfte, der auch der Zunft angehörte, und daß nur ein Zunftmitglied Ware zum Verkauf anbieten durfte.

Es ist anzunehmen, daß auch in anderen großen Städten wie Hamburg, Bremen, Augsburg, Nürnberg, Straßburg, Köln oder Frankfurt schon im 12. Jahrhundert geregelte Korporationen bestanden haben. Urkunden aus dieser Zeit sind uns jedoch nicht bekannt. Die nächste Urkunde stammt aus Bremen und ist vom Jahre 1274. In ihr heißt es: »Die Konsuln der Stadt Bremen allen guten Christen, welche gegenwärtige Schrift sehen, Heil in dem Erlöser. Weil die Sorge es erfordert, daß wir in aller Weise, was unserer Stadt geziemend ist, uns angelegen sein lassen, und was ihr Nutzen ist, bestens versehen, wollen wir, daß es sowohl den Gegenwärtigen als den Nachkommen zur Kunde sei, daß wir nach mitgeteiltem Rat eines Ausschusses und unter Beistimmung unserer ganzen Bürgerschaft unseren Bürgern, nämlich denen, welche, wie bekannt, schwarze Schuhe verfertigen, für ewige Zeiten eine beständige Brüderschaft verliehen haben.«

In dem Maße, wie die Zünfte zu Reichtum und Ansehen kamen, erwarben sie auch eigene Gerbereien. Ausführliche Zunftordnungen bestanden in Frankfurt, Speyer, Worms, Mainz und Köln, aus denen hervorgeht, wie geachtet und geschützt der Beruf war, wie sehr aber auch die Obrigkeiten darauf achteten, daß kein Schuhmacher aus der Reihe tanzte.

Die Kleiderordnungen des Mittelalters schrieben genau vor, welche Schuhe wann, wo und wie zu tragen waren. Auch die Meisterstücke hatten es in sich. Es mußten immer drei bis vier Paar Schuhe verschiedenster Art hergestellt werden.

Schuhmacher haben sich häufig durch ihre Tapferkeit ausgezeichnet, so in den Schlachten bei Mühldorf, Erfurt und Nordhausen.

Im vergangenen Jahrhundert erlebte das Handwerk einen spürbaren Rückgang. Die Anfertigung von Schuhen ließ immer mehr nach, und das in dem Maße, wie die Industrie billiges Schuhwerk auf den Markt brachte.

Heute ist es in der Hauptsache nur noch der orthopädische Schuster, der Schuhe eigens anfertigt. Vor 200 Jahren machte ein berühmter Anatom die Äußerung, daß wohlhabende Leute zwar viel für die Füße ihrer Pferde, jedoch wenig für die eigenen täten.

Nach dem Ersten Weltkrieg stieg der Bedarf an orthopädi-

schem Schuhwerk ungeheuer an. Immer enger arbeitete dieses Handwerk mit der Medizin und hier vornehmlich mit dem Facharzt für Orthopädie zusammen.
Dem Handwerk kommt es darauf an, einen funktionellen Ausgleich für Störungen in der Bewegung des Fußes zu finden. Dabei ist es zu neuen, wertvollen Schuhkonstruktionen gekommen, und viele neuartige Werkstoffe bedingten neue Techniken, womit wiederum die Möglichkeiten der Schuhversorgung in der Orthopädie erweitert werden konnten.

Flachsmänner, Weber und Wollbereiter

Es ist nicht leicht, sich durch das Labyrinth der Berufe hindurchzufinden, die sich mit der Stoffherstellung und -verarbeitung befassen. Da sind zunächst die Flachsmacher oder Flachsmänner, die den rohen Hanf oder Flachs bearbeiten. Hier tauchen als Nebengewerbe die Kauderer auf, die den Flachs spinnfertig machten.
In der Linnenanfertigung treffen wir das Handwerk der Bleicher. Nahezu alle mittelalterlichen Städte besaßen Stadtbleichen, eine Bezeichnung, die noch heute in Straßen und Plätzen wiederkehrt.
Bettdecken und Kissenbezüge wurden von den Bettziechenwebern angefertigt, die in Süddeutschland Decklakener hießen. Es lag nahe, daß dieses Handwerk Frauen beschäftigte. Bei den Barchentwebern wurde ein aus Leinen und Baumwolle dichtgewebter Stoff hergestellt, der durch die Kreuzzüge in Deutschland eingeführt worden war. Man nannte diese Weber auch Barchener.
Der eigentliche Wollbereiter war der Wollner oder Wüllner, aus dem sich der Tuchmacher oder Tucher entwickelte. In Süddeutschland und Österreich trugen sie die Bezeichnung Lakenmacher. Das rauhe und grobe Wollgewebe wurde von den Grautüchern hergestellt, die bereits 1217 in Straßburg erwähnt werden.
Die sogenannte Lode, unter der man grobes Schafwollzeug verstand, wurde von den Lodnern oder Lodenwebern verarbeitet. Ein leichtes Wollgewebe aus Rasch wurde nach einer aus Flandern eingeführten Methode von den Raschmachern oder Raschern gewebt.
An der Herstellung eines verkaufsfertigen Tuches waren wie-

derum viele ausgebildete Handwerker beteiligt. Die Wollschläger hatten die Wolle, wie der Name sagt, durch Schlagen zu reinigen und zu lockern, die Nopper oder Schorrer es auf etwaige Fehler, besonders auf Knoten oder Noppen zu prüfen, das taten häufig Frauen. Man nannte sie Noppersen.
Von den Wollkämmern und Wollstrählern wurde die Wolle mit eisernen Kämmen bearbeitet. Für diese Kammherstellung gab es das Handwerk der Kammschärper und Kammschmiede. Bei den Schlichtern oder Tuchbereitern wurde das Tuch gestrichen und geglättet. Dann übernahmen es die Walker, die es mit Seifenwasser und schweren Rollen bearbeiteten, eine Arbeit, die später von den Walkmühlen ausgeführt wurde. Schließlich kam das Tuch zu den Färbern, die sich nach Schön- und Schwarzfärbern, je nachdem, ob sie dunkel oder in hellen Farben färbten, unterschieden. Hier nahmen die Waidner eine besondere Rolle ein. Sie färbten mit einheimischem Waid, eine Pflanze, die später durch Indigo verdrängt wurde.

Gewandschneider zwischen Kaufmann und Handwerker

Zu den ältesten Zunfturkunden gehört der Gildebrief aus dem Jahre 1152, den Heinrich der Löwe den Gewandschneidern zu Hamburg verlieh.
Wir wissen nicht genau, ob man im 12. und 13. Jahrhundert unter dem Begriff der Gewandschneider kleidermachende Schneider verstand oder ob es Kaufleute waren, die mit Tuchen und Schnittwaren handelten und nur nebenher Kleider anfertigten, die in den Gewandhäusern feilgeboten wurden.
Der Gewandschnitt, also das Recht, Tuch nach der Elle zu schneiden, war ein sehr frühes Privileg der Bruderschaften der Gewandschneider. In einer Urkunde des Herzogs von Braunschweig aus dem Jahre 1277 heißt es: »Wir verordnen Rechtens, daß kein Fremder, er möge her seyn, wo er immer wolle, sich herausnehme oder es wage, auf einem Jahrmarkt oder einem öffentlichen Platz, überhaupt zu irgend einer Zeit in schon erwähnter Stadt, seine Tücher zu verkaufen oder herabzuschneiden.«
Der Verkauf des Tuchs und der Gewänder erfolgte nach einer Ordnung aus dem Jahre 1370 auf den »Sneittischen«. Von dieser Zeit an taucht der Name »Schneider« auf. Ein anderes neues Wort aus dieser Zeit ist »Menteler«. In einer Chronik

finden wir folgende Stelle: »Es haben auch die Bürger festgesetzt, daß kein Mentler ein fehlerhaftes Gewand mache, vielmehr soll er es so fertigen, wie es ein Freund dem anderen rechtlich schuldig wäre. Und wer es je anders macht, der gibt von jedem feinen Stück zwei Schilling und von dem groben einen Schilling Buße.«

Interessant ist, daß in Nürnberger Urkunden das lateinische Wort für Schneider »sartor« oft angeführt wird. Eine weitere Unterteilung waren die »Leinhösler«. Sie werden ausdrücklich in einer Fronleichnamsprozessionsordnung aus dem Jahre 1597 genannt. Es waren Schneider, die nur leinene Hosen für die Bauern anfertigen durften.

Im 13. Jahrhundert tauchen die ersten Schneiderzünfte auf. Wir finden sie in Ulm, in Heilbronn, in Helmstedt und in Köln. Ihnen wird von Amts wegen vorgeschrieben, wie sie arbeiten sollen und welches Material sie zu verwenden haben.

Die Obrigkeiten erließen Kleiderordnungen. Selbst der Kaiser wird gebeten, darüber zu entscheiden, wer Samt tragen darf und wer nicht. Auf dem Reichstag zu Lindau beschäftigen sich die Stände eingehend mit der Kleiderordnung und mit den Preisen, die Schneider nehmen dürfen. Diese haben gelernt, in Seide und Damast, in Samt und Atlas zu arbeiten und ihre Kleidungsstücke mit Pelzen, Federn, Gold und Silber auszustatten.

Es war nicht leicht, im Mittelalter Meister dieses Berufes zu werden; denn als Meisterstück verlangte man beispielsweise in Mainz einen langen Prachtrock, einen Glockenmantel, einen Frauenmantel und ein Frauenkleid. In anderen Städten ist man noch strenger. Dort ist ein Priesterhabit zu arbeiten, ein Tages-Herrenrock und eine Hochzeitshaube.

Aus der Scharlachbeere das Rot für die Färber

Künstliche Farben hat man schon 3000 Jahre v. Chr. gekannt. Aus China, Ägypten und Südamerika sind uns Zeugen alter Färbekunst überliefert. Die Römer färbten ihre Tuche mit dem Saft der Purpurschnecke. Gut gefärbte Tuche waren im Mittelalter fürstliche Geschenke.

Im 14. und 15. Jahrhundert erreichten die Färberzünfte ihre Blütezeit. Es vollzog sich damals bereits eine Spezialisierung. Die einen befaßten sich mit dem Färben von Stückware, die

anderen färbten nur Garn, wieder andere nur Seide, und eine weitere Gruppe bleichte Leinen und Baumwolle.
Besonders bekannt wurden die Blaufärber, die das Leinen mit Waid und Indigo färbten. Aus der Scharlachbeere gewann man Rot, aus Waid und Indigo Blau. Zum Beizen verwendeten die Färber Pottasche, Kalk, Allaun, Kupfervitriol und Essig. Erst später gesellten sich zu den klassischen Beizmitteln Metalloxyde, Metallsalze und -säuren. Und nun lernte man noch erkennen, wie Wolle und Baumwolle, Seide und Leinen ganz verschiedenartig auf die einzelnen Farbstoffe reagierten.
Bis um die Jahrhundertwende gehörte auch das Bedrucken der Stoffe mit farbigen Mustern zur Tätigkeit der Kleiderfärber. Der sich immer stärker entwickelnde Maschinendruck verdrängte nach und nach den Handdruck, der heute nur noch im Kunstgewerbe angewandt wird, also bei Tischdecken, Wandbespannungen, bei Vorhang- und Trachtenstoffen.

Seidensticker gehörten zu den Künstlern

Eine von der Schneiderzunft gesonderte Gruppe war die der Seidennater, Sydennäder oder Sticker. In München bildeten sie eine eigene selbständige Zunft, die nach der Prozessionsordnung aus dem Jahre 1580 zusammen mit den Bildhauern eine Heiligenfigur zu tragen hatten. Daraus ist zu entnehmen, daß die Seidensticker zu den Künstlerberufen gerechnet wurden.
In einer Chronik aus dem Jahre 1476 heißt es, daß auf der Hochzeit des Königs Matthias von Ungarn »ain maler und ain Seydennater ritterlich miteinander gestochen«.
Zur Hochzeit Georgs des Reichen in Landshut wurden 20 »Sydennater« sechs Wochen in Arbeit genommen. Ihr Lohn betrug 398 Gulden und ihre Kost 120 Gulden. Was dieser Betrag bedeutete, nämlich, daß ein Handwerker wöchentlich 3 1/4 Gulden verdiente und dabei die Kost frei hatte, versteht man, wenn man weiß, daß die Kost bei Hofe pro Person und Woche mit einem Gulden veranschlagt wurde.
Aus einer Ordnung des großen und kleinen Rates einer süddeutschen Stadt aus dem Jahre 1611 läßt sich auch ersehen, welcher Art die Beschäftigung der damaligen Seidennäher war. Es heißt darin: »Was anlangt das Seydennähen auf allerlei leinenem Zeuge, das soll (weil es eine althergebrachte Tracht

ist) gleichwohl nicht abgestrick (verboten) sein, allein daß solches mit Maß und Bescheidenheit gebraucht werde, und nach Beschaffenheit eines jeden Standes und Vermögen. Insonderheit sollen aber die in höherem Stand kein Fatzanätlin (Schnupftuch von dem italienischen ›fazzoletto‹) machen lassen, das mehr als ein Reichsthaler und kein Schertuch, das über ein Ducaten werth sei, bei Buße von fünf Pfund Pfennig. Und die mit mittleren Stand sollen kein Fatzanätlin haben, das über zehn Batzen und kein Schertuch, das über einen Gulden (verstand alles an Seydenarbeit, mit sammet der Seyden und ohne die Leinwat, so daran ist) werth sei, bei Buße von drei Pfund Pfennige. Die im wenigern Stande und die Dienstmägde sollen sich der Seydenarbeit zu tragen gar enthalten, bei Buße von ein Pfund Pfennig.«

Diese Ratsordnung besagt, daß die Seidennäher in der Mitte zwischen Stickern, Posamentierern und Schneidern standen.

Man findet es nicht selten, daß Handwerker und Künstler an Höfen oder in den Stadtgemeinden mit einer bestimmten Besoldung angestellt waren. Darin liegt noch ein Überbleibsel der alten Hörigkeitsverhältnisse der Handwerker. So ist denn auch zu verstehen, daß an vielen Höfen Seidensticker angestellt waren, die, wie es in einer Urkunde aus dem Jahre 1591 heißt, »große seidein fransen« zu fertigen hatten.

Auch Königinnen klöppelten gern

Die Kunst der Spitzenherstellung kommt aus dem Orient, von wo sie nach Italien und später nach Deutschland und in andere nordische Länder gebracht wurde. Im 15. Jahrhundert gehörten Klöppelkanten zu den Kostbarkeiten im Wäscheschrank. Auch Königinnen waren stolz darauf.

Mit der Verbesserung der Klöppeltechnik nahm die Spitzenklöppelei einen immer größeren Umfang an. Auf die Flechtspitze folgte die Formenschlagspitze, der wiederum die Leinenschlagspitze und später die Leinenrißspitze folgten.

Es gab Zeiten, in denen Hunderttausende von Menschen durch die Herstellung der verschiedenen Arten von Spitzen ihr Brot verdienten. Im Erzgebirge fertigte man die Klöppelspitze auf einem walzenförmig gepolsterten Klöppelsack. Man legte den »Klöppelbrief« darauf, einen Streifen Papier, auf dem das Spitzenmuster vorgezeichnet war.

Unter Klöppeln versteht man etwa 10 cm lange Holzstäbchen, auf denen der zu verarbeitende Zwirn aufgewickelt wird.
In Wuppertal steht die Wiege der maschinengeklöppelten Spitze, die erstmalig 1877 auftauchte und nach dem Prinzip der Handklöppelei arbeitete. Inzwischen ist die Nachbildung echter Klöppelspitzen so vervollkommnet worden, daß man sie von der handgefertigten eigentlich nur durch die absolute Regelmäßigkeit unterscheiden kann.

Die Bader setzten auch Blutegel

Die Kunst der Haarpflege ist uralt. Aus Ägypten sind hochgetürmte Frisuren überliefert, aus China geflochtene Haare und lotusblumenverzierte Stirnbänder, aus Griechenland zierliche Flechten und Lockengewinde, kurzum, die Haarschmückerin war überall bekannt. Sie bleichte oder dunkelte das Haar, sie kannte sich in Salben, Ölen und Schminken aus.
Auch die Germaninnen legten bereits großen Wert auf die Pflege des Haares. In der Zeit der Kreuzzüge kamen neue Sitten, die die Körperpflege, die Haartracht und die Kopfbedekkung betrafen, aus dem Orient nach Europa.
Im Mittelalter hatten die Bader ihre große Zeit. In ihren Badestuben ließ man sich nicht nur waschen, sondern auch mit Salben und Tinkturen verschönern. Nebenher wurden Blutegel gesetzt, zur Ader gelassen und Knochenbrüche behandelt.
Nach Zunfturkunden aus dem 14. Jahrhundert waren Scherer und Bader mit den Schmieden, Schwertfegern, Kannengießern, Glocknern, Spenglern und Garnwirkern bisweilen in einer Zunft vereinigt, also mit Gewerben, die mit metallenen Werkzeugen zu tun hatten.
Vom 15. Jahrhundert an bildeten die Scherer und Bader eigene Zünfte. Durch die Entrichtung einer gewissen Gebühr legten die Bader Wert darauf, die Verbindung zu den Schmieden aufrechtzuerhalten. Vielerorts waren die Baderzünfte allerdings nicht ratsfähig und konnten auch keinen Zunftzwang ausüben.
Aus der Zunft der Scherer und Barbiere entwickelte sich der Stand der niederen Chirurgen und Wundärzte. Der besser gebildete Scherer war immer auch zugleich Wundarzt, was mit sich brachte, daß die Statuten der Zünfte stets Bestimmungen zum Schutze des »Publikums« enthielten. Stießen die Bader

und Barbiere bei ihrer Tätigkeit auf ansteckende Krankheiten, so waren sie verpflichtet, Meldung bei den Behörden zu erstatten.

Den Badern war es streng untersagt, Kunden außerhalb ihrer Badestuben zu bedienen. Bis zur Aufhebung der Zünfte war die Haarpflege die sicherste Grundlage der Scherer. Als im 17. Jahrhundert die Perücken als Kleidungsstück aufkamen, gehörte ihre Anfertigung keineswegs zur Tätigkeit der Scherer. Es war vielmehr ein eigenes Gewerbe, das sich damit befaßte. Im Anfang wurde das Perückenmachen oft von zugewanderten Franzosen als freie Kunst betrieben. Nicht selten ließen sie sich von Scherermeistern als Gesellen dingen.

Zu Beginn des 18. Jahrhunderts tauchen hier und da Perükkenmacherzünfte auf, die aber in ständigem Streit mit den Scherern liegen; dabei ging aus diesen Perückenmachern unser heute so blühendes Damenfriseurhandwerk hervor. Freilich, zu jener Zeit war es noch streng verboten, Frauen zu frisieren, und die Strafen bei Vergehen gegen dieses Verbot waren empfindlich.

Die erste künstlerische Damenfrisur in der Neuzeit soll der französische Friseur Champagne ausgeführt haben. Von daher wurden die Friseure die Vertrauten der Kaiser und Könige, bis die französische Revolution der kunstvollen Frisur ein vorläufiges Ende bereitete und Zottelhaare und Straßenräuberfrisuren modisch wurden.

Die Bäcker hatten viele Spezialitäten

Wann und wo die ersten Bäckerzünfte gegründet wurden, läßt sich nicht genau ermitteln. Im 12. Jahrhundert ist in einer Urkunde von Kaiser Heinrich V. bereits ausführlich die Rede von ihnen, und im Augsburger Stadtrecht von 1276 werden ihre Rechte und Pflichten eingehend umschrieben.

Nach den alten Statuten hatte der Lehrbub im Bäckerhandwerk eine Probezeit von vier Wochen zu bestehen. Wurde er für tüchtig befunden, stellte der Lehrmeister ihn den Zunftmeistern vor. Jetzt erfolgte das Aufdingen. Die Lehrzeit selbst betrug drei Jahre. Hatte ein Junge bei einem Meister ausgelernt, mußte der Meister zwei Jahre warten, ehe er einen neuen Lehrbuben aufdingen durfte. Meistersöhne brauchten in der Regel nicht so lange zu lernen wie Jungen, deren Eltern nicht

dem Bäckerberuf angehörten. Wenn dieser erste Abschnitt im Berufsleben abgeschlossen war, wurde er Geselle oder Bäkkerknecht.
Von einem Gesellen erwartete man, daß er eine mehrjährige Wanderschaft nachweisen konnte, wenn er sich um den Meistertitel bewerben wollte. Er hatte ein Meisterstück abzulegen und ein eigenes Backhaus zu erwerben. Hier sprach die Innung ein gewichtiges Wort mit. Sie sorgte dafür, daß der Berufsstand nicht überbesetzt wurde. Mit dem Meisterwerden war ein großes Essen verbunden. War er als Meister anerkannt und aufgenommen, mußte er dem Rat der Gemeinde Gehorsam schwören und einen Eid leisten, nie gegen die Brotordnung verstoßen zu wollen. In manchen Städten mußte dieser Schwur alljährlich erneuert werden.
Die Bäcker unterschieden sich in Weiß- und Schwarz-, in Süß- und Sauerbäcker. Die Schwarz- und Sauerbäcker backten alle Roggen- und halbweißen Brotsorten, während die Weiß- oder Süßbäcker alle Hefeteig- und Milchbrotwaren einschließlich der Kuchen zu liefern hatten. Mancherorts kam es noch zu Unterabteilungen. In Nürnberg waren im 15. Jahrhundert und wahrscheinlich noch früher die Lebküchler sehr bekannt. In den Seestädten kannte man die Fastbäcker, die aus dem festen Teig Schiffsbrote und Zwieback backten. Auch der Name »Losbäcker« taucht oft auf und hängt sicherlich mit dem Wort »Löslein« zusammen, unter dem man in Süddeutschland Semmeln verstand.
Es gab aber auch die »Aufschläger«, die sich vorzugsweise aufs Brezelbacken verlegten, oder »Beckenscheider«, die sich mit dem »Ausscheiden« der verschiedenen Mehlgattungen zu befassen hatten.
Am städtischen Regiment nahm das Bäckerhandwerk von jeher regen Anteil. In den meisten Städten saßen angesehene Vertreter der Bäckerzunft im Rate.

Konditoren waren zuerst Zuckerbäcker

Ahnherr dieses Handwerks ist der Zuckerbäcker, der sich vom Bäckerberuf abgespalten hat und seit dem 14. Jahrhundert in fast allen Städten nachzuweisen ist. In einem im Jahre 1755 in Leipzig erschienenen »Gewerk- und Handlungslexikon« ist erstmalig die Bezeichnung »Condierer« aufgetaucht, worunter

man einen Handwerker versteht, »der aus Zucker allerhand angenehmes und zierliches Gebackenes zuzurichten weiß«. In einem 20 Jahre später erschienenen Buch ist zu lesen, daß der »Conditor nicht bloß Confekt herstellt, sondern er verzieret auch die Tafel der Vornehmen. Er gehört in aller Absicht zu den Künstlern«.
Inzwischen hat sich dieser Beruf ständig erweitert, und seine Aufgaben wachsen heute noch mit jedem Tag. Er verlegt sich nicht nur auf Torten und feines Gebäck, auf Zwieback und Lebkuchen, Kekse und Waffeln, sondern auch auf Marzipan, Pralinen- und Karamellherstellung.

Die Schlachthäuser der Metzger standen am Wasser

Die Metzger wohnten wie die Handwerker anderer Zünfte häufig in einer Straße zusammen. Bereits im 13. Jahrhundert wurde das Schlachten in den Wohnungen untersagt. Es heißt: »Es soll auch kein Fleischmanger kein Rind, noch Schaf, noch Kalb stechen anders als in dem Schlachthause. Wer das bricht, der ist dem Burggrafen der Geldbuß schuldig, wie er nach Recht soll. Aber Schweine, die mag er daheim wohl brühen in seinem Hause und stechen.«
Während die Schlachthäuser am Wasser standen, also in einem entlegenen Stadtteil, waren die Fleischbänke am Markt in der Stadtmitte untergebracht. Das Schlachten selbt unterlag besonderen Vorschriften.
Im 13. und 14. Jahrhundert verbot man, daß mehrere Metzger gleichzeitig ihr Vieh schlachteten. »Es soll unter den Fleischhackern nicht mehr Gesellschaft sein zu einem Rinde als ihrer zwei, und sollen diese das Fleisch auf einer Bank verkaufen. Welche zweie dies brächen und es bewährt würde nach Recht, die zwei sind dem Burggrafen Buße schuldig.« Kurioserweise wird berichtet, daß in einer Stadt das »Gesellschaftsschlachten« deshalb verboten wurde, weil »mehrere vornehmen Personen an dem dadurch erzeugten Gestanke gestorben seien«.
In den Städten wurden bestimmte Schlachttage verfügt. So hieß es in Ulm, daß Metzger, die am Samstag schlachteten und das Fleisch zum Verkauf aushingen, bis zum Donnerstag kein Vieh mehr schlachten durften. Zu den großen Festtagen, wie Weihnachten, Ostern und Pfingsten, durften sich die Fleischer mit außergewöhnlichen Fleischvorräten versorgen und diese

auch bereits am Freitag vor dem Fest in die Fleischbänke schaffen, damit die Bevölkerung sich rechtzeitig und gründlich eindecken konnte. Bereits im 14. Jahrhundert mußte man für das Schlachten Abgaben entrichten.
Die noch heute gebräuchlichen Bezeichnungen »Metzger«, »Fleischer« und »Schlächter« tauchen bereits im Mittelalter auf. Das Wort »Fleischer« ist deutschen Ursprungs, während »Metzger« auf den lateinischen Ausdruck »marcellarius« zurückzuführen ist. Mit »marcellarius« hängen auch die Wörter »Metzel«, »metzeln« und »Metzelsuppen« zusammen.
Im Mittelalter wird »Fleischer« viel in der Zusammensetzung von »Fleischhacker« benutzt. So werden z.B. im Stadtrecht von Augsburg aus dem Jahre 1276 ausdrücklich die »Fleischhäckel« genannt. In Sachsen kommt im 13. Jahrhundert die Sprachform »Vleischower« vor. Auch die Bezeichnung »Fleismanger« ist hier und da im mittelalterlichen Sprachgebrauch anzutreffen. »Manger« bedeutet soviel wie Händler, Verkäufer, man sprach also von einem »Eisenmanger«, »Tuchmanger« oder »Fischmanger«. Im Englischen ist dieses urgermanische Wort heute noch gebräuchlich. Wir kennen dort »fishmonger«, »ironmonger« u.a.
Sonderbar ist eine in Nürnberger Urkunden vorkommende lateinische Bezeichnung »Carnifex«. Das Wort bedeutet im klassischen Latein Henker und Scharfrichter. Im handwerksstolzen Nürnberg wäre es aber unmöglich gewesen, wenn ein Metzger diesen unehrenhaften Beruf ausgeübt hätte.

Das Bierbrauen

Schon im alten Ägypten war es üblich, aus Getreide Getränke zu bereiten, die ebenso beliebt waren wie der Wein. Der Sage nach ist der oberste Gott und Wohltäter Ägyptens, Osiris, auch der Erfinder des Bieres. Er soll es aus Gerste und Wasser hergestellt haben.
Bei den Griechen, in deren Land der Weinstock wild und reichlich wuchs, war das Bier nicht so früh bekannt, wenigstens wird es von den alten Schriftstellern nicht erwähnt. Zwar heißt es, daß die Götter die Völker auch gelehrt haben, ein künstliches Getränk zu verfertigen, aber es läßt sich nicht daraus schließen, ob Bier damit gemeint war.
Die Römer hingegen verstanden das Bierbrauen recht gut.

Ovid erzählt von der Göttin des Ackerbaus, Ceres, daß sie eines Tages auf der Suche nach ihrer geraubten Tochter erschöpft zu einer alten Frau gekommen sei und diese um einen Trunk Wasser gebeten hätte. Sie habe aber ein erquickendes Getränk aus geröstetem Korn und Wasser erhalten.
Plinius erzählt von einem Bier, das aus Getreide, Honig und Wasser gebraut wurde. In der lateinischen Sprache heißt Bier »cerevisia«, ein Wort, das man von Ceres (der Göttin des Akkerbaus) und von vis (die Kraft) ableiten will.
Bei Tacitus finden sich Ausführungen über ein aus Gerste und Honig bereitetes Getränk, das jedoch weniger bei den Römern als bei den Germanen üblich war. Wir kennen es unter der Bezeichnung »Met«.
Die ersten historisch begründeten Nachrichten über Bier in Deutschland finden wir im alemannischen Gesetz, wo von einer Bierabgabe an die Klöster die Rede ist. Zu jener Zeit hatte jedermann das Recht, Bier zu brauen, genauso wie er Speisen zubereiten durfte. Im 8. Jahrhundert wurde das Bier bereits mit Abgaben belegt. Wir finden häufig Angaben darüber, daß eine bestimmte Anzahl »Situales Bier« abzugeben sei. Aus diesem mittelhochdeutschen Wort »Situala« ist unser hochdeutsches Wort Seidel entstanden. Das Malz, das zur Herstellung des Bieres mit benutzt wurde, nannte man »Brase«. Im französischen Wort »Brasserie« (Brauerei) ist es enthalten.
In den Verordnungen Karls des Großen wird befohlen, daß Bier reinlich herzustellen sei und daß eine bestimmte Menge an die kaiserlichen Pfalzen geliefert werden mußte.
Diese frühen Biere hatten wenig mit dem heutigen Bier gemeinsam. Ein eigentliches Bierbrauerhandwerk taucht erst im 12. Jahrhundert auf, als die Städte ihren Aufstieg erlebten. In dieser Zeit wurden von Kaisern und Fürsten Privilegien für das Bierbrauen erteilt. Gleichzeitig empfingen die Bierbrauer ihre Zunftsatzungen.
Da manche Städte wegen ihres Wassers oder wegen der schlechten Keller kein gutes Bier zuwege brachten, die Bürger und Ratsherren aber lieber kräftiges und schmackhaftes Bier tranken als ein dünnes und schales, so entstand das Recht, fremdes Bier einzuführen, ein Recht, das anderen Handwerksprodukten lange verwehrt blieb.

Um das Monopol überwachen zu können, legten die Räte selbst eine Schenkstube an. So entstanden in den meisten Städten die Ratskeller. Der Preis des Bieres unterlag schon früh bestimmten Taxen, wie es auch beim Brot und Fleisch der Fall war.
Über die Bereitung und Behandlungsweise des Bieres liegen uns genaue Angaben vor. In einer Urkunde aus dem Jahre 1180 werden Hafer, Gerste, Weizen und Malz als die Ausgangsprodukte bezeichnet. Im Jahre 1290 wird in Nürnberg allerdings streng verboten, Bier aus Hafer, Korn oder Weizen zu brauen. Nur Gerste sollte genommen werden.
Daß das Malz um jene Zeit schon geschrotet wurde, geht aus dem lateinischen Ausdruck »bracium pressum« (zerdrücktes Malz) hervor, den man häufig antrifft. Für dieses Malzschroten wurden die Mühlen vorgerichtet, soweit man nicht eigene Malz- und Schrotmühlen besaß.
In den Städten braute man früh Bier auf Vorrat, so daß um 1350 schon Lagerbier bekannt war.

Das Handwerk muß
die Herausforderungen
der Zeit annehmen
und sie als Chance
für die weitere
Entwicklung betrachten
Walter Derwald

Der Niedergang des Handwerks

Die Zeichen des Verfalls

Schon in der Zeit, in der das Handwerkertum seinen Höhepunkt erreichte, als Wohlhabenheit und Bürgerstolz weit verbreitet waren, zeigten sich die ersten Anzeichen des Niedergangs.

Gegen Ende des 15. Jahrhunderts wurden die Zunftbestimmungen immer kleinlicher und engherziger, die Vergehen gegen diese Bestimmungen immer strenger geahndet. Die einschneidenden Produktions- und Verkaufsbeschränkungen sollten zwar dem Handwerker helfen, in Wirklichkeit erwiesen sie sich als Hemmschuh. Sie erwuchsen letztlich aus der Konkurrenzangst der eingesessenen Meister.

In Köln, Nürnberg und Augsburg, den Zentren des Gewerbefleißes, stellte sich zunächst noch kein bemerkbarer Rückgang ein.

Die Auffindung des neuen Seewegs nach Ostindien, die Entdeckung Amerikas und der Strukturwandel im Welthandel taten dem Handwerk kaum Abbruch, anders die nun folgende von Krieg und Not erfüllte Zeit. Der Dreißigjährige Krieg machte dem Handel und Gewerbe mit einem Schlage ein Ende. Überall säte der Krieg Tod und Verderben und führte in manchen Städten das Handwerk einer völligen Auflösung entgegen. Das handwerkliche Können verkümmerte. Der Geschmack verwilderte, die Kunst verödete.

Die Zünfte erstarrten zu inhaltsleeren Formen. Während sie früher einmal ein Stück der Staatsgewalt dargestellt hatten, traten sie nun immer mehr in Widerspruch zum aufkeimenden modernen Staatsgedanken. Die Auseinandersetzung zwischen dem aufsteigenden, nach politischer Macht strebenden absoluten Staat und den ihre politische Freiheit und wirtschaftliche Unabhängigkeit verteidigenden Städten begann. Nach innen befanden sich die Städte bereits in einem zähen Ringen mit Handwerk und Handel, die um den Bestand ihrer wirtschaftlichen Macht bangten. Planmäßig betrieben die meisten Städte eine Wirtschaftspolitik, deren Mittel Marktgesetze, Bannmeilen und Stapelrechte, Verkaufs- und Produktionsverbote, Handelsverträge und Privilegien waren.

Die Städte griffen nicht nur ständig in die wirtschaftliche Tätigkeit der Handwerker ein, sondern ebenso in das Finanz- und Bildungswesen, in religiöse Angelegenheiten, kurzum, in viele

bis dahin private Lebensbereiche. Was dem Handwerk außerdem nicht behagte, war die Freizügigkeit vieler Städte, mit denen sie eingewanderten Handwerkern Bauplätze zur Verfügung stellten, großzügig das Bürgerrecht verliehen und ihnen Vergünstigungen bei den Steuern versprachen.
Wenn man etwas über die wirtschaftliche Lage des Handwerks im 17. Jahrhundert aussagen will, dann kann man es anhand der damals üblichen Löhne. Ein Geselle mußte zweieinhalb Wochenlöhne aufwenden, um sich eine Elle Tuch für einen Anzug kaufen zu können. Ein ausgelernter Barbier mußte ein halbes Jahr arbeiten, um sein Lehrgeld bezahlen zu können. Die meisten Handwerksgesellen arbeiteten bei einer Bezahlung von 3 bis 4 Gulden in der Woche 14 bis 15 Stunden am Tag. Davon ging 1/2 Gulden für die Miete des Arbeitsplatzes beim Meister ab, ein weiterer halber Gulden als Miete für die Kammer im Hause des Meisters, und der Rest schließlich blieb ihm für andere Ausgaben.
Der Reichstagsabschied von 1654 übertrug den einzelnen Landesregierungen die Neuregelung des Handwerkswesens durch die Einführung besonderer Gewerbeordnungen. Es zeigte sich jedoch, daß die landesherrliche Gewalt nicht immer ausreichte, die Mißbräuche zu beheben.
Das Reichsgutachten von 1672 bildete die Grundlinie, auf der sich die Gewerbegesetzgebung des 18. Jahrhunderts bewegte. Beseitigung der Autonomie, des Streiks und Kontraktbruches, Neuregelung der Freizügigkeit der Gesellen, Verbot der Schmähungen aus Auftreibungen und der eigenmächtigen Strafen. Das Gutachten wurde jedoch erst 1726 zum Gesetz erhoben.

Die Rechte der Zünfte beschnitten

Durch das Reichsgesetz vom 4. September 1731 wollte man eine Reform des gesamten Handwerkswesens herbeiführen. Was sich hier seit Jahrhunderten nach der guten und natürlich auch nach der weniger erfreulichen Seite entwickelt hatte, sollte mit einem Schlage von Grund auf beseitigt werden.
Das Gesetz zielte darauf ab, das Wesen der Zunft zu zerstören, indem versucht wurde, jede selbständige Regelung innerhalb der handwerklichen Organisationen zu unterdrücken. Man nahm den Zünften das Recht, irgendwelche Anordnungen zu

treffen. Ohne obrigkeitliche Genehmigung sollten sie keine Zusammenkünfte mehr abhalten, ja nicht einmal mehr interne Gebühren festsetzen können. Der schriftliche Verkehr von Zunft zu Zunft und die Führung eigener Handwerkssiegel wurde aufgehoben. Kurzerhand verboten wurden der blaue Montag, der Handwerksgruß, das Degentragen sowie viele alte Gebräuche, an denen das Handwerk hing.

Der Staat selbst wollte durch dieses Gesetz die Regelung des Innungswesens übernehmen und auch für die Zunftordnungen, Bestimmungen und Strafen zuständig sein. Dieses staatliche Vorgehen rief bei den Handwerkern äußerste Entrüstung und Erbitterung hervor. Größten Widerwillen entfachte der Schlußsatz des Ediktes, in welchem mit der völligen Aufhebung der Zünfte gedroht wurde. Es hieß da: »Sollten nichtsdestoweniger Meister und Gesellen in ihrem bisherigen Mutwillen, Bosheit und Halsstarrigkeit verharren und sich also zügellos aufzuführen fortfahren, so dürfte die kaiserliche Majestät und das Reich leicht Gelegenheit nehmen, damit das Publikum durch dergleichen freventliche Privathändel in Zukunft nicht belästigt werden möge, alle Zünfte insgesamt aufzuheben und abzuschaffen.«

Die Landesregierungen, denen die Ausführung des Gesetzes übertragen war, zeigten darin durchaus keine Eile. Sie fürchteten mit Recht, daß es zu Aufständen und zu einer Widersetzlichkeit des Handwerks kommen könnte. Es wundert deshalb nicht, wenn in vielen Ländern das Edikt nicht einmal publiziert wurde. Nur eine einzige Regierung, nämlich die preußische, führte die neuen Verordnungen durch, nachdem sie vorher schon einmal scharf Stellung gegen das Handwerk bezogen hatte.

Erst Jahre später wurde das Gesetz auch in anderen Ländern teilweise durchgeführt. In einigen Ländern scheiterte dieser Versuch völlig. Wenn man daranging, den althergebrachten blauen Montag abzuschaffen, konnte es passieren, daß die Gesellen geschlossen Stadt und Land verließen, um sich dort Arbeit zu suchen, wo sie ihren Brauch noch ungehindert ausüben durften.

Da also das Reichsedikt von 1731 im ganzen Reich höchst ungenügend befolgt wurde, nahm Kaiser Franz I. im Jahre 1746

Anlaß, es zu erneuern. Er befahl den Reichsstädten in einer Verfügung, Mitteilung nach Wien zu machen, inwieweit das Gesetz überall vollzogen sei. Das fruchtete ebensowenig wie die früheren Verordnungen. Die alten Verhältnisse blieben. Erst unter dem zersetzenden Einfluß der Französischen Revolution, unter dem schweren Druck langer und unheilvoller Kriege und unter den Vorzeichen einer neuen Zeit fielen die alten Einrichtungen immer mehr in sich selbst zusammen und lösten sich auf.
So sanken die Zünfte von der Höhe ihrer Macht und Herrlichkeit herab. Die Einführung der Gewerbefreiheit im 19. Jahrhundert gab ihnen den Gnadenstoß.

Die geistigen Ursachen

Renaissance und Humanismus hatten den Menschen in den Vordergrund gerückt. Werte der Gemeinschaft traten gegenüber denen des Individuums zurück. Wissen wurde zur Macht, und Erkennen, Forschen, Experimentieren gehörten zu den Forderungen der Zeit.
Auf wirtschaftlichem Gebiet kam es zu einer Neuorientierung der staatlichen Wirtschaft, die unter dem Namen »Merkantilismus« bekannt wurde. Die Wirtschafts- und Finanzkraft des Staates sollte gestärkt und gefördert werden. Dazu bedurfte es eines organisierten Beamtentums.
Hinter den Bestrebungen des Merkantilismus' standen die Landesfürsten, die bemüht waren, die agrarischen und gewerblichen Produkte im eigenen Lande herzustellen und, wenn möglich, durch einen Exportüberschuß eine – im modernen Sinne gesprochen – aktive Handelsbilanz zu erreichen.
Die Gewerbepolitik sah in erster Linie eine Förderung des Fabrikations- und Manufakturwesens vor und erst an zweiter Stelle eine solche des Handwerks. Das versetzte den Zünften, die ohnedies um die Behauptung ihres wirtschaftlichen Lebensraumes hart zu kämpfen hatten, einen weiteren Stoß. Immer mehr verloren sie ihre Bedeutung als Selbstverwaltungskörperschaften. Während die beruflichen Organisationen bis dahin Stützpfeiler innerhalb des städtischen Verwaltungssystems waren, wollten die Landesfürsten keine Organisationen mehr dulden, die in eigener Selbstverantwortung ihre Angelegenheiten regelten.

So sehr sich das Handwerk heftig und hartnäckig diesen Prinzipien widersetzte, mußte es sich der Gewalt der Fürsten beugen. Damit war seine Kraft gebrochen.

Die Gesellenbruderschaften

Im 17. und 18. Jahrhundert tauchen sie oft im Zusammenhang mit Krawallen auf, nur in katholischen Gegenden spielten sie im religiösen Leben noch eine Rolle. Dort waren die Gesellen dieser Bruderschaften zu Nachtwachen und zum Dienst an kranken Mitgesellen verpflichtet und zur gegenseitigen Unterstützung angehalten.

In einigen Bruderschaften wurde auch noch eine eigene Gerichtsbarkeit abgehalten, so hielten z.B. die Brauer in Hamburg – »an der Spitze stand der Großvogt der Bruderschaft« – während des ganzen 18. Jahrhunderts ein eigenes Gericht.

Beim Ringen um die Vorherrschaft ging es den Gesellen in erster Linie um die korporative Konstitution als Stand innerhalb des bestehenden Sozialgefüges. Daher traten sie in den Ausstand, wenn die Meister ihnen den gerechten Lohn vorenthielten, wenn sie sich bei der Fronleichnamsprozession benachteiligt fühlten oder wenn ein Meister einen Gesellen beschäftigte, der gegen die Sitten und Bräuche seiner Gesellenvereinigung verstoßen hatte.

Es kam diesen Bruderschaften also in erster Linie darauf an, ihr Recht zu wahren. Dieses Recht war ihre Ehre. Es bestand darin, daß sie alle ihre Angelegenheiten selbst bestimmen wollten.

Manufaktur und Handwerk

Im 18. Jahrhundert entwickelten sich aus den Manufakturen Fabriken im heutigen Sinne. Ihre Merkmale waren bereits die Großproduktion und die organisierte Arbeitsteilung.

Während der Handwerksmeister das, woran er mit seinen Gesellen schaffte, immer unter den Händen behielt, war in den Manufakturen die Arbeit an einem Stück auf mehrere Hände verteilt, der Arbeitsgang aufgegliedert.

Die Begriffe Manufaktur und Handwerksbetrieb liefen vielfach noch nebeneinander her, wobei das, was heute für eine Fabrik besonders charakteristisch ist, die Maschinen, noch nicht ins Gewicht fiel.

Nach der Definition von Georg Jahn hat die heutige Fabrik ei-

nen dreifachen Ursprung: Die Werkstatt des mittelalterlichen Handwerks, die arbeitsteilige Organisation des Verlagsgewerbes und die mechanische Werkstätte, die mit Maschinen einfacher Art arbeitete.
Zwei wirtschaftshistorische Momente verdienen es, noch näher beleuchtet zu werden: Der auf das Gedankengut der Französischen Revolution und der englischen Philosophen Hobbes und Locke aufbauende wirtschaftliche Liberalismus und die Revolutionierung durch die Maschine. Niemand konnte damals ahnen, daß die Technik, die viele Handwerkszweige zum Erliegen brachte, später auch ebenso viele neue entstehen lassen würde.
1810 wurde in Preußen die Gewerbefreiheit eingeführt. Es wäre gefehlt, den sich damals dagegen zur Wehr setzenden Handwerkern ausnahmslos politische Motive zuzuschreiben. Vielfach war es nur der nackte Existenzkampf, der sie sich auf ihre alte Zusammengehörigkeit in der Zunftkorporation besinnen ließ.
Was in den aufblühenden Fabriken vor sich ging, war wesentlich mehr als der Erwerb des »täglich brot«. Man hatte im Handwerk sehr wohl den Blick für die sich daraus ergebenden Gefahren. Die Sorge um den handwerklichen Nachwuchs und um das Prinzip von Qualität und Leistung trieb die Handwerker oft zur politischen Aktivität.
Es darf aber auch nicht übersehen werden, daß in diesen Jahren auch viele Handwerker den Schritt in die Industrie wagten.

Die Gewerbefreiheit

Das in Preußen verkündete Gewerbesteueredikt vom 28. 10. 1810 verfügte, daß die Ausübung eines Gewerbes nur noch von der Lösung eines Gewerbescheines abhängig war. Ab 1820 brauchten sogar nur noch die Hausierer einen Gewerbeschein.
In den anderen deutschen Staaten vollzog sich die Entwicklung unterschiedlich. Zum Teil wurden die alten Zunftordnungen nur gelockert, blieben aber in ihren wesentlichen Grundsätzen bestehen. Dort, wo die Franzosen ihr Recht einführten, kam es stets zur vollständigen Gewerbefreiheit. In Baden-Württemberg behielten die Zünfte noch eine beschränkte Übersicht über eine Anzahl Gewerbe, während in Bayern ein rein lan-

desherrliches gewerbliches Konzessionssystem geschaffen wurde.

Mit der Einführung der Gewerbefreiheit verloren die Zünfte auch ihre letzte Grundlage. Einige fristeten noch eine Weile ein kümmerliches Dasein, ohne jeden Einfluß. Dort, wo sie ganz aufgelöst waren, erloschen auch alle Privilegien, Konzessionen und Berufsordnungen. Die Lehrverhältnisse wurden frei von allen bestehenden Bindungen, so daß es nur noch eine Vereinbarung zwischen Meistern und Eltern bzw. Jugendlichen gab. So ist es verständlich, daß immer mehr Klagen laut wurden. Es war aber niemand da, an den man sich hätte wenden können und der für Ordnung gesorgt hätte.

Wie es bald um das Handwerk bestellt war, geht aus den Gewerbesteuerlisten des Jahres 1831 in Berlin hervor. Über die Hälfte der Handwerker war nicht mehr in der Lage, Gewerbesteuern zu entrichten. Die Gedanken aller Handwerker kreisten nur um die Existenzfrage. Ihre dauernde Sorge galt dem täglichen Brot.

Der Druck des Wettbewerbs nahm zu. Jeder konnte sich ohne Schwierigkeiten als Selbständiger niederlassen. Die Folge war eine Überbesetzung der einzelnen Handwerkszweige. Andere Handwerker gingen zur Industrie und wuchsen in den Stand der Arbeiter hinein. Die Industrie setzte sich immer stärker durch. Das Handwerk sank immer tiefer.

Dem Handwerk fehlte die gesicherte Existenz, die kontinuierliche Beschäftigung und eine gesunde wirtschaftliche und soziale Struktur. Nur auf dem Dorf und in den Kleinstädten lebte der Handwerker noch in seiner Welt. Er interessierte sich für das Leben in seinem Ort, für seine Mitbürger, für Tabak, Bier und Wein nach Feierabend. Man war bedacht, ein friedliches, gemütliches Leben zu führen. Das in sich ruhende, selbstzufriedene Resthandwerk jener Zeit kümmerte sich nur am Rande um die großen Dinge der Welt.

Das Kundschaftsbüchlein

Im Jahre 1803 schrieb die französische Besatzung im Rheinland für alle Gesellen ein »Kundschaftsbüchlein« vor, das die Bedeutung eines amtlichen Dokuments bekam. Wer ohne einen solchen Ausweis wanderte oder eine Herberge aufsuchte, wurde wie ein Landstreicher behandelt. Später übernahmen

die preußischen Behörden dieses amtliche Dokument und überwachten es noch strenger als die Franzosen. 1819 erschien in den Zeitungen eine »allerletzte Warnung«, daß dieses Büchlein anzuschaffen sei.
Um diese Zeit war es schwer, Arbeit zu finden. Überall in den Straßen lungerten Handwerksgesellen herum, was nicht zuletzt damit zusammenhing, daß die kleinen Orte ihre kranken und erwerbsunfähigen Gesellen mit dem Hinweis in die Städte abschoben, daß es dort eher Arbeit, bestimmt aber mehr Hospitäler und Siechenhäuser gäbe. In der Stadt kümmerte man sich mehr um die Armenbetreuung.
Als Napoleon am 5. November 1811 Köln besuchte, hatte er den Wunsch, die Elendsviertel zu sehen. Er war von dem Gesehenen so betroffen, daß er zur Linderung der schlimmsten Not 12000 Francs stiftete.

Das Tagebuch des Johann Dewald

Wie es damals unter Gesellen zuging, zeigt das Tagebuch des Gerbergesellen Johann Eberhard Dewald. Mit Felleisen und Stecken zog der junge Geselle durch die Lande und ist bestürzt darüber, daß er in den Städten, die er kennenlernt, nichts mehr vom alten Handwerksgeist findet. Er schreibt: »Die Gesellen führen sich nicht auf wie ehrsame Handwerksleute. Es ist kein Zusammenhalt unter ihnen, sie suchen die Brotherren zu schädigen durch schlechte Arbeit und wissen nichts mehr von der Sitte des gemeinsamen Wanderns und Ansprechens. Ja, nicht einmal den Gesellengruß können sie erwidern. In der Herberge herrscht ein wüster Spektakel ordinärster Art, daß sie mehr einer Spelunke als einer anständigen Unterkunft gleicht. Beim Spiel geben die Handwerksburschen ihre Mädchen als Einsatz und unterhalten sich darüber recht anzüglich.«
Peinlich findet es der Tagebuchschreiber, daß man die Wanderburschen mißtrauisch mustert und sie nicht mehr als ehrsame und friedliebende Wandergesellen betrachtet, selbst wenn das Wanderbuch ordentlich geführt ist.
Man erfährt, daß die Perücken- und Bändermacher kaum noch Arbeit fanden, die Hausweber ausstarben, die Spinnräder in die Rumpelkammern wanderten. Die Grundhandwerke, die Bäcker und Fleischer, die Schuhmacher und Schneider, die Maurer, Zimmerleute, Tischler und Schlosser, blieben beste-

hen, auch wenn sich ihre Arbeitsweise und ihre Aufgaben änderten.

Die innere Unsicherheit

In der Handwerksgesetzgebung trat in den Bestimmungen über das Wandern die innere Unsicherheit besonders deutlich zutage. Einerseits wollte man Stromern und politische Agitation verhindern, andererseits die gewerbliche Fortbildung fördern. Man wünschte nicht, daß die Gesellen als Wehrdienstpflichtige außer Landes gingen, man wollte aber, daß sich die zukünftigen Meister in der Welt umgesehen haben sollten. Aus dem einen Grund wurde das Wandern verboten, aus dem anderen befohlen.
Durch das Dekret des Kaisers Josef war der Wanderzwang im Jahre 1772 für das ganze Reich aufgehoben worden, in manchen Ländern hatte man es unter Strafe verboten. Hauptgrund war, daß die Rekruten dem Staat nicht verlorengehen sollten. Deshalb durften in Württemberg seit 1819 nur noch solche Gesellen ins Ausland, die ihre Militärpflicht abgeleistet hatten. In manchen Ländern erlaubte man eine sechsjährige, in anderen eine dreijährige Wanderzeit. Für bestimmte Berufe ließ man sie zu, für andere schaffte man sie ab. Einheitliche Bestimmungen gab es nicht.
In der Mitte der dreißiger Jahre warf man den jungen Handwerkern revolutionäre Umtriebe vor. Viele Städte verweigerten ihnen die Einreise oder, wenn sie doch eine Stadt betreten hatten, warf man sie als »Spione« ins Gefängnis.
In Freiburg gingen Handwerksgesellen und Studenten Arm in Arm, redeten über Einigkeit und Freiheit und sangen Freiheitslieder.

Die Gesellenvereine

Der erste katholische Gesellenverein wurde 1845 in Elberfeld gegründet, wo im gleichen Jahr auch Friedrich Engels zu wirken begann. In Elberfeld sammelte Adolf Kolping die jungen Gesellen um sich, damit sie »ein gesellschaftliches Leben unter Gleichgesinnten« führen sollten. Er baute seine Idee aus. Nach der Revolution von 1848 verbreiteten sich seine Gesellenvereine rasch über ganz Deutschland.
Auch August Bebel war, ehe er etwas von Marx und vom Sozialismus gehört hatte, Mitglied des Kolpingvereins. Der

Drechslergeselle Bebel hat später berichtet, wie wichtig es für ihn gewesen war, mit gleichaltrigen und strebsamen jungen Leuten zusammenzukommen.
Die evangelischen Gesellenvereine haben ihren Ursprung im Pietismus. Um den Hofkonzertmeister Engelmann bildete sich 1815 der erste Gesellenbund, 1823 wurde ein weiterer in Barmen gegründet, der sich auf Elberfeld ausdehnte und bald in Basel und Berlin Nachfolger fand.
Die Vereine unterhielten einen regen Gedankenaustausch. Ihre Hauptaufgabe sahen sie in einer Unterstützung der Kirche und der Mission. So verpflichteten sich die evangelischen Gesellen, am blauen Montag zu arbeiten und den Verdienst der protestantischen Kirche zukommen zu lassen. Manche dieser Vereine, vor allem in der Schweiz und in Württemberg, sorgten für eigene Räume, in denen die Gesellen lesen und schreiben lernen konnten. Oft verbrachten in solchen Sälen 200 bis 300 junge Handwerker ihre Freizeit.

Adolf Kolping

Am 8. Dezember 1813 wurde Adolf Kolping auf dem Lande, nicht weit von Köln, geboren. Sein Vater war Schäfer auf einem Gutshof in der Nähe von Kerpen. Hier in Kerpen kam der Sohn zum Schuhmacher Meuser in die Lehre.
Damals schrieb er: »Der Sinn der rechten Arbeit ist es, dem Menschen zu dienen zu seiner Wohlfahrt und zum ewigen Heil seiner Seele.«
Während der Gesellenjahre lernte Kolping den Zerfall des Handwerks kennen. Er litt unter der sittlichen Verrohung und Religionsfeindlichkeit seiner Mitgesellen. Der einzige Weg, seinem »in die Not und Finsternis« geratenen Stand Hilfe und Licht zu bringen, schien ihm, Priester zu werden.
In dreieinhalb Jahren schaffte er das sonst fünfjährige Gymnasialstudium, wobei er sich seinen Lebensunterhalt selbst verdienen mußte. Es war eine harte, entbehrungsreiche Zeit. Ihr folgte, nachdem ihm unerwartete finanzielle Hilfe zuteil geworden war, das Studium der Theologie an der Universität München, wo er Joseph von Görres begegnete, und Bonn, von wo aus er in das Kölner Priesterseminar aufgenommen wurde.
Adolf Kolpings erste Aufgabe als junger Priester wurde es, seinen Vater zu begraben. Bald danach wurde er als Kaplan

nach St. Laurentius in Elberfeld berufen. Hier brodelte die Unzufriedenheit. Gewissenlose Unternehmer stellten Kinder für einen Hungerlohn an die Maschinen. Durch die Straßen zogen arbeitslose Handwerker und demonstrierten. Bei der Fronleichnamsprozession im Jahre 1845 flogen Steine gegen den Baldachin; doch die Gläubigen sangen ihre Lieder weiter. Junge Schreinergesellen, die von dieser Haltung beeindruckt waren, beschlossen, eine Gesellenbruderschaft zu gründen. Ein Lehrer, Johann Gregor Breuer, nahm sich des kleinen Kreises an und legte später in einer Schrift seine Gedanken über die weitere Entwicklung der ihm inzwischen ans Herz gewachsenen Burschengemeinschaft nieder. Diese Niederschrift gab er dem Pfarrgeistlichen zur Prüfung. So kam Kolping an die Breuersche Schrift und nahm die Idee auf, die ganz seiner Einstellung entsprach. Von Elberfeld aus griff die Idee der Gesellenbruderschaft auf Köln über. Als Kolping nach Köln versetzt wurde, wartete bereits eine kleine Gesellenschar auf ihn. Er hatte ihnen von Elberfeld aus den Auftrag gegeben: »Treibt mir die Leute zusammen, aber ordentliche Kerle und keine Ströpp.«

Liebe, soziale Verpflichtung und Erziehung des jungen Mannes zur Würde des Familienvaters – das sind die wichtigen Grundsätze, auf denen sich Adolf Kolpings Gesellenvereine gründen, auf denen sich das ganze weltumspannende Familienwerk aufbaut.

Rasch breiteten sich die Gesellenvereine aus, deren familiärer Charakter durch Gesellenhospize verstärkt wurde, in denen wandernde Handwerksburschen eine echte Heimstatt finden sollten. Die Gesellen selbst waren es, die am stärksten zur Ausbreitung des Werkes beitrugen. Kolping nannte sie »die besten Missionare der Bewegung«.

Mit der ihm eigenen Überzeugungskraft warb Adolf Kolping unablässig in Schrift und Rede für seine Idee. Er gründete die »Rheinischen Volksblätter«, gab einen Kalender heraus und schrieb viele kleine Erzählungen, für die er die Form des Gespräches wählte.

Kolping war ein wortgewaltiger Mann. Von seinen Reden heißt es, daß sie in der körnigen, herben Strichführung »mittelalterlicher Holzschnitte« gehalten seien und die »pralle Fülle

und farbensatte Frische niederrheinischer Malkunst« gezeigt hätten.
Immer ist in Adolf Kolping der alte Geselle lebendig geblieben, wiewohl er Rektor der Minoritenkirche, Geheimkämmerer des Papstes und Apostolischer Notar geworden war. Am 4. Dezember 1865 starb er.
Zu einem Leitmotiv der Kolpingfamilie wurden folgende Worte des Gesellen-Vaters: »In der Tüchtigkeit im Beruf liegt ein Hauptgrund der inneren Zufriedenheit, des rechten, zuständigen Selbstbewußtseins, was den Mann ziert, und jener Ehre vor der Welt, die eigentlich niemandem fehlen soll und die Mann und Stand adelt.«

Im Revolutionsjahr 1848

Die Lage im Handwerk war durch steigenden Konkurrenzdruck seitens der Fabriken und durch einen zunehmenden verschärften Wettbewerb in den eigenen Reihen gekennzeichnet. Die Einführung der Dampfmaschinen war nicht nur der Beginn einer neuen Produktionstechnik, sie führte auch zu einer Veränderung der wirtschaftlichen und sozialen Struktur.
Das Handwerk kämpfte mit dem Mute der Verzweiflung gegen die Konkurrenz der immer größer werdenden Konsumgüterindustrie und deren Angebot an billigen Massenartikeln. Alte Handwerksberufe verschwanden oder wurden im Konkurrenzkampf aufgesogen. Alle Bemühungen des Handwerks gingen um eine Sicherung der wirtschaftlichen Existenz.
In vielen deutschen Staaten war man wieder dazu übergegangen, alte Zunftverfassungen einzuführen. In Preußen hingegen wollte man das Gewerbewesen durch den Erlaß der Gewerbeordnung von 1845 neu ordnen. Diese Ordnung war zwar nichts Vollkommenes, aber sie setzte zumindest einen Markstein. Die Beschwerden des Handwerkerstandes, vor allem über die zunehmende Konkurrenz durch Pfuscher und Nichtskönner, nahmen aber auch jetzt noch kein Ende.
1848 tagte der erste deutsche Handwerker- und Gewerbekongreß in Frankfurt. Auf diesem Kongreß, dem über 100 Handwerksmeister aus allen Teilen Dektschlands beiwohnten, wurde eine allgemeine Handwerks- und Gewerbeordnung entworfen, die der in der Paulskirche tagenden Nationalversammlung vorgelegt wurde. Der damalige König von Preußen,

König Wilhelm IV., der dem Handwerkerstand sehr wohlwollend gesinnt war, machte seinen Einfluß im Sinne dieses Entwurfes bei der Nationalversammlung geltend.
Die dort eingebrachten Forderungen sahen die Errichtung von Zwangsinnungen – als Nachfolger der Zünfte – mit öffentlichrechtlichem Charakter vor, die Einführung des Befähigungsnachweises, die Beschränkung in der Zahl der Lehrlinge, die gesetzliche Vertretung durch Handwerkskammern usw. Zwar blieb den Bemühungen des Handwerks in Frankfurt ein direkter Erfolg versagt, aber viele Länder erließen nun doch handwerksfreundlichere Gewerbegesetze.

Gesellenwünsche

Wenn man nachliest, welche besonderen Wünsche die Handwerksgesellen im Revolutionsjahr 1848 vorbrachten, muß man sich über deren Bescheidenheit wundern. Sie verlangten gute Kost, eine ordentliche Schlafstelle, eine freundliche Behandlung durch den Meister, aber auch die Abschaffung des »Du«, wie es seitens der Meister allgemein üblich war.
In einem Schriftstück heißt es, daß es den Handwerksburschen nach wie vor wichtiger sei, den »blauen Montag« zu feiern, als politische Rechte zu erreichen.
Als die Gesellen in einer Versammlung in Berlin am 26. März 1848 von einem Redner als Proletarier angeredet wurden, erhoben sie sogleich stürmischen Protest und zwangen den Redner, diesen Ausdruck zurückzunehmen. Darin zeigt sich, daß im handwerklichen Gesellentum das Standesethos lebendig geblieben war.

Der Name »Zunft« verpönt

Am 9. Februar 1849 kam es zu einer Ergänzungsverordnung zur Preußischen Gewerbeordnung. Jetzt wurde die Zahl der Gewerbe, in denen man die Lehrlingshaltung von einem Befähigungsnachweis und von der Zugehörigkeit zu einer Innung abhängig machte, auf 66 erhöht. Meister, die sich um Lehrlinge bemühten, mußten den Nachweis erbringen, daß sie selbst eine ordentliche Lehre durchgemacht und eine Gesellenprüfung bestanden hatten. Es wurden »Gewerbe- und Generalräte« eingesetzt, die die neuerlassenen Vorschriften überwachen sollten. Auch diese Verordnung führte das Handwerk nicht an das erhoffte Ziel. Die Gegensätze wurden eher noch größer.

In der neuen Gewerbeordnung war erstmalig der Begriff »Innung« aufgetreten. Der Name Zunft blieb verpönt. Zaghaft und zögernd setzten sich Handwerker aller Berufe zusammen, um über Innungsgründungen zu beraten. Meist gingen sie ergebnislos wieder auseinander. Denn die Gewerbeordnung war für die meisten unbefriedigend. Wenigstens 24 Meister waren erforderlich, wenn eine Innung gegründet werden sollte. Oberstes Prinzip der Innungen sollten die Erziehung des Nachwuchses und die Vertretung der gemeinsamen wirtschaftlichen Interessen sein. Auf keinen Fall sollte jedoch die Befugnis, einen handwerklichen Betrieb zu eröffnen, mit der Mitgliedschaft in der Innung verquickt sein.
Es gab aber weitblickende Männer, die klarere Vorstellungen von den Zielen und Aufgaben einer handwerklichen Organisation hatten. Sie riefen im ganzen Land zu Kundgebungen auf und hofften, auf der Grundlage politischer Freiheit – und Einigungsbewegung – zu einer umfassenden Handwerksgewerbeordnung zu kommen. Erfreulich war, daß sich Meister und Gesellen – von kleinen Abweichungen abgesehen – in den gemeinsamen Zielen einig waren.

Uneingeschränkter Wettbewerb

Inzwischen hatte der Liberalismus die gesamte deutsche Wirtschaft erfaßt. Er traf auch das Handwerk in seinen Grundfesten. Wenn es den Methoden der aufkommenden Industrie und dem Verlagssystem gewachsen sein wollte, mußte es sich weitgehend umstellen. Viele Handwerkszweige wurden fast über Nacht durch gleichartige Fertigproduktionen verdrängt. Erinnert sei nur an den Kampf der Weber gegen die Maschinen, an den Untergang früher so blühender handwerklicher Berufe wie Seifensieder, Nagelschmiede oder Seiler.
Das Handwerk mußte nun einer rationalisierten und mechanischen Herstellung Platz machen. Viele Handwerker wanderten in die Fabriken ab, da ihnen verlockende Angebote als Vorarbeiter oder Meister gemacht wurden.
Neben der Industrie übte aber auch der sich gewaltig entfaltende Handel keine günstige Wirkung auf das Handwerk aus. Er spannte den selbständigen Meister gewissermaßen vor seinen Wagen und würdigte ihn vielerorts zum Heimarbeiter herab.

In den Jahren 1860–1870 schien es, als ob das »Manchestertum«, also der Grundsatz des uneingeschränkten Wettbewerbs, auf der ganzen Linie gesiegt hätte und das Handwerk nur noch seinen Gnadenstoß erwarten könnte.
In diese Zeit fiel die Gründung des Norddeutschen Bundes (1866). Unter seiner Obhut entstand am 6. Juni 1869 die Gewerbeordnung, die den Grundsatz der völligen Gewerbefreiheit wieder proklamierte. Man löste alle handwerklichen Bindungen auf, die noch irgendwie an die alten Zünfte erinnerten. Innungen konnten zwar als private freie Vereine weiterbestehen; es wurde ihnen aber der Charakter einer öffentlich-rechtlichen Behörde genommen. Aus dieser Not heraus sah sich das Handwerk, wenn es nicht ganz von der staatlich geförderten Industrie in den Hintergrund gedrängt werden wollte, gezwungen, eine Art Selbsthilfe zu organisieren.
Mit dem sächsischen Kreisrichter Schulze-Delitzsch erhielt es einen starken Förderer, der nun an vielen Orten Genossenschaften für Handwerk und Gewerbe ins Leben rief. Dieser genossenschaftliche Zusammenschluß, vor allem die Organisierung des gewerblichen Kreditwesens, wurde für das Handwerk im Kampf um seine Existenz eine nicht zu unterschätzende Stütze.

Ein Tischlermeister bei Bismarck

Als das Deutsche Reich gegründet wurde, übernahmen auch die süddeutschen Staaten (Hessen 1871, Württemberg 1872, Bayern 1873) diese Gewerbeordnung von 1869, die die Gewerbefreiheit wieder einführte. Paragraph 1 dieser Ordnung hieß: »Der Betrieb eines Gewerbes ist jedermann gestattet, soweit nicht durch dieses Gesetz Ausnahmen zugelassen sind.« Aus allen Paragraphen dieser Ordnung war die liberale Grundeinstellung der Zeit ersichtlich.
Namhafte Handwerkspolitiker setzten sich für eine Neuordnung ein. Nach einigen vorbereitenden Kongressen und der Gründung des Allgemeinen Deutschen Handwerkerbundes in Weimar faßten sie den Mut, im Jahre 1866 dem damaligen Kanzler des Norddeutschen Bundes, Bismarck, die programmatischen Wünsche des Handwerks vorzutragen. Jakob Euler, ein Bensberger Tischlermeister, der 1893 in den Reichstag gewählt wurde, gehörte der Deputation an.

Bismarck, der Realpolitiker, fragte nur: »Wer steht denn hinter Ihren Forderungen? Und wie zahlreich sind Ihre Anhänger?« Als die Handwerker den Fürsten mit ihrer Antwort nicht befriedigen konnten, riet er ihnen: »Kommen Sie wieder, meine Herren, wenn Sie eine starke Organisation geworden sind. Werden Sie eine Macht!«
Allenthalben fanden sich die Handwerksmeister jetzt in freiwilligen Bünden und echten Notgemeinschaften zusammen, um den Herausforderungen der Behörden und der Industrie geschlossen zu begegnen und, wie es hieß, »um die Kleingewerbetreibenden zu organisieren und durch energische Agitation immer weitere Kreise des Handwerks für die Bewegung zur Reform der Gewerbeordnung zu gewinnen«.
Worte wie Agitation und Bewegung zeigen, daß sich die Handwerker sehr wohl mit den modernen Mitteln des politischen Kampfes vertraut gemacht hatten. Mit Hilfe handwerksfreundlicher Parteien konnten einige Novellen zur Gewerbeordnung erzielt werden. Am 18. Juli 1881 fand sich die Reichsregierung bereit, mit einem Innungsgesetz den Innungen den Charakter öffentlich-rechtlicher Korporationen wiederzugeben und sie mit wichtigen Vorrechten auszustatten. So erhielten sie obrigkeitliche Befugnisse zur Regelung des Lehrlingswesens.
Die Handwerker betrachteten diese Novelle zur Gewerbeordnung nur als »Abschlagszahlung«. Sie forderten die obligatorische Fachinnung, die obligatorische Meisterprüfung und die Errichtung von Innungskammern. Das zu erreichen, setzte sich der Bensberger Jakob Euler zum Lebensziel.

Der Kaiser unterschrieb …

Im Jahr 1897 gab die Regierung ihren hartnäckigen Widerstand gegen die Reformbewegung des Handwerks auf. Am 26. Juli unterschrieb der Kaiser das »Gesetz betr. die Abänderung der Gewerbeordnung«. Unter dem Namen »Handwerkerschutzgesetz« ist es in die Geschichte eingegangen. Zusammen mit gewissen Erweiterungen, die später hinzukamen, wie 1908 der »Kleine Befähigungsnachweis«, 1929 die Handwerksrolle und der »Große Befähigungsnachweis« von 1935, stellt es den Rechtszustand dar, wie er in seinen wesentlichen Zügen noch heute besteht.

Allerdings wäre dieser Rechtszustand nur eine juristische Formel geblieben und eben kein Zustand geworden, wenn nicht die Aktivität der Handwerkerschaft gewesen wäre. Es handelte sich ursprünglich nur um ein reines Organisationsgesetz, eine mit Gesetzeskraft ausgestattete Änderung des Titels VI der Gewerbeordnung von 1869, der sich mit Innungen, Innungsbeschlüssen, Handwerkskammern und Innungsverbänden beschäftigte. Eine Ausnahme bildeten lediglich die neuen Bestimmungen zum Lehrlingswesen.
Thomas Esser, dem Handwerk sehr verbunden und bis 1933 Reichstagsvizepräsident, schrieb später zu diesem Gesetz, daß es den Handwerkern in der Durchführung der Ziele in weitem Umfang freie Hand gelassen habe. »Es lag an ihnen selber«, heißt es weiter, »an ihrer Initiative und Tatkraft, aus dem Gesetz ein Instrument zu machen, das geeignet war, die soziale, kulturelle und wirtschaftliche Bedeutung des Handwerkerstandes und die Wohlfahrt der einzelnen Handwerker zu heben.«
Die Chance war gegeben, und sie sah folgendermaßen aus: neben den freien Innungen wurden fakultative Zwangsinnungen zugelassen. Beiden war der öffentlich-rechtliche Charakter garantiert. Sie bekamen bestimmte gesetzliche Vollmachten zugewiesen, die ein durchaus brauchbares Instrument sein konnten. Ihnen wurde die Aufgabe übertragen, das Lehrlingswesen zu regeln, Streitigkeiten aus dem Lehrverhältnis zu entscheiden, das alte harmonische Verhältnis Meister-Geselle-Lehrling zu pflegen, Ausbildungs- und Fortbildungsmöglichkeiten für alle drei Grade zu schaffen, Gesellen- und Meisterprüfungen zu veranstalten und soziale Kassen, insbesondere Innungskrankenkassen, wie auch Innungsschiedsgerichte zu gründen. Die Pflege des Gemeingeistes, die damals wieder bestimmend wurde, ist auch heute noch das Leitmotiv der Innungssatzung.
Eine ungeheure organisatorische Aufgabe lag vor den um die neue Ordnung bemühten Handwerksmeistern. Nur durch den Zusammenschluß der Innungen konnte die vom Gesetzgeber angebotene Funktion erfüllt werden. Es war ein Glück, daß diesen Zusammenschlüssen das Prinzip der Freiwilligkeit zugrunde lag. Sie hätten sonst bei den allen obrigkeitlichen Maß-

nahmen gegenüber mißtrauisch gewordenen Handwerkern wenig Anklang gefunden.

Handwerker – Pioniere des Fortschritts

Trotz wirtschaftlicher Schwierigkeiten und organisatorischer Fehlschläge stand das Handwerk in der vordersten Front des technischen Fortschritts.
Im Jahre 1860 gründete der aus Mecklenburg stammende Mechaniker Siegfried Markus in Wien eine Werkstatt für Apparatebau. Dort tüftelte er an allem möglichen herum, von der Kraftmaschine bis zur Telegraphie. Er erwarb für seine Arbeiten eine Anzahl Patente.
Mit besonderem Fleiß widmete er sich der Vervollkommnung der Gasmaschine, in der er die beste Antriebskraft für alle Arten individueller Arbeit sah. Dann entwickelte er ein Auto, das mit einem Benzinmotor ausgestattet war und das heute noch im Wiener Technischen Museum für Industrie zu sehen ist.
Die Maschine war ein Benzin-Explosions-Motor mit Viertaktsystem, der allerdings noch langsam lief. Bemerkenswert ist, daß Markus eine magnetelektrische Zündung benutzte.
Sein Auto wird als Ahnherr aller Autos angesehen. Ein Patent hat Markus jedoch nie auf diesen Wagen bekommen.

Daimlers Kraftmaschine

Den entscheidenden Schritt zum heutigen Kraftwagen machte Gottlieb Daimler, der als Sohn eines Bäckermeisters 1834 in Schorndorf bei Stuttgart geboren wurde. Er arbeitete zunächst als Büchsenmacher-Lehrling und besuchte dann die Polytechnische Schule in Stuttgart. Überall fielen sein Fleiß und seine Begabung auf. 1863 wurde er Meister in einer Maschinenbauanstalt in Reutlingen. Hier lernte er Wilhelm Maybach kennen, mit dem er enge Freundschaft schloß.
Über lange Jahre hat Daimler sein Wissen und Können für die Verbesserung des Gasmotors verwendet. 1885 baute er das erste Motorrad der Welt, auf das er ein Reichspatent bekam. 1887 sah man sein erstes Auto, das mit einer Geschwindigkeit von 18 km von Cannstatt nach Stuttgart fuhr. Es wurde von einem einzylindrischen Motor mit einer Leistung von 1½ Pferdestärken angetrieben.
Gottlieb Daimler starb am 6. März 1900 im Alter von 66 Jahren. Im gleichen Jahr wurde der erste »Mercedes« gebaut, der

heute noch in der Autoproduktion der ganzen Welt hohes Ansehen genießt.

Karl Benz war Schlosser

Unabhängig von Daimler und zur gleichen Zeit wie dieser arbeitete der aus dem Schlosserberuf hervorgegangene Karl Benz an der Entwicklung eines Kraftwagens. Er hatte immer schon davon geträumt, daß man sich auf der Landstraße ohne Pferde und schienenlos bewegen müßte. Ihm schwebte ein Fahrzeug vor, dessen Räder mit Motorschwerkraft angetrieben würden. Einige Jahre lang hatte er an Schraubstock und Drehbank gestanden und versucht, einen Wagen zu bauen, den er als schienenlose Lokomotive bezeichnete.
Am 5. August 1871 gründete er eine mechanische Werkstätte. Hier versuchte er die Idee zu verwirklichen, den Gasmotor als Antrieb für Arbeitsmaschinen und Fahrzeuge zu verwenden. Im Jahre 1885 entstand in seiner Mannheimer Werkstatt der erste »Patent-Motorwagen«, der mit einem Viertaktmotor ausgestattet und mit Zündung und Kühlung, mit Schaltung und Bremsen versehen war.
Da Benz mit der Steuerung eines vierrädrigen Wagens nicht zurechtkam, wurde der erste Kraftwagen ein Dreirad. Im Winter 1892 gelang es ihm, eine Wagenlenkvorrichtung zu entwikkeln, die ihm den Bau vierrädriger Kraftwagen ermöglichte. An der elektrischen Zündanlage, an der Motorenleistung und am Vergaser hatte das neue Fahrzeug bemerkenswerte Verbesserungen. Es fand schnell seine Käufer. Schon ein paar Jahre später beschäftigte die Firma Benz & Co. 700 Arbeiter. Sie gründete Vertretungen in allen großen Städten der Welt. Es ist müßig, die Frage zu stellen, ob Benz oder Daimler der Erfinder des Kraftwagens sei. Beide haben nebeneinander unter oft unüberwindlich erscheinenden Schwierigkeiten mit schöpferischer Kraft eine Idee in die Tat umgesetzt.

Opel fing mit Nähmaschinen an

Als 1895 Adam Opel in Rüsselsheim starb, produzierte sein Werk jährlich 15000 Fahrräder. In einem halbzerfallenen Kuhstall hatte der junge Schlossermeister 1862 seine selbständige Tätigkeit aufgenommen und seine erste Nähmaschine gebaut. Kaum zwanzig Jahre später beschäftigte er 258 Arbeiter. Als um diese Zeit das Veloziped von England nach Deutschland kam, befaßte sich Opel sogleich mit der Eigenkonstruktion des Fahrrads, dessen Entwicklung durch die von Dunlop erfundenen Luftreifen und durch den Freilauf des Ernst Sachs rasche Fortschritte machte.

Bosch und Schuckert

Im Jahre 1885 eröffnete Robert Bosch im Alter von 24 Jahren in Stuttgart in der Rotebühlstraße seine Mechaniker-Werkstatt. In München war er als junger Geselle mit der Elektrotechnik in Berührung gekommen. Zunächst befaßte sich Bosch in Stuttgart mit der Montage von Schwachstromanlagen. 1887 baute er den ersten Magnetzünder.
Mit der Entwicklung des Kraftwagenbaus nahm sein Tätigkeitsgebiet ständig zu. Aus der kleinen Werkstatt entwickelte sich ein Unternehmen, das 1912 bereits 5000 Arbeiter zählte. Der Name Bosch wurde ein Wertbegriff.
Die Elektrotechnik stand noch in den Kinderschuhen, als Schuckert um die Mitte des vorigen Jahrhunderts bei einem Mechaniker seine Lehre absolvierte. 1873 richtete er sich eine eigene Werkstatt ein, in der er Nähmaschinen, Vermessungsinstrumente und die verschiedensten Apparate baute. Als er den ersten brauchbaren Scheinwerfer konstruierte, war es Werner von Siemens, der ihm begeistert die Hände schüttelte. Die beiden schufen ein großes Unternehmen, das Siemens-Schuckert-Werk. Am 17. September 1895 riß der Tod Schukkert aus seiner rastlosen Arbeit.

Die Zimmerleute Borsig und Dinnendahl

August Borsig, am 23. Juni 1804 als Sohn eines Zimmermanns geboren, erlernte den Beruf des Vaters, ehe er die »Königliche Kunst-, Bau- und Handwerksschule« in Breslau besuchte. In der Berliner Eisengießerei Woderb & Eggels arbeitete er sich zum Betriebsleiter empor und machte sich mit dem ersparten Geld selbständig. Am 24. Juli 1841 führte er der Öffentlichkeit die erste Borsig-Lokomotive vor. Auf der Höhe seines Schaffens starb er, eben 50 Jahre alt. Seine Lokomotiven trugen seinen Namen in alle Welt.
Ohne Zweifel war England mit der Erfindung der Dampfmaschine allen anderen weit voraus. Der erste Deutsche, der eine Dampfmaschine nach englischem Muster baute (1801–1803), war der Schreiner und Zimmermann Franz Dinnendahl.

In seinen Lebenserinnerungen kann man nachlesen, mit welchen Schwierigkeiten er zu kämpfen hatte. Er fand niemanden, der in der Lage war, ihm Schmiedeteile zu liefern, die er für die Steuerung, für den Zylinder und für den Kessel benötigte. Er selber war als Zimmermann nur in Holzarbeiten erfahren. Nun begann er damit, auch die Schmiedearbeiten in seiner kleinen Werkstatt durchzuführen. Die Teile waren unvollkommen, von den Dampfrohren bis zu den Kolben. Große Schwierigkeiten hatte er beim Bohren der Zylinder. Sein technisches Genie ließ ihn aber eine Bohrmaschine konstruieren, die brauchbar war. So gelang es ihm, eine Dampfmaschine zu bauen, die allgemeine Bewunderung erregte.

Ein Uhrmacher erfand die Glühlampe

Es ist wenig bekannt, daß nicht Edison es war, der die erste Glühlampe erfand, sondern der aus Springe bei Hannover 1848 nach Amerika ausgewanderte Uhrmacher Heinrich Göbel. Er benutzte für seine Erfindung eine Bambusfaser.
Göbels erste Lampe war äußerst primitiv. In eine luftleer gemachte kleine Flasche schmolz er eine verkohlte Bambusfaser ein. Der Faden glühte. Damit leuchtete die erste Glühlampe auf.
Die später von ihm verfeinerten Glühlampen hatten eine Brenndauer bis zu 400 Stunden. Da er kein kaufmännisches Talent besaß, erregte er zwar Aufsehen mit seiner Erfindung, geriet aber in Vergessenheit. Später mußte er den Ruhm, Erfinder der Glühlampe zu sein, an den Amerikaner Thomas Alva Edison abtreten.

Die erste Schreibmaschine

Im Innsbrucker Museum »Ferdinandeum« steht die erste Schreibmaschine, die Peter Mitterhofer – am 20. September 1822 in Partschins geboren – als Zimmermann baute. Ursprünglich war es eine spielerische Bastelei, die Mitterhofer dazu führte, eine Maschine zu konstruieren, mit der man schreiben konnte.
Der Erfinder scheiterte am Bürokratismus seiner Zeit. In seiner Verzweiflung vertraute er sich dem Amerikaner Charles Glidden an, der diese Maschine für sich auswertete. Mitterhofer starb ohne je Anerkennung erhalten zu haben im Armenhaus.

Die Kugellagernabe des Ernst Sachs

Schon als Junge bekundete Sachs ein leidenschaftliches Interesse für alles Technische. So lag es nahe, daß er nach der Schulzeit den Mechanikerberuf erwählte. Das Fahrrad wurde seine Hauptleidenschaft. Er erkannte, daß das wichtigste Problem die leichtlaufende Nabe war. So konstruierte er eine Kugellagernabe, die er selbst auf einer Fußdrehbank drehte.
Diese »Schweinfurter Patent-Präzisionsnabe« wurde die Grundlage für die spätere Firma Fichtel & Sachs. Als Sachs dann auch noch die Torpedo-Freilaufnabe erfand, bekam sein Unternehmen Weltruf. Auch der von Ernst Sachs konstruierte und nach ihm benannte Sachs-Motor trat den Siegeslauf um die Welt an.

Um den Buchdruck verdient gemacht

Was Johannes Gutenberg begonnen, setzte Friedrich König fort, der am 17. April 1774 zu Eisleben, der Geburtsstadt Luthers, geboren wurde. In der Buchdruckerei Breitkopf & Härtel in Leipzig machte König seine Buchdruckerlehre und holte sich dort die Grundlagen für sein späteres Wirken. König konstruierte die erste Zylinderdruckmaschine und eine Schnellpresse. In Würzburg rief er die weltbekannte Firma König & Bauer ins Leben.
Durch die geniale Erfindung Mergenthalers wurde es möglich, mit ein- und derselben Maschine eine Buchstabenzeile zu setzen, sie auszuschließen und zu gießen. Erst dadurch konnte sich das moderne Zeitungswesen entwickeln.
Mergenthaler wurde am 11. Mai 1854 als Sohn eines Lehrers in Württemberg geboren. In der Lehre des Uhrmachers Habl in Bietigheim nahm der Junge begierig alles auf, was ihm das Handwerk bot. »Ich lernte eine Feder bis zur äußersten Feinheit härten und Bestandteile von Metallegierungen aufs feinste zusammenstellen.«
1871 wanderte Mergenthaler nach Amerika aus. Hier in der Neuen Welt kam es in zehnjähriger Arbeit zur Erfindung der Setzmaschine, die immer mit seinem Namen verbunden sein wird.

Frage nicht, was mühsam heute
deine Hand gefügt, wie bald wohl
ein Sturm der Zeiten wieder es
zerschelle, darum baue recht
Hermann Stehr

Die Reorganisation des Handwerks

Die Handwerkskammern erhalten Hoheitsaufgaben

Das Gesetz vom 26. Juli 1897 hatte in einem seiner Abschnitte die Gründung von Handwerks- und Gewerbekammern angeregt. Aufgabe dieser Kammern sollte es sein, die Gesamtinteressen des Handwerks gegenüber der Gesetzgebung und der Staatsverwaltung zu vertreten. Das sogenannte »Handwerkergesetz« brachte im wesentlichen die folgenden Regelungen:

- Handwerkskammern wurden als Körperschaften des öffentlichen Rechts zur Wahrnehmung der gemeinsamen Interessen des Handwerks geschaffen;
- diese neuen Kammern traten als selbständige Verwaltungseinrichtungen neben die schon bestehenden Industrie- und Handelskammern;
- die Handwerkskammern stellten zugleich unmittelbare Organe der Staatsverwaltung dar, die in staatlichem Auftrag bestimmte öffentliche Aufgaben zu erledigen hatten;
- die Organe der Kammern wurden (bis 1920) von den Untergliederungen der Handwerksorganisation – Innungen und Gewerbevereine – direkt gewählt;
- Hauptaufgabe der Handwerkskammern war von Anfang an die Pflege und Erneuerung des Ausbildungs- und Prüfungswesens.

Eine wesentliche Hilfe für den Aufbau der Handwerksorganisation war die Zulassung von sogenannten »fakultativen Zwangsinnungen«: In Bezirken, in denen sich die Mehrzahl der Selbständigen eines Handwerkszweiges durch Abstimmung für die Innungsmitgliedschaft entschied, sollte die Staatsverwaltung die Schaffung von Zwangsinnungen anordnen.
Durch das »Handwerkergesetz« von 1897 wurde eine einheitliche Ordnung des Prüfungswesens veranlaßt und die Meisterprüfung als eine künftig bei den Handwerkskammern abzulegende Prüfung eingeführt.
Mit dem Erlaß dieses Gesetzes, so schreibt Hans-Günther Patzig, endete die Politik des direkten Staatsprotektionismus. Die Aufgabe, das Handwerk zu fördern, wurde dessen neuer Selbstverwaltungsorganisation übertragen. Damit wurde zugleich die Grundlage für eine eigenständige Handwerkspolitik geschaffen.

Organisatorische Schwierigkeiten

Die Kammer stellte also eine Zwangsorganisation des Handwerks für größere Verwaltungsbezirke dar. Ihre Anordnungen wurden laut Gesetz für alle Meister verbindlich. Da die Kammern aus Wahlen der selbständigen, in Innungen zusammengefaßten Handwerker, hervorgingen, hatten nur diejenigen Meister einen Einfluß auf ihre Zusammensetzung und Tätigkeit, die organisiert waren.
Nun war durch eine kaiserliche Verordnung der Zeitpunkt, an dem die Kammern ihre Tätigkeit aufnehmen sollten, auf den 1. April 1900 festgesetzt. Voraussetzung dazu, sie überhaupt bilden zu können, war eine Registrierung aller in den Bezirken der neu zu gründenden Handwerkskammer liegenden Handwerksbetriebe. Man war gezwungen, zur Durchführung dieser Erhebung die Gemeindebehörden in Anspruch zu nehmen.
Dabei stellte sich heraus, daß große Lücken in der Organisation des Handwerks klafften. Dem Wunsche der Regierung, die Gründung der Handwerkskammern möge sich auf möglichst breiter Basis vollziehen, konnte mit dem besten Willen nicht entsprochen werden. Es kam hinzu, daß die Gemeindebehörden bei dem relativ kurzfristigen Termin mit ihrer Erhebungsarbeit ausgesprochen in Zeitnot gerieten.
Es kam zu einer in der Geschichte der Handwerksreform geradezu grotesken Umkehrung der Verhältnisse. Nachdem das Handwerk über ein halbes Jahrhundert lang um Mithilfe der Regierung an der Reform des Handwerkerstandes bemüht war und auf Ablehnung und Desinteresse besonders der örtlichen Behörden gestoßen war, kam nun die Regierung und bat das Handwerk um freundliche Mithilfe bei der organisatorischen Erfassung seiner eigenen Mitglieder.
Da die Registrierung nicht vorwärtskam und zu dem vom Kaiser festgesetzten Termin des 1. April – ob das ein Aprilscherz werden sollte, fragte damals der Simplicissimus – die Kammern unmöglich auf der vom Gesetz verlangten Basis stehen würden, wandten sich die Oberpräsidenten der Provinzen in gelinder Verzweiflung an die bestehenden Organisationen des Handwerks und baten um eine intensive Werbekampagne für den Organisationsgedanken, ohne den es niemals lebensfähige Handwerkskammern geben konnte.
Um die große Leistung der Handwerksführer jener Tage recht

zu würdigen, muß man wissen, daß sie nicht nur gegen den Widerstand von oben anzukämpfen hatten, sondern auch gegen Gleichgültigkeit in den eigenen Reihen. Man denke an den Augenblick, wo diese Männer ziemlich verloren vor dem Fürsten Bismarck gestanden und auf die Frage, wer denn eigentlich hinter ihnen stünde, keine politisch befriedigende Antwort gewußt hatten. Man darf auch eines nicht vergessen: sie alle waren Handwerksmeister, die zu Hause eine Werkstatt führten und ihre Familie ernähren mußten. Die ganze aufopferungsvolle Organisationstätigkeit für die Sache des Handwerks war Nebenarbeit.

Welche Erleichterung bedeutete es nun für sie, als ihnen die Legitimation von höchster Stelle zuteil geworden war und sie durch die Lande reisen und auf den von ihnen einberufenen Handwerkerversammlungen gewissermaßen von Amts wegen sprechen konnten. Man gönnte ihnen die Genugtuung, mit der sie nun manchem Bürgermeister wegen seiner bisherigen starrsinnigen Ablehnung der vom Handwerk vorgetragenen Wünsche gehörig die Leviten lesen konnten.

Der Werbefeldzug hatte einen schönen Erfolg zu verzeichnen. Hunderte von neuen Mitgliedern traten den bestehenden Korporationen bei. Vielerorts wurden neue Innungen und Vereine gegründet.

Am 1. Oktober konnten die Regierungsstellen mit der Prüfung der Listen der für die Handwerkskammern wahlberechtigten Körperschaften beginnen. Nun galt es nur noch zu untersuchen, inwieweit die Mitglieder der Korporationen auch wirklich als Handwerker anerkannt waren, um für die Wahl berechtigt zu sein. Das führte an manchen Orten zu heftigen Auseinandersetzungen. Manchem Handwerker kam es damals zum Bewußtsein, wie unangenehm das Fehlen einer echten Meisterlegitimation sein konnte.

Indes vollzog sich im Bezirk Köln die Aufstellung der Kammerwahlliste dank der unermüdlichen Vermittlung des von der Regierung als Sachverständigen hinzugezogenen Meisters Figge ziemlich reibungslos. Es zeigte sich, daß Köln, in demokratischer und organisatorischer Handwerksarbeit seit Jahrhunderten erprobt, diszipliniert die Arbeit der neuen Behörde erleichterte.

Ein blauer Aktendeckel

Endlich war der lang ersehnte Augenblick gekommen. Die Handwerkskammern konnten ins Leben treten. Das ehrliche Bemühen von Staat und Handwerkerschaft brachte ein positives Ergebnis. Der entscheidende Vorgang war jedoch alles andere als feierlich. Die Regierungspräsidenten überreichten Handwerksvertretern in der Regel einen simplen blauen Aktendeckel mit den Namen der gewählten Mitglieder. Es klang fast ein wenig maliziös, als ein Regierungsbeamter dazu nichts weiter sagte als: »Hier haben Sie die Handwerkskammer.«
Diese kleine, einer gewissen Komik nicht entbehrende Szene zwischen dem trockenen Amtsstubenmann und den am Ziel eines langen Kampfes angelangten Handwerksführern zeigt deutlich, vor welchem psychologischen Hintergrund sich die ganze Entwicklung abgespielt hatte.
Höchsten Orts hatte sich der Umschwung in der Beurteilung der Handwerkerfrage längst vollzogen. Die Spitze der Regierung und die des Handwerks waren sich einig. Lediglich auf der unteren Ebene stand man sich einander gleichgültig oder gar ablehnend gegenüber. Kommt hinzu, daß die Handwerkskammern vorerst nicht viel mehr waren als ein Experiment. Welch eminente Bedeutung ihnen jedoch bald darauf zukommen würde, sollte die Praxis zeigen.

Die Arbeit der Kammern beginnt

Die jungen Handwerkskammern wandten sich sofort der nächstliegenden vordringlichsten Aufgabe zu, »geordnete Verhältnisse zwischen Lehrherren und Lehrling« zu schaffen. Vieles lag im argen, und die Kammern scheuten sich nicht, gegen Verstöße mit exemplarischen Strafanträgen vorzugehen. Alsdann schritt man zur Verbesserung des Prüfungswesens. Die Anforderungen wurden erhöht, Schulungskurse eingerichtet.
Zu dieser langsam auf Touren kommenden Informations- und Schulungsarbeit gehörte es auch, das bisher stiefmütterlich behandelte ländliche Handwerk zu betreuen. Regelmäßige Sprechstunden wurden in Dörfern abgehalten, damit sich der Handwerker in allen gewerblichen Fragen Rat holen konnte. Vorträge wurden durchgeführt und Informationsschriften verteilt.
Im damaligen Reichsgebiet entstanden 63 Handwerkskam-

mern. Dazu kamen 5 Gewerbekammern in Sachsen und 3 Gewerbekammern in den Hansestädten.
Was brachte das Reichsgesetz von 1897 den neuen Handwerkskammern an Rechten und Pflichten? Sie sollten die Interessen des Handwerks gegenüber Parlament und Regierung vertreten. Die veränderte Gewerbeordnung wies den Handwerkskammern im einzelnen zu: die Regelung des Lehrlingswesens; die Überwachung der dafür notwendigen Vorschriften; Unterstützung der Behörden durch Information und Gutachtertätigkeit; Veröffentlichung von Jahresberichten über die Lage des Handwerks; Bildung von Ausschüssen zur Abnahme der Gesellenprüfung; die Einrichtung von Kontrollorganen zur Entscheidung von Streitfällen aus dem Prüfungsverfahren. Weiter »Veranstaltungen zur Förderung der gewerblichen, technischen und sittlichen Ausbildung der Meister, Gesellen (Gehilfen) und Lehrlinge sowie Fachschulen zu errichten und zu unterstützen«. Das ist nicht ohne Umständlichkeit formuliert, ermöglichte den Kammern aber, nach eigenem Ermessen Fortbildung anzubieten.

Der Deutsche Handwerks- und Gewerbekammertag

Über die Gründung des später so bedeutsam gewordenen Handwerks- und Gewerbekammertags schreibt der langjährige Leiter der Informations- und Dokumentationsabteilung des Handwerks, H. G. Patzig, folgendes:
»Die Gründung der ersten Spitzenorganisation des Handwerks ging nicht als ein großes Ereignis in die Geschichte ein: Fast wie von einem Nebengedanken veranlaßt, aber mit einer Mehrheit von 51 der 67 Handwerks- und Gewerbekammern gewollt, wurde der Deutsche Handwerks- und Gewerbekammertag im November 1900 in Hannover gegründet.
Das Selbstverständnis der Handwerker war noch nicht wieder so kräftig entwickelt wie das der Kaufleute und Industriellen, die bereits 1861 in Heidelberg – bewußt noch unter der schwarz-rot-goldenen Fahne der gescheiterten bürgerlichen Revolution – den Deutschen Handelstag gegründet hatten: Die Zerstörung (und Selbstzerstörung), unter der das Handwerk fast ein Jahrhundert gelitten hatte, wirkte auch jetzt noch auf das Selbstbewußtsein des Berufsstandes ein.
Gab es auch keine Schlagzeilen in der Presse und keine Beteili-

gung hoher Persönlichkeiten des Staates bei der Gründung der Handwerksspitzenorganisation, so wurden doch für die Zukunft feste Grundlagen geschaffen und tüchtige Persönlichkeiten an die Spitze des neuen Verbandes gewählt.
Der Deutsche Handwerks- und Gewerbekammertag nahm seinen Sitz bei der Handwerkskammer Hannover. Einige Jahre später wurde in Hannover dann auch eine selbständige Geschäftsstelle eingerichtet.
Fast 30 Jahre lang wurde das Präsidium des Deutschen Handwerks- und Gewerbekammertages von Klempnermeister Harry Plate – dem Präsidenten der Handwerkskammer Hannover – geleitet. Der hauptamtliche Geschäftsführer, der später die Amtsbezeichnung ›Generalsekretär‹ erhielt, war von 1907 bis 1933 – bis zur ›Machtergreifung‹ – der hervorragende Dr. Hans Meusch, mit dessen Namen die theoretische wie auch praktische Handwerkspolitik im ersten Drittel dieses Jahrhunderts eng verbunden ist.
Der Deutsche Handwerks- und Gewerbekammertag schuf die Basis einer einheitlichen Handwerkspolitik in Deutschland. Er gab dem Handwerk auch ein zentrales Organ: Das ›Deutsche Handwerksblatt‹.«

Die Handwerkerbünde als Vorläufer

Rückblickend sei hier eingefügt, daß die Handwerkerbünde in der Geschichte des Handwerks eine bedeutsame Rolle gespielt haben. Die älteste Organisation dieser Art ist der 1862 in Weimar gegründete »Deutsche Handwerkerbund«, der sich 1884 wieder auflöste.
1872 kam es zur Gründung eines »Vereins selbständiger Handwerker und Fabrikanten Deutschlands«, der sich später »Verein selbständiger Handwerker und Gewerbetreibender« nannte und aus dem dann ein neuer »Deutscher Handwerkerbund« hervorging.
Zu dieser Zeit gab es auch eine Anzahl regionaler Handwerkerbünde: den 1881 gegründeten Westfälisch-Lippischen Handwerkerbund, den 1884 ins Leben gerufenen, besonders aktiven Rheinischen Handwerkerbund und den 1895 in Hannover geschaffenen Nordwestdeutschen Handwerkerbund.
Im Zuge des Handwerkergesetzes von 1897 wurde 1902 in Berlin ein »Bund der Handwerker« gegründet.

Nach dem ersten Weltkrieg setzte eine Welle von Gründungen neuer Handwerkerbünde ein, die teilweise an frühere Gründungen anknüpften. In diesem Zusammenhang verdienen auch die vielen ins Leben gerufenen Handwerksvereine, Meistervereine, Mittelstandsvereinigungen Erwähnung.

An der Wende des 20. Jahrhunderts

Wie das Handwerk den Übergang ins neue Jahrhundert vollzog und welche Entwicklung es in den folgenden Jahren nahm, schildert Wilhelm Wernet in seiner »Geschichte des Handwerks in Deutschland« so:

»Mit etwa 1,3 Millionen Betrieben und schätzungsweise 3 Millionen schaffenden Menschen vollzog das Handwerk den Übergang ins neue Jahrhundert. Was sich davon als beständig erweisen würde, war damals gänzlich unbekannt.

Wenig bekannt ist auch der Verlauf der tatsächlichen Entwicklung vor dem ersten Kriege, über den nur die Betriebs- und Berufszählung von 1907 einige Anhaltspunkte gab. Sie besagte, daß die Zahl der gewerblichen Kleinbetriebe seit der letzten Zählung (1895) sich weiter verringert hatte, während der Bestand an Mittelbetrieben keine größeren Verschiebungen zeigte. Da die Betriebe des Handwerks nicht gesondert ausgewiesen wurden, reichten die zur Verfügung stehenden Erkenntnisse nicht sehr tief. Dieser Mangel blieb noch viele Jahrzehnte bestehen.

Dagegen konnten die Handwerkskammern feststellen, daß die Zahl der Innungen sich laufend erhöhte, wobei die neue Form der Zwangsinnung zusehends an Boden gewann. Die Handwerker machten von der Möglichkeit, sich zu lückenlosen Berufsgebilden zusammenzuschließen, trotz der Schwierigkeiten Gebrauch, die der § 100 qu der Gewerbeordnung hervorrief. Weniger erfolgreich erwiesen sich die gesetzlichen Bestimmungen über den Meistertitel und die Lehrlingsausbildung. Hier waren offensichtlich schärfere Methoden am Platze, um das berufliche Verantwortungsbewußtsein unter den selbständigen Handwerkern neu zu wecken und nachdrücklich zu stärken.

Der Regierung, die (damals noch) die Handwerksangelegenheiten mit wachem Interesse verfolgte, entging dieses Ergebnis nicht. Sie hatte 1905 besondere Erhebungen über die Wirk-

samkeit des Handwerkergesetzes von 1897 durchführen lassen, die eine Straffung der Nachwuchsausbildung im Handwerk wünschenswert erscheinen ließen.
Darauf beschäftigten sich Bundesrat und Reichstag erneut mit der Handwerkerfrage und verabschiedeten 1908 die Novelle zur Gewerbeordnung über die gesetzliche Einführung des sogenannten kleinen Befähigungsnachweises. Den neu zu Selbständigkeit kommenden Handwerksmeistern war hiernach die Ausbildung von Lehrlingen nur dann gestattet, wenn sie im Besitz des Meistertitels aufgrund der Meisterprüfung in ihrem Berufe waren. Dieser Vorbehalt hatte sich als notwendig erwiesen, um das Meisterprüfungswesen voranzubringen. Er wurde andererseits als ausreichend betrachtet, die schrittweise Heranbildung eines geprüften Meisterstandes im Handwerk zu gewährleisten. Vor einem Eingriff in das geheiligte Dogma von der Gewerbefreiheit scheute der Gesetzgeber zurück.«

Die gute alte Zeit

Man kann sagen, daß das Handwerk bis zum Jahre 1914 wieder einen echten Mittelstand darstellte. Selbstverständlich gab es auch eine große Anzahl Klein- und Kleinstbetriebe. Zu ihnen gehörten z. B. Friseure, Schuhmacher und Schneider. Ihre Position entsprach im wesentlichen der eines Facharbeiters.
Im gesellschaftlichen Sektor hatte das Handwerk allerdings Einbußen erlitten. Die Bedeutung, die es Jahrhunderte hindurch hatte, war in starkem Maße an die Industrie verlorengegangen. Begreiflich, daß größere Handwerker sich gern Fabrikanten nannten.
Im großen und ganzen blieb das Leben traditionellen Bahnen verhaftet. Daß der Zusammenhalt ohne tiefere Wirkung blieb, hing nicht zuletzt mit der Ohnmacht der Innungen zusammen. Nach wie vor konnte ein Handwerker auch ohne Prüfung und Lehrzeit seinen Beruf ausüben. Die Innungsausschüsse, also die Organisationen des Handwerks, waren bescheidene Vereine. Man traf sich zwar regelmäßig, man besprach auch aktuelle Probleme, überlegte, wie dem Handwerksstand am besten zu dienen sei, und nahm Kontakt zu den Parteien der Stadt, des Landes und des Reiches auf. Viel kam bei dieser Tätigkeit nicht heraus.
Es standen andererseits auch keine zwingenden Forderungen

dahinter. Man war im großen und ganzen mit den herrschenden wirtschaftlichen und organisatorischen Verhältnissen zufrieden. Sonderlichen Optimismus legte ein Handwerker nicht an den Tag. Im Gegenteil, den heiratsfähigen Töchtern der Handwerker wurde geraten, nach Möglichkeit Beamte, Kaufleute oder Akademiker zu heiraten. Zu einer Erbfolge in den Betrieben kam es meist nur, wenn das handwerkliche Unternehmen eine Tradition hatte und wirklich seinen Mann ernährte.

Das Handwerk ist immer
Friedenswerk gewesen. Es
baute auf, was Kriege
zerstörten
Albert Wilkening

Das Handwerk in Krieg und Krisen

Der Erste Weltkrieg

Als 1914 der Krieg ausbrach, traten alle Wünsche und Pläne vor diesem Geschehen zurück. Scharenweise wurden die Handwerker zu den Fahnen gerufen, und in dem Maße, wie die Engpässe entstanden, mußten die Organisationen, d.h. die Handwerkskammern und die Innungen, für Arbeitskräfte sorgen – Leichtverwundete und Gefangene wurden eingesetzt –, Aufträge vermitteln und die Finanzen sichern.

Von Jahr zu Jahr wurden die kriegswirtschaftlich bedingten organisatorischen Aufgaben größer und die Durchführung seitens der Innungen insofern schwieriger, als sie keine hauptamtlichen Geschäftsführer hatten.

Die lange Dauer des Krieges brachte die totale Bewirtschaftung und Kontrolle aller Rohstoffe und Produkte. Die Handwerksbetriebe wurden für die Kriegswirtschaft herangezogen und mit der Ausführung von Heeresaufträgen betraut.

Einen Auftrieb erlebten die holz- und metallverarbeitenden Betriebe, da sie in die Kriegsproduktion eingespannt wurden. Die Lebensmittelhandwerke stagnierten.

Die Handwerksorganisation – vornehmlich also die Kammern und Innungen – war auf die neuen Verwaltungs-, Verteilungs- und Kontrollfunktionen organisatorisch nicht vorbereitet und das handwerkliche Genossenschaftswesen noch nicht im ganzen Reich aufgebaut. Die Übernahme und Verteilung der Produktionsaufträge oblag daher der zentralen Handwerksorganisation.

In dem Maße, wie die Handwerksorganisation – im wesentlichen durch den Zwang der Kriegswirtschaft – leistungsfähiger und einfallsreicher wurde und immer mehr Anerkennung von staatlicher Seite erfuhr, wuchs auch das Selbstbewußtsein der Organisation und ihrer Mitglieder.

Nach dem Zusammenbruch

Der Zusammenbruch von 1918 führte zu einer Umgestaltung der handwerklichen Organisationen. Die von den Schlachtfeldern zurückkehrenden Handwerker verlangten etwas Neues. Die Innungen, die zu einem Teil während des Krieges ihre Arbeit hatten einstellen müssen, wurden wieder belebt, Vorstände neu berufen, Pläne entwickelt.

Viele Betriebe waren während des Krieges verwaist. Die Kundschaft war verlorengegangen oder abgewandert, Gesel-

len waren nicht mehr da. In den Handwerkerfamilien waren die wirtschaftlichen Verhältnisse zerrüttet.
Diese und andere Sorgen veranlaßten den Handwerker, über die Organisation Forderungen an den Staat zu stellen. Im Gegensatz zu früher ging man nun dazu über, gemeinschaftlich zu handeln. Damit bekamen die Innungen starken Auftrieb. Man wußte, daß man nur durch die Gemeinsamkeit aller Handwerker die gesteckten Ziele erreichen konnte. Daher kam der Plan zustande, den Innungsausschuß auszubauen, eine Zentrale zu schaffen und die Geschäftsstelle mit einem hauptamtlichen Leiter zu besetzen.
Durch die Revolution von 1918 waren die Gewerkschaften gleichberechtigte Partner gegenüber den handwerklichen Arbeitgebern geworden. Das jahrhundertealte patriarchalische Verhältnis verschob sich zu einer Partnerschaft Arbeitgeber/Arbeitnehmer. Obwohl dem Handwerk diese Partnerschaft zwischen Arbeitnehmer und Arbeitgeber widerstrebte – im Handwerk existierte das alte patriarchalische System Lehrling, Geselle und Meister –, verschlossen sich die Innungen nicht der neuen Zeit, sondern gingen mit den Gewerkschaften Tarifverträge ein.
Die folgenden Jahre brachten allerdings noch größere Probleme. Wernet schreibt darüber: »Schlimmere, weil tiefer greifende Wirkungen hatte unmittelbar darauf die ungehemmte Inflation, die Ende 1923 zur völligen Entwertung des Geldes führte. Sie vernichtete die Ersparnisse des kleinen Mannes, die Kapitalrücklagen der Handwerksbetriebe, zehrte die Betriebsgelder auf und brachte die vorwiegend mittelständische Handwerkerkundschaft an den Bettelstab. Viele Betriebe, deren Inhaber schon älter waren, haben sich von diesem Aderlaß niemals wieder erholt und sind der Wirtschaftskrise in der folgenden Zeit zum Opfer gefallen.«

Reichsverband des Deutschen Handwerks

Über die so wichtige Gründung des Reichsverbandes des Deutschen Handwerks möchten wir wiederum der Darstellung Patzigs folgen:
»Am 15./16. Oktober 1920 wurde der ›Reichsverband des Deutschen Handwerks‹ als Dachverband gegründet. Ihm traten nach und nach sieben verschiedene Mitgliedsgruppen bei:

- 67 Handwerks- und Gewerbekammern
- 49 Reichsverbände
- der Deutsche Genossenschaftsverband mit 32 Unterverbänden
- der Verband Deutscher Gewerbevereine und Handwerkervereinigungen mit 9 Unterverbänden
- 11 auf Landesebene bestehende Handwerkerbünde
- die Gruppe der Wirtschaftsorganisation des Reichsverbandes des Deutschen Handwerks mit 5 Unterverbänden, darunter das Forschungsinstitut für rationelle Betriebsführung im Handwerk e.V., Berlin, und die Arbeitsgemeinschaft für Deutsche Handelskultur e.V., Berlin
- der Verband der Versicherungsanstalten für selbständige Handwerker und Gewerbetreibende Deutschlands e.V. mit 16 angeschlossenen Versicherungen und Verbandskassen.

Hauptziel des neugegründeten Reichsverbandes war es, als Interessenverband von 1,3 Millionen Handwerksbetrieben politisch aktiv zu werden. Wenn man allerdings die Wirksamkeit des Reichsverbandes mit der der anderen Wirtschaftsspitzenverbände und der der Gewerkschaften vergleicht, muß man feststellen, daß ihm ein entscheidender Erfolg in den grundlegenden Angelegenheiten der Politik des Weimarer Staates versagt geblieben ist.
Auf dem ureigenen Interessengebiet des Handwerks, dort, wo es galt, die handwerkspolitischen Ziele zu verwirklichen, erfüllte der Reichsverband allerdings seine Aufgaben, nicht zuletzt dank der energischen Einsatzbereitschaft seines Generalsekretärs Hermann. Der geringere Einfluß in politischen Grundsatzfragen dürfte darauf zurückzuführen sein, daß der Spitzenverband des Handwerks eine gesellschaftliche Haltung und Mentalität zu vertreten suchte, für die Schritt um Schritt das Verständnis der Allgemeinheit verlorenging.
Tatsächlich glaubten weite Kreise des Handwerks damals noch, in ihrer bedrängten wirtschaftlichen Lage Erleichterung zu finden, wenn die Gewerbefreiheit stark eingeschränkt, die alte korporative Bindung wiederhergestellt und die industriellen und kapitalkräftigen Konkurrenten zugunsten der Klein- und Mittelbetriebe besteuert würden. Unter diesen Umstän-

den, so schien es ihnen, wäre es möglich, im handwerklichen Berufsstand die Konfrontation von Arbeitgeber- und Arbeitnehmerinteressen zu vermeiden und zugleich der Aufforderung des Art. 165 der Reichsverfassung Folge zu leisten, der besagte: »Die Arbeiter und Angestellten sind dazu berufen, gleichberechtigt in Gemeinschaft mit den Unternehmern an der Regelung der Lohn- und Arbeitsbedingungen sowie an der gesamten wirtschaftlichen Entwicklung der produktiven Kräfte mitzuwirken.«

Um das berufsständische Ziel des Handwerks zu erreichen, erarbeitete der Reichsverband 1920 Grundsätze für eine gesetzlich zu schaffende Reichshandwerksordnung, die Handwerk und Gewerbe als selbständige Wirtschafts- und Sozialkörper in den Rahmen einer umfassenden Gemeinschaftsordnung der Gesamtwirtschaft einfügen sollte. Sämtliche Berufsangehörige sollten laut Gesetz dem Berufsstand angehören, den Handwerksgesellen war dabei ein gleichberechtigter Platz in der Vertretung der gemeinsamen Interessen zugedacht.

Das gesamte Handwerk stimmte 1921 durch seine gewählten Vertreter diesen Grundsätzen für eine Reichshandwerksordnung zu. Die Zeitumstände schienen einer derartigen Lösung nicht ungünstig zu sein, ja, vom Gesichtspunkt der Handwerker aus, sie geradewegs zu erfordern. Und doch kam man dem Ziel nicht näher.

Arbeitgeberverbände wie Gewerkschaften standen dem Projekt der Gründung eines »Sozialkörpers« von vornherein ablehnend gegenüber, der ja nur als Modell einer ganz neuen Ordnung des sozialen Zusammenlebens gedacht sein konnte. Auch die politischen Parteien, bei denen der Gedanke einer »Reichshandwerksordnung« anfänglich Interesse oder sogar Unterstützung gefunden hatte, zogen sich bald zurück. Damit entschwanden die Voraussetzungen für die praktische Verwirklichung des Projektes auch im engeren Bereich des Handwerks.

Diese Gleichgültigkeit und sogar der Widerstand gegenüber einer berufsständischen Gemeinschaftsordnung nahmen im Lauf der Jahre so deutlich zu, daß schließlich zu Ende der zwanziger Jahre ein erneuter programmatischer Verstoß keinen aktiven Widerhall in der Handwerkerschaft fand.

Körperschaft des öffentlichen Rechts

Durch die Gewerbeordnungsnovelle vom 16. Dezember 1922 wurde der Deutsche Handwerks- und Gewerbekammertag Körperschaft des öffentlichen Rechts. Sein Aufgabenkreis wurde in der Satzung wie folgt festgelegt:
»Der Deutsche Handwerks- und Gewerbekammertag hat die Aufgabe, die gemeinsamen Angelegenheiten der ihm angehörenden Körperschaften zu vertreten; er hat insbesondere eine möglichst einheitliche Durchführung der das Handwerk betreffenden Bestimmungen der Gewerbeordnung und anderer Gesetze anzubahnen und die Bedürfnisse und Würde der ihm angeschlossenen Körperschaften durch gemeinsame Beratungen und Beschlüsse zum Ausdruck sowie in geeigneter Weise zur Kenntnis des Reichs und der Länder zu bringen.«
Im Jahre 1928 erfuhr der Kammertag eine nicht unbedeutende Erweiterung seiner Aufgaben, als die Handwerks- und Gewerbekammern im Rahmen einer weiteren Gewerbeordnungsnovelle vom Staat mit der Führung der Handwerksrolle beauftragt wurden, in die von nun an jeder selbständige Handwerker – gleichgültig, ob Innungsmitglied oder Nichtorganisierter – mit seinem Betrieb eingetragen sein mußte.

Sombart über das Handwerk

Eine im Jahre 1925 veröffentlichte gewerbliche Betriebszählung im damaligen deutschen Reichsgebiet ergab, daß die Klein- und Mittelbetriebe ihren absoluten Bestand seit der letzten Erhebung im Jahre 1907 behaupten konnten.
In seinem im gleichen Jahr erschienenen mehrbändigen Werk »Das Wirtschaftsleben im Zeitalter des Hochkapitalismus« kam Professor Sombart zu dem Ergebnis, daß das Handwerk der Konkurrenz des Kapitalismus siegreich widerstanden hätte.
Nach Sombart sind es insbesondere drei Gebiete, die dem Handwerk vorbehalten bleiben: das Gebiet der individualisierten Arbeit, das der lokalisierten Arbeit und schließlich das Gebiet der Reparaturarbeit.
Welche Ausweitung es im Zeitalter der Automation und Atomtechnik erfahren hat, ist jedem geläufig. Eine ganze Serie neuer handwerklicher Berufe zur Überwachung und Pflege komplizierter Apparaturen und Maschinen ist entstanden.
Damals konstatierte Sombart, daß die Entwicklung der Indu-

Ägyptische Handwerker. Wandmalerei aus dem Grab des Kenamon in Luxor, 1500 v. Chr. *(Foto: Heinrich Schnitzler)*

Griechische Vase mit Darstellungen aus dem Handwerk *(Foto: Heinrich Schnitzler)*

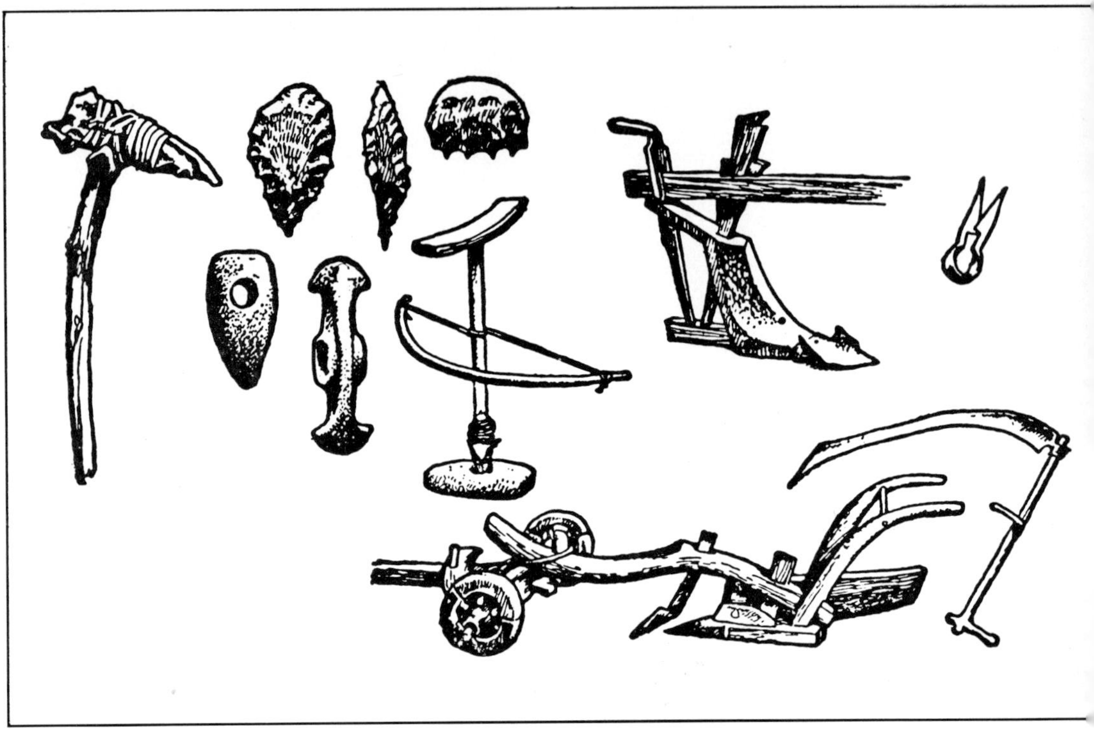

Schneide- und Stechwerkzeuge aus der Stein- und Bronzezeit
(Foto: Heinrich Schnitzler)

Bau der Stadt Köln, um 1500 *(Foto: Heinrich Schnitzler)*

Berufsleben im 15. Jahrh. Eine Kaltnadelradierung. Meister unbekannt
(Foto: Heinrich Schnitzler)

Huldigung der Gewerke von Johann Gottfried Schadow
(Foto: Heinrich Schnitzler)

Elfenbeinbuchdeckel, um 1000 n. Chr. *(Foto: Heinrich Schnitzler)*

Druckerwerkstatt im 17. Jahrh. *(Foto: Heinrich Schnitzler)*

Hans Sachs. Radierung von Jost Ammann, 1576 *(Foto: Heinrich Schnitzler)*

Tilman Riemenschneider, Selbstbildnis *(Foto: Heinrich Schnitzler)*

Nürnberger Gesellenstechen. Radierung von Philipp Walther, 1621
(Foto: Heinrich Schnitzler)

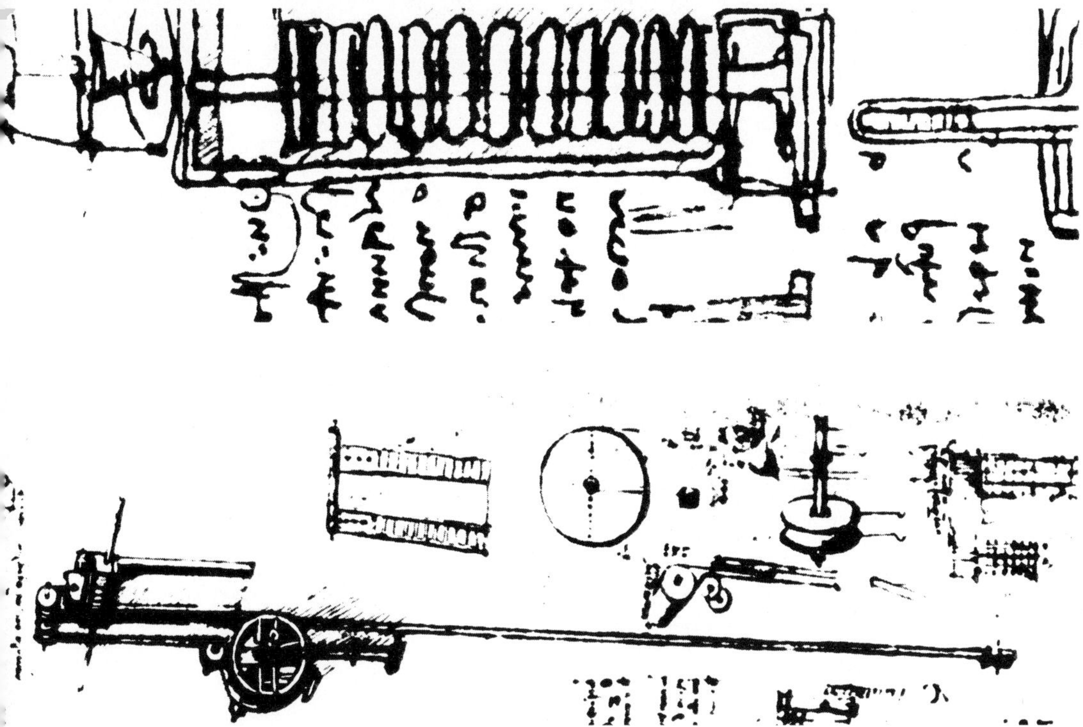

Peter Vischer: Selbstbildnis am Sebaldusgrab, 1508
(Foto: Heinrich Schnitzler)

Leonardo da Vinci, Selbstbildnis *(Foto: Heinrich Schnitzler)*

Brunnenbohrmaschine. Zeichnung von Leonardo *(Foto: Heinrich Schnitzler)*

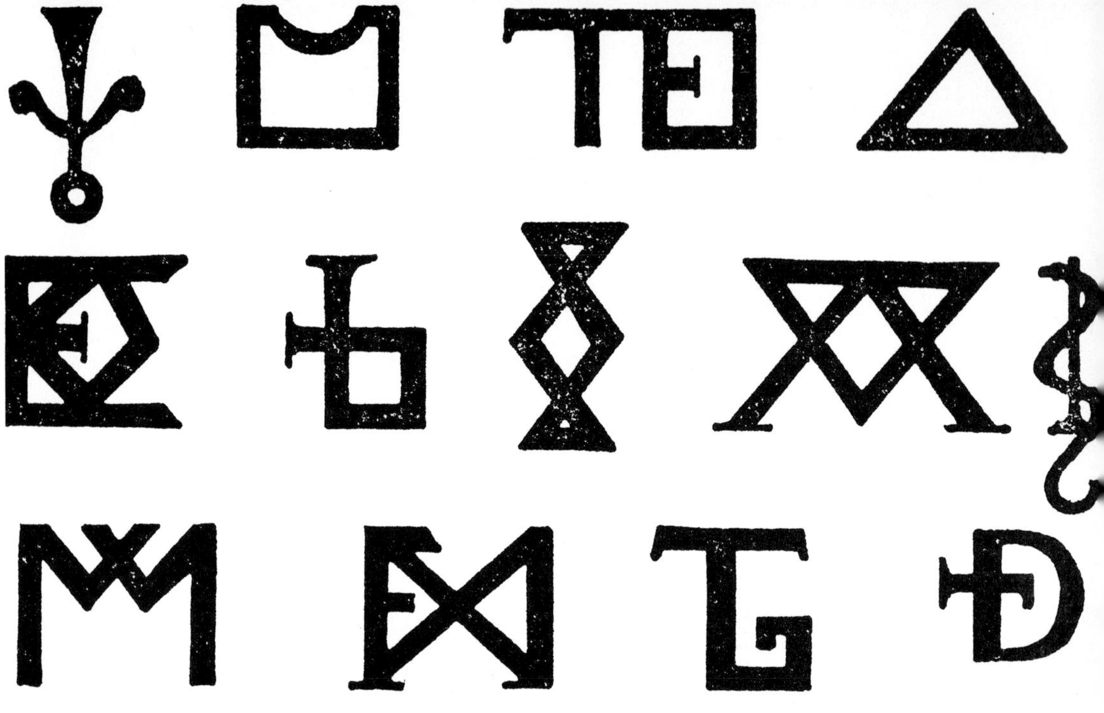

Steinmetzzeichen *(Foto: Heinrich Schnitzler)*

Sammelbüchsen des Frankfurter Handwerks, 14. Jahrh.
(Foto: Heinrich Schnitzler)

Der Schneider, Francesco Moroni, London *(Foto: Heinrich Schnitzler)*

Geselle und Lehrjunge, 15. Jahrh. *(Foto: Heinrich Schnitzler)*

Fleischerladen der Biedermeierzeit. Lithographie um 1825
(Foto: Heinrich Schnitzler)

Zunftlade der Münchener Brauer, um 1700 *(Foto: Heinrich Schnitzler)*

Alte Handwerkerstraße in Berlin, Gemälde von Eduard Gärtner, 1831
(Foto: Heinrich Schnitzler)

CEREMONIEL
Der
Fleisch-Hauer/
in welchem
nicht allein dasjenige / was bey dem
Aufdingen/
Loßsprechen und
Meister werden
nach denen Artickuls-Briefen
unterschiedener Oerter
von langer Zeit her in ihren
Innungen u. Zünfften
observiret worden/
sondern auch diejenigen lächerlichen und
bisweilen bedencklichen
Actus wie auch Examina
bey dem Gesellen-machen/
ordentlich
durch Fragen und Antwort
vorstellen
und mit nützlichen Anmerckungen
zufälliger Gedancken ausführen wollen
M. FRIDERICUS FRISIUS, Prof. Gymnas. Altenb.

Leipzig/
zu finden in Groschuffs Buchladen/ 1715.

Titelseite in einer Vorschrift über ein handwerkliches Zeremoniell, 1715
(Foto: Heinrich Schnitzler)

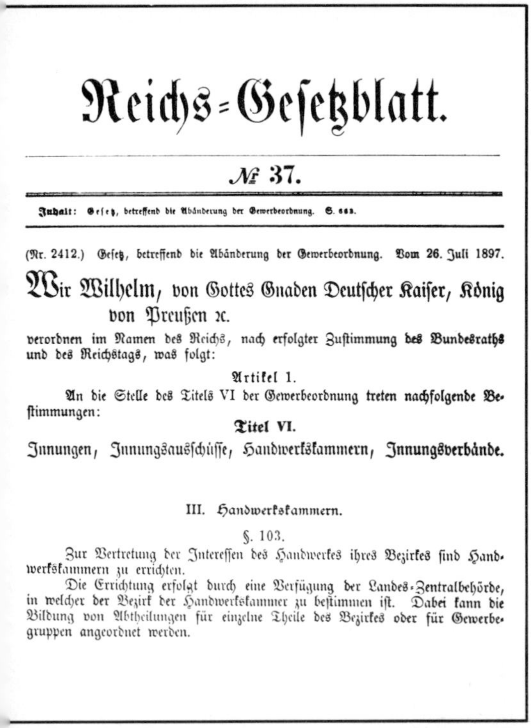

Reichs-Gesetzblatt.

№ 37.

Inhalt: Gesetz, betreffend die Abänderung der Gewerbeordnung. S. 663.

(Nr. 2412.) Gesetz, betreffend die Abänderung der Gewerbeordnung. Vom 26. Juli 1897.

Wir Wilhelm, von Gottes Gnaden Deutscher Kaiser, König von Preußen ꝛc.

verordnen im Namen des Reichs, nach erfolgter Zustimmung des Bundesraths und des Reichstags, was folgt:

Artikel 1.

An die Stelle des Titels VI der Gewerbeordnung treten nachfolgende Bestimmungen:

Titel VI.

Innungen, Innungsausschüsse, Handwerkskammern, Innungsverbände.

III. Handwerkskammern.

§. 103.

Zur Vertretung der Interessen des Handwerkes ihres Bezirkes sind Handwerkskammern zu errichten.

Die Errichtung erfolgt durch eine Verfügung der Landes-Zentralbehörde, in welcher der Bezirk der Handwerkskammer zu bestimmen ist. Dabei kann die Bildung von Abtheilungen für einzelne Theile des Bezirkes oder für Gewerbegruppen angeordnet werden.

Die Gewerbeordnung von 1897 im Reichs-Gesetzblatt
(Foto: Heinrich Schnitzler)

Carl Benz *(Foto: Heinrich Schnitzler)*

Gottlieb Daimlers Werkstatt in Cannstatt *(Foto: Heinrich Schnitzler)*

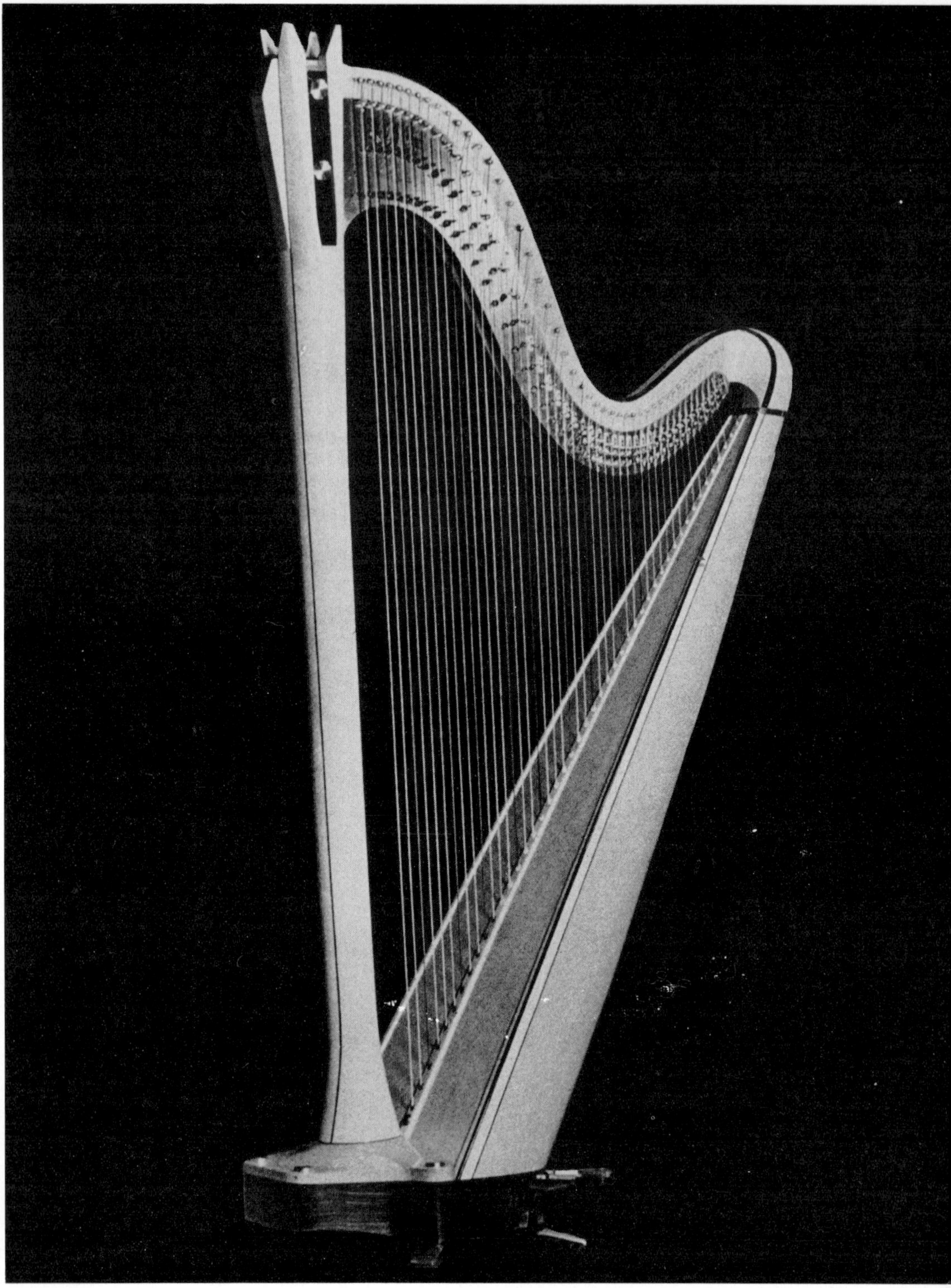

Konzertharfe. Entwurf und Ausführung Ernst Löffler *(Foto: Kurt Julius)*

Der Maler als Restaurator *(Foto: Heinrich Schnitzler)*

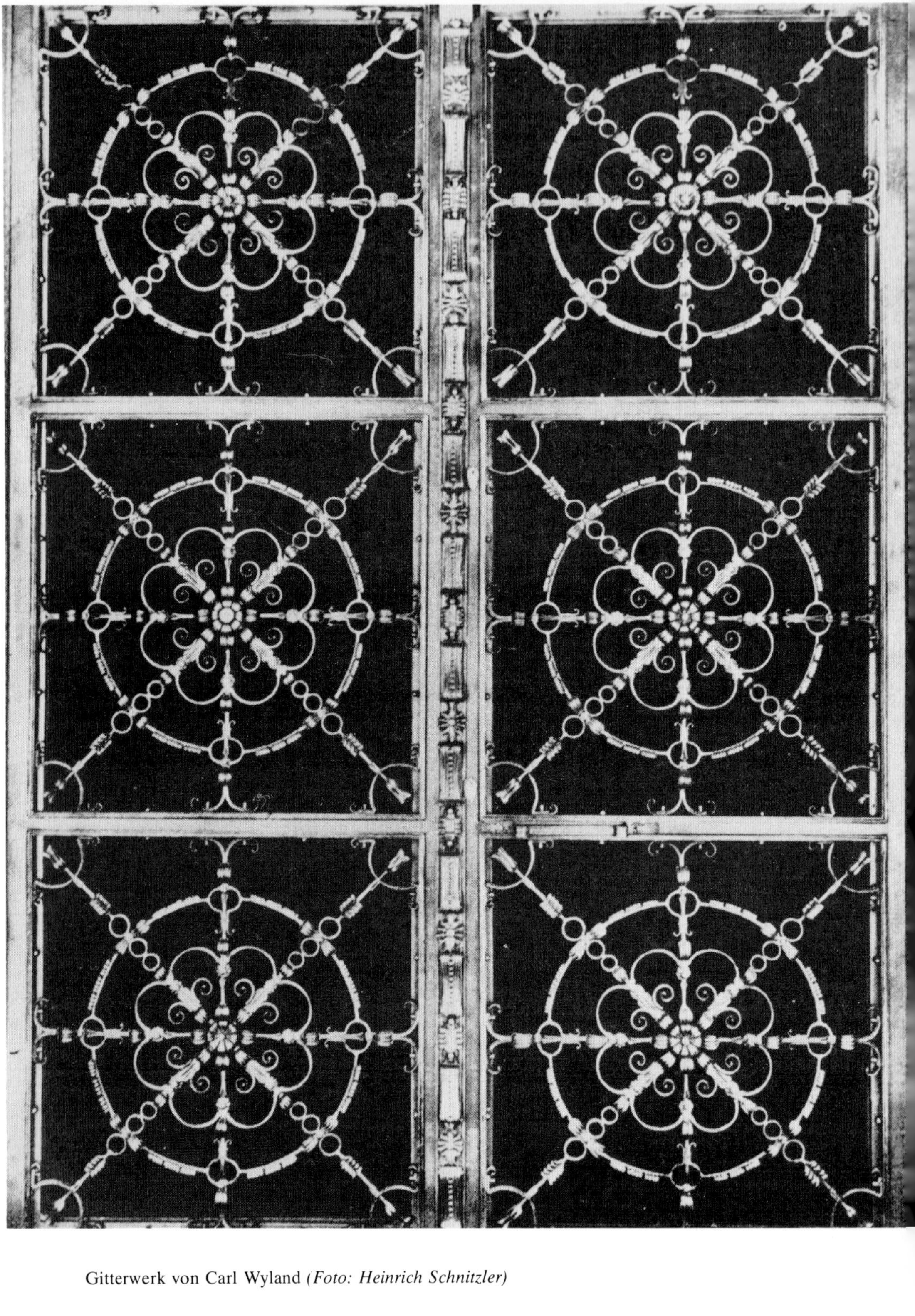

Gitterwerk von Carl Wyland *(Foto: Heinrich Schnitzler)*

Glasfenster aus Antikglas. Entwurf: Hubert Spierling, Krefeld.
Ausführung: Otto Peters, Paderborn *(Foto: Heinrich Schnitzler)*

Halskette aus Weißgold mit Ceylon-Rubinen, Saphiren und Barockperlen.
Entwurf: Elisabeth Treskow. Ausführung: Falko Marx
(Foto: Heinrich Schnitzler)

Der Präsident des Zentralverbandes des Deutschen Handwerks,
Paul Schnitker *(Foto: Heinrich Schnitzler)*

Der Generalsekretär des Zentralverbandes des Deutschen Handwerks,
Dr. Klaus-Joachim Kübler *(Foto: Heinrich Schnitzler)*

strie dem Handwerk »noch immer« Arbeit gebracht habe und daß daher die Zukunft des Handwerks gesichert sei.
Dennoch war das Handwerk in den zwanziger Jahren nicht am Ziel seiner Wünsche angelangt. Der Große Befähigungsnachweis und die Pflichtinnung waren unerfüllte Forderungen. Die gesamte Arbeit der Innungsverbände vollzog sich noch auf dem Boden der Freiwilligkeit, was indes ein Beweis für die ungebrochene Lebenskraft des Handwerks war.

Die Junghandwerkerbewegung

In den zwanziger Jahren schlossen sich in Niedersachsen aktive junge Handwerker zu bezirklichen Gemeinschaften zusammen, die sich »Junghandwerkerbund« nannten. Sie hatten es sich zur Aufgabe gemacht, das Gedankengut der allgemeinen Handwerkerbewegung zu pflegen und mit dem Schwung der Jugend dem Handwerk neue Impulse zu geben.
1931 entstand aus Zusammenschlüssen der »Deutsche Junghandwerkerbund« mit Sitz in Hannover. Dieser Bund bestand bis 1934 und wurde nach dem Zweiten Weltkrieg zu neuem Leben erweckt.

Generalbilanz der Wirtschaft

Im Jahre 1926 erhielt der Enquêteausschuß des Reichstags den Auftrag, eine erste und gründliche Generalbilanz der deutschen Wirtschaft aufzustellen. Die Ergebnisse erregten großes Aufsehen, zeigten sie doch, daß die Zahl der im Handwerk Beschäftigten und die Zahl der Handarbeitsbetriebe alle Vermutungen bei weitem übertraf.
Am deutlichsten spiegelte sich diese Tatsache in einigen Größen wider, aus denen hervorging, daß z.B. ein Zehntel der deutschen Bevölkerung unmittelbar von dem handwerklichen Arbeitsertrag lebte, daß das Handwerk 1,4 Millionen Betriebe umfaßte, die bei voller Leistungsentfaltung mehr als 20 Milliarden RM pro Jahr umsetzten und daß damals 80% aller produzierenden Wirtschaftseinheiten von Meistern geführt wurden. Das war ein Beweis dafür, daß die Entpersönlichung der Wirtschaft noch nicht den behaupteten Umfang angenommen hatte.
Die Ergebnisse sagten ferner aus, daß das Handwerk nicht nur mit rund 18% an der gesamten Gütererzeugung beteiligt war, sondern daß es auch einen sehr beachtlichen Konsumenten

von Industrieerzeugnissen und eine zuverlässige Steuerquelle darstellte.

Die fachlichen Innungen und die überfachlichen Kammern entwickelten sich mehr und mehr zu den tragenden Säulen der Handwerksorganisation. Die über 17000 Innungen schlossen sich in Bezirks-, Landes- und Reichsverbänden zusammen, und in der Gruppe der Reichsfachverbände waren etwa 950000 Innungsmitglieder, also 70% aller selbständigen Betriebsinhaber im Handwerk zusammengeschlossen.

Die Einführung der Handwerksrolle

Von besonderer Bedeutung war das »Gesetz zur Änderung der Gewerbeordnung vom 11. Februar 1929«. Dieses Gesetz, das auch als »Handwerksnovelle« bezeichnet wurde, hatte seine besondere Bedeutung darin, daß es die bestehenden Selbstverwaltungsordnungen weiter stabilisierte.

Von hohem Wert war die Einführung der Handwerksrolle. Sie ist ein Verzeichnis derjenigen Handwerksbetriebe, die im Bezirk einer Handwerkskammer ein Handwerk als stehendes Gewerbe ausüben. Sinn und Zweck der Handwerksrolle liegt darin, daß der Kreis der zur Handwerkskammer gehörenden Betriebe genau festgelegt ist, daß es für Abgrenzungsverhandlungen mit anderen Wirtschaftszweigen genaue Unterlagen gibt und daß man leicht Betriebsdaten in personeller und institutioneller Hinsicht erstellen kann.

Das Handwerk und die Weltwirtschaftskrise

Die im großen und ganzen positive Entwicklung der Handwerkswirtschaft wurde durch die Weltwirtschaftskrise jäh unterbrochen.

In dem vom Deutschen Handwerkskammertag herausgegebenen Buch »Handwerk – Brücke zur Zukunft« heißt es über diese Krise: »Der ›Schwarze Freitag‹ an der New Yorker Börse, der 25. Oktober 1929, hatte auf Deutschland deshalb so verheerende Folgewirkungen, weil die Kapitalnot der Nachkriegszeit deutsche Banken gezwungen hatte, 15 Milliarden Reichsmark bei amerikanischen Instituten als kurzfristige Kredite aufzunehmen.

Diese Gelder waren zum großen Teil für langfristige Investitionen ausgeliehen worden. Als die Amerikaner ihre Milliardenbeträge plötzlich zurückriefen, da ihre Banken selbst in

Bedrängnis geraten waren, löste dieser Schritt in Deutschland einen ungeheuren wirtschaftlichen Schock aus.
Weil keine Aufträge mehr kamen, Außenstände nicht einzutreiben waren und Bankkredite gekündigt wurden, gerieten viele tausend an sich gesunde Handwerksbetriebe in ernste Schwierigkeiten. Bei öffentlichen Ausschreibungen wurden, darin ist der Verfall der allgemeinen Geschäftsmoral abzulesen, Angebote, die nicht einmal die Materialkosten deckten, abgegeben.
Arbeitslosigkeit griff um sich. Viereinhalb Millionen waren ohne Beschäftigung, Banken brachen zusammen, Notverordnungen sollten die Volkswirtschaft und die Staatsfinanzen wieder ins Gleichgewicht bringen. Die Beamtengehälter wurden gekürzt, Tariflöhne handwerklicher Fachkräfte minderten sich durch Schiedsspruch eingesetzter Schlichter manchmal um ein Drittel. Aber der Auftragseingang der Betriebe wurde dennoch immer schlechter.
1932 standen 7 Millionen auf der Straße. Die Zahl der Sozialhilfeempfänger war nicht wesentlich kleiner, unter ihnen auch viele selbständige Handwerker, deren Einkommen der Familie das Existenzminimum nicht mehr sicherte.
Die handwerklichen Betriebe begannen zu schrumpfen, die soziale Not griff um sich. Anträge auf Eröffnung eines Vergleichsverfahrens häuften sich, und die Innungen meldeten die Unpfändbarkeit vieler Handwerker.
Besonders die Notverordnungen wirkten sich zum Nachteil des Handwerks aus. Man empfand die eigenen Organisationen als unzulänglich. Diese Situation, zu der die allgemeine Unzufriedenheit kam, wurde von den Nationalsozialisten geschickt propagandistisch ausgenutzt. Obgleich sie keine echte neue Wirtschaftskonzeption hatten, konnten sie doch auf die Sympathie vieler Mittelständler rechnen. Hitler konnte nicht nur im Schatten der Weltwirtschaftskrise zur Macht kommen.«

Handwerksgesetze im Dritten Reich

Mit dem »Gesetz über den vorläufigen Aufbau des deutschen Handwerks vom 29. November 1933« wollten die braunen Machthaber eine gesetzliche Grundlage für eine organische Neuordnung des Handwerks nach nationalsozialistischen Gesichtspunkten schaffen.

Kennzeichnend für diese Neugestaltung war, daß sie eine Umkehr des Organisationsprinzips von 1897 vorsah. Während damals eine Dezentralisation und demokratische Formen der handwerksberuflichen Selbstverwaltung angestrebt wurden, empfand das Dritte Reich diese Gesetzgebung als Hemmschuh für seine Ideen. Die Organisation erfolgte jetzt dezentralisiert nach dem Führerprinzip.
Der Ermächtigungsauftrag nahm mit dem Erlaß der »Ersten Verordnung über den vorläufigen Aufbau des deutschen Handwerks vom 15. Juli 1934« weitere feste Formen an. Die vorhandenen freien und Zwangsinnungen, die Innungsausschüsse und sonstigen Zusammenschlüsse des Handwerks wurden aufgelöst und an ihrer Stelle Pflichtinnungen und Kreishandwerkerschaften errichtet. Damit waren große Teile des Handwerkergrundgesetzes von 1897 beseitigt, und eine handwerkliche Berufsorganisation nach nationalsozialistischen Grundsätzen konnte aufgebaut werden. Rund 15000 Innungen wurden errichtet und diese wiederum in rund 750 Kreishandwerkerschaften zusammengefaßt. Diesen Organisationen gehörten damals insgesamt 1500000 Betriebe an.
Fakultative Innungsaufgaben aus früherer Zeit wurden in Pflichtaufgaben umgewandelt und der Selbstverwaltungscharakter der Handwerksorganisation entscheidend geändert.
Am 3. Juli 1934 wurden die Ausführungsbestimmungen über die Errichtung der Handwerkerinnungen und die Mustersatzungen für Innungen und Kreishandwerkerschaften veröffentlicht. Mit der »Zweiten Verordnung über den vorläufigen Aufbau des deutschen Handwerks vom 18. Januar 1935« erfolgte eine weitere Umgestaltung. Auf der Linie dieser Verordnungen lag auch die »Verordnung über den deutschen Handwerks- und Gewerbekammertag vom 9. November 1934«, die den Führergrundsatz weiter verwirklichte.
Schließlich brachte die »Dritte Verordnung über den vorläufigen Aufbau des deutschen Handwerks« den Schlußstein in dieser Entwicklung, den Großen Befähigungsnachweis. Dieser Große Befähigungsnachweis war aus der Schublade des Handwerks geholt worden. Er begründete keinen Numerus clausus. Jedermann mußte zur Meisterprüfung zugelassen werden, sofern die Zulassungsbedingungen erfüllt waren. Je-

der mußte in die Handwerksrolle eingetragen werden, wenn er die Prüfung abgelegt hatte. Der Befähigungsnachweis war mit keinen gewerbepolitischen Bestimmungen verknüpft. Damit wurde er zu einem Berufsausbildungsnachweis, der dazu bestimmt war, die Nichtmeister von der selbständigen Ausübung des Gewerbes fernzuhalten.

An die Spitze des Handwerks wurde der »Reichsstand des deutschen Handwerks« gesetzt. Die Reichsinnungsverbände wurden in der »Reichsgruppe Handwerk« zusammengefaßt, die zentralistisch aufgebaut war. Für diese Reichsgruppe wurde eine besondere Satzung am 7. Juni des Jahres 1935 erlassen.

Bereits 1937 setzte die Desorganisation der handwerklichen Selbstverwaltung ein, indem man die Handwerkskammern den neuerrichteten Wirtschaftskammern angliederte. Abschluß dieser Entwicklung war die Gauwirtschaftskammer. Durch eine Verordnung vom 20. April 1942 wurden die Handwerkskammern gezwungen, sich mit den Industrie- und Handelskammern zu Gauwirtschaftskammern zusammenzuschließen. Es folgte noch eine ganze Reihe von Verordnungen, die der Vereinfachung und Vereinheitlichung der Organisation dienen sollten. Vor allem brachte die Durchführung des Vierjahresplanes viel Neues. So verlangte eine Verordnung vom 22. Februar 1939 die Löschung von Betrieben in überbesetzten Handwerkszweigen, um deren Inhaber und Arbeitskräfte der Rüstungsindustrie zuführen zu können. Man sprach deshalb von der »Handwerkereinsatzverordnung«.

Andererseits kam am 9. Februar 1942 eine Anordnung heraus, die die Bedürfnisprüfung für die Errichtung neuer Handwerksbetriebe einführte. Sie sollte die Betriebe der an der Front stehenden Handwerker vor wirtschaftlicher Gefahr schützen.

In demselben Jahr folgten weitere Verordnungen über Maßnahmen auf dem Gebiet des Handwerksrechts und im Januar 1943 wurde dann eine Anordnung zur Freimachung von Arbeitskräften für kriegswichtigen Einsatz erlassen. Sie schuf die Grundlage für Stillegung und Zusammenlegung von Betrieben.

Das Handwerk in Zahlen 1938/39

Bauhandwerke	mit	271 142	Betrieben oder	18,4%
Metallverarbeitende Handwerke	mit	223 138	Betrieben oder	15,2%
Holzverarbeitende Handwerke	mit	175 108	Betrieben oder	12,0%
Nahrungsmittelhandwerke	mit	241 509	Betrieben oder	16,4%
Bekleidungs-, Reinigungs-handwerke, Körperpflege	mit	535 463	Betrieben oder	36,3%
Papierverarbeitende Handwerke	mit	16 580	Betrieben oder	1,1%
Sonstige Handwerke	mit	8 661	Betrieben oder	0,6%
Handwerkswirtschaft	mit	1 471 601	Betrieben oder	100,0%

Betriebe mit	Betriebe		Beschäftigte	
... Personen	Zahl	%	Zahl	%
1	620 262	40,5	620 262	11,8
2– 3	552 908	36,1	1 311 009	25,0
4– 5	188 944	12,3	824 814	15,7
6– 10	109 716	7,2	800 921	15,2
11– 20	37 519	2,4	530 684	10,1
21– 50	17 133	1,1	522 661	9,9
51–100	4 239	0,3	290 837	5,5
101–200	1 447	0,1	194 796	3,7
über 200	485	0,0	158 549	3,1
insgesamt	1 532 653	100,0	5 254 533	100,0

1938 stellte sich der Gewerbeertrag des gesamten Handwerks auf 2940 Millionen RM, davon Gewinn im Sinne des Gewerbesteuergesetzes 2906 Millionen RM. Diese Summe verteilte sich auf 763 123 Gewerbesteuerpflichtige, die einen Gewerbeertrag von mindestens 1300 RM und ein Gewerbekapital von 3000 RM und höher gehabt haben. Demnach verblieb etwa die Hälfte aller Betriebe unter den genannten Mindestgrenzen von Ertrag und Kapital. Im Durchschnitt sämtlicher Steuerpflichtigen entfielen 3853 RM Gewerbeertrag auf einen Betrieb.
Zugleich mit dem Gewerbeertrag wurde für 1938 das versteuerte Gewerbekapital ermittelt. Es betrug bei rd. 763 000 Betrieben 2803,8 Millionen RM, das sind 3674 RM je steuerpflichtigen Betrieb. In welcher Höhe hieraus das Gesamtkapital sämtlicher Handwerksbetriebe geschätzt werden kann, muß offen bleiben. Vielleicht wird man unter der Annahme eines Betriebskapitals von durchschnittlich 2000 RM je nichtveranlagten Betrieb rd. 1,5 Milliarden RM hinzurechnen kön-

nen, woraus sich dann ein Gesamtbetrag von etwa 4,3 Milliarden RM ergeben würde.
Der Anteil der einzelnen Handwerksgruppen an der versteuerten Summe wich von dem für den Gewerbeertrag berechneten Bild vielfach ab. Die Kapitalintensität ging einmal auf die vorhandenen Betriebseinrichtungen technischer Natur, zum anderen auf die erforderliche Lagerhaltung zurück; im Bauhandwerk spielten die üblicherweise vorhandenen hohen Außenstände eine Rolle.

Der Zweite Weltkrieg

Am 1. September 1939 begann der Zweite Weltkrieg. Nun vollbrachte das Handwerk Leistungen, die man im Buch der Geschichte groß schreiben muß. Es arbeitete nicht nur für die Kriegswirtschaft, sondern es versorgte auch die Zivilbevölkerung auf allen lebenswichtigen Gebieten. Die vorausgegangenen ständigen Reibereien zwischen der Partei und dem Handwerk traten etwas hinter den wirtschaftlichen Forderungen des Tages zurück.
Die kriegerischen Ereignisse warfen Probleme über Probleme auf. Eine Verfügung löste die andere ab. Die Rohstoffversorgung brachte einschneidende Schwierigkeiten, mehr noch, sie stellte die Fortführung der Betriebe, nachdem die Inhaber und männlichen Arbeitskräfte laufend zur Wehrmacht eingezogen wurden, in Frage. Wo immer es ging, versuchten die handwerklichen Organisationen den Personalbestand des Handwerks durch UK-Stellungen, d.h. durch Arbeitskräfte, die vom Kriegsdienst freigestellt waren, zu erhalten.
Im Bericht der Handwerkskammern heißt es: »Der Zuständigkeitsbereich des Reichsstandes des Handwerks hatte sich bis zum Kriegsausbruch durch Hitlers Landhunger und Annektierungslust um sieben Handwerkskammern in der sogenannten Ostmark (Österreich), um drei im Sudetenland sowie nach der Besetzung Polens um die Kammern Danzig und Posen erweitert. 1,5 Millionen Handwerksbetriebe gehörten der Organisation an, hingen von der eingeschränkten Rohstoffversorgung ab und waren auf die ›Werkstoffumschulung‹ angewiesen.«
Die handwerklichen Organisationen kämpften, wie H. G. Patzig schreibt, mit allen ihnen zur Verfügung stehenden Mög-

lichkeiten um die Erhaltung jedes einzelnen Betriebes und bemühten sich, seine »Kriegswichtigkeit« bzw. seine lebenswichtige Bedeutung für die Versorgung der Bevölkerung zu beweisen. Aber die Handwerksorganisation hatte noch an anderen »inneren Fronten« zu kämpfen.
Jahrelang dauerten die Auseinandersetzungen mit der »Deutschen Arbeitsfront« (DAF) und ihrem Reichsleiter Robert Ley an, der sich bemühte, der Handwerksorganisation Stück um Stück ihrer Befugnisse zu entreißen, sie durch DAF-Funktionäre unterwandern zu lassen und auf kaltem Wege zu erobern. Ley hatte sich vor allem gegen die Eingliederung der Gesellen in die berufsständische Organisation gewandt, so daß die Trennung zwischen Meistern und Gesellen beibehalten wurde.
Mit der längeren Dauer des Krieges sollte sich zeigen, daß das anfänglich vom nationalsozialistischen Staat dem Handwerk und seiner Organisation gezeigte Entgegenkommen keineswegs einer ideologischen Zielsetzung im Sinne eines berufsständischen Gesellschaftsaufbaus entsprach, sondern reiner Opportunismus war. Im Laufe der Zeit wurde die Selbstverwaltungsorganisation des Handwerks trotz ihrer so sehr eingeschränkten Kompetenzen dem totalitären Staat unbequem, und man beschloß, sie ganz aufzulösen.
Den schwersten Schlag führte der NS-Staat gegen die Handwerksorganisation, als er die Auflösung der Handwerkskammern und des Deutschen Handwerks- und Gewerbekammertages anordnete: Aufgrund der Gauwirtschaftskammer-Aufbauverordnung vom 2.6.1942 wurden 29 Gauwirtschaftskammern errichtet und alle bis zu diesem Zeitpunkt noch bestehenden Industrie- und Handelskammern, Handwerks- und Bezirkswirtschaftskammern aufgelöst. Die Handwerksführung unternahm einen letzten Versuch im Januar 1943, mit einem direkt an die Parteikanzlei gerichteten Schreiben die Kammerorganisation zu retten und wenigstens einige »Mindestforderungen« des Handwerks durchzusetzen. Sie wurden abgelehnt. Ende März 1943 wurde die Auflösung des Kammertages durch seine Überführung in die Reichswirtschaftskammer vollzogen.
Der Zusammenbruch des Reiches traf das Handwerk mit der

gleichen Härte und Unerbittlichkeit wie alle anderen Wirtschaftsbereiche.

Das Jahr Null

Als die Siegermächte einzogen, konnte von einem organisierten Handwerk keine Rede mehr sein. Kurz vor dem Zusammenbruch hatte Hitler den Wahnsinnserlaß herausgegeben, daß vor dem einmarschierenden Feind auch die kleinsten handwerklichen Hilfsmaschinen zerstört werden müßten. Das Handwerk sabotierte diesen Befehl, so daß in den ersten Monaten nach dem Zusammenbruch wenigstens die wichtigsten Hilfsmittel für die handwerklichen Betriebe vorhanden waren. Da die Industrie durch die schweren Bombenangriffe völlig lahmgelegt war, oblag es den Handwerkern, die in die zerstörten Städte zurückströmenden Bewohner mit den Notwendigkeiten des täglichen Lebens zu versorgen.
Die Fleischer nahmen die Verteilung der wenigen Fleischvorräte vor, die Bäcker versuchten, Mehl für das tägliche Brot zu organisieren. Aus alten Uniformen machten die Schneider Arbeitskleidung. Bauhandwerker flickten notdürftig Unterkünfte und Behausungen. Dem Kraftfahrzeughandwerk gelang es, buchstäblich aus Schrott einsatzfähige Fahrzeuge zu schaffen, und das Schmiedehandwerk brachte die landwirtschaftlichen Geräte wieder in Ordnung. Überall wurde improvisiert. Überall versuchte man, die Produktion und die Versorgung wieder in Gang zu bringen.
Das Problem der Stunde war die allgemeine Versorgung. Die Wirtschaft drohte auf die Stufe eines primitiven Naturalaustausches – man denke an das Zigarettengeschäft – zu sinken. So eigenartig es klingt, aber das Kriegsende und die darauffolgenden Jahre gaben dem Handwerk nachhaltige Bewährungsmöglichkeiten und Chancen. Der Initiative des Handwerks und des Einzelhandels ist es zu verdanken, daß jene Zeit ohne große Katastrophen überstanden werden konnte. Schon Tage nach dem Einmarsch der Besatzungstruppen hat das Handwerk überall seine Tätigkeit wiederaufgenommen.
Trotz der fortschreitenden Geldentwertung haben die meisten Handwerksbetriebe zur Sicherung der Versorgung wesentlich beigetragen und damit eine enorme wirtschaftliche Aufgabe erfüllt.

Der Schwebezustand nach dem Kriege

1945 haben sich die handwerklichen Verhältnisse in der britischen Besatzungszone schneller und besser konsolidiert als in den anderen Zonen. Die Briten erließen in ihrer Zone eine »Verordnung des Zentralamtes für Wirtschaft«, deren wesentliche Punkte besagten, daß die öffentlich-rechtliche Selbstverwaltung erhalten blieb. Innungen, Kreishandwerkerschaften und Handwerkskammern sollten weiterbestehen, aber die Verpflichtung zum Innungsbeitritt entfiel.

In den gesetzlichen Aufgaben sollten keine entscheidenden sachlichen Änderungen vorgenommen werden. Im Handwerksbereich für die britische Zone mit dem Sitz in Hannover bekam der Selbstverwaltungskörper eine öffentlich-rechtliche Spitze. Die Gesellenvertretung in den Kammern wurde um ein Drittel der Gesamtmitglieder erweitert. Der obligatorische Befähigungsnachweis, das war besonders wichtig, blieb erhalten. Praktisch wurde mit dieser Verordnung die traditionelle handwerkspolitische Tätigkeit fortgesetzt.

In der amerikanischen Zone herrschte hingegen ein unerfreulicher Schwebezustand. Mit der sogenannten OMGUS-Direktive vom 29. November 1948 wurden die handwerklichen Körperschaften ihrer öffentlichen Rechtspersonen entkleidet und die allgemeine Gewerbefreiheit verkündet. In weiteren Durchführungsrichtlinien der US-Militärregierung vom 28. März 1949 wurde festgelegt, daß weder die Ablegung einer Meisterprüfung noch der Besitz des Meisterbriefes eine Voraussetzung für die Beschaffung einer Gewerbelizenz war.

Im französischen Besatzungsgebiet war die gesetzliche Handwerksordnung dadurch gekennzeichnet, daß sie sich weitgehend an den Entwicklungsstand der Gesetzgebung der Jahre 1934–35 anschloß. In den einzelnen Ländern dieser Zone konnte man von drei Etappen sprechen: In Württemberg-Hohenzollern wurde am 5. November 1946 die »Rechtsordnung zur Ordnung des Handwerks am 5. November 1946« erlassen. In Rheinland-Pfalz war es das »Landgesetz über die Neufassung des Handwerksrechts vom 2. September 1949«, während in Baden eine Reihe von Anordnungen und Erlassen herausgegeben wurde. Das »Badische Handwerksgesetz vom 21. September 1949« bekam keine Zustimmung der Hohen Alliierten Kommissionen.

Diese Gesetze und Verordnungen bezogen sich im großen und ganzen auf alte handwerkspolitische Ordnungsgrundsätze, also Pflichtmitgliedschaft bei den Innungen, öffentlich-rechtlicher Charakter der Innungen, Kreishandwerkerschaften und Handwerkskammern und schließlich Befähigungsnachweis für die selbständige Ausübung des Gewerbes. Erst nach Beseitigung der Zonengrenzen gingen diese Sondergesetze in die neue »Handwerksordnung« über.
Einen besonders harten Kampf führte das Berliner Handwerk um die Wiederherstellung der Handwerkskammer, der durch das »Gesetz über die Organisation des Handwerks vom 9. Februar 1950« beendet wurde.

Die Gewerbefreiheit in der US-Zone

Als die Amerikaner in ihrer Zone die Gewerbefreiheit einführten, löste das im Handwerk große Besorgnis aus. Man fürchtete mit Recht, daß nunmehr Elemente in den Berufsstand eindringen könnten, die dessen Ansehen schädigen und das erreichte Niveau beeinträchtigen würden.
Zunächst war ein starkes zahlenmäßiges Ansteigen der ohnehin schon stark überbesetzten Zweige des Friseur-, Damen- und Herrenschneider-, Schuhmacher-, Maler-, Elektro-, Fotografen- und Bauhandwerks zu beobachten.
Es hing damit zusammen, daß zu jener Zeit mit geringem Kapitalbedarf ein Betrieb gegründet werden konnte. Meist wurden nur Zwergbetriebe errichtet, die die übliche repräsentative Betriebsgröße nicht erreichten. Außerdem entstanden nebenberufliche Gewerbebetriebe, die eine ausgesprochen unlautere Konkurrenz für das Handwerk darstellten. Im Prinzip war es oft nichts anderes als Schwarzarbeit.
Ohne Zweifel sind dem Handwerk durch die Gewerbefreiheit zahlreiche kaum vorgebildete Kräfte zugeführt worden. Demzufolge nahmen auch die Klagen der Bevölkerung über unzureichende Leistungen und Lieferungen, ja, über ausgesprochene Pfuscherarbeit erheblich zu. Die Masse der Konsumenten schätzte die handwerkliche Qualitätsarbeit und war über diesen Zustand verärgert.
Die Internationale Gewerbeunion wandte sich in einem Brief vom 20. Mai 1949 an den amerikanischen Oberbefehlshaber in Deutschland. In diesem Brief hieß es: »Wir nehmen uns in

aller Ehrerbietigkeit die Freiheit, Sie auf die unheilvollen Folgen aufmerksam zu machen, welche die endgültige Aufhebung des Großen Befähigungsnachweises in der amerikanischen Besatzungszone sowohl für das deutsche wie für das europäische Handwerk nach sich ziehen müßten. Das Handwerk, das beim Wiederaufbau Europas eine ausschlaggebende Rolle spielt, kann unter einem Regime der Wirtschaftsfreiheit nur bestehen, wenn seine traditionellen Einrichtungen erhalten bleiben. Von diesen aber hat der Befähigungsnachweis unbestritten die größte Bedeutung.«

Die heimatvertriebenen Handwerker

Nach 1945 kamen mit den Flüchtlingen und Heimatvertriebenen aus den Ostgebieten auch zahlreiche ehemals selbständige Handwerker in die Bundesrepublik. Von ihrem ehemaligen, oft beachtlichen Besitz brachten sie nun nichts weiter mit als ihre beruflichen Kenntnisse und Erfahrungen und den Willen, eine neue Existenz aufzubauen.
Sie begannen oft unter denkbar ungünstigen und primitiven Verhältnissen. Aber dort, wo einer echte Fähigkeiten und berufliches Können mitbrachte, zudem Unternehmergeist besaß, gelang es auch, neue Betriebe ins Leben zu rufen. Oft mußten sie allerdings zuerst einen harten Kampf mit den Behörden führen, da sie nicht immer ihre Dokumente und den Meisterbrief vorlegen und so die Meisterprüfung glaubhaft nachweisen konnten.
Der Großteil dieser heimatvertriebenen Handwerker kam aus dem Sudetenland, aus Ostpreußen und aus den südöstlichen Ländern Ungarn, Jugoslawien und der Slowakei.

Gesamtvertretung des Handwerks

Als nächstes zentrales handwerkspolitisches Ziel und als Voraussetzung für eine wirksame Vertretung der Interessen des Handwerks bei den zentralen deutschen Behörden strebten die Handwerker nun eine Gesamtvertretung für die westlichen Zonen und das voraussichtliche Staatsgebiet eines demnächst zu errichtenden westdeutschen Teilstaates an.
Ein ganz wesentlicher Schritt dorthin, so schreibt H. G. Patzig, wurde getan, sobald aus der britischen und amerikanischen Zone das »Vereinigte Wirtschaftsgebiet«, die sogenannte »Bizone«, entstand: »In Ausführung des Beschlusses der bizona-

len Handwerkskonferenz am 10.12.1947 in Bad Homburg v.d.H. bilden die Handwerkskammern und Fachverbände des Handwerks bis zur Wiederherstellung der vom gesamten Handwerk erstrebten deutschen Wirtschaftseinheit eine Zentralarbeitsgemeinschaft im Vereinigten Wirtschaftsgebiet«, schrieb das – wiedererstandene – »Deutsche Handwerksblatt« in seinem 1. Jahrgang, Nr. 1, vom 10.1.1949. Diese Zentralarbeitsgemeinschaft (ZAG) war ausdrücklich als Provisorium gedacht, doch entwickelte sie modellartig bereits alle Einrichtungen, die der spätere Zentralverband des Deutschen Handwerks (ZDH) brauchen sollte. Sitz der ZAG war Frankfurt am Main. Mitglieder waren alle 36 Handwerkskammern und 38 Innungsverbände des Vereinigten Wirtschaftsgebietes. Ihre Organe waren:

1. Der Handwerksrat, bestehend aus anfangs 16 Mitgliedern. Aufgaben: Wahl des Präsidiums und Beschlußfassung über besonders wichtige Angelegenheiten.
2. Das Präsidium, bestehend aus vier gleichberechtigten Mitgliedern. Der Vorsitz wechselte halbjährlich, über die Reihenfolge entschied das Los. Mitglieder des Präsidiums waren: Handwerkspräsident Richard Uhlemeyer und Fachverbandspräsident Fritz Mensing aus der britischen sowie Handwerkskammerpräsident Karl Schöppler und Fachverbandspräsident Rupert Bodner aus der amerikanischen Zone.

Im Laufe ihres eineinhalbjährigen Bestehens bildete die ZAG neun Ausschüsse, die für die praktische Arbeit auf den verschiedenen Sachgebieten zuständig waren.
Die ZAG nahm ihre praktische Arbeit 1948 voll auf. Die Geschäftsführung lag in den Händen von Dr. Hermann Wellmanns, der – bereits seit 1924 in der Handwerksorganisation tätig – hierfür eine langjährige handwerkspolitische Erfahrung mitbrachte. Er erkannte von Anfang an, daß jetzt die Hauptaufgabe der zentralen Dachorganisation darin bestehen müsse, mit allem Nachdruck auf die gesetzgebenden deutschen Körperschaften des »Vereinigten Wirtschaftsgebietes« im Sinne einer einheitlichen Handwerkspolitik einzuwirken.
Die ZAG pflegte bewußt möglichst enge Beziehungen zu den

wenigen handwerklichen Abgeordneten des Zweizonen-Wirtschaftsrates, des ersten westdeutschen Parlaments, und hielt auch zu den anderen Abgeordneten gute Verbindungen. Durch ein sehr geschicktes Verhalten nicht nur gegenüber der Legislative, sondern auch gegenüber der Exekutive – vor allem der von Ludwig Erhard geleiteten Verwaltung für Wirtschaft – sicherte sich die handwerkliche Dachorganisation das Wohlwollen dieser Institutionen für den voraussichtlich eines Tages ausbrechenden Kampf um eine für ganz Westdeutschland geltende Handwerksordnung.

So übernahm die ZAG die Aufgaben eines echten Dachverbandes, ohne eine eigentliche rechtliche Grundlage dafür zu besitzen. »Der größte Erfolg ihrer Tätigkeit ist darin zu erblikken«, schreibt V. Chesi, »daß die Handwerksorganisation bei Gründung der Bundesrepublik Deutschland als einer der wichtigen Wirtschaftsverbände auf Bundesebene angesehen wurde.«

Am 30. November 1949 fand in Boppard die letzte Sitzung des Handwerksrates der ZAG unter Teilnahme von Vertretern des Handwerks der französischen Zone statt. Dabei wurde die Gründung des ZENTRALVERBANDES DES DEUTSCHEN HANDWERKS (ZDH) mit Sitz in Bonn beschlossen. Mitglieder des ZDH wurden die Handwerkskammern in der Bundesrepublik und West-Berlin, die Bundesfachverbände des Handwerks sowie einige sonstige, dem Handwerk nahestehende Einrichtungen (Genossenschaften, berufsständische Versicherungsanstalten, das Deutsche Handwerksinstitut).

Die Satzung vom 20. Mai 1950 besagt folgendes:

»Der Zentralverband dient der einheitlichen Willensbildung in allen grundsätzlichen Fragen der Handwerkspolitik und der Vertretung der Gesamtinteressen des Handwerks gegenüber den zentralen Organen und Verwaltungen der Bundesrepublik« (§ 2).

Als Organe sind benannt: die Vollversammlung sämtlicher Mitglieder, der aus 35 Personen nebst dem Präsidium bestehende Handwerksrat und das sechsköpfige Präsidium. Die laufenden Geschäfte werden von der Geschäftsstelle wahrgenommen. Für gemeinsame Angelegenheiten der Kammern und Fachverbände sind Hauptausschüsse gebildet, deren Ge-

schäftsführung vom Handwerksrat geregelt wird. Anfang 1951 bestanden 9 Hauptausschüsse für die wichtigsten Sachgebiete der Handwerkspolitik.
Im Entwurf einer Handwerksordnung für die Bundesrepublik ist vorgesehen (§ 27, Abs. 2):
»Zur Wahrnehmung der Gesamtinteressen des Handwerks in der Bundesrepublik können sich die Handwerkskammern, Landesberufsvertretungen und die Bundesinnungsverbände zu einer Bundeshandwerksvertretung zusammenschließen. Der Bundeshandwerksvertretung können auch andere, dem Handwerk nahestehende Einrichtungen und Organisationen beitreten. Innerhalb der Bundeshandwerksvertretung können sich Arbeitsgemeinschaften bestimmter Organisationsgruppen bilden.«
Aufgaben, Ziele und Tätigkeit der Gesamtvertretung des Handwerks, unabhängig von der jeweils gegebenen staatlich-politischen Konstellation, lassen sich etwa so umschreiben: Repräsentation des Gesamthandwerks in Staat, Politik, Verwaltung, Wirtschaft und Gesellschaft; Ausgleich der verschiedenen Handwerksinteressen untereinander; Herausstellung einer gemeinsamen Linie der autonomen Handwerkspolitik.

Die Entwicklung in der sowjetischen Zone

Nach einem Übergangszustand erging am 27. Mai 1946 in der sowjetischen Besatzungszone der »Befehl des obersten Chefs der Sowjetischen Militäradministration« über die Zulassung der Handwerksgenossenschaften in dieser Zone.
In diesem Befehl hieß es, daß Handwerksgenossenschaften mit der Aufgabe zugelassen würden, eine maximale Entwicklung der Produktionstätigkeit der Handwerker einzuleiten. Zu diesem Befehl wurde die Mustersatzung einer Handwerksgenossenschaft herausgegeben, in der es um die »Organisierung von gemeinschaftlichen Werkstätten zwecks Ausführung von Handwerksarbeiten auf der Grundlage eines Kollektivs« ging.
Darauf folgte ein Befehl (Nr. 161) über die Organisation der Handwerkskammern. Darin wurde gesagt, daß sie in den Verwaltungszentren der föderalen Länder und Provinzen zu organisieren seien und daß diese wiederum in den Kreisen Zweigstellen zu errichten hätten.
Das dem Befehl beigegebene Musterstatut für Handwerks-

kammern bezeichnete die Kammern als Körperschaften des öffentlichen Rechts, die die Entwicklung der Handwerkerschaft zu fördern und die Handwerker im antifaschistisch-demokratischen Geist zu erziehen hätten. Mitglieder der Kammer sollten sein: Selbständige Handwerksmeister und sonstige Inhaber von Handwerksbetrieben, die in der Handwerksrolle eingetragen sind, weiterhin Handwerksgenossenschaften und schließlich kleine Industriebetriebe mit nicht mehr als zehn beschäftigten Personen. Die Kammern sollten Prüfungsausschüsse für Gesellen und Meister einrichten und Vorschriften über die Lehrlingsausbildung erlassen. Die Mitgliedsbeiträge sollten von den in die Handwerksrolle eingetragenen Betrieben aufgebracht werden.

Nachdem die »Deutsche Demokratische Republik« im Oktober 1949 konstituiert war, wurden die genannten Befehle durch eine gesetzliche Regelung, das »Gesetz zur Förderung des Handwerks vom 9. August 1950«, abgelöst.

In diesem Gesetz, das in sechs Abschnitte gegliedert ist, wird die Ablegung der Meisterprüfung als Voraussetzung für die Erteilung der Genehmigung zur Errichtung eines Handwerksbetriebes vorgeschrieben. Als Handwerksbetriebe werden solche Betriebe definiert, in denen höchstens zehn Personen beschäftigt sind.

In den weiteren Abschnitten sind die Aufgaben der Handwerksgenossenschaften geregelt, dann die Organisation und gesellschaftliche Funktion des Handwerks, schließlich die Anerkennung handwerklicher Leistungen.

Dieses Gesetz wurde auch auf den sowjetisch besetzten Teil von Berlin ausgedehnt. Eine Wiedererrichtung der Innungen sah das Gesetz nicht vor.

Schwerpunkt der organisatorischen Arbeit

Erster Präsident des Zentralverbandes des Deutschen Handwerks wurde der Präsident der Handwerkskammer Hannover, Töpfermeister Richard Uhlemeyer. Ihm zur Seite stand als Hauptgeschäftsführer Dr. Hermann Wellmanns, der bereits die Geschäftsstelle der ZAG geleitet hatte. Die Geschäftsführung der »Vereinigung der Handwerkskammern«, die sehr bald zum »Deutschen Handwerkskammertag« wurde, lag in den Händen von Dr. Heinrich Kolbenschlag.

Während der ZDH in erster Linie die Handwerkspolitik und die Öffentlichkeitsarbeit nach außen vertrat, übernahm es der Deutsche Handwerkskammertag, die zentralen Sachgebiete der Berufsausbildung und der Gewerbeförderung tatkräftig auszubauen und zu koordinieren. Auch die Fortentwicklung des Handwerksrechts war in erster Linie der systematischen fachlichen Tätigkeit des Kammertags zu verdanken. Von der Neugründung bis zur Organisationsreform von 1967 war der Präsident der Handwerkskammer Augsburg, Anton Hockelmann, Präsident des Deutschen Handwerkskammertages.
Die Interessen der Fachverbände und damit der Arbeitgeber vertrat die Fachverbandsvereinigung, die bald die Bezeichnung »Bundesvereinigung der Fachverbände des deutschen Handwerks« annahm. Unter Leitung des früh verstorbenen Präsidenten Rupert Bodmer und nach ihm des Präsidenten Wiesner, Wiesbaden, verfocht der Hauptgeschäftsführer Coers intern und in der politischen Öffentlichkeit die sozialpolitischen Interessen der selbständigen Handwerker.
Die vom Zentralverband des Deutschen Handwerks (ZDH) vom Beginn seiner Tätigkeit an betriebene Handwerkspolitik hatte einen Schwerpunkt, dem alle anderen Zielsetzungen untergeordnet wurden: die »Wiederherstellung eines einheitlichen deutschen Handwerksrechtes, unter Erhaltung des Großen Befähigungsnachweises, für das gesamte Bundesgebiet« (Punkt 1 der »Grundsätzlichen Forderungen des Handwerks vom 27.10.1949«).
Diesem Ziel dienten die Kontakte zu den politischen Parteien, zu den Behörden und Ministerien in erster Linie. Mit Wissen des ZDH stellte am 6. Juni 1950 im Bundestag der Abgeordnete H.J.C. Etzel (Bayernpartei) den Antrag, die Bundesregierung möge »eine berufsständische Ordnung des Handwerks« erlassen, bei der die Berufsausübung nur nach Ablegung der Meisterprüfung gestattet sein sollte (BT-Drucksache 1016 – 1/1949, S. 1). Zur Enttäuschung der Handwerker wurde der Antrag ohne Diskussion an den Wirtschaftsausschuß verwiesen und kehrte von dort nicht mehr ins Parlament zurück.
Im Namen der Fraktionen der CDU/CSU, FDP und DP legte dann Richard Stücklen mit Datum vom 6. Oktober 1950 den

»Entwurf eines Gesetzes über die Handwerksordnung« vor, der von süddeutschen Handwerksverbänden in der amerikanischen Zone vorbereitet worden war.

Die Handwerkspolitik ist
von der Devise geleitet,
nur dort den Staat zu bemühen,
wo die eigenen Leistungen
einer Weiterförderung bedürfen.
Joseph Wild

Die neue Ära des Handwerks

Die Magna Charta des Handwerks

Nach den jahrelangen Schwierigkeiten in den Besatzungszonen wurde im Generalvertrag zwischen der Bundesregierung und den Alliierten unter gewissen Vorbehalten die Freiheit der deutschen Gesetzgebung in der Gewerbezulassung vereinbart. Der Gesetzentwurf einer Bundeshandwerksordnung wurde dann im Bundestag eingebracht und bereits in der ersten Lesung von allen Parteien zustimmend begrüßt. Der Entwurf sah ein einheitliches Handwerksrecht mit dem Großen Befähigungsnachweis für alle drei Zonen und für Westberlin vor. Am 26. März 1953 wurde das Gesetz verabschiedet. Als Kernpunkt enthält es den Großen Befähigungsnachweis, den man auch die Magna Charta des Handwerks genannt hat; denn er ist das einzige Mittel, mit dem im Handwerk ein hoher gleichmäßiger Ausbildungs- und Leistungsstand erreicht werden kann und der es ermöglicht, den wachsenden Anforderungen der technischen und wirtschaftlichen Entwicklung gerecht zu werden.

Am 17. September 1953 trat die neue Handwerksordnung in Kraft. Damit war im gesamten Bundesgebiet wieder ein einheitliches Handwerksrecht geschaffen. Sie bietet Gewähr dafür, daß das Handwerk mit seinen 4 Millionen Beschäftigten in seinem Leistungsstand erhalten bleibt. Mit Genugtuung wurde festgestellt, daß die seit langer Zeit verfolgten Ziele des Handwerks erreicht wurden:

1. die Wiedereinführung des »Großen Befähigungsnachweises« (Meisterprüfung) als Voraussetzung für die Ausübung eines selbständigen Handwerksberufes;
2. die Wiederherstellung gesetzlich verankerter Handwerks-Organisationen, die in der Lage sind, ihre berufsständischen und handwerkspolitischen Aufgaben zu erfüllen;
3. die Festigung der Handwerkskammern unter Berücksichtigung einer fortschrittlichen Entwicklung ihrer Organe.

Gesetz zur Ordnung des Handwerks
(Handwerksordnung vom 17. 9. 1953)

Teil I
Die Berechtigung zur Führung eines selbständigen Handwerksbetriebes

A. Einen Handwerksbetrieb als stehendes Gewerbe darf nur betreiben, wer in die Handwerksrolle eingetragen ist (§ 1 Abs. I).
Wer ohne eingetragen zu sein, selbständig arbeitet, kann mit einer Geldbuße bis zu 1000,– DM (in Ausnahmefällen auch mehr) bestraft werden (§ 111 Abs. I Ziff. 1).

B. In die von der Handwerkskammer geführte Handwerksrolle wird eingetragen, wer in dem von ihm zu betreibenden Handwerk die Meisterprüfung bestanden hat (§ 7 Abs. I).
   1. Ausnahmsweise wird auch eingetragen, wer zwar die Meisterprüfung nicht abgelegt hat, aber die zur selbständigen Ausübung des Handwerks notwendigen Kenntnisse und Fertigkeiten nachweist (§ 7 Abs. II). Die Ausnahmegenehmigung kann auch bedingt oder befristet erteilt werden (§ 8 Abs. II).
   2. Die Ausnahmebewilligung wird auf Antrag von der höheren Verwaltungsbehörde erteilt; Handwerkskammer und Innung müssen gutachtlich gehört werden (§ 8 Abs. I).
   Gegen die Entscheidung der Behörde können die Beteiligten (Antragsteller, Handwerkskammer und Innung) vor den Verwaltungsgerichten Klage erheben (§ 8 Abs. III).

C. Nach dem Tode eines selbständigen Handwerkers dürfen der Ehegatte oder minderjährige Erben den Betrieb fortführen. Nach Ablauf eines Jahres muß aber ein Handwerker den Betrieb leiten, der den Bestimmungen unter B. genügt (Meisterprüfung oder Ausnahmegenehmigung) (§ 4).

D. Wer ein Handwerk nach § 1 (s. oben unter A.) betreibt, darf hierbei auch die mit diesem Handwerk technisch oder fachlich zusammenhängenden Arbeiten in anderen Handwerken ausführen.

Übergangsbestimmungen – Erleichterungen

E. Wer bei Inkrafttreten des Gesetzes zur selbständigen Ausübung eines Handwerks berechtigt ist, darf es weiter betreiben (§ 112 Abs. I).
   1. Er muß binnen drei Monaten in die Handwerksrolle eingetragen werden (§ 112 Abs. II) (auf Antrag oder von Amts wegen).
   2. Er kann mit folgenden Erleichterungen zur Meisterprüfung zugelassen werden (§ 119):
      a) Der Nachweis einer Lehrzeit oder einer Gesellenprüfung ist nicht erforderlich.
      b) Es genügt der Nachweis einer fünfjährigen Tätigkeit als Facharbeiter oder Selbständiger; ist die Gesellenprüfung abgelegt, genügt eine derartige Tätigkeit von zwei Jahren.

F. Das Gesetz gilt auch für Regie- und Nebenbetriebe der öffentlichen Hand, der Industrie, des Handels, der Landwirtschaft oder sonstiger Wirtschaftszweige, sofern sie mit Handwerksbetrieben in Wettbewerb treten (d.h. wenn sie nicht nur für den eigenen Bedarf arbeiten, sondern ihre Waren oder Leistungen auch Dritten anbieten, §§ 2, 3). Für sie gelten also auch Befähigungsnachweis und Handwerksrollenpflicht.

Teil II

Die Berufsausbildung

A. Die Berechtigung zum Anleiten von Lehrlingen.
   1. Lehrlinge darf ausbilden, wer (§§ 17, 18 Abs. I)
      a) die Meisterprüfung in dem betreffenden Handwerk abgelegt hat,
      b) das 24. Lebensjahr vollendet hat und
      c) die bürgerlichen Ehrenrechte besitzt.

      Wer unberechtigt Lehrlinge hält, wird mit Geldstrafe (unbegrenzt, da Vergehen!) bestraft (§ 110 Ziff. I).
   2. Ausnahmsweise kann die höhere Verwaltungsbehörde nach Anhörung der Handwerkskammer die Anleitungsbefugnis verleihen, wenn die Voraussetzungen unter a und b nicht erfüllt werden (§ 18 Abs. II).

3. In Handwerksbetrieben, die nach dem Tode des selbständigen Handwerkers für den Ehegatten oder minderjährigen Erben fortgeführt werden, kann für 1 Jahr Lehrlinge auch anleiten, wer die Gesellenprüfung bestand oder mindestens 5 Jahre selbständig oder als Werkmeister in ähnlicher Stellung tätig gewesen ist (§ 18 Abs. III).
4. Die höhere Verwaltungsbehörde kann
   a) nach Anhörung der Handwerkskammer Personen, die ihre Pflichten gegen die ihnen anvertrauten Lehrlinge wiederholt gröblich verletzt haben oder gegen die Tatsachen vorliegen, die sie in sittlicher Beziehung zum Halten und Anleiten von Lehrlingen ungeeignet erscheinen lassen, die Befugnis, Lehrlinge zu halten oder anzuleiten, ganz oder auf Zeit entziehen (§ 20 Abs. I);
   b) im Benehmen mit der Handwerkskammer dem Lehrherrn aufgeben, eine Zahl von Lehrlingen zu entlassen, wenn ihre Zahl so groß ist, daß die Ausbildung gefährdet erscheint; es kann ihm ferner untersagt werden, Lehrlinge über eine bestimmte Zahl hinaus zu halten (§ 29).
   Bei Nichtbefolgung kann eine Geldbuße (in der Regel bis zu 1000,– DM) verhängt werden (§ 111 Abs. I Ziff. 5).

B. Das Lehrverhältnis
1. Der Lehrvertrag muß (§ 21)
   a) binnen 4 Wochen nach Beginn der Lehre schriftlich abgeschlossen werden,
   b) vom Lehrherrn (oder Vertreter), Lehrling und dessen gesetzlichen Vertreter unterschrieben werden,
   c) binnen 2 Wochen nach Abschluß der Handwerkskammer zur Eintragung in die Lehrlingsrolle eingereicht werden,
   d) folgende Bestimmungen enthalten:
   die Bezeichnung des Handwerks, in dem die Ausbildung erfolgen soll, die Dauer der Lehrzeit, die gegenseitigen Leistungen, die Voraussetzungen,

unter denen die einseitige Lösung des Lehrvertrages zulässig ist.
Verstöße gegen Ziffern a und c können mit einer Geldbuße (in der Regel bis 1000,– DM) bestraft werden (§ 111 Abs. II Ziff. 2).

2. Das Lehrverhältnis beginnt mit einer Probezeit, die nicht weniger als einen Monat und nicht mehr als drei Monate betragen darf (§ 25).
3. Der Lehrherr ist verpflichtet:
   a) für die berufliche Ausbildung nach den Vorschriften zu sorgen (§ 22 Abs. I),
   b) den Lehrling zum Besuch der Berufs- und Fachschule anzuhalten und den Schulbesuch zu überwachen (§ 22 Abs. I),
   c) dem Lehrling keine Arbeitsverrichtung zuzuweisen, die seinen körperlichen Kräften nicht angemessen ist (§ 22 Abs. I),
   d) dem Lehrling nur solche Verrichtungen zu übertragen, die dem Ausbildungszweck entsprechen (§ 22 Abs. III),
   e) für den Lehrling, der seiner väterlichen Obhut anvertraut ist, zu sorgen, körperliche Züchtigung sowie jede die Gesundheit des Lehrlings gefährdende Behandlung sind verboten (§ 24 Abs. III),
   f) den Lehrling zur Ablegung der Zwischenprüfungen und der Gesellenprüfung anzuhalten, ihm die erforderliche Zeit und die notwendigen Werkzeuge und Werkstoffe kostenfrei zur Verfügung zu stellen (§ 23 Abs. II),
   g) nach Beendigung des Lehrverhältnisses ein Zeugnis auszustellen, das enthalten muß:
   Angaben über das erlernte Handwerk, die Dauer der Lehrzeit, Angaben über die erworbenen Kenntnisse und Fertigkeiten, auf Wunsch des Erziehungsberechtigten auch über das Betragen (§ 23 Abs. I).
   Der gegen die gesetzlichen Pflichten verstoßende Lehrherr kann mit einer Geldbuße (in der Regel bis zu 1000,– DM) bestraft werden (§ 111 Abs. II Ziff. 1).

4. Der Lehrling ist verpflichtet (§ 24),
   a) die Vorschriften über die Lehrlingsausbildung zu befolgen,
   b) die im Betrieb bestehende Ordnung zu beachten,
   c) die ihm übertragenen Arbeiten gewissenhaft auszuführen,
   d) die Berufsschule regelmäßig zu besuchen,
   e) sich den Zwischenprüfungen zu unterziehen,
   f) dem Lehrherrn und den Ausbildern Folgsamkeit, Fleiß und anständiges Betragen zu zeigen.
5. Das Lehrverhältnis kann von beiden Seiten nur gelöst werden
   a) während der Probezeit jederzeit durch einseitigen Rücktritt (§ 25 Abs. I Satz 2),
   b) nach Ablauf der Probezeit fristlos, wenn ein wichtiger Grund vorliegt. Die Kündigung ist nicht mehr zulässig, wenn die zugrunde liegenden Tatsachen dem zur Kündigung Berechtigten länger als 2 Wochen bekannt sind (§ 25 Abs. II).

      Wird das Lehrverhältnis durch einen Umstand, den einer der Vertragsschließenden zu vertreten hat, nach Ablauf der Probezeit vorzeitig gelöst, so kann der andere Teil von ihm Schadenersatz verlangen (§ 27).
6. Der Lehrvertrag gilt als aufgelöst, wenn
   a) im Falle des Todes des Lehrherrn die Aufhebung des Vertrages schriftlich geltend gemacht wird, und zwar im Augenblick der Abgabe der Auflösungserklärung (§ 25 Abs. III),
   b) der volljährige Lehrling und der gesetzliche Vertreter eines minderjährigen Lehrlings dem Lehrherrn die schriftliche Erklärung abgibt, der Lehrling werde zu einem anderen Beruf übergehen, und zwar, falls der Lehrling nicht früher entlassen wird, nach Ablauf von 4 Wochen (§ 26).

      Binnen drei Monaten nach der Auflösung darf der Lehrling in demselben Handwerk von einem anderen Arbeitgeber ohne Zustimmung des früheren Lehrherrn nicht beschäftigt werden (§ 26 und § 111 Abs. I Ziff. 4).

C. Die Gesellenprüfung

1. Zweck der Gesellenprüfung ist, festzustellen, ob der Lehrling die erforderlichen praktischen und theoretischen Kenntnisse seines Berufs erwarb und den durch die Berufsschule vermittelten Stoff beherrscht (§ 32).
2. Der Gesellenprüfungsausschuß wird von der Innung für drei Jahre errichtet und erhält die Ermächtigung zur Prüfungsabnahme von der Handwerkskammer (§ 33 Abs. II, § 34 Abs. VI). Er besteht aus einem Vorsitzenden und mindestens zwei Beisitzern, die je zur Hälfte selbständige Handwerker und Gesellen sein müssen. Die Mitglieder und die zu bestellenden Stellvertreter müssen deutsche Staatsangehörige sein (§ 34).
   Für die Prüfung des Unterrichtsstoffes der Berufsschule kann ein Mitglied des Lehrkörpers der Berufsschule als Sachverständiger hinzugezogen werden (§ 34 Abs. V).
   Der Vorsitzende und sein Stellvertreter werden auf Vorschlag der Innung von der Handwerkskammer bestellt. Die selbständigen Handwerker werden von der Innungsversammlung gewählt.
   Sie müssen im Besitz der Meisterprüfung oder Anleitungsbefugnis sein; sie sollen ferner Gesellen oder Lehrlinge beschäftigen.
   Die Gesellen werden vom Gesellenausschuß gewählt. Sie müssen das 21. Lebensjahr vollendet, die Gesellenprüfung abgelegt haben und im Betrieb eines selbständigen Handwerkers beschäftigt sein (§ 34 Abs. III, IV).
3. Die Zulassung zur Gesellenprüfung spricht der Vorsitzende des Gesellenprüfungsausschusses aus, wenn eine ordnungsgemäße Lehrzeit nachgewiesen wird (§§ 35, 36).
   Ausnahmsweise genügt eine Bescheinigung der Handwerkskammer über die Befreiung dieses Nachweises, die nach Anhörung der Innung auf Antrag, z.B. dann ausgestellt wird, wenn der Antragsteller eine staatliche oder staatlich anerkannte Werkstatt mit Erfolg besucht hat (§ 31 Abs. III, IV, § 35 Ziff. 2).

Für die Ablehnung der Zulassung ist die Entscheidung des Gesellenprüfungsausschusses erforderlich.
Die Ablehnung muß schriftlich mit Hinweis auf die Möglichkeit der Klage vor dem Verwaltungsgericht mitgeteilt werden (§ 36).
Die Kosten der Prüfung trägt die Innung, die eine Prüfungsgebühr erhebt (§ 37).
Die höhere Verwaltungsbehörde kann bei erheblichen Verstößen gegen die Prüfungsbestimmungen nach Anhörung der Handwerkskammer Prüfungen für ungültig erklären und bei schwerwiegenden Pflichtverletzungen Mitglieder des Ausschusses ihres Amtes entheben (§ 39).

Teil III
Meisterprüfung und Meistertitel

1. Zweck der Meisterprüfung ist, festzustellen, ob der Prüfling befähigt ist, einen Handwerksbetrieb selbständig zu führen und Lehrlinge auszubilden. Dazu gehören die meisterliche Beherrschung des Berufs sowie die erforderlichen betriebswirtschaftlichen, kaufmännischen und allgemeintheoretischen Kenntnisse (§ 41).
2. Die höhere Verwaltungsbehörde errichtet die Ausschüsse nach Anhörung der Handwerkskammer und ernennt auf Grund ihrer Vorschläge die Mitglieder auf die Dauer von drei Jahren. Für jedes Handwerk wird ein Ausschuß am Sitz der Kammer für ihren Bezirk errichtet (§ 42).
   Der Meisterprüfungsausschuß besteht aus 5 Mitgliedern. Sie müssen wie auch ihre Stellvertreter deutsche Staatsangehörige sein und das 30. Lebensjahr vollendet haben (§ 43 Abs. I).
   Der Vorsitzende braucht nicht Handwerker zu sein; er soll dem Handwerk, für welches der Ausschuß errichtet ist, nicht angehören (§ 43 Abs. II).
   Zwei Beisitzer müssen die Meisterprüfung abgelegt haben und seit mindestens einem Jahr selbständig sein. Ein Beisitzer soll Geselle sein, der die Gesellenprüfung abgelegt hat und in einem Handwerksbetrieb tätig ist (§ 43 Abs. III, IV).

Für die allgemein-theoretischen Fächer soll ein Beisitzer bestellt werden, der in diesem Prüfungsgebiet sachkundig ist und dem Handwerk nicht anzugehören braucht (§ 43 Abs. IV).

3. Die Zulassung spricht der Vorsitzende des Prüfungsausschusses aus, wenn (§ 44)
   a) der Prüfling in dem Handwerk, in dem er die Meisterprüfung ablegen will, die Gesellenprüfung oder Facharbeiterprüfung bestanden hat und
   b) eine mehrjährige Tätigkeit als Geselle nachweist.
      Es dürfen nicht mehr als 5 Jahre gefordert werden. Fachschulzeit darf nicht mit mehr als 2 Jahren auf die Gesellentätigkeit angerechnet werden. Eine Tätigkeit in dem Handwerk als Selbständiger oder Werkmeister oder dgl. ist anzurechnen.

   Ausnahmsweise kann der Ausschuß von diesen Voraussetzungen absehen.

   Für die Ablehnung der Zulassung ist die Entscheidung des Meisterprüfungsausschusses erforderlich, die schriftlich unter Hinweis auf das zulässige Rechtsmittel (Klage vor dem Verwaltungsgericht) mitgeteilt werden muß.

   Die Kosten der Prüfung trägt die Handwerkskammer, die eine Prüfungsgebühr erhebt.

   Die höhere Verwaltungsbehörde kann bei erheblichen Verstößen gegen die Prüfungsbestimmungen nach Anhörung der Handwerkskammer Prüfungen für ungültig erklären und bei schwerwiegenden Pflichtverletzungen Mitglieder des Ausschusses ihres Amtes entheben (§ 45).
4. Den Meistertitel in Verbindung mit einem Handwerk darf nur führen, wer die Meisterprüfung bestanden hat (§ 46). Die unberechtigte Führung des Meistertitels wird mit Geldstrafe (unbegrenzt, da Vergehen!) bestraft (§ 110 Ziff. 1).

Teil IV

Die Organisation des Handwerks

Handwerksinnungen

1. Die Handwerksinnung ist eine Körperschaft des öffentlichen Rechts. Sie wird mit Genehmigung der Satzung

durch die für ihren Sitz zuständige Handwerkskammer rechtsfähig (§§ 48, 51). Die Mitgliedschaft ist freiwillig (§ 47 Abs. I).

Für jedes Handwerk kann im gleichen Bezirk nur eine Innung gebildet werden (§ 47 Abs. I Satz 2).

Die Innung unterliegt der Aufsicht der Handwerkskammer. Diese beschränkt sich darauf, daß Gesetz und Satzung beachtet werden, insbesondere, daß die der Handwerksinnung übertragenen Aufgaben erfüllt werden (§ 69).

Der Innungsbezirk soll sich in der Regel mit einem Stadt- oder Landkreis decken (§ 47 Abs. II).

2. Aufgabe der Innung ist, die gemeinsamen gewerblichen Interessen ihrer Mitglieder zu fördern. Sie hat u.a. (§ 49)
   a) die Lehrlingsausbildung zu regeln und zu überwachen,
   b) die Gesellenprüfungsausschüsse zu errichten,
   c) das Können der Meister und Gesellen zu fördern,
   d) bei der Verwaltung der Berufsschulen mitzuwirken,
   e) in Angelegenheiten ihres Berufs den Behörden Gutachten und Auskünfte zu erstatten. Sie soll
      aa) die Rationalisierung der Betriebe fördern,
      bb) bei der Vergebung öffentlicher Lieferungen und Leistungen die Vergebungsstellen beraten.

      Sie kann
      aa) Tarifverträge abschließen, soweit solche für ihren Bereich nicht durch den Innungsverband geschlossen sind,
      bb) auf Antrag bei Streitigkeiten zwischen Innungsmitgliedern und ihren Auftraggebern vermitteln.
3. Die Aufgaben der Innung, ihre Verwaltung und die Rechtsverhältnisse ihrer Mitglieder sind durch die Satzung zu regeln.

   Die Satzung muß eine Reihe von Bestimmungen enthalten, die § 50 aufzählt.
4. Mitglied der Innung kann nur werden, wer das Handwerk selbständig ausübt, für welches die Innung gebildet ist. Selbständigen Handwerkern, die den gesetzlichen und satzungsgemäßen Vorschriften entsprechen, darf der Eintritt in die Innung nicht versagt werden (§ 53).

5. Organe der Innung sind (§ 54)
   a) Innungsversammlung
   b) Vorstand
   c) Ausschüsse

   zu a) Die Innungsversammlung hat u.a. (§ 55) den Haushaltsplan festzustellen, Innungsbeiträge und Gebühren festzusetzen, die Jahresrechnung abzunehmen, den Vorstand zu wählen, Vorschriften über die Lehrlingsausbildung zu veranlassen, über die Mitgliedschaft beim Landesinnungsverband zu beschließen.

   zu b) Der Vorstand vertritt die Innung gerichtlich und außergerichtlich. Er wird von der Innungsversammlung geheim gewählt. Wahl durch Zuruf ist zulässig, wenn niemand widerspricht. Die Wahl ist der Handwerkskammer innerhalb einer Woche anzuzeigen (§ 60).

   zu c) Zur Förderung der Berufsausbildung der Lehrlinge ist ein Ausschuß zu bilden. Er besteht aus einem Vorsitzenden und mindestens 4 Beisitzern, von denen die Hälfte Innungsmitglieder, die andere Hälfte Gesellen sein müssen (§ 61).
   Zur Wahrnehmung einzelner Angelegenheiten können weitere Ausschüsse gebildet werden.

6. Die Innung kann einen Ausschuß zur Entscheidung von Streitigkeiten zwischen Innungsmitgliedern und ihren Lehrlingen bilden, dem Arbeitgeber und Arbeitnehmer in gleicher Zahl angehören müssen (§ 111 Arbeitsgerichtsgesetz v. 3. 9. 1953).
   a) Aus Vergleichen, die vor dem Ausschuß geschlossen und aus Entscheidungen des Ausschusses, die von beiden Seiten anerkannt sind, findet die Zwangsvollstreckung statt.
   b) Wird der vom Ausschuß gefällte Spruch nicht innerhalb einer Woche von beiden Parteien anerkannt, so kann binnen zwei Wochen nach ergangenem Spruch Klage beim zuständigen Arbeitsgericht erhoben werden. Der Klage muß in allen Fällen die Verhandlung vor dem Ausschuß vorangegangen sein.

7. Bei der Innung ist ein Gesellenausschuß zur Förderung des guten Verhältnisses zwischen Innungsmitgliedern und Gesellen zu errichten (§ 62 Abs. I). Der Gesellenausschuß besteht aus dem Vorsitzenden (Altgeselle) und weiteren Mitgliedern (§ 63 Abs. I). Näheres bestimmt die Innungssatzung. Er wird von den bei den Innungsmitgliedern beschäftigten Gesellen gewählt (§ 64).
   Wählbar ist jeder Geselle, der (§ 65)
   a) die deutsche Staatsangehörigkeit besitzt,
   b) das 21. Lebensjahr vollendet,
   c) die Gesellenprüfung abgelegt hat und
   d) seit mindestens drei Monaten in einem innungszugehörigen Betrieb beschäftigt ist.

   Der Gesellenausschuß muß u.a. zustimmen (§ 62 Abs. II)
   a) bei Erlaß von Vorschriften zur Regelung der Lehrlingsausbildung,
   b) bei Maßnahmen zur Fürsorge für die Ausbildung der Lehrlinge,
   c) bei Abnahme der Gesellenprüfungen,
   d) bei Maßnahmen zur fachlichen Förderung der Gesellen.

      Wird die Zustimmung versagt, kann die Entscheidung der Handwerkskammer innerhalb eines Monats beantragt werden.

   Bei der Beratung und Beschlußfassung des Vorstandes der Innung ist mindestens ein Mitglied, bei der Beratung und Beschlußfassung der Innungsversammlung sind sämtliche Mitglieder mit vollem Stimmrecht zugelassen.
   Die Beteiligung des Gesellenausschusses entfällt nur in Angelegenheiten, die Gegenstand der tarifvertraglichen Absprache sind (§ 62 Abs. III, V).
8. Die der Innung und dem Gesellenausschuß erwachsenden Kosten sind durch Beiträge aufzubringen, die auf Antrag des Innungsvorstands nach den für die Beitreibung von Gemeindeabgaben geltenden Vorschriften eingezogen werden (§ 67).
9. Die bestehenden Innungen sind nach diesen Bestimmungen bis zum 31.12.1953 umzubilden, andernfalls sind sie aufgelöst.

Anm.: Da sich die Inkraftsetzung der Handwerksordnung aus bekannten Gründen erheblich verzögert hat, wird vielleicht mit einer kurzfristigen Hinausschiebung dieses Termins zu rechnen sein.

Innungsverbände

1. Der Landesinnungsverband (Zusammenschluß von Innungen des gleichen Handwerks im Bezirk eines Landes) ist eine juristische Person des privaten Rechts. Er wird mit Genehmigung der Satzung durch die oberste Landesbehörde rechtsfähig (II 73, 74).
2. Der Bundesinnungsverband (Zusammenschluß von Landesinnungsverbänden des gleichen Handwerks im Bundesgebiet) ist eine juristische Person des privaten Rechts. Er wird durch Genehmigung der Satzung durch den Bundesminister für Wirtschaft rechtsfähig (§ 78).

Kreishandwerkerschaften

1. Die Innungen, die ihren Sitz in einem Stadt- oder Landkreis haben, bilden die Kreishandwerkerschaft (Pflichtmitgliedschaft!) (§ 79). Sie ist eine Körperschaft des öffentlichen Rechts und wird mit Genehmigung der Satzung durch die Handwerkskammer rechtsfähig (§ 82 Ziff. 1, 2).
2. Aufgabe der Kreishandwerkerschaft ist u.a. (§ 80)
   a) die Gesamtinteressen des selbständigen Handwerks und die gemeinsamen Interessen der Innungen ihres Bezirks wahrzunehmen,
   b) die Innungen zu unterstützen,
   c) die Behörden bei den das selbständige Handwerk ihres Betriebes berührenden Maßnahmen zu unterstützen,
   d) die Geschäfte der Innungen auf deren Wunsch zu führen.
3. Ihre Organe sind (§ 82 Ziff. 3)
   a) die Mitgliederversammlung,
   b) der Vorstand,
   c) die Ausschüsse.

   zu a) Die Mitgliederversammlung besteht aus Vertretern der Innungen, die ihr Stimmrecht für ihre Innungen ausüben. Jede Innung hat grundsätzlich eine Stimme (§ 81).

zu b) Der Vorstand wird in der Mitgliederversammlung in geheimer Wahl gewählt. Die Wahl ist der Handwerkskammer binnen einer Woche anzuzeigen (§ 82 Ziff. 5).

zu c) Die Kreishandwerkerschaft kann zur Wahrnehmung einzelner Angelegenheiten Ausschüsse bilden (§ 82 Ziff. 5).

4. Die bestehenden Kreishandwerkerschaften sind nach diesen Bestimmungen bis zum 31.12.1953 umzubilden, andernfalls sind sie aufgelöst.
   Anm.: Da sich die Inkraftsetzung der Handwerksordnung aus bekannten Gründen erheblich verzögert hat, wird vielleicht mit einer kurzfristigen Hinausschiebung dieses Termins zu rechnen sein.

Handwerkskammern

1. Die Handwerkskammern sind Körperschaften des öffentlichen Rechts (§ 83 Abs. I). Sie sollen in allen wichtigen das Handwerk berührenden Angelegenheiten gehört werden (§ 84 Abs. III).
2. Aufgabe der Handwerkskammer ist u.a. (§ 84)
   a) die Interessen des Handwerks zu fördern,
   b) die Behörden in der Förderung des Handwerks durch Anregungen und Gutachten zu unterstützen und regelmäßig Berichte über die Verhältnisse des Handwerks zu erstatten,
   c) die Handwerksrolle zu führen,
   d) die Berufsausbildung der Lehrlinge zu regeln, Vorschriften hierfür zu erlassen und eine Lehrlingsrolle zu führen,
   e) Gesellen- und Meisterprüfungsordnungen zu erlassen,
   f) Maßnahmen zur Steigerung der Leistungsfähigkeit des Handwerks zu treffen,
   g) Sachverständige zu vereidigen.
3. Die Handwerkskammer besteht aus gewählten Mitgliedern, von denen ein Drittel Gesellen sein müssen, die im Betrieb eines selbständigen Handwerkers beschäftigt sind (§ 86 Abs. I). Die Mitglieder der Handwerkskammer und ihre Stellvertreter werden durch Listen gewählt.

Das Verfahren regelt sich nach der dem Gesetz beigefügten Wahlordnung (§ 88).

Die Vertreter des selbständigen Handwerks in der Handwerkskammer

a) werden von den in der Handwerksrolle eingetragenen natürlichen und juristischen Personen gewählt; sie müssen das 21. Lebensjahr vollendet haben (§ 89 Abs. I),
b) müssen im Kammerbezirk mindestens ein Jahr selbständig sein, Lehrlinge ausbilden dürfen, das 25. Lebensjahr vollendet haben und deutsche Staatsangehörige sein (§ 90).

Die Vertreter der Gesellen in der Handwerkskammer

a) werden von Wahlmännern gewählt (§ 91); auf 1 bis 5 wahlberechtigte Beschäftigte entfällt ein Wahlmann, auf jede weitere volle und angefangene Zahl von 5 Wahlberechtigten je ein weiterer Wahlmann,
b) müssen das 25. Lebensjahr vollendet, eine Gesellenprüfung abgelegt haben und die deutsche Staatsangehörigkeit besitzen (§§ 91, 92).

Die Wahl zur Handwerkskammer erfolgt auf 5 Jahre (§ 96 Abs. I).

4. Die oberste Landesbehörde erläßt die Satzung für die Handwerkskammer. Von der Handwerkskammer beschlossene Änderungen bedürfen der Genehmigung der obersten Landesbehörde.

   Die Satzung muß gewisse Bestimmungen enthalten, die im § 98 aufgezählt sind.
5. Organe der Handwerkskammer sind (§ 99)
   a) Mitgliederversammlung (Vollversammlung),
   b) Vorstand,
   c) Ausschüsse.

   zu a) Die in die Handwerkskammer gewählten Mitglieder bilden die Vollversammlung. Ihrer Beschlußfassung bleibt vorbehalten
   die Wahl des Vorstandes und der Ausschüsse, Feststellung des Haushaltsplans, Prüfung und Abnahme der Jahresrechnung, Erlaß von Vorschriften über die Lehrlingsausbildung, Erlaß der

Gesellen- und Meisterprüfungsordnungen, Erlaß der Vorschriften über die Vereidigung von Sachverständigen (§ 100).

zu b) Der Vorstand wird aus der Mitte der Vollversammlung gewählt. Ein Drittel der Mitglieder müssen Gesellen sein (§ 102). Der Vorstand besteht aus dem Präsidenten und zwei Stellvertretern, von denen einer Geselle sein muß, und einer weiteren nach der Satzung festzulegenden Zahl von Mitgliedern (§ 102). Die Wahl des Präsidenten und seiner Stellvertreter ist der obersten Landesbehörde binnen einer Woche anzuzeigen (§ 102).

zu c) Die Handwerkskammer kann unter Beteiligung von Gesellen zu einem Drittel Ausschüsse für bestimmte Zwecke bilden (§ 104).

6. Die Handwerkskammer kann durch Beauftragte die Befolgung ihrer Anordnungen in den Betrieben überprüfen lassen. Die selbständigen Handwerker sind verpflichtet, die erforderlichen Auskünfte zu erteilen und die Besichtigung der Betriebsräume zu gestatten (§ 105).
   Bei Verstößen gegen die innerhalb ihrer Zuständigkeit erlassenen Vorschriften kann die Handwerkskammer nach schriftlicher Androhung Ordnungsstrafen bis zu 1000,– DM festsetzen.
   Gegen die Androhung und Festsetzung der Strafe ist die Klage vor den Verwaltungsgerichten zulässig (§ 106).
7. Die aus der Tätigkeit der Kammer entstehenden Kosten werden von den selbständigen Handwerkern nach einem von der obersten Landesbehörde zu genehmigenden Beitragsmaßstab getragen (§ 107 Abs. 1). Die Beiträge werden von den Gemeinden nach den für Gemeindeabgaben geltenden Vorschriften eingezogen (§ 107).
8. Die oberste Landesbehörde führt die Aufsicht über die Handwerkskammer (§ 109).

Handwerksordnungen in anderen Ländern

In den übrigen europäischen Staaten ist die handwerkspolitische Gesetzgebung sehr unterschiedlich. Als nach dem Krieg in der Schweiz die Internationale Gewerbeunion ins Leben ge-

rufen wurde, ermittelte sie, daß nur in vier europäischen Staaten eine allgemeine Gesetzgebung für das Handwerk bestand. Es waren dies Deutschland, Frankreich, Luxemburg und Spanien. Alle anderen westlichen Länder kannten nur gesetzliche Regelungen von allgemeinem wirtschaftlichem und sozialpolitischem Charakter. Auch in den östlichen Ländern gab es Gewerbegesetze, die zumeist den Zweck hatten, die wirtschaftliche Position des Handwerks zu stärken.
Die Schweiz hatte in ihrer Verfassung vom 6. Juli 1947 festgelegt, daß die selbständigen Gewerbetreibenden in ihrer Existenz zu erhalten und zu fördern waren. Durch das »Bundesgesetz über die berufliche Ausbildung vom 26. Juni 1930« war bereits eine Regelung getroffen worden, die in etwa dem kleinen Befähigungsnachweis in Deutschland entsprach.
In Österreich bestand nach dem Krieg das am 1. Dezember 1934 erlassene Gesetz weiter, wonach die Meisterprüfung als Zulassungsvoraussetzung eingeführt wurde. Dem war eine Gewerbenovelle von 1883 vorangegangen, in der genaue Vorschriften über 48 Handwerksberufe erlassen worden waren.
Frankreich hatte bereits kurz nach dem Ersten Weltkrieg mit dem Aufbau einer Handwerksgesetzgebung begonnen. Am 26. Juli 1925 waren Handwerkskammern ins Leben gerufen worden, und nach dem Gesetz vom 27. März 1934 war jeder Handwerker verpflichtet, sich in das Berufsregister eintragen zu lassen. Ein weiteres Gesetz vom 24. Februar 1937 brachte eine Regelung über die Ausübung des Handwerks, die dem kleinen Befähigungsnachweis nahekam. 1947 begann mit der Schaffung eines »repertoire artisanal« eine Folge von Gesetzen und Erlassen, die eine neue Ordnung in das Handwerk brachte.
Die luxemburgische Handwerksgesetzgebung nähert sich der deutschen am stärksten, denn sie sieht für jeden selbständigen Handwerker durch Gesetz vom 2. Juli 1935 den obligatorischen Erwerb des Meisterbriefes vor. Am 8. Oktober 1945 wurden die Befugnisse der Handwerkskammern erheblich erweitert.
In Belgien sind gesetzliche Regelungen getroffen worden (20. 8. 1947), die sowohl Lehrabschlußprüfungen als auch Meisterprüfungen vorsehen, während diese Fragen in Holland

und Großbritannien bislang vom Gesetzgeber ungeregelt blieben.
In Dänemark, Norwegen und Schweden sind Rechte und Pflichten von Gesellen und Meistern ebenfalls gesetzlich fixiert. In Finnland verlangt man vom selbständigen Handwerker eine Befähigungsprüfung.
In Italien genügt zur Ausübung eines Handwerksberufs ein Berufsausweis, während Spanien ein Nationales Handwerksverwaltungsamt kennt sowie eine Handwerksordnung mit umfassenden Bestimmungen.

Die Novelle zur Handwerksordnung

Nachdem das »Gesetz zur Ordnung des Handwerks vom 17. September 1953« einige Jahre in Kraft war, ergaben sich aus der Anwendung der Bestimmungen und aus den praktischen Erfahrungen Notwendigkeiten zur Änderung und Verbesserung der Handwerksordnung. Vor allem fehlten eine Regelung der Betreuung der sogenannten handwerksähnlichen Gewerbe, eine Regelung über das Niederlassungsrecht und den freien Dienstleistungsverkehr innerhalb der EWG.
Für diese Novellierung machte der Zentralverband des Deutschen Handwerks eine Reihe von Vorschlägen, die wiederum Grundlage eines Initiativantrags wurden, der am 9. Juni 1964 im Bundestag von den Abgeordneten Schulhoff (CDU/CSU), Lange (SPD) und Opitz (FDP) eingebracht wurde. Mit der Federführung bei der Beratung des Gesetzentwurfs wurde der Ausschuß für Mittelstandsfragen des Bundestags betraut.
Nach 18 Sitzungen legte dieser Ausschuß dem Bundestag einen schriftlichen Bericht vor. Berichterstatter waren die Abgeordneten Schulhoff und Lange. Der Bundestag folgte den Vorschlägen des Ausschusses und verabschiedete die Novelle zur Handwerksordnung am 23. Juni 1965 ohne Gegenstimmen.
In dieser Novelle wird der Begriff der »verwandten Handwerker« wieder eingeführt. Danach soll ein Handwerker die Möglichkeit haben, seinen Betrieb auf verwandte Handwerke auszudehnen, ohne daß er für diese Handwerke zusätzliche Meisterprüfungen ablegen muß. Wer die Meisterprüfung in einem Handwerk abgelegt hat, soll auch in verwandten Handwerken tätig werden können.

Des weiteren sah die Novelle vor, daß auch nicht rechtsfähige Gesellschaften des bürgerlichen Rechts und des Handelsrechts in die Handwerksrolle eingetragen werden können, wenn der Befähigungsnachweis von demjenigen Gesellschafter erbracht wird, der für die technische Leitung des Betriebes verantwortlich ist.
Die Novelle brachte auch Änderungen auf dem Gebiet der Berufsausbildung, weiterhin die Gleichstellung von Prüfungen an Hochschulen und höheren technischen Lehranstalten mit der Meisterprüfung sowie Änderungen, die die Bedeutung der Gesellenausschüsse erhöhten.
Der Zentralverband bezeichnete diese Novelle als einen wesentlichen Schritt zur Öffnung des Handwerks.

Handwerks-kammern

Alle selbständigen Handwerker und die Inhaber handwerksähnlicher Betriebe müssen pflichtmäßig einer Handwerkskammer angehören. Dazu zählen auch die Lehrlinge und Gesellen dieser Betriebe. Die Aufgaben der Kammern sind in der Handwerksordnung festgelegt:
Die Interessen des Handwerks zu fördern und für einen gerechten Ausgleich der Interessen der einzelnen Handwerke und ihrer Organisationen zu sorgen.
Die Behörden in der Förderung des Handwerks durch Anregungen, Vorschläge und durch die Erstattung von Gutachten zu unterstützen und regelmäßige Berichte über die Verhältnisse des Handwerks zu erstatten.
Die Handwerksrolle (das Verzeichnis aller selbständigen Handwerker) zu führen, die Berufsausbildung der Lehrlinge zu regeln, Vorschriften hierfür zu erlassen und ihre Durchführung zu überwachen sowie eine Lehrlingsrolle zu führen.
Gesellenprüfungsordnungen für die einzelnen Handwerke zu erlassen, Prüfungsausschüsse für die Abnahme von Gesellenprüfungen zu errichten oder Handwerksinnungen zur Errichtung von Gesellenprüfungsausschüssen zu ermächtigen und die ordnungsgemäße Durchführung der Gesellenprüfungen zu überwachen. Meisterprüfungsordnungen für die einzelnen Handwerke zu erlassen und die Geschäfte des Meisterprüfungsausschusses zu führen.
Die technische und betriebswirtschaftliche Fortbildung der

Meister und Gesellen zur Erhaltung und Steigerung der Leistungsfähigkeit des Handwerks in Zusammenarbeit mit den Innungsverbänden zu fördern, die erforderlichen Einrichtungen hierfür zu schaffen oder zu unterstützen und zu diesem Zweck eine Gewerbeförderungsstelle zu unterhalten.
Sachverständige zur Erstattung von Gutachten über die Güte der von Handwerkern gelieferten Waren oder bewirkten Leistungen und über die Angemessenheit der Preise zu bestellen und zu vereidigen.
Die wirtschaftlichen Interessen des Handwerks und die ihnen dienenden Einrichtungen, insbesondere das Genossenschaftswesen, zu fördern. Vermittlungsstellen zur Beilegung von Streitigkeiten zwischen selbständigen Handwerkern und ihren Auftraggebern einzurichten.
Ursprungszeugnisse über in Handwerksbetrieben angefertigte Erzeugnisse und andere dem Wirtschaftsverkehr dienende Bescheinigungen auszustellen, soweit nicht Rechtsvorschriften diese Aufgaben anderen Stellen zuweisen.
Maßnahmen zur Unterstützung notleidender Handwerker und Gesellen zu treffen oder zu unterstützen.
Eine andere wichtige Bestimmung der Handwerksordnung legt fest, daß die Handwerkskammern in allen wichtigen das Handwerk und das handwerksähnliche Gewerbe berührenden Angelegenheiten von den kommunalen und regionalen Verwaltungsbehörden gehört werden sollen. Die Kammern stellen den festen Mittelbau der Handwerksorganisation dar, auf dem nicht zuletzt die Kraft der Gesamtorganisation beruht.

Kreishandwerkerschaften

Nach der Handwerksordnung können sich selbständige Handwerker des gleichen Handwerks in einem Bezirk zu einer Handwerksinnung zusammenschließen. Die Innung ist Körperschaft des öffentlichen Rechts. In einem Stadt- oder Landkreis bilden die Innungen die Kreishandwerkerschaft, die die Interessen des Gesamthandwerks auf Kreisebene vertritt.
Zu den gesetzlichen Aufgaben der Kreishandwerkerschaft gehört es, die Gesamtinteressen des selbständigen Handwerks und die gemeinsamen Interessen der ihr angeschlossenen Innungen wahrzunehmen, den Innungen bei der Erfüllung ihrer Aufgaben zu helfen, die Auftragsverwaltungsgeschäfte der an-

geschlossenen Innungen zu führen, die Behörden bei den das Handwerk des Bezirks berührenden Maßnahmen zu unterstützen und ihnen Anregungen, Auskünfte und Gutachten zu erteilen. Dies erklärt den öffentlich-rechtlichen Charakter der Kreishandwerkerschaft.
Als Träger öffentlicher Belange wird die Kreishandwerkerschaft besonders in die öffentliche Bauplanung eingeschaltet, wie z.B. bei der Aufstellung von Flächennutzungs- und -bebauungsplänen, Stadtentwicklungs- und Standortprogrammen oder bei der Verkehrs- und Sicherheitsplanung und Gewerbeansiedlung befragt.
Weitere Aufgaben, bei denen die Kreishandwerkerschaft als Vertretung der Handwerkswirtschaft beratend hilft, sind beispielsweise Kreditgutachten, Stellungnahmen zum städtischen Haushalt oder vorbereitende schulische Maßnahmen zur Berufsinformation. Ämter, mit denen die Kreishandwerkerschaft ständig zusammenarbeitet, sind Versorgungsbehörden, Arbeitsverwaltung, Organisationen anderer Wirtschaftsbereiche wie Industrie- und Handelskammer, Einzelhandelsverband, Hotel- und Gaststättenverband, Haus- und Grundbesitzerverein sowie die berufsständischen, gesetzlichen und privaten Versicherungs- und Krediteinrichtungen.
Große Bedeutung bei der Durchführung der Aufgaben der Kreishandwerkerschaft kommt der Einzelbetreuung der Mitglieder der Innungen zu. Im Rahmen dieser Betreuungsaufgaben gewährt die Kreishandwerkerschaft als Innungsgeschäftsstelle dem Innungsmitglied jede erdenkliche Beratung und Hilfe in allen Rechtsfragen des täglichen Betriebs- und Wirtschaftslebens, besonders auch bei kaufmännischen, handels- und handwerksrechtlichen Fragen; sie unterstützt und vertritt den Handwerker in seinen wirtschaftlich-betrieblichen Angelegenheiten vor allen Behörden und Ämtern, kurz: sie steht für die vielen Wechselfälle des gesamten Berufslebens zur Verfügung. Einen wesentlichen Raum nimmt hier die Bearbeitung aller Fragen des komplexen Tarif- und Arbeitsrechts ein. Alles in allem wird die Kreishandwerkerschaft deshalb nicht von ungefähr als »Rathaus des Handwerks« bezeichnet.
Ebenso wichtig wie die Beratungs- und Unterstützungsfunktion ist die ständige Information der Innungsmitglieder über

alle betrieblich und wirtschaftlich wichtigen Fragen und Neuerungen gesetzlicher, steuerlicher, betriebswirtschaftlicher, arbeits- und tarifrechtlicher Art durch Mitteilungen und Veranstaltungen. Öffentlichkeitsarbeit als Imagewerbung und Berufsnachwuchswerbung für den Handwerksstand, Schwarzarbeitsbekämpfung, Vermittlungs- und Schiedsstellenwesen für Verbraucher und Betriebe sind weiterhin wichtige Arbeitsbereiche.

Zum übertragenen hoheitlichen Aufgabenbereich gehört die verwaltungsmäßige Abwicklung aller handwerklichen Ausbildungsverhältnisse innerhalb der angeschlossenen Innungen ebenso wie die der Zwischen- und Gesellenprüfungen und der überbetrieblichen Lehrlingsausbildungsmaßnahmen.

Als Geschäftsstelle zeichnet die Kreishandwerkerschaft verantwortlich für die gesamte Finanzgebarung der ihr angeschlossenen Innungen und wickelt zusammen mit dem ehrenamtlich tätigen Kreishandwerksmeister oder in seinem Auftrag den gesamten Geschäftsverkehr ab.

So versteht sich die Kreishandwerkerschaft bei aller Vielfalt der an sie gestellten Aufgaben sowohl als Träger öffentlicher Belange wie als Gesamt- und Einzelvertretung vielseitiger handwerklicher Interessen.

Innungen und Innungsverbände

Innungen sind die unterste Einheit der handwerklichen Organisationen. In ihnen sind die selbständigen Handwerker eines bestimmten Berufs und eines bestimmten Bezirks zusammengefaßt. Sie sind Körperschaften des öffentlichen Rechts, deren Hauptaufgabe es ist, die gemeinsamen gewerblichen Interessen der Mitglieder zu fördern. Dazu gehören Lehrlingsausbildung und Gesellenprüfungen, dazu gehört die Förderung von Gesellen und Meistern, die Durchführung von Lehrgängen in Zusammenarbeit mit der Handwerkskammer und die Unterstützung der Fachschulen.

Die Innungen wirken auch bei der Verwaltung der Berufsschulen mit, sie erteilen Gutachten, geben Auskünfte an Behörden und fördern das Genossenschaftswesen. Die von den Handwerkskammern erlassenen Vorschriften und Anordnungen sind für sie bindend.

Organe einer Handwerkerinnung sind: die Innungsversammlung, der Vorstand und die Ausschüsse. Vorsitzender ist der Obermeister, ihm zur Seite steht der Vorstand. Besondere Bedeutung hat der Lehrlingswart. In jeder Innung gibt es einen Gesellenausschuß, denn die Mitwirkung von Gesellen ist durch Gesetz und Satzung festgelegt.

Nach den Innungen sind die Landesinnungsverbände die nächsthöhere Einheit. Sie sind juristische Personen privaten Rechts und haben ebenfalls die Interessen des Handwerks wahrzunehmen.

Die ihnen angeschlossenen Innungen unterstützen sie bei ihren Gesetzen und satzungsmäßigen Aufgaben und unterbreiten den Behörden Anregungen und Vorschläge. Sie können Fachschulen und Fachkurse einrichten, sie fördern den gemeinschaftlichen Einkauf und die gemeinschaftliche Übernahme von Lieferungen und Leistungen, sie tun alles, was der Erhöhung und Leistungssteigerung der Betriebe dient. Schließlich sind sie auch befugt, Tarifverträge abzuschließen.

Innungskrankenkassen

Die Wurzeln in den handwerklichen Selbsthilfe-Einrichtungen liegen zwar in den alten Unterstützungskassen der Zünfte, aber ihre Tätigkeit im heutigen Sinne wurde erst durch Bismarcks Sozialgesetzgebung von 1881, mit der die staatliche Sozialpolitik ins Leben gerufen wurde, eingeleitet.

In der Absichtserklärung dieser Botschaft hieß es: »Den Hilfsbedürftigen größere Sicherheit und Ergiebigkeit des Beistandes, auf den sie Anspruch haben, zu geben.«

Diese Ankündigung wurde in den folgenden Jahren und Jahrzehnten durch die Schaffung gesetzlicher Kranken-, Unfall- und Rentenversicherungen für Arbeiter verwirklicht. Der Versicherungspflicht wurden mit den Arbeitern auch die Gesellen und Lehrlinge des Handwerks unterstellt. Nach der sogenannten Innungsnovelle zur Gewerbeordnung vom Jahre 1881 entfaltete sich die soziale Selbsthilfe des Handwerks zu einer neuzeitlichen Institution. Der Gesetzgeber hatte bestimmt, daß Kassen, die von Innungen unterhalten wurden, zu gesetzlich geregelten Innungskrankenkassen umgewandelt werden konnten.

Das wurde nachträglich 1911 durch die Reichsversicherungsordnung bestätigt, während das Gewerbe- und später das

Handwerksrecht sich auf den Hinweis beschränkten, daß die Rechtsverhältnisse der Innungskrankenkassen sich nach den dafür geltenden gesetzlichen Bestimmungen richten sollten.
Heute sind die Innungskrankenkassen die bedeutendsten sozialpolitischen Einrichtungen auf dem Boden der neuzeitlichen Handwerksorganisation. Tausende von Handwerksinnungen dienen diesem starken Zweig der gesetzlichen Krankenversicherung als Träger. Der Bestand ist gerade im letzten Jahrzehnt rapide gewachsen und damit auch das Leistungsvolumen, das die Milliarden-Grenze bei weitem überschritten hat.
Über lange Jahre sind die Innungskrankenkassen trotz hoher Leistungen mit erstaunlich niedrigen Beiträgen ausgekommen. Das hängt mit den Verhältnissen in einer berufsgemeinschaftlichen Einrichtung zusammen, die insgesamt leichter überschaubar sind.
Die Innungskrankenkassen sind eine echte sozialwirtschaftliche Klammer für die Handwerksorganisation. Wenn man sagt, daß die soziale Sicherung in der Bundesrepublik einen auch im internationalen Vergleich anerkannten Höchststand erreicht hat, dann haben die Innungskrankenkassen keinen geringen Anteil daran.

Die berufsständischen Versicherungen

In den Satzungen des Zentralverbandes des Deutschen Handwerks kommt die Auffassung zum Ausdruck, daß die berufsständisch orientierten Versicherungsgesellschaften bedeutende Faktoren für die Handwerkswirtschaft sind. Sie bilden mit den Innungskrankenkassen und neben den Handwerkskammern und Fachverbänden die dritte Säule der Handwerksorganisation. Im Handwerksrat und im Präsidium haben sie nach § 15 der Satzung Sitz und Stimme.
Um die Zusammenarbeit zwischen Handwerk und berufsständischen Versicherern zu intensivieren, wurde die »Arbeitsgemeinschaft berufsständisch orientierter Versicherungsgesellschaften« ins Leben gerufen. Sie pflegt seither mit allen Organen des Handwerks einen Erfahrungsaustausch.
Auch unter den berufsständischen Versicherern erfolgten in der letzten Zeit Konzentrationen. Aus den Verschmelzungen gingen folgende Blöcke hervor:

Krankenversicherung
SIGNAL Krankenversicherung a. G. zu Dortmund
Münchener Verein, Krankenversicherungsanstalt a. G.
NOVA Krankenversicherung a. G.
Inter Krankenversicherung a. G.

Lebensversicherung
Münchener Verein Lebens- und Altersversicherungsanstalt a. G. München
Pensionskasse des Bäckerhandwerks V.V.a.G.
Iduna Lebensversicherung a. G. für Handwerk, Handel und Gewerbe
Inter Lebensversicherung a. G.

Sach- und Unfallversicherung
Iduna Allgemeine Versicherungs-Aktiengesellschaft
Münchener Verein Allgemeine Versicherungs-AG

Unfallversicherung
NOVA Unfallversicherung AG (gegründet 1962)
SIGNAL Unfall-Versicherungsverein a. G. in Dortmund

Alle diese Gesellschaften haben ihre natürliche Interessenverbundenheit mit dem Handwerk beibehalten. In sämtlichen Organen sitzen Ehrenamtsträger des Handwerks. Sie kennen die technische und sozialpolitische Entwicklung ebenso wie die immer neuen Probleme, die auf die berufsständischen Versicherer zukommen.
Zwar ist in allen Regierungserklärungen zugesichert worden, daß die quantitativ und qualitativ individuelle Vorsorge zur Ergänzung der gesetzlichen Sicherung durchaus dem Leitbild mündiger Bürger in unserer freiheitlichen Ordnung entspricht, aber jede inzwischen erfolgte Ausdehnung der gesetzlichen Krankenversicherung trifft die private Krankenversicherung, und damit auch die berufsständische, hart.
Bei den berufsständischen Lebensversicherern ist die Situation insofern anders, als ihre Entwicklung weniger von sozialpolitischen Entscheidungen als vom Sparwillen und der Sparfähigkeit der Berufsstände abhängt. So verstehen sie sich vor allem

als ein »Kapitalsammelbecken«, wobei zu sagen wäre, daß die Unternehmen um so mehr für das Handwerk tun können, als sie auch ihren Versicherungsbedarf dort decken.
Das »Prinzip der gegenseitigen Hilfe« hat sich stets bewährt. Die berufsständischen Versicherer geben zinsgünstige Hypotheken- und Schuldscheindarlehen, sie finanzieren Bauprojekte des Handwerks, Gewerbeförderungsanstalten und andere Ausbildungsstätten und dienen damit vielfältig der mittelständischen Wirtschaft.
Mit zeitgemäßen Versicherungsangeboten, wie etwa der dynamischen Lebensversicherung, mit vielseitigen anderen Dienstleistungen und Versicherungen aller Art, zu denen Bausparen, Investmentanlage, Sterbegeldversicherung und seit neuestem auch die Rechtsschutzversicherung ALLRECHT gehört, wird dem Handwerk jede Art der Vorsorge und der Kapitalbildung geboten.
Einer der aktivsten aus dem Kreis der leitenden Männer in der berufsständischen Krankenversicherung ist Heinrich Frommknecht, der, selbst aus einer handwerklichen Familie kommend, besonders viel für die Vorsorge im Mittelstand getan hat.

Gewerbliche Genossenschaften

Als Schulze-Delitzsch 1853 an das deutsche Handwerk einen Aufruf zur genossenschaftlichen Selbsthilfe richtete, fand das starken Widerhall. Überall waren in der Folgezeit Handwerker an der Gründung der Spar- und Vorschußvereine, den heutigen Volksbanken, beteiligt. Die ersten Genossenschaften waren samt und sonders Handwerksgenossenschaften. Bis auf den heutigen Tag stellt das Handwerk noch die stärkste Mitgliedergruppe bei den Volksbanken. Art und Umfang der Kredite dieser Banken sind auch stets auf die handwerklichen und anderen kleinbetrieblichen Bedürfnisse zugeschnitten.
Vor allem bei der Anpassung an den Strukturwandel, z. B. bei den wachsenden Betriebsgrößen, die eine steigende Kapitalintensität erforderlich machten, haben die Volksbanken durch langfristige Ausleihungen wertvolle Schützenhilfe geleistet. Sie haben außerdem die Gründung von Kreditgarantiegenossenschaften (1953) unterstützt und zum Erfolg der Sparwerke des Handwerks beigetragen.

Den Wert der vielen hundert Einkaufsgenossenschaften und der sonstigen Produktions-, Produktiv- und Lieferungsgenossenschaften des Handwerks kennzeichnen die vielen Millionen DM, die als Warenrückvergütung ausgeschüttet wurden. Nur schwer schätzbar sind die preisregulierende Wirkung und Stärkung des Markteinflusses des Handwerks, die vom einzelnen Handwerksbetrieb nie hätten erreicht werden können. Ohne Zweifel stellt die Genossenschaft ein geeignetes Mittel zur Behauptung im Wettbewerb dar.
Natürlich wird der Erfolg der Einkaufsgenossenschaften stets dort am höchsten sein, wo ein günstiges Verhältnis zwischen Warenumsatz und Lohnanteil besteht. Besonders deutlich wird das beim Bäckerhandwerk. Hohe Marktanteile werden aber auch bei den Fleischern, Malern und Friseuren erreicht. Die Erfahrung zeigt, daß die Persönlichkeitsfrage bei der Besetzung von Vorstand und Aufsichtsrat und die enge Zusammenarbeit mit den genossenschaftlichen Führungsverbänden Voraussetzung für den Erfolg sind.
Die Grundidee des genossenschaftlichen Wirkens ist immer die gleiche geblieben: daß die Freiheit des Individuums und die wirtschaftliche Existenz vieler einzelner durch Zusammenschluß gestärkt und bewahrt werden kann. An der Gültigkeit des Selbsthilfegedankens hat sich in den vergangenen 100 Jahren nichts geändert.
Wenn die Genossenschaften auch damals als »Kinder der Not« gegründet worden sind, so sind sie heute zwar nicht mehr so sehr ein Zusammenschluß von Bedürftigen und Schwachen, aber immer noch von Handwerkern, Bauern und Gewerbetreibenden, die durch Fleiß und Tüchtigkeit ihre Selbständigkeit bewahren wollen.
In langen Jahrzehnten haben die Genossenschaften überzeugende Beweise ihrer Anpassungsfähigkeit erbracht, und vor einigen Jahren haben sich Volksbanken und Raiffeisenbanken, also gewerbliche und ländliche Genossenschaften, in einer neuen Dachorganisation zusammengefunden, nachdem sie trotz gemeinsamer Ausgangspunkte und Grundprinzipien bis dahin getrennte Wege gegangen waren.
Die Genossenschaften gehören zu den großen tragenden Säulen des Handwerks.

Die Internationale Handwerksmesse

Seit im Jahre 1949 erstmalig in München eine Internationale Handwerksmesse durchgeführt wurde, hat sie unter den Messen der ganzen Welt einen festen Platz bekommen. Tausende von Ausstellern aus zahlreichen Ländern beteiligen sich an dieser imposanten Schau.
Diese Messe geht mit ihren zahlreichen Sonderschauen über das hinaus, was man unter einer Mustermesse versteht. Sie dient mehreren Zwecken. Als Verkaufsmesse dient sie dem deutschen und ausländischen Handwerk, als Einkaufsmesse für deutschen und ausländischen Handwerksbedarf bringt sie ein großes Angebot, als Informationsmesse unterrichtet sie den Handwerker über den technischen Fortschritt und den internationalen Stand seines Berufes.
Darüber hinaus wirbt sie bei einem immer größer werdenden Publikum für Qualitätsarbeit und Ideengut des Handwerks. In den langen Jahren ihres Bestehens hat diese Messe viel zur Förderung des Handwerks beigetragen.

Das Handwerk und die Entwicklungshilfe

Nach dem Zweiten Weltkrieg ist auch dem deutschen Handwerk in der technischen Entwicklungshilfe eine große Aufgabe zugefallen, nachdem immer mehr erkannt wurde, daß es mit der Errichtung großer Werke in den Entwicklungsländern nicht getan ist. Dem Gedanken von Ludwig Erhard folgend, versuchte man in diesen Ländern einen breiteren Nährboden für die weitere Entwicklung zu schaffen. Das aber ist nur durch eine Förderung des einheimischen Handwerks an Ort und Stelle möglich.
Bewährt haben sich vor allem die in vielen Entwicklungsländern errichteten Gewerbeschulen, in denen Einheimische handwerklich aus- und weitergebildet werden, damit sie selbst Betriebsgründer, Berater und Ausbilder sein können. Viele deutsche Handwerker haben bislang erfolgreiche Arbeit an diesen Schulen und den ihnen angegliederten Werkstätten geleistet. Es ist eine Aufgabe, die außer dem handwerklichen Können vor allem Verständnis für die Probleme dieser Menschen verlangt.

Angesichts der weitgesteckten Ziele
der Europäischen Wirtschaftsgemeinschaft
ist es für das deutsche Handwerk
eine hohe Verpflichtung,
mit allen Kräften
für diese Ziele tätig zu werden.
Hermann Wellmanns

Das Handwerk im europäischen Raum

Die gemeinsame Arbeit

Mit seinen Millionen von Selbständigen und Beschäftigten stellt das Handwerk in der europäischen Wirtschaftsgemeinschaft ein wachsendes Leistungspotential von hohem gesellschaftspolitischem Wert dar. Es erwartet aber auch, daß neben der Agrar- und Industriepolitik eine Wirtschaftspolitik betrieben wird, die verstärkt die Interessen der Klein- und Mittelbetriebe wahrnimmt.

Die gemeinsame Arbeit begann mit der Harmonisierung der Berufsausbildung und der gegenseitigen Anerkennung der Diplome, um die Niederlassungsfreiheit im Gemeinsamen Markt sicherzustellen.

Diese Zusammenarbeit wurde in der Union des Handwerks, der EWG, in der Internationalen Gewerbeunion, der Internationalen Föderation des Handwerks, den Beratungsgremien der Europäischen Kommission und in vielen Partnerschaftsgremien, ganz besonders mit dem französischen Handwerk, deutlich.

Der Zentralverband des deutschen Handwerks hat viele Lösungen offenstehender Fragen in der Zusammenarbeit angeboten und sich darüber hinaus für die Einführung gemeinsamer Rahmenvorschriften eingesetzt, die den Einzelstaaten jedoch die Möglichkeit belassen, ihren nationalen Gegebenheiten Rechnung zu tragen.

Die internationale Organisation

Das Internationale Forum der Selbständigen und der Privatwirtschaft ist die Internationale Gewerbeunion. Sie ist die einzige internationale Organisation, die gleichzeitig die Handwerksmeister, die Inhaber der Klein- und Mittelbetriebe der Industrie und des Handels sowie des Dienstleistungsgewerbes vertritt.

Nach dem Wortlaut ihrer Statuten verteidigt sie den Grundsatz der Privatwirtschaft, der persönlichen Initiative und der Selbständigkeit der unter voller Verantwortung ihrer Inhaber arbeitenden Betriebe.

Ziele der Union sind:

Die Verteidigung des selbständigen Betriebes und der Unternehmerfreiheit im Rahmen der Privatwirtschaft;

die Entwicklung der beruflichen Aus- und Weiterbildung;

die Förderung unabhängiger Berufsorganisationen;

die Förderung der Zusammenarbeit aller Mitgliederorganisationen auf internationaler Ebene;
die Formulierung und Ausbreitung der Auffassungen der Gesamtheit der Mitglieder in allen internationalen Fragen, für die sie sich direkt oder indirekt interessieren, ebenso wie die Suche nach praktischen Lösungen, die den internationalen Warenaustausch erleichtern sollen;
die Zusammenarbeit mit anderen internationalen Organisationen und nationalen Forschungsinstituten auf den Gebieten, die alle Mitglieder interessieren;
die Vertretung der gemeinsamen Interessen der selbständigen Klein- und Mittelbetriebe gegenüber öffentlichen und privaten internationalen Institutionen;
der Austausch von Gedanken, Erfahrungen, Nachrichten und Dokumentationen unter den angeschlossenen Verbänden und die Aufklärung der Öffentlichkeit über alle Probleme, die der Gesamtheit der selbständigen Betriebe des Handwerks, des Handels, der Industrie und der anderen Zweige der Privatwirtschaft eigen sind;
die Organisation und Förderung des internationalen Austauschs von Praktikanten zur Erweiterung ihrer allgemeinen und fachlichen Kenntnisse.
Die IGU ist eine Vereinigung überfachlicher nationaler Organisationen. Sie vereinigt auf direkte Weise 24 Länder Europas, Amerikas und Asiens, das heißt mehr als 8 Millionen Betriebe (Belgien, Dänemark, Bundesrepublik Deutschland, Finnland, Frankreich, Griechenland, Großbritannien, Indien, Irland, Island, Israel, Italien, Japan, Kolumbien, Liechtenstein, Luxemburg, Niederlande, Norwegen, Österreich, Schweden, Schweiz, Spanien, Türkei, Venezuela). Über die internationalen Fachverbände vertritt sie indirekt 23 weitere Länder.
Jeder Landesverband hat sich der einen oder anderen, vielleicht sogar zwei oder allen drei nachstehenden internationalen Vereinigungen anzuschließen, soweit sein Tätigkeitsgebiet die Mitarbeit bei dieser rechtfertigt und er strukturell die Voraussetzungen für die Mitgliedschaft erfüllt.
- Internationale Föderation des Handwerks (IFH)
- Internationale Vereinigung der Klein- und Mittelbetriebe der Industrie (IVKMI)

- Internationale Vereinigung der Klein- und Mittelbetriebe des Handels (IVKMH)

Die internationalen Vereinigungen konstituieren sich in freier Weise; sie befassen sich vorwiegend mit den technischen und beruflichen Fragen ihres Arbeitsgebietes. Fragen von allgemeiner Tragweite fallen in der Regel in die Zuständigkeit der IGU.
Die Internationale Gewerbeunion verfügt über folgende Organe:
- den Internationalen Gewerbekongreß;
- den Zentralvorstand. Dieser setzt sich zusammen aus den Mitgliedern der Geschäftsleitung, je einem Delegierten und einem Stellvertreter, der von den nationalen Verbänden jedes Landes bezeichnet wird. Das Stimmrecht steht nur den Delegierten zu;
- die Geschäftsleitung. Diese setzt sich zusammen aus dem Präsidenten, den Vizepräsidenten der IGU und den Präsidenten und einem Vizepräsidenten jeder internationalen Vereinigung;
- das Generalsekretariat. Dieses betreut die administrativen Geschäfte, gibt ein »Bulletin« heraus, dient als Informationszentrum sowie als Verbindungsstelle und koordiniert die verschiedenen Tätigkeiten.

Das Handwerk in Belgien

Die Zahl der Handwerksbetriebe wird in Belgien auf etwa 130000 geschätzt. Sie sind im »nationalen belgischen Komitee der Klein- und Mittelbetriebe« zusammengefaßt.
Als Handwerker wird jede Person angesehen, die haupt- oder nebenberuflich aufgrund eines Vertrages mit der Industrie Dienstleistungen ausführt. Wer eine handwerkliche Tätigkeit ausüben will, muß die Eintragung in das Handwerksregister beantragen.
Die Mehrzahl der Handwerker wird als Händler betrachtet, da sie gewöhnlich Waren mitliefern. Die Berufsausbildung des Handwerkers ist durch die Verordnung vom 13.4.1959, die 1971 novelliert wurde, geregelt. Diese Ausbildung geht bis zum Befähigungsnachweis. Die Koordinierung aller beruflichen Ausbildungsmöglichkeiten wird durch ein nationales

Komitee vorgenommen. In Berufsausbildungs- und -fortbildungszentren werden Aus- und Fortbildungskurse organisiert. Von Lehrsekretariaten wird der Abschluß der Lehrverträge und deren Erfüllung überwacht. Außerdem betreuen sie die Lehrlinge moralisch, sozial und pädagogisch.
In der Zeit ihrer Ausbildung müssen die Lehrlinge die Berufsausbildungskurse besuchen und am Ende eine Prüfung ablegen. Der Staat subventioniert die Berufsausbildung. Sie ist für den Schüler kostenlos.
Eine nationale Berufskreditkasse hat die Aufgabe, den gewerblichen Unternehmern Kredite zu geben, die wegen ihrer niedrigen Zinsen besonders vorteilhaft sind. Durch ein Kreditförderungsgesetz wurde ein Garantiefonds geschaffen, der unseren Kreditgarantiegemeinschaften entspricht. Durch diesen Fonds soll die Kreditgewährung für diejenigen Personen erleichtert werden, die nicht über die notwendigen Garantien verfügen.
Bei Produktionsinvestitionen im Rahmen des Wirtschaftsexpansionsgesetzes sind Steuererleichterungen für das Handwerk vorgesehen. Im Sozialversicherungssystem sind die Renten-, Kranken- und Invalidenversicherung erfaßt.

Das Handwerk in Luxemburg

In der luxemburgischen Rechtsprechung wird der Begriff »Handwerk« nicht näher definiert. Im Gesetz vom 9. September 1963 ist eine ganze Anzahl Handwerksberufe aufgeführt, deren Ausübung den Besitz eines Befähigungsnachweises oder eines gleichwertigen Diploms vorsieht. Auch für einen handwerksähnlichen Beruf wird eine praktische Ausbildung von mindestens zwei Jahren verlangt.
Die Gesamtzahl der Handwerksbetriebe liegt bei 5000 und die Beschäftigtenzahl bei 25000. Die Berufsausbildung ist durch das Gesetz über die Lehre vom 8. Oktober 1945 geregelt.

Das Handwerk in Italien

Der italienischen Konföderation des Handwerks gehören rund 30000 Mitglieder an. Gemäß den rechtlichen Bestimmungen wird dann ein Betrieb als Handwerksbetrieb bezeichnet, wenn er die manuelle oder künstlerische Produktion von Gütern und Dienstleistungen betreibt und unter der Verantwortung des Betriebsinhabers steht.

Die Italiener haben auch eine Begrenzung der Beschäftigtenzahl. Im allgemeinen soll ein Handwerksbetrieb nicht mehr als zehn Gesellen und Lehrlinge beschäftigen, während sonderbarerweise die Betriebe des Kunsthandwerks und des Schneiderhandwerks über eine unbegrenzte Zahl von Beschäftigten verfügen können. Nach den letzten Zählungen hatte das italienische Handwerk 1,3 Millionen Betriebe mit 2,7 Millionen Beschäftigten.

Die Berufsausbildung setzt sich aus der praktischen Betriebsausbildung und dem Berufsschulunterricht zusammen. Fortbildungskurse werden vom Erziehungs- und Arbeitsministerium organisiert.

Das Sozialversicherungssystem wird vom Staat finanziert und unterstützt. Als Pflichtversicherungen kennt man eine Kranken-, Invaliden-, Alters- und Unfallversicherung.

Für Handwerker, deren Umsatz niedrig ist, gibt es erhebliche Steuererleichterungen. Kredite gewähren die Handwerkskassen vor allem für die Ausstattung, Vergrößerung und Modernisierung der Betriebe.

Das französische »Loi Royer«

Dieses Orientierungsgesetz, das nach seinem Initiator »Royer« benannt worden ist, wurde am 30. Dezember 1973 im französischen Amtsblatt veröffentlicht. Es handelt sich um ein Rahmengesetz für Handel und Handwerk, das neben grundsätzlichen Bestimmungen eine Fülle von Einzelregelungen auf den Gebieten des Steuerrechts, der Sozialversicherung, des Städtebaus, der Planung des Wettbewerbs und der Berufsausbildung enthält.

Im ersten Teil dieses Gesetzes werden die wirtschaftlichen, steuerlichen und sozialen Rahmenbedingungen definiert, mit denen die Regierung ihre langfristigen strukturpolitischen Ziele verfolgt. Den kleineren und mittleren Unternehmen werden die freie Ausübung und Entfaltung ihrer unternehmerischen Tätigkeit im Rahmen eines fairen Wettbewerbs garantiert.

Zur Verbesserung des Ausbildungsstandes der Handwerker sind zahlreiche Förderungsmaßnahmen vorgesehen. Dem Beginn der eigentlichen Berufsausbildung soll eine sogenannte Vor-Lehrzeit vorausgehen. Handwerkskammern sowie Indu-

strie- und Handelskammern werden verpflichtet, Einführungslehrgänge durchzuführen. Der Gesetzgeber ist bemüht, den Ausbildungsstand wesentlich zu verbessern.
Das Gesetz kündigt aber auch eine Anzahl von Maßnahmen zur Anpassung und Modernisierung von Unternehmen an. Für Existenzgründungen, für die Errichtung von Handwerksbetrieben und für die Umschulung werden finanzielle Hilfen gegeben. Es handelt sich dabei um zinsgünstige Kredite oder um verlorene Zuschüsse.
Auf dem Gebiet der Sozialversicherung sieht das Gesetz für Handwerker eine schrittweise Anpassung an das allgemein geltende System der Sozialversicherung vor. Zu diesem Zweck sind bestehende Sozialgesetze geändert und besondere Ausgleichshilfen für ältere Handwerker eingeführt worden.
Die Einkommensbesteuerung von Handwerkern ist an die Einkommensbesteuerung der Arbeitnehmer angeglichen worden. Eine Reform der Gewerbesteuer ist in Vorbereitung, bei der vor allem die zwischen den einzelnen Gemeinden bestehenden Unterschiede in der Höhe der Besteuerung abgebaut werden sollen.
In seinen Grundzügen entspricht das Loi Royer dem Konzept unserer sozialen Marktwirtschaft. Die Regelungen fügen sich ein in das französische Wirtschaftssystem der Planifikation. Die Ziele des Gesetzes dienen einer Verbesserung der Lage kleiner und mittlerer Unternehmen.

Die Gewerbeordnung in Österreich

Seit dem 1. August 1974 besteht in Österreich eine Gewerbeordnung, die die alte Ordnung aus dem Jahre 1859 abgelöst hat. Sie existierte ohnedies nur noch scheinbar, da sie im Laufe der Jahre über fünfzig Änderungen erfahren hat.
Die neue Gewerbeordnung gilt für nahezu alle gewerbsmäßig ausgeübten Tätigkeiten. Dabei versteht man unter einer solchen Tätigkeit, »wenn sie selbständig, regelmäßig und in der Absicht betrieben wird, einen Ertrag oder sonstigen wirtschaftlichen Vorteil zu erzielen, gleichgültig, für welche Zwecke dieser bestimmt ist«. Im Gesetz werden »Selbständigkeit«, »Regelmäßigkeit« und »Ertragsabsicht« näher beschrieben.
Die Gewerbeordnung unterscheidet aber auch zwischen An-

meldegewerben und konzessionierten Gewerben. Zu diesen Anmeldegewerben gehören die freien, die gebundenen und die handwerksmäßigen Gewerbe. Wenn die gesetzlichen Voraussetzungen vorliegen, ist die Ausübung eines solchen Gewerbes bereits durch die Anmeldung bei der Gewerbebehörde gewerberechtlich gedeckt. Für das konzessionierte Gewerbe braucht man eine Bewilligung.
Als allgemeine Voraussetzung für die Gewerbeausübung ist bei natürlichen Personen die Vollendung des 19. Lebensjahres vorgesehen. Bis zum 24. Lebensjahr gewährt das Gesetz gewisse Erleichterungen für die »persönlichen Voraussetzungen«. Liberalisiert wurden die Bestimmungen über den Gewerbeumfang. Die Rechte der Erzeuger, der Händler und der Dienstleistungsgewerbe wurden erheblich erweitert.
Die neue Gewerbeordnung sieht, dem internationalen Zug der Zeit entsprechend, zahlreiche Bestimmungen zum Schutz der Konsumenten vor. Im Mittelpunkt aller Bestrebungen stehen die Verschärfungen des Betriebsanlagenrechts. Bei der Genehmigung von Betriebsanlagen wird nicht nur auf den Schutz der Nachbarschaft, sondern auch auf den der Kunden, die die Betriebsanlagen aufsuchen, Rücksicht genommen. Vieles vom alten Gewerberecht ist übernommen oder den heutigen Gegebenheiten angepaßt worden.

Der internationale Berufswettbewerb

Dieser Berufswettkampf ist aus einem Beschluß Spaniens und Portugals entstanden, die nationalen Berufswettbewerbe miteinander auszutragen. Man erwartete davon Impulse für die Weiterentwicklung der Berufsbildung, darüber hinaus einen Erfahrungsaustausch der Beteiligten und aller in der Berufsbildung tätigen Experten.
Seither ist dieser auch auf viele andere Länder übertragene Berufswettbewerb zu einer internationalen Begegnung der Jugend geworden, der man schon im Überschwang der Begeisterung den Namen »Olympiade der Arbeit« gegeben hat.
1954 nahm erstmals eine deutsche Delegation am internationalen Berufswettbewerb in Spanien teil, und seit 1955 beteiligten sich Facharbeiter und Gesellen aus allen Wettbewerbsberufen an dieser »Olympiade«. Die stärksten Beteiligungen sind in den maschinentechnischen und in den elektrotechnischen

Berufen. Das bringt für die Trägerorganisation Schwierigkeiten, die aber bislang immer noch gemeistert werden konnten. Die Aufgaben werden erst drei Tage vor Beginn des Wettbewerbs von einer internationalen Jury ausgewählt und gestellt. Sie müssen nach dem internationalen Reglement in der Heimatsprache des Wettbewerbsteilnehmers in schriftlicher Form vorliegen. Zu diesem Zweck wird ein erfahrenes Dolmetscherteam eingesetzt.
Im Laufe der Zeit und durch viele Erfahrungen sind die Wettbewerbsbedingungen und Bewertungsgrundsätze so weit objektiviert worden, daß es heute nahezu bedeutungslos ist, in welchem Land der Wettbewerb durchgeführt wird.

Wie immer die Entwicklung
auch verlaufen mag, Technik
und Wissenschaft werden
das Leben des Handwerks
entscheidend weiterbestimmen
Heinz Piest

Handwerk und Wissenschaft

Das Deutsche Handwerks-institut

Am 22. Oktober 1927 beschlossen der Reichsverband des deutschen Handwerks und der Deutsche Handwerks- und Gewerbekammertag, die bestehenden handwerklichen Forschungsinstitute, es waren deren drei, zu einem Institut für Handwerkswirtschaft zusammenzufassen.
Nachdem die Vorarbeiten im Laufe des Jahres 1928 unter der Leitung des Geschäftsführers C. Hausser abgeschlossen und die Satzungen der bisherigen Einzelinstitute zu einer neuen Satzung entwickelt worden waren, erfolgte am 9. Januar 1929 die Gründung des »Deutschen Handwerksinstitutes« (DHI) mit dem Sitz Berlin.
Das Deutsche Handwerksinstitut setzte es sich zum Ziel, aktiv an der Entwicklung von Wirtschaft und Technik mitzuwirken und Gesellschaft und Kultur im handwerklichen Bereich mitzugestalten. Die Einzelaufgaben reichten von wissenschaftlichen Untersuchungen bis zu praktischen Beratungen und erfaßten das Handwerk in seiner Gesamtheit, aber auch den einzelnen Betrieb.
In der Zeit des Dritten Reichs mußte das Deutsche Handwerksinstitut sich vor allem auf die Lösung von Gegenwartsfragen beschränken. Mit den Problemen der Planwirtschaft hatte es schon allein einen großen zusätzlichen Aufgabenbereich bekommen.
Im Laufe der Jahre wurde ein Netz von Bezirksstellen errichtet, das sich auch auf Österreich ausdehnte. Als der Forschungsgegenstand Handwerk in die akademische Lehr- und Forschungstätigkeit der Hochschulen aufgenommen werden konnte, wurde eine Anzahl Institute und Seminare errichtet, die das allgemeine wissenschaftliche Interesse an der Behandlung von Handwerksfragen wecken und den Studenten in Übungen und Seminaren mit der besonderen Situation des Handwerks vertraut machen sollte.
An der Technischen Hochschule Berlin übernahm Dr. Hotz einen Lehrauftrag, bei dem es vor allem darauf ankam, die Erkenntnisse aus den bauwirtschaftlichen und bautechnischen Arbeiten an die zukünftigen Architekten weiterzuleiten.
Auch an der Wirtschaftshochschule Berlin wurde ein Seminar für Handwerkskunde ins Leben gerufen, das an der Ausbildung zukünftiger Gewerbelehrer mitwirken sollte.

In Bonn wurde 1932 das Seminar für Handwerkswirtschaft an der Universität gegründet. Es stand unter der Leitung Professor Rössles, der vor allem die handwerkliche Betriebswirtschaftslehre in systematischer Weise vorantrieb.
Die drei schlesischen Handwerkskammern richteten 1930 in Breslau eine Technische Versuchsstelle für das Handwerk an der Technischen Hochschule ein, deren Leitung Dr. Piest übernahm, der den Schwerpunkt seiner Tätigkeit in der Prüfung bautechnischer Einrichtungen und Arbeitsmaschinen und entsprechenden Materialuntersuchungen sah.
An der Universität Frankfurt wurde 1937 das Institut für Handwerkswirtschaft gegründet, dessen Leitung Professor Wehrle übertragen wurde. In diesem Institut ging es vornehmlich um volkswirtschaftliche Probleme des Handwerks, wobei die Sozialpolitik eine besondere Rolle spielte. Aus dem Institut sind viele wertvolle Strukturuntersuchungen hervorgegangen.
An der Gründung des Instituts für Handwerkskunde an der Universität Göttingen war der frühere Generalsekretär des Deutschen Handwerks- und Gewerbekammertags, Dr. Meusch, maßgeblich beteiligt.
Nach der Umgründung des Instituts in eine universitätseigene Einrichtung erhielt es den Namen Seminar für Deutsches Handwerkswesen. Auch hier ging es, wie in Frankfurt, um die Erforschung der volkswirtschaftlichen Zusammenhänge im Handwerk.
1930 entstand in Hannover an der Technischen Hochschule eine Forschungsstelle für hochbautechnische Betriebswirtschaft. Die Leitung lag in den Händen von Professor Wickop und Dr. Hotz. Bei dieser Forschungsstelle ging es darum, künftige Architekten und Baubeamte mit den speziellen Problemen der Bauwirtschaft und der Baubetriebslehre vertraut zu machen.
Ein seit 1932 bestehender Lehrauftrag an der Technischen Hochschule Karlsruhe befaßte sich mit der »Technischen Betriebswirtschaft im Handwerk«. Der Beauftragte Bucerius widmete sich vor allem dem Ausbau der technischen Betriebslehre des Handwerks.
1934 nahm Professor Rössle seine Tätigkeit an der Handelshochschule in Königsberg auf. Auch hier ging es in erster Linie

um die betriebswirtschaftlichen Probleme des Handwerks, die Professor Rössle nach seiner Berufung nach München im Jahre 1938 am Seminar für Handwerkswirtschaft der Münchener Technischen Hochschule fortführte.

Die Wiederbelebung nach dem Krieg

Mit der Auflösung des Reichsstandes des Deutschen Handwerks war 1945 auch das Ende des Handwerksinstituts gekommen. Am 3. September 1948 wurde es jedoch neu gegründet, nachdem es vorübergehend mehr eine bayerische Angelegenheit war. Das bayerische Staatsministerium für Wirtschaft hatte gemeinsam mit den bayerischen Handwerksorganisationen die Finanzierung übernommen. 1949 bekam es wieder allgemeine deutsche Geltung. Folgende Institutionen gehörten dem »Deutschen Handwerksinstitut«, dessen Sitz München blieb, in den folgenden Jahren an:
Das Seminar für Handwerkswirtschaft, München; das Institut für Handwerkswirtschaft an der Technischen Universität Berlin; das Handwerkstechnische Institut an der Technischen Hochschule Hannover; das Institut für Berufserziehung im Handwerk an der Universität Köln; das Forschungsinstitut für Handwerkswirtschaft an der Universität Frankfurt; das Seminar für Handwerkswesen an der Universität Göttingen; die Abteilung Formgebung im Handwerk und handwerklicher Kultur; die Abteilung praktische Gewerbeförderung; das Handwerkswissenschaftliche Institut Münster; das Institut für Technische Betriebsführung im Handwerk, Karlsruhe, und schließlich das Handwerksrechtsinstitut München.
Die Aufgaben des Deutschen Handwerksinstituts teilen sich in solche für die Wissenschaft und in die für die praktische Gewerbeförderung.
Bei den wissenschaftlichen Aufgaben geht es um Strukturuntersuchungen, um handwerkswissenschaftliche Schriftenreihen, um die Erstellung von Grundlagen für die praktische Gewerbeförderung, um die Unterhaltung von Archiven und Bibliotheken und schließlich um den Erfahrungsaustausch der Institute und Universitäten untereinander.
Bei der praktischen Gewerbeförderung geht es um betriebswirtschaftliche, technische und formgebende Maßnahmen, um die Verwertung und Verarbeitung des von den Instituten zur

Verfügung gestellten Materials, um Kurse und Tagungen und ebenfalls um den regen Erfahrungsaustausch.

Die Forschungsinstitute des Handwerks

Ohne diese Institute wäre die Handwerksforschung in Deutschland nicht auf dem Stand, um den die ganze Welt uns beneidet. In jahrelangen systematischen Untersuchungen sind der Wissenschaft, der Politik und der Praxis wertvolle Orientierungspunkte gegeben worden. Betriebswirtschaft, Technik und Volkswirtschaft haben aus dieser Forschungsarbeit großen Nutzen gezogen.
In München hat Professor Rössle das Seminar für Handwerkswirtschaft zu einem der bedeutendsten Forschungsinstitute für die handwerkliche Betriebswirtschaftslehre ausgebaut. 1957 übernahm Frau Professor Beckmann die Nachfolge ihres Lehrers. Seit ihrem Tod im Jahre 1965 ist Professor Dr. Laub dort tätig. Ein spezieller Forschungsbereich dieses Instituts liegt in den Betriebsvergleichen, aus denen sich nicht nur die zwischenbetrieblichen Vergleiche, sondern auch internationale Funktionsvergleiche entwickelten.
Mit dem Namen des Handwerkstechnischen Instituts an der Technischen Hochschule Hannover ist aufs engste der seines langjährigen Leiters, Professor Dr. H. Piest, verbunden. Die Arbeit dieses Instituts wirkt sich in erster Linie auf den technischen Umstellungsprozeß aus, dem das Handwerk in den letzten Jahrzehnten unterworfen war. Es wurden Entwicklungsprogramme erstellt und ungezählte technische Fragen gelöst. Nach dem frühen Tode von Professor Piest wurde Professor Schwerdtfeger mit der Leitung des Instituts, das nunmehr den Namen Heinz-Piest-Institut bekam, betraut. Schwerdtfeger verstarb bereits drei Jahre nach seiner Übernahme. Sein Nachfolger wurde im August 1966 Dr. Delventhal.
Die Arbeit für Berufserziehung im Handwerk an der Universität Köln wurde bereits am 1. April 1951 aufgenommen. Ein Jahr später bekam das Institut seine rechtliche Form. Direktor wurde der Leiter des Wirtschaftspädagogischen Seminars der Universität Köln, Professor Schlieper. Er hat in langjähriger Arbeit die Grundlagen zur theoretischen und praktischen Erforschung der handwerklichen Berufserziehung geschaffen. Dabei ging es im einzelnen um das Lehrlingswesen, um das

handwerkliche Prüfungswesen, um die Weiter- und Fortbildung und schließlich um die Fach-, Gewerbe- und Berufsschulen.

Im Jahre 1953 wurde das Seminar für Handwerkswesen an der Universität Göttingen als Forschungsinstitut des Deutschen Handwerksinstituts anerkannt. Geschäftsführender Direktor war bis zum 1. Oktober 1957 Dr. Wernet. Nach seinem Ausscheiden erfolgte eine Untergliederung in eine volkswirtschaftliche Abteilung, die Professor Abel übernahm, und in eine betriebswirtschaftliche unter der Leitung von Professor Sundhoff. Nach dem Ausscheiden von Professor Sundhoff, der an die Universität Köln berufen wurde, übernahm Professor Abel die Gesamtleitung. In diesem Institut bemüht man sich um die Erforschung der wirtschaftlichen und gesellschaftlichen Situation des Handwerks.

Das Handwerkswissenschaftliche Institut in Münster war 1957 gegründet worden, unter Leitung von Professor Wernet. Breiten Raum nahm die Grundlagenforschung ein, daneben aber auch andere Themen wie Wettbewerb, Handwerkshandel, Struktur und historische Fragestellungen.

Dem Forschungsinstitut für Handwerkswirtschaft an der Universität Frankfurt stand Professor Wehrle seit 1937 vor. Als er 1962 starb, wurde Frau Professor Beckmann vorübergehend mit der kommissarischen Leitung betraut, bis Professor Hagemüller 1964 Direktor des Instituts wurde. Die Forschungstätigkeit dieses Instituts liegt vornehmlich im sozialpolitischen Bereich, also in den Lohn- und Arbeitsbedingungen der verschiedenen Handwerksberufe im internationalen Vergleich.

Auch das Institut für Handwerkswirtschaft an der Technischen Universität Berlin wurde durch seinen Leiter, Professor Mellerowicz, bekannt. Die Forschungsarbeiten des Instituts liegen auf dem Gebiet der Rationalisierung, des Rechnungswesens, der Buchstellen, der Absatzförderung, damit zusammenhängend wiederum zahlreiche Betriebsvergleiche, die der praktischen Gewerbeförderung zugute kommen.

Das Institut für Technische Betriebsführung in Karlsruhe war zehn Jahre von Professor Hotz geleitet worden. Nach seinem Ausscheiden im Jahre 1967 hat Professor Rühl das Institut übernommen. Hier geht es in erster Linie um den technischen

Bereich des Handwerks, sowohl im allgemeinen als auch im einzelnen Betrieb. Man sucht nach neuen technischen Möglichkeiten, um die Wirtschaftlichkeit und Wettbewerbsfähigkeit zu verbessern.

Wilhelm Wernet

Einer der Wissenschaftler, die ihr Leben und Werk ganz besonders dem Handwerk gewidmet haben, ist Wilhelm Wernet. Geboren wurde er 1901 in Karlsruhe. Nach der Volksschule absolvierte er eine Handwerkslehre, legte eine Gesellenprüfung ab, besuchte anschließend die Oberrealschule und bestand 1921 die Reifeprüfung. 1927 promovierte er in Heidelberg zum Doktor der Philosophie.
Bewerbungen bei verschiedenen Handwerksorganisationen um eine Anstellung waren erfolglos. Als freier Mitarbeiter am Forschungsinstitut für rationelle Betriebsführung im Handwerk in Karlsruhe erhielt er Anfang 1928 den Auftrag, die Verschmelzung mehrerer Institute des Handwerks zu einem Zentralinstitut gedanklich vorzubereiten und zu begründen; das Institut erhielt 1928 nach seinem Vorschlag den Namen »Deutsches Handwerksinstitut«.
1928 wurde Wernet in die Dienste des Deutschen Handwerks- und Gewerbekammertages in Hannover übernommen. Er sollte für den sogenannten Enquête-Ausschuß einen grundlegenden Bericht über das Handwerk erstellen. Der Bericht ist 1930 unter dem Titel »Das deutsche Handwerk« in vier Bänden erschienen. Im Rahmen dieser Untersuchung hat Wernet die erste handwerkseigene Statistik durchgeführt. Amtliche Handwerkszählungen haben später auf diesen Arbeiten aufgebaut.
In diese Zeit fällt auch die Schaffung der ersten (und bisher einzigen) handwerkspolitischen Programmschrift, die 1931 unter dem Titel »Berufsstandsgedanke und Berufsstandspolitik des Handwerks« erschienen ist und weite Verbreitung gefunden hat.
In Würdigung dieser Leistungen faßte der Deutsche Kammertag 1932 den Beschluß, Wernet unter Weiterzahlung der Bezüge auf unbestimmte Zeit an die Universität Bonn zu beurlauben, damit er sich dort habilitieren konnte.
In den 50er Jahren hat Wernet eine Reihe wichtiger Publika-

tionen vorgelegt und die »Bibliographie des Handwerks und Gewerbes« ins Leben gerufen. Es folgte die grundlegende Untersuchung über das personale und instrumentale Wirtschaften, die 1956 in Schmollers Jahrbuch erschienen ist.
1957/58 gelang es Wernet, das Handwerkswissenschaftliche Institut in Münster zu errichten, dessen Leitung er übernahm. Gleichzeitig blieb er Mitglied der Rechts- und Staatswissenschaftlichen Fakultät in Göttingen, wo er weiterhin Vorlesungen und Übungen abgehalten hat.
Dem Institut in Münster, das bis 1968 bestanden hat, gab er den Namen »Handwerkswissenschaftliches Institut«. Verstärkt widmete er sich dem Ausbau einer wissenschaftlichen Grundlagenforschung. Die Bibliographie wurde in Göttingen weitergeführt. In Münster rief er auch die Schriftenreihe »Forschungsberichte aus dem Handwerk« ins Leben, die mit insgesamt sechzehn Bänden erschienen ist.
1961 erhielt Wernet das Handwerkszeichen in Gold, 1969 die Goldene Verdienstmedaille des Handwerks, 1966 wurde ihm das Große Bundesverdienstkreuz verliehen.

Die österreichische Handwerksforschung

Hier ist besonders ein Name zu nennen: Walter Heinrich, Professor für allgemeine Volkswirtschaftslehre und Gewerbeforschung an der Hochschule für Welthandel in Wien.
In seinem Hauptwerk »Wirtschaftspolitik« spricht er sich eindeutig für die kleinen und mittleren Betriebe aus. Er sagt: »Die Menschheit hat mit dem Bekenntnis zur gesunden Mitte niemals schlechte Erfahrungen gemacht. Zu einer gesunden Wirtschaft gehören die kleineren Betriebe. Nirgends gibt es eine absolute Überlegenheit der größeren.« Den Befähigungsnachweis hält Heinrich für ein brauchbares Mittel der Ausgestaltung und Förderung des Handwerks.
Ausgangspunkt seiner wirtschafts- und gewerbepolitischen Untersuchungen sind die von ihm entwickelten Grundsätze der Dezentralisation, die sich mit der Entfaltung des handwerklichen Eigenlebens in unserer Wirtschaft befassen. Walter Heinrich hat sich dabei an der Ganzheitslehre des berühmten Nationalökonomen Othmar Spann orientiert.
In einem vielbeachteten Vortrag »Das Handwerk vor den Toren einer neuen Zeit« sagte Heinrich: »Ich bin überzeugt, daß

im Sektor der handwerklichen Wirtschaft ein großartiges Strukturprinzip liegt, ein Prinzip, das die Gesellschaft erhält und das jene Eigenschaften zu produzieren imstande ist, die es in Zukunft besonders brauchen wird. Es ist kein Zufall, daß in der zweiten Phase des Industrialismus die Organisation auch der großen Betriebe nach kleinen, überschaubaren Einheiten erfolgt. Ich habe schon vor vielen Jahren von einer Wiedervergewerblichung der Wirtschaft gesprochen. Das Entscheidende für die Zukunft ist die Sinnerfüllung der Arbeit. Die Leute, die mit ihrer Freizeit nichts anzufangen wissen, werden eher ärmer statt reicher.«

Auch Erich Hruschka, Professor für Betriebswirtschaftslehre an der Hochschule für Welthandel in Wien, hat sich vor allem betriebswirtschaftlich mit dem Handwerk auseinandergesetzt. Dabei möchte er Volks- und Betriebswirtschaftslehre als Leistungslehren in die praktische Gewerbeförderung einbezogen sehen. So glaubt er die betrieblichen und wirtschaftlichen Leistungen theoretisch in den Griff zu bekommen und damit eine Rangordnung unter den zutreffenden gewerbefördernden Maßnahmen schaffen zu können.

Handwerksforschung in der Schweiz

Im Schweizer Wirtschaftsleben wird das Handwerk nicht besonders hervorgehoben. Man spricht im allgemeinen vom Gewerbe und versteht hierunter Handwerk, Einzelhandel und viele Dienstleistungszweige.

Eine Anzahl Gelehrter hat sich in der Schweiz, vor allem nach dem Zweiten Weltkrieg, mit den Problemen des Gewerbes wissenschaftlich befaßt. Dazu gehört Fritz Marbach, Professor für praktische Nationalökonomie an der Universität Bern. Sein 1942 erschienenes Buch »Theorie des Mittelstandes«, das einen außerordentlich wertvollen Beitrag zur Gewerbeforschung liefert, fand starke Resonanz.

Ein anderer Wissenschaftler, der sich mit dem Gewerbe auseinandersetzt, ist Emil Küng, Professor für Volkswirtschaftslehre und Statistik an der Handelshochschule St. Gallen. Er hat sich eingehend mit der Möglichkeit des obligatorischen Fähigkeitsausweises in der Schweiz befaßt. Dabei stimmt er der Auffassung zu, daß durch die Einführung der obligatorischen Meisterprüfung das berufliche Niveau gesteigert würde. Allerdings ist er skeptisch gegenüber dem Argument, daß der Befähigungsnachweis auch ein Schutz des Publikums vor schlechten Handwerksleistungen sei. Bekanntlich wurde in der Schweiz der Befähigungsnachweis für bestimmte Gewerbe in einer Volksabstimmung abgelehnt.

Wilhelm Röpke, Professor für Nationalökonomie und Soziologie an der Universität Genf, tritt in seinen Büchern »Die Lehre von der Wirtschaft«, »Grundfragen der Gesellschafts- und Wirtschaftsreform« und »Jenseits von Angebot und Nachfrage« für ein freiheitlich geordnetes Wirtschaftssystem ein, wie es dem Kulturbewußtsein Europas am besten entspräche. Röpke ist der Meinung, daß das Optimum der Betriebsgrößen in den einzelnen Produktionszweigen höchst unterschiedlich ist und daß sich eine Wandlung zugunsten der Klein- und Mittelbetriebe vollziehe. Je individueller und wechselnder die Nachfrage sei, um so geeigneter erweise sich der Klein- und Mittelbetrieb mit seiner besonderen Anpassungsfähigkeit.

Ganz speziell mit dem Gewerbethema hat sich Alfred Gutersohn, Professor für praktische Volkswirtschaftslehre an der Handelshochschule St. Gallen, befaßt. Aus seiner Feder stammt das weitverbreitete mehrbändige Werk »Das Gewerbe in der freien Marktwirtschaft«.

Gutersohn sieht das Wesen des Handwerks in dessen besonderer Leistung für den Markt und für den Verbraucher. Er kommt zu dem Ergebnis, daß das Handwerk eine um so zweckmäßigere Produktionsform darstellt, je mehr es unterschiedliche und individuelle Bedürfnisse befriedigen kann.

Er arbeitet besonders stark den volkswirtschaftlichen Sinn der Handarbeit heraus. Seine Definition vom Handwerk umfaßt den kleinen Handwerker, dessen Arbeitserzeugnisse sich technisch von denjenigen der Industrie zwar nicht wesentlich unterscheiden, der sich aber dank der niedrigen Kosten seines Familienbetriebs, der niedrigeren Verdiensterwartungen und der Kleinheit seines Marktes gegenüber den Fabriken behaupten kann. Das handwerkliche Schaffen entspricht folglich nicht nur den Lebensnotwendigkeiten der materiellen Lebensfristung, sondern einer tieferen Freude am »Werken«. Ähnlich wie im Mittelalter ziehe es auch heute noch den ganzen Menschen in seinen Bann.

Praktische Gewerbeförderung

Die stete Entwicklung auf allen Gebieten der Technik verlangt vom Handwerk eine fortlaufende Anpassung und eine damit verbundene Weiterbildung. Aus diesem Grund wurde die »Praktische Gewerbeförderung« eingerichtet, deren Rechtsträger das Deutsche Handwerksinstitut ist.
Zu dieser Abteilung gehören vier Unterabteilungen: Technik, Betriebswirtschaft, Forschung und Export-Beratung. Der »Praktischen Gewerbeförderung« geht es darum, Bindeglied zwischen Forschung und Praxis zu sein, also die Erkenntnisse der Forschungsarbeit den Organisationen und Betrieben zuzuleiten.
Um das bewerkstelligen zu können, wurden bei den Handwerkskammern und Fachverbänden technische Beratungsstellen eingerichtet. In Lehrgängen, Kursen und Tagungen werden die Berater mit den neuesten Produktions- und Verarbeitungstechniken vertraut gemacht. Die technische Entwicklung wird beobachtet und für das Handwerk ausgewertet.
In der Abteilung »Betriebswirtschaft« geht es um Planung, Durchführung und Abrechnung von Produktionsprogrammen. Man ist um eine aktuelle Information der Betriebsberater bemüht, die den ganzen Bereich der handwerklichen Betriebswirtschaft beherrschen sollen.
Eine wichtige Aufgabe fällt auch der Abteilung »Formgebung« zu. Hier werden Einzelberatungen von Werkstätten, Beratungen auf Messen und Ausstellungen durchgeführt. Es geht um die Mitwirkung bei Leistungswettbewerben, die Betreuung der Handwerkspfleger und die Beratung handwerklicher Organisationen. Die Gewerbeförderung ist bemüht, eine Erziehung zu gutem Geschmack und guter Form vorzunehmen. Aus der Abteilung »Formgebung« sind wertvolle Bildbände »Gestaltendes Handwerk« hervorgegangen.
Schließlich muß noch die »Export-Beratung« genannt werden, deren Aufgabenschwerpunkt in der Koordinierung und Betreuung der Arbeit von sechs Export-Beratungsstellen liegt. Hier geht es um aktuelle Informationen für den handwerklichen Export.

Freiheit und Selbstverantwortung, gepaart mit hohem fachlichen Können, müssen das Fundament des Handwerks als Deutschlands vielseitigstem Wirtschaftsbereich bleiben.
Ludwig Erhard

Der vielseitige Wirtschaftsbereich

Es ist wenig bekannt,

daß das deutsche Handwerk zwei Drittel aller gewerblichen Lehrlinge ausbildet,
daß jährlich mehr als 40 000 junge Handwerker ihre Meisterprüfung ablegen,
daß das Handwerk in 500 000 Meisterbetrieben 4,26 Millionen Handwerker beschäftigt,
daß das Handwerk jährlich rund 12 Milliarden DM in seine Betriebe investiert und somit dazu beiträgt, daß Arbeitsplätze geschaffen werden bzw. erhalten bleiben,
daß sich der Umsatz des Gesamthandwerks in den letzten elf Jahren von 106 Milliarden DM auf 260 Milliarden DM mehr als verdoppelt hat,
daß das Handwerk Produkte im Werte von über einer Milliarde DM exportiert,
daß also die deutsche Wirtschaft ohne Handwerk nicht funktionieren kann.

Die 125 Berufe des Handwerks

I. Bau- und Ausbaugewerbe

1 Maurer
2 Beton- und Stahlbetonbauer
3 Feuerungs- und Schornsteinbauer
4 Backofenbauer
5 Zimmerer
6 Dachdecker
7 Straßenbauer
8 Wärme-, Kälte- und Schallschutzisolierer
9 Fliesen-, Platten- und Mosaikleger
10 Betonstein- und Terrazzohersteller
11 Estrichleger
12 Brunnenbauer
13 Steinmetzen und Steinbildhauer
14 Stukkateure
15 Maler und Lackierer
16 Kachelofen- und Luftheizungsbauer
17 Schornsteinfeger

II. Metallgewerbe

18 Schmiede
19 Schlosser
20 Karosseriebauer
21 Maschinenbauer (Mühlenbauer)
22 Werkzeugmacher
23 Dreher
24 Mechaniker (Nähmaschinen-, Zweirad- und Kältemechaniker)
25 Büromaschinenmechaniker
26 Kraftfahrzeugmechaniker
27 Kfz-Elektriker

28 Landmaschinenmechaniker
29 Feinmechaniker
30 Büchsenmacher
31 Klempner
32 Gas- und Wasserinstallateure
33 Zentralheizungs- und Lüftungsbauer
34 Kupferschmiede
35 Elektroinstallateure
36 Elektromechaniker
37 Fernmeldemechaniker
38 Elektromaschinenbauer
39 Radio- und Fernsehtechniker
40 Uhrmacher
41 Graveure
42 Ziseleure
43 Galvaniseure und Metallschleifer
44 Gürtler und Metalldrücker
45 Zinngießer
46 Metallformer und Metallgießer
47 Glockengießer
48 Messerschmiede
49 Goldschmiede
50 Silberschmiede
51 Gold-, Silber- und Aluminiumschläger

III. Holzgewerbe

52 Tischler
53 Parkettleger
54 Rolladen- und Jalousiebauer
55 Bootsbauer
56 Schiffbauer
57 Modellbauer
58 Wagner
59 Drechsler (Elfenbeinschnitzer)
60 Schirmmacher
61 Holzbildhauer
62 Böttcher
63 Bürsten- und Pinselmacher
64 Korbmacher

IV. Bekleidungs-, Textil- und Ledergewerbe

65 Herrenschneider
66 Damenschneider
67 Wäscheschneider
68 Sticker
69 Stricker
70 Modisten
71 Weber
72 Seiler
73 Segelmacher
74 Kürschner
75 Hut- und Mützenmacher
76 Handschuhmacher
77 Schuhmacher
78 Orthopädieschuhmacher
79 Gerber
80 Sattler
81 Feintäschner
82 Raumausstatter

V. Nahrungsmittelgewerbe

83 Bäcker
84 Konditoren

85 Fleischer
86 Müller
87 Brauer und Mälzer
88 Weinküfer

VI. Gewerbe für Gesundheits- und Körperpflege sowie chemisches und Reinigungsgewerbe

89 Augenoptiker
90 Hörgeräteakustiker
91 Bandagisten
92 Orthopädiemechaniker
93 Chirurgiemechaniker
94 Zahntechniker
95 Friseure
96 Färber und Chemischreiniger
97 Wachszieher
98 Wäscher und Plätter
99 Gebäudereiniger

VII. Glas-, Papier-, keramische und sonstige Gewerbe

100 Glaser
101 Glasschleifer und Glasätzer
102 Feinoptiker
103 Glasinstrumentenmacher
104 Glas- und Porzellanmaler
105 Farbsteinschleifer, Achatschleifer und Schmucksteingraveure
106 Fotografen
107 Buchbinder
108 Buchdrucker; Schriftsetzer; Drucker
109 Steindrucker
110 Siebdrucker
111 Flexografen
112 Chemigrafen
113 Stereotypeure
114 Galvanoplastiker
115 Keramiker
116 Orgel- und Harmoniumbauer
117 Klavier- und Cembalobauer
118 Handzuginstrumentenmacher
119 Geigenbauer
120 Metallblasinstrumenten- und Schlagzeugmacher
121 Holzblasinstrumentenmacher
122 Zupfinstrumentenmacher
123 Vergolder
124 Schilder- und Lichtreklamehersteller
125 Vulkaniseure

Verzeichnis der Gewerbe, die handwerksähnlich betrieben werden können

I. Gruppe der Bau- und Ausbaugewerbe

1 Gerüstbauer (Aufstellen und Vermieten von Gerüsten)
2 Bautentrocknungsgewerbe
3 Bodenleger (Verlegen von Linoleum-, Kunststoff und Gummi).

4 Asphaltierer (ohne Straßenbau)
5 Fuger (im Hochbau)
6 Holz- und Bautenschutzgewerbe (Mauerschutz und Holzimprägnierung in Gebäuden)
7 Rammgewerbe (Einrammen von Pfählen im Wasserbau)

II. Gruppe der Metallgewerbe
8 Herstellung von Drahtgestellen für Dekorationszwecke in Sonderanfertigung
9 Metallschleifer und Metallpolierer
10 Metallsägen-Schärfer
11 Tankschutzbetriebe (Korrosionsschutz von Öltanks für Feuerungsanlagen ohne chemische Verfahren)

III. Gruppe der Holzgewerbe
12 Holzschuhmacher
13 Holzblockmacher
14 Daubenhauer
15 Holz-Leitermacher (Sonderanfertigung)
16 Muldenhauer
17 Holzreifenmacher
18 Holzschindelmacher

IV. Gruppe der Bekleidungs-, Textil- und Ledergewerbe
19 Bügelanstalten für Herrenoberbekleidung
20 Dekorationsnäher (ohne Schaufensterdekoration)
21 Fleckteppichhersteller
22 Klöppler
23 Theaterkostümnäher
24 Plisseebrenner
25 Posamentierer
26 Stoffmaler
27 Handapparate-Stricker
28 Textil-Handdrucker
29 Kunststopfer
30 Flickschneider

V. Gruppe der Nahrungsmittelgewerbe
31 Innerei-Fleischer (Kuttler)
32 Speiseeishersteller (mit Vertrieb von Speiseeis mit üblichem Zubehör)

VI. Gruppe der Gewerbe für Gesundheits- und Körperpflege sowie der chemischen und Reinigungsgewerbe
33 Appreteure, Dekateure
34 Schnellreiniger
35 Teppichreiniger
36 Getränkeleitungsreiniger
37 Schönheitspfleger

VII. Gruppe der sonstigen Gewerbe
38 Bestattungsgewerbe
39 Lampenschirmhersteller (Sonderanfertigung)
40 Klavierstimmer

Eine kleine Auslese

Aus den 125 angeführten und in der »Handwerksordnung« festgelegten Berufen kann aus räumlichen Gründen nachfolgend nur eine kleine Auswahl vorgestellt werden. Diese ist ohne besondere Kriterien getroffen worden. Die angeführten Berufe werden auch nur kurz skizziert. Es genauer zu tun würde mehrere Bände füllen. Im übrigen wird auf das umfassende Werk von Helmut Vocke verwiesen: Die Geschichte der Handwerksberufe. Es gehört, wie die Bücher Rudolph Wissels, zu den unverzichtbaren Quellen der Handwerksliteratur.

Modernes Bauen

Das Baugewerbe ist ein Schlüsselgewerbe. Auch hier ist in den letzten Jahrzehnten die menschliche Arbeitskraft weitgehend von der Maschine abgelöst worden. Zu den klassischen Bauelementen wie Ziegel, Zement und Holz sind viele neue Baumaterialien gekommen.
Zwei grundsätzlich verschiedene Wege wurden von der Bautechnik eingeschlagen: die Herstellung von Großfertigungsteilen, ja von ganzen Häusern und Wohnungen in der Fabrik und die Verwendung von traditionellen Baustoffen auf einer mechanisierten Baustelle.
Der Baumeister, der früher Wert darauf legte, das Haus in allen Teilen auszuführen, hat sich daran gewöhnt, mit vorgefertigten Teilen zu arbeiten. Ihm werden Wände und Dachelemente und viele andere Teile in verschieden genormten Maßen angeboten.
Solche Elemente werden heute aus Leicht- und Schwerbeton, aber auch aus Ziegelton hergestellt. Es gibt neue Verfahren, bei dem der Ton durch Beimengung von Kunststoffperlen, die beim Brennen wegschmelzen, zu leichten und dennoch stabilen Wandelementen verarbeitet wird.
An der Baustelle selbst werden die verschiedenen Rationalisierungstechniken aufeinander abgestimmt. Schalungen und Gerüste sind heute nach Baukastensystem angelegt, so daß sie schnell montiert und demontiert werden können.

Der Baumeister muß einen präzisen Bauzeitplan erstellen, der den optimalen Einsatz von Maschinen und Arbeitskräften garantiert. Bei Großprojekten arbeitet man mit der elektronischen Datenverarbeitung. Die Computerhilfe steht auch dem übrigen Bauhandwerk zur Verfügung.
Baukastenprinzip, Fertigteile, genormte Elemente und Rationalisierung sind Begriffe, die vielen Menschen noch ein gewisses Grauen einjagen. Man denkt an endlose Reihen uniformer Häuser und Wohnungen und befürchtet den Verlust individuellen Geschmacks. Fortschritt und Technik sind aber nicht aufzuhalten. Es gibt genügend Beweise dafür, daß die moderne Bauweise nicht nur zweckmäßig, sondern auch schön sein kann.

Das Betonsteinhandwerk

Die Anfänge der Betonherstellung reichen bis zu Beginn des 19. Jahrhunderts zurück. Bereits um 1840 wurden die ersten Betonwerke gebaut. Zuerst ging es um Röhren aller Art, um Behälter verschiedenster Formen und Größen. Erst später wurden die wirtschaftlichen und technischen Möglichkeiten des Betons voll ausgeschöpft.
Das Betonsteinhandwerk entwickelte sich mit der Vielseitigkeit des Herstellungsverfahrens. An seiner Wiege stand das Maurerhandwerk Pate. 1935 wurde es zum Vollhandwerk erklärt, und heute erstreckt sich sein Tätigkeitsgebiet auf die werksmäßige Fertigung zementgebundener Baustoffe. Es werden also Betonsteinerzeugnisse aller Art von diesem Handwerk für den Hochbau, den Tief- und Straßenbau und für sonstige Zwecke produziert und verarbeitet.
Als Teil des Hochbaues ist es weitgehend vom Baumarkt abhängig. Die Existenzgrundlage für die meisten Betriebe ist der Wohnungsbau, aber auch in öffentlichen und industriellen Bauten sind diese Handwerker tätig. Sie bilden gemeinsam mit dem Terrazzogewerbe eine Berufsgruppe, die innerhalb unserer Wirtschaft von nicht geringer Bedeutung ist.

Die Fliesenleger

Wenn die Fliese ursprünglich mehr für die schmückende Gestaltung Verwendung fand, so ist sie heute, nachdem man sie maschinell zu fertigen versteht und das Herstellungsverfahren verbessert wurde, unentbehrlich geworden.

Eine eigene wissenschaftliche Forschung befaßt sich seit langem mit der Fliesenfertigung und Glasurherstellung, mit der Erprobung neuer Herstellungsformen und mit den Verlegemethoden.
Im allgemeinen besteht die Fliese aus Ton mit Zusätzen von Quarzsand und Feldspat. Bei einer Brenntemperatur von etwa 1100 Grad wird sie gebrannt.
Die Tätigkeit der Fliesen- und Plattenleger beschränkt sich aber nicht nur auf das Ansetzen und Verlegen von Fliesen und Platten; auch das von Klinkern, von Klein-, Stift- und Glasmosaik wird verlangt.
Die Auftraggeber des Fliesenverlegegewerbes sind Wohnungsbaugesellschaften, Länder, Gemeinden, gewerbliche Wirtschaft und nicht zuletzt private Bauherren.
Bei aller Rationalisierung ist das Fliesenlegerhandwerk äußerst lohnintensiv geblieben. Die Tätigkeit des Facharbeiters bleibt beherrschend. Den wirtschaftlichen Schwerpunkt bilden die Betriebe bis zu 10 Beschäftigten. Allerdings gibt es Unternehmen, die weit mehr Arbeitskräfte beschäftigen und noch mehr beschäftigen könnten. Dem Ersatz der Fachkräfte durch Maschinen und Geräte sind engste Grenzen gesetzt.
Da die steigende Tendenz der Löhne die Verlegekosten in den letzten Jahren ständig erhöht hat, begrüßt das Handwerk alle Maßnahmen, die zu einer Verbilligung in der Fliesen- und Plattenverarbeitung führen können.
Die Vorfertigung von Trennwänden, vor allem aber die Normengütesicherung spielen in diesem Zusammenhang eine nicht unbedeutende Rolle. So wie das Richtmaß der Güte für die meisten Platten- und Fliesenbaustoffe in Normen festgelegt ist, sieht das Fliesenlegerhandwerk seine Aufgabe darin, auch auf dem Gebiet der werkgerechten Ausführung eine Qualitätsordnung zu erreichen.

Das Brunnenbauerhandwerk

Für die Wasserversorgung spielt der Beruf des Brunnenbauers eine zunehmende Rolle. Die Tätigkeit dieses Handwerks erstreckt sich auf die Herstellung von Brunnenbau- und Wasserversorgungsanlagen aller Art sowie auf die Ausführung von Abwasserbeseitigungsanlagen und den Bau von Rohrleitungen einschließlich den von Wasserversorgungsaggregaten.

Die Zahl der Brunnenbauerbetriebe in der Bundesrepublik ist zwar nicht sonderlich groß, doch das hat nichts mit der Bedeutung dieses Berufs zu tun, der für eine unentbehrliche Daseinsgrundlage sorgt.
Die Auftraggeberschaft des Brunnenbauerhandwerks ist vielgestaltig. Zu ihr zählen die bauvergebenden Stellen des Bundes, der Länder und der Gemeinden, die gewerbliche Wirtschaft, die Wohnungs- und Siedlungsbaugesellschaften, die Land- und Forstwirtschaft, die Industrie- und Wasserversorgungswerke und private Bauherren.
Neben der Tätigkeit auf dem Gebiet der Wassererschließung und Wasserversorgung bilden die Arbeiten im Bereich der Baugrund- und Bodenuntersuchungen, der Grundwasserabsenkungen, der Wasserhaltungsanlagen und viele andere ein umfangreiches Betätigungsfeld.
Im einzelnen umfaßt die Tätigkeit dieses Handwerks den Bau von Rohr-, Tief- und Schachtbrunnen, den Einbau von Pumpen und Pumpenwerken, den Bau von Rohrleitungen und den Einbau von Wasserversorgungsaggregaten. Das Handwerk führt aber auch Wasserhaltungsanlagen aus, macht Bohrarbeiten für Baugrund- und Bodenuntersuchungen, sorgt für Quellfassungen, es regeneriert und entseucht die Brunnen.

Zwischen Himmel und Erde

Von jeher empfand man hohe Achtung vor dem meisterlichen Können der Männer, die »zwischen Himmel und Erde« arbeiteten und die für die Bedachung der Kirchtürme, der Dome und Schlösser, der Bürgerhäuser und Fabriken sorgten. Auf die Leistungen dieses Handwerks hat kein Baustil und keine Zeit verzichten können.
Während in vielen handwerklichen Berufen Maschinen menschliche Leistungen ersetzen konnten, ist das Dachdekkerhandwerk nach wie vor an die Arbeit der Hände gebunden.
Wer offenen Auges durch Städte und Dörfer geht, erkennt die Vielfältigkeit der Bedachungsstoffe, von Rohr und Stroh über Dachziegel, Schiefer, Pappe bis hin zu Platten und Asbestzement.
Man sieht aber auch, wie unterschiedlich Dächer sein können und daß jedes Dach für den Dachdecker eigene Probleme mit sich bringt. So unterscheiden wir Sattel-, Walm-, Pult- und

Mansardendächer mit und ohne Dachöffnungen. In immer größerem Umfang baut man auch das reine Flachdach.
In dieser Vielgestaltigkeit liegt aber auch der Reiz für den Dachdecker. Jeder Werkstoff muß nach bestimmten Regeln verarbeitet werden. Darin wird deutlich, über was für ein umfassendes Wissen der Dachdecker von heute verfügen muß.
Das Grundprinzip aller Arbeiten an und auf Dächern ist die Ableitung des Wassers vom First zur Traufe. Je steiler das Dach, um so leichter ist diese Voraussetzung für ein regensicheres Dach zu erfüllen, je flacher aber die Dachneigung ist, um so größere Anforderungen werden an die Kunstfertigkeit des Dachdeckers gestellt.

Schornsteinfeger

Zu diesem Beruf gehören Geschick, Kraft und Mut. Bis in dieses Jahrhundert hinein wurde, und vielfach ist es heute noch so, mit Einzelöfen geheizt. Die Aufgaben des Schornsteinfegers erstreckten sich daher auf die Reinigung von Schornsteinen und Feuerstätten und auf alles, was mit Feuersicherheit zu tun hatte.
Das änderte sich in dem Maße, wie Zentralheizungen, Erdgas und Elektrizität bei uns Eingang fanden. Je moderner die Feurungsanlage ist, desto umfangreicher ist auch die Betreuung. Hier hat der Schornsteinfeger ein weites Arbeitsfeld gefunden. Auch in einem Teilbereich des Umweltschutzes hat das Schornsteinfegerhandwerk Aufgaben zu erfüllen. Nach der 3. Verordnung zum Immissionsschutzgesetz müssen alle Feuerungen mit Ölbrennern und einer Leistung von mehr als 10000 kcal/h einmal im Jahr untersucht werden. Mit Hilfe von Meßgeräten stellt der Schornsteinfeger fest, ob die Feuerstätte so arbeitet, wie es Vorschrift ist.
Von einem Schornsteinfeger verlangt man eine genaue Kenntnis der zu testenden Anlagen, dazu Handhabung und Aufbau der Meßgeräte. Er muß prüfen, ob sich Abgasschornsteine in einem Zustand befinden, der eine einwandfreie Abgasführung ermöglicht.
In bestimmten Zeitabschnitten hat jeder Bezirksschornsteinfeger die Feuerstätten seines Kehrbezirks zu überprüfen. Das Arbeitsgebiet, zu dem auch Begutachtung gehört, wächst mit der Entwicklung der Technik von Jahr zu Jahr.

Der Maler

Im Malerberuf vereinigen sich noch Handwerk und Kunsthandwerk zu einer wirklich schöpferischen Tätigkeit.
Allerdings ist die Arbeit des Malers in und an den Räumen dem Wandel des Geschmacks und den Veränderungen der Technik unterworfen. Chemie und Physik des Anstriches spielen eine wachsende Rolle, denn der Verbrauch an Werkstoffen, die solche Kenntnisse voraussetzen, nimmt zu. Das Gesicht des modernen Malerhandwerks wird immer mehr durch die wirtschaftlichen Voraussetzungen des Bauens, insbesondere durch die technische Entwicklung im Rohbau bestimmt. Wenn das Handwerk auch reelle Chancen für die Zukunft hat, so kündigen sich gerade hier Sorgen an: die zunehmende Kunststoffverwertung, die Fensterrahmen, die mehr und mehr aus Metall sind, Türen, die kunststoffbeschichtet von den Fabriken geliefert werden, und Fußböden, die dem Handwerk als Anstrichfläche verlorengegangen sind.
Das Malerhandwerk hat aber längst eine Vorwärtsstrategie eingenommen, d.h., es ist darauf bedacht, alle Techniken aufzugreifen. Es ist ein Großhandwerk geworden, das in weitgespanntem Gebiet tätig ist und das ständig bemüht sein muß, dem Tempo der Entwicklung zu folgen.

Die Leistungsskala der Schlosser

In keinem Handwerkszweig sind die Arbeitsgebiete so vielgestaltig wie im Schlosser- und Maschinenbauerhandwerk (Metallhandwerk). Allein die Tatsache, daß es sechs Vollberufe umfaßt, zeigt die Vielseitigkeit dieses Handwerks. Hinter der Berufsbezeichnung Schlosser verbirgt sich also mehr, als man landläufig vermutet. Folgende Spezialberufe sind anzutreffen:
Bauschlosserei
Betriebsschlosserei
Drahtschlosserei
Kunstschmiede
Stahl-, Feineisen- und Metallbau
Waagenbau
Blitzableiterbau
Arbeitsgebiete dieser Spezialberufe sind:
Bauschlosserei: Herstellung, Anbringung und Reparatur von Baueisenwaren, Türen, Toren, Fenstern, Treppen, Geländern, Rosten, Abdeckungen, Markisen, Jalousien u.ä.; Ausführung

von Blecharbeiten sowie die Verlegung und Reparatur von Rohrleitungen;
Betriebsschlosserei: Einbau, Justierung und Reparatur von Maschinen, Geräten, Apparaten, Transport- und Fördereinrichtungen; Anfertigung und Instandsetzung von wärme- und kältetechnischen Geräten; Anschluß und Reparatur von Rohrleitungen, Luft- und Abgaskanälen;
Drahtschlosserei: Herstellung und Reparatur von Drahtgeflechten, Drahtgittern, Drahtzäunen, Drahttüren sowie von Drahtkörben und sonstigen Gegenständen aus Draht;
Kunstschmiede: Entwurf, Herstellung und Reparatur von kunstgeschmiedeten Gegenständen wie Tore, Gitter, Geländer, Kamingeräte, Zierbeschläge, Beleuchtungskörper, Ausleger, Metallbuchstaben, Grabkreuze u. ä.;
Stahl-, Feineisen- und Metallbau: Herstellung und Reparatur von Trägern, Bindern, Säulen, Vordächern, Masten, Bühnen, Gerüsten, Schuppen, Hallen, Stahlfenstern und -türen, Schaufensteranlagen, Vitrinen, Laden-, Büro- und Werkstatteinrichtungen, Stahlmöbeln und Schränken u. ä.;
Waagenbau: Herstellung, Justierung und Reparatur von Waagen aller Art, insbesondere von Großwaagen, Abfüllwaagen und sonstigen Spezialwaagen;
Blitzableiterbau: Entwurf, Herstellung, Überprüfung und Reparatur von Blitzschutzanlagen einschließlich Anfertigung der hierzu erforderlichen Installationsteile.
Bei den Betrieben mit Neuanfertigung ist zu unterscheiden nach solchen:
die Maschinen, Geräte und Apparate nach eigenem Entwurf anfertigen,
die nach fremden Zeichnungen, z. B. von Ingenieur-Büros, arbeiten, wobei der Vertrieb der hergestellten Erzeugnisse dann auch in anderer Hand liegt, und
die in ihrer Fertigung Zulieferer zu Industriebetrieben sind.

Während in den Städten die technische Entwicklung und Rationalisierung zu einer weitgehenden Spezialisierung der einzelnen Betriebe geführt hat, finden wir auf dem Lande vorwiegend noch universelle Betriebe, die auf die mannigfaltigen Bedürfnisse der ländlichen Kundschaft eingestellt sind.

Das Elektrohandwerk

Seine Entwicklung beginnt mit den Erfindungen und Entdekkungen des 19. Jahrhunderts, als die Elektrizität ihren Siegeszug in die Welt antrat.
Die ersten Elektriker gingen aus anderen Berufen des Metallhandwerks hervor; es waren Schlosser, Schmiede, Mechaniker, Gas- und Wasserinstallateure, aber auch Fachkräfte aus der Industrie, die im aufkommenden Handwerkszweig ein neues Tätigkeitsfeld suchten.
Nach der Handwerksordnung von 1953 unterschied man folgende Elektroberufe: Elektroinstallateur, Elektromaschinenbauer, Elektro- und Fernmeldetechniker, Radio- und Fernsehtechniker.
Heute wachsen die Aufgaben für den elektromechanisch tätigen Handwerker ständig. Immerzu werden neue medizinische Apparate, Elektrohaushaltsgeräte, Schalttafeln, Steuerungsanlagen für Spezialmaschinen etc. entwickelt. Besonders weit greift die Elektronik mit ihrer Steuerungs- und Regeltechnik um sich, und welche Entwicklung dieses Handwerk noch nehmen wird, läßt sich gar nicht absehen.
Das Berufsbild des Elektroinstallateurs verlangt nicht nur große manuelle Fähigkeiten, sondern auch umfassende theoretische Kenntnisse. Nur einiges sei aus der Fülle der Anforderungen herausgegriffen: Kabellegen, Einbau von Versorgungsleitungen, sinngemäße Verteilung der Leitungen, Anlage und Reparaturen aller Haus- und Warmwassergeräte. Dazu gehört die Beherrschung elementarer handwerklicher Arbeiten wie Feilen, Schmieden, Drehen, Bohren, Löten.
Die Größenordnung der Elektrobetriebe ist unterschiedlich. Sie reicht vom Einmannbetrieb bis zu hundert und mehr Beschäftigten. Überall wird Rationalisierung und Mechanisierung groß geschrieben.

Radio- und Fernsehtechniker

Am 27. März 1899 stellte Marconi die drahtlose Verbindung zwischen England und Frankreich her. Zwei Jahre später funkte er die erste drahtlose Pressemeldung über den Atlantik. Seither hat sich die Radiotechnik rasant entwickelt.
Neben Marconi, der 1909 zusammen mit Ferdinand Braun (Braunsche Röhre) den Nobelpreis für Physik bekam, sind viele bedeutende Wissenschaftler am Fortschritt der Radio-

und Fernsehtechnik beteiligt. Sie haben in unermüdlichen Versuchen ein Gebiet erschlossen, ohne das man sich das moderne Leben nicht mehr vorstellen kann. Damit wurde aber gleichzeitig neuen handwerklichen Berufen, wie denen der Radio- und Fernsehtechniker, der Weg geebnet.
Strenggenommen besteht das Radio- und Fernsehtechniker-Handwerk erst seit 1938. Mechaniker für Radiogeräte gab es allerdings, seit es notwendig wurde, Batterie- und Netzgeräte zu reparieren. 1935 wurde in Weimar die erste Meisterprüfung in diesem Handwerk abgehalten, also noch ehe sich der neue Handwerkszweig konstituiert hatte.
Nach dem Zweiten Weltkrieg stiegen die Anforderungen an das Rundfunkmechaniker-Handwerk sprunghaft. Die UKW-Technik, ursprünglich für verlorengegangene Wellenlängen eingeführt, machte Umschulungen der alten Mechaniker notwendig.
Heute gehört zu diesem Beruf ein weitgreifender Bereich, der sich mit Einbau, Wartung, Prüfung und Reparatur von Ton- und Fernsehgeräten befaßt. Darüber hinaus betreut dieses Handwerk Magnettongeräte und elektrische Musikinstrumente, Alarmeinrichtungen, Schaltwerke und vieles andere.

Der Installateur

In diesem Handwerkszweig sind heute Installateure, Klempner, Kupferschmiede und Zentralheizungsbauer zusammengefaßt. Klempner und Kupferschmiede gehören zu den Berufen, die auf jahrhundertealte Tradition zurückblicken können.
Überall gehört dieses Handwerk dazu, wenn es um Hausbau geht. Ohne Gas, Wasser, Bad und Abwasseranlagen ist ein Haus nicht denkbar. Die Hähne, die wir ständig benutzen, sind freilich nur ein kleiner sichtbarer Teil des hinter den Wandplatten verborgenen Labyrinths von Leitungen.
Das Arbeitsgebiet der Installateure erweitert sich von Jahr zu Jahr. Neue Berufe erwachsen wie Zweige am alten Baum, wenn man etwa an die Rohrinstallateure und Rohrnetzbauer denkt.
Während der Installateur von jeher mit der Einrichtung von Wasserversorgungs- und Entwässerungsanlagen zu tun hat, kann der Klempner auf eine etwas andere Tradition zurücksehen. Er befaßte sich früher vorwiegend mit der Herstellung

von Koch- und Trinkgefäßen. Man hatte für diesen Beruf verschiedene Bezeichnungen: Flaschner, Blechner, Spengler.
Die Kupferschmiede, die früher einmal große Bedeutung hatten, befassen sich heute nur noch zum Teil mit Kupferschmiedearbeiten. Ihr wichtigstes Arbeitsgebiet sind der Apparatebau und der Rohrleitungsbau geworden.
Der Zentralheizungsbauer übernimmt den Entwurf, den Einbau und die Überprüfung von Zentralheizungssystemen aller Art und die Installation von Lüftungs- und Klimaanlagen.
Alle diese zum Installateurgewerbe gehörenden Berufe müssen um ihre ständige Weiterbildung bemüht sein. Auch hier verlangen neue Arbeitsverfahren, neue Werkstoffe und neue Geräte Beweglichkeit und Einstellung auf alle Erfordernisse des neuzeitlichen Bauwesens.

Der Galvaniseur veredelt die Metalloberfläche

1838 wurden die ersten Kupferabscheidungen aus Kupfersulfatlösungen durchgeführt. Das war die Geburt der Galvanotechnik.
Seither hat sich dieser Beruf unentbehrlich gemacht. Mit ihm eng verbunden ist die Verfeinerung der Metalloberflächen durch Schleifen und Polieren. Ohne eine solche Vorbehandlung wäre eine feine hochglänzende Spiegelfläche nicht denkbar. Schleifen und Polieren gehören daher zum Galvaniseurberuf.
Mit dem Veredeln einer Metalloberfläche wird im allgemeinen eine Verbesserung der Rostbeständigkeit bezweckt. Darüber hinaus dient die Galvanotechnik dazu, den Wert vieler Güter zu erhöhen. Man denke an versilberte Tabletts, an vergoldete Vasen, an verchromte Bestecke, an vernickelte Wasserhähne, und was wäre schließlich ein Auto ohne den schmückenden Glanz des Chroms.
Jede galvanische Veredelung setzt eine gewissenhafte Vorbehandlung der Werkstücke voraus. Zur Verminderung der Staubbelästigung sind die Schleif- und Polierscheiben meist von einer Abzugshaube umschlossen. Manche Gegenstände, die nicht hochglänzend zu sein brauchen, werden nur gebeizt oder maschinell gebürstet und anschließend galvanisiert. Man spricht dann von mattverchromen.
Nach der Vorbehandlung kommt der eigentliche Verede-

lungsprozeß im galvanischen Bad. Es ist das Kernstück des Galvaniseurberufs. Das galvanische Bad besteht aus den Elektrolyten, dem Anodenmetall und den Kathoden. Die elektrochemischen Vorgänge, die sich bei der Umwandlung vom Metall-Ion zum Metall-Atom vollziehen, sind sehr kompliziert. Wer diesen Beruf erlernen will, muß ein gutes Auffassungsvermögen für chemische und physikalische Vorgänge mitbringen.

Das Auto – des Deutschen liebstes Kind

Ganz nüchtern betrachtet ist das Kraftfahrzeughandwerk der notwendige ergänzende Teil unserer Autoindustrie. Von der Zuverlässigkeit seiner Arbeit hängt in hohem Maße die Sicherheit des Fahrers ab.
Es gehört zu den jungen Handwerken, denn es kann ja nicht älter sein als das Auto selbst, aber es verlangt heute so viel Fachverstand und fachliches Können, daß dieser Beruf zu einem Sprungbrett für viele andere Berufe und Möglichkeiten geworden ist.
Wer in der Geschichte des Autos schnüffelt, findet, daß im vergangenen Jahrhundert im Abstand von nur wenigen Jahren alle bedeutenden Männer geboren wurden, die die deutsche Automobilindustrie ins Leben gerufen und gefördert haben: Otto 1832, Daimler 1834, Benz 1844, Maybach 1846, Diesel 1858 und Bosch 1861.
Als Bosch geboren wurde, erhielt der Franzose Lenoir ein Patent auf einen verdichtungslosen Gasmotor, und fast um die gleiche Zeit baute Nikolaus August Otto seinen Motor, an dem er das Viertaktverfahren mit Verdichtung des Gemisches erprobte.
Wo früher lange getüftelt werden mußte, sind heute vielfach nur einfache Routinehandgriffe nötig. Die Konstrukteure sind bestrebt, Reparaturen durch die Zusammenfassung einzelner Aggregate zu integrierten Systemen zu vereinfachen, also gewissermaßen ein Stück Wegwerfindustrie ins Auto einzubauen.
Die Inspektionsintervalle verkürzen sich laufend. 1973 betrug die durchschnittliche Durchlaufzeit eines Wagens noch 3,1 Stunden, heute nur noch 2,7. Die neuen Diagnose- und Reparaturmethoden erhöhen die Arbeitsleistung erheblich. An die

Fähigkeiten des Kraftfahrzeughandwerkers werden ständig steigende Anforderungen gestellt. Wer ihnen gewachsen ist, hat in diesem Beruf allerdings auch steigende Chancen.
3,3 Millionen von 25 Millionen Berufstätigen in der Bundesrepublik sind in dieser Industrie beschäftigt, die 14 % zur gesamten Wertschöpfung der Bundesrepublik beiträgt.

Gebäude sachgemäß reinigen

Die richtige Auswahl der geeigneten Reinigungs- und Pflegemittel ist für die sachgemäße Gebäudereinigung von ebensolcher Bedeutung wie die zweckmäßige Auswahl und Anwendung der Werkzeuge, Geräte und Reinigungsverfahren.
Bei der Fassadenreinigung bedient sich der Gebäudereiniger modernster Einrichtungen. Er hat Fahrleitern, die er bis zu 30 m Höhe ausziehen kann, und mechanische Hebebühnen, die es ihm erlauben, in großer Höhe unter Berücksichtigung notwendiger Sicherheitsvorkehrungen fachgerecht arbeiten zu können. Ihm geht es darum, Fassaden zu säubern und ihnen nach dem zerstörenden Einfluß von Wind und Wetter, Staub, Ruß und Abgasen das ursprüngliche Aussehen wiederzugeben.
Die Innenreinigung von Gebäuden erstreckt sich von der Säuberung von Wohnungen und Büros bis zur Reinigung von Hallen und anderen großen Räumen. Er muß wertvolle Teppiche ebenso pflegen können wie Parkett- und Kunststoffböden, und dabei bedient er sich leistungsstarker Reinigungsmaschinen, vom Staubsauger bis zur Großflächenreinigungsmaschine.
Von den rund 1 400 Fachbetrieben in der Bundesrepublik beschäftigen etwa 25 % 6–60 Personen und 10 % sogar über 200 Facharbeiter. Darin allein kann man die Größe und Leistungsfähigkeit dieses neuen Berufes erkennen.

Gerüste aus Stahlrohr

In den 80er Jahren des vorigen Jahrhunderts wurde das erste Leitergerüst entwickelt. Anstelle der bis dahin üblichen Gerüst- und Stehstangen, die durch Querstangen verbunden waren, traten jetzt Gerüstleitern.
Während man früher als Material für die Gerüstteile nur Holz verwandte, ging man allmählich zu Stahlgerüsten über, wie sie zuerst in Italien, England und Holland Verwendung fanden. Die Teile, die zusammengesetzt wurden, waren genormt.

Anfang der 30er Jahre regte die »Studiengesellschaft des Stahlwerkverbandes für die Einführung des Stahlrohrgerüstes in Deutschland« die Einführung des Stahlrohrgerüstes an, aber erst nach dem Zweiten Weltkrieg interessierte man sich in größerem Umfang für dieses Gerüst. Große Unternehmen aus dem Röhrenbau brachten eigene Programme auf den Markt. Dabei ging es besonders um die Kupplungen, so daß es freudig begrüßt wurde, als eine Berliner Firma ein Rahmengerüst entwickelte, das keine Kupplungen mehr benötigte.
In jüngster Zeit hat das Leichtmetallgerüst besonders an Bedeutung gewonnen. Erfolgreich waren besonders die Bestrebungen im Bereich der Europäischen Gemeinschaft, eine europäische Gerüstordnung zu schaffen, um die Bauweise im Gemeinsamen Markt zu vereinheitlichen.

Der Parkettleger

In neuester Zeit haben Maschinen die mühevolle Handarbeit des Parkettlegers übernommen. So wurde eine rationelle Herstellung des Parketts ermöglicht, das nun mehr und mehr zum Gebrauchsfußboden wurde. Heute sind mit gestiegenem Lebensstandard Parkettböden überall zu finden.
Zwei Dinge sind für die Entwicklung des Parkettlegens maßgebend: die Entwicklung des Mosaikparketts, für das Maschinen konstruiert wurden, die eine einwandfreie Qualität verbürgen, und die Entwicklung der Versiegelungsmittel, die es ermöglichen, die früher mühsam zu pflegenden und schwierig zu reinigenden Parkettböden heute so zu behandeln, daß Pflege und Unterhalt leicht und wirtschaftlich durchgeführt werden können.

Berufsbilder

Durch Erlaß des Bundesministers für Wirtschaft wurden für die einzelnen Handwerksberufe Berufsbilder angeordnet, die als Grundlage für die fachlichen Vorschriften zur Regelung des Lehrlingswesens und auch für die Meisterprüfung dienen sollten. Da sie eine wichtige Aufgabe erfüllen, bedürfen sie der Genehmigung der obersten Landesbehörde.
Allerdings bestimmt das Berufsbild nicht den gesamten Rahmen für die Lehrlingsausbildung, denn das handwerkliche Berufsbild muß noch umfassender sein, da es im Hinblick auf die gesetzlichen Vorschriften über die Meisterprüfungen den Ge-

samtbereich der Ausübung des betreffenden Handwerks zu berücksichtigen hat.
Vor allem kommt es beim Berufsbild darauf an, daß der fachliche Tätigkeitsbereich neben der Ausbildungsgrundlage abgegrenzt wird. Im ersten Teil der Berufsbilder geht es um eine Aufzählung aller Tätigkeiten, wie sie im entsprechenden Handwerk zum heutigen Arbeitsgebiet des Berufes gehören. Die zur Ausübung erforderlichen Grundfähigkeiten werden ebenfalls angeführt.
Natürlich können nicht alle diese Fertigkeiten und Kenntnisse in einer dreijährigen Lehrzeit dem Lehrling vermittelt werden. Aus diesem Grunde sind in den fachlichen Vorschriften zur Regelung des Lehrlingswesens auch nicht alle Kenntnisse aufgeführt, die für die Meisterprüfung gefordert werden.

Goldschmiedearbeit

Voraussetzung für die eigentlich schöpferische Handarbeit des Gold- und Silberschmieds ist die Beherrschung aller Handgriffe und Techniken zur Bearbeitung des Materials. Erst dann beginnt die eigentliche Goldschmiedearbeit. Sie besteht darin, Schmuckstücke zu entwerfen, Steine und Edelmetall so nach einer selbst entworfenen Zeichnung zusammenzufügen, daß neben der Ausgeglichenheit und Schönheit der ganzen Form auch die Besonderheit des verwendeten Materials – Gold, Silber, Platin, Rubine, Smaragde, Saphire – zur Geltung kommt. Der Gold- und Silberschmied arbeitet nicht nur Schmuck, er fertigt auch Gebrauchs-Gefäße, vor allem aus Silber, an. Dieses Handwerk gibt es, seitdem bestimmte Metalle oder Steine von den Menschen als besonders kostbar geschätzt werden. Man verwandte auf ihre Gestaltung schon immer viel sorgsame, ja oft geniale Arbeit.

Zulieferer für die Industrie

Aus der anfänglichen Gegnerschaft zwischen Handwerk und Industrie wurde im Laufe der Zeit nicht nur ein Nebeneinander, sondern ein Miteinander, eine ständige Verzahnung.
Je mehr im Zuge der technischen Entwicklung die automatisierte Fertigungsweise an Raum gewann, desto mehr befreiten sich die industriellen Betriebe von Arbeitsgängen, die Spezialarbeit erforderten. Hier entstand neuer Spielraum für das Handwerk.

Die zuliefernden Handwerksbetriebe – sie kommen vornehmlich aus den metall- und holzverarbeitenden Berufen – waren aber nie Handlanger der Industriebetriebe. Die Handwerksmeister haben vielmehr auf Grund ihrer Erfahrungen Ratschläge und Hinweise für Arbeits- und Konstruktionsverbesserungen geben können. In Sonderschauen der Deutschen Handwerksmesse wurden des öfteren all die Teile gezeigt, die vom Handwerk kommend in der Industrie benötigt werden. Da sah man z.B. Stanzteile, Werkzeuge, Möbelgestelle, Schalt- und Regelgeräte, Hubzylinder, Zahnräder und Wellen, regelbare Getriebe, Telefonsäulen, Magnetschalter, Transformatoren, Fräsvorrichtungen, Dampfkochkessel, Wasserabscheider und vieles andere.

Viele Handwerker haben Erfindungen gemacht, die patentiert worden sind und in der Industrie unentbehrlich wurden. Bei der Förderung solcher Handwerker wurde seitens der Betriebsberatungen und der Gewerbeförderung eng mit der »Patentstelle für die Deutsche Forschung der Fraunhofer-Gesellschaft zur Förderung der angewandten Forschung« zusammengearbeitet.

Nicht weniger wichtig als die Zulieferung ist für die Zusammenarbeit mit der Industrie die regelmäßige Wartung technischer Einrichtungen durch das Handwerk. Die Industriebetriebe greifen schon deshalb gerne auf versierte Spezialisten aus dem Handwerk zurück, weil sie sonst eine Abteilung einrichten müßten, die bei einem stoßweisen Anfall der Arbeiten auf die Dauer unwirtschaftlich wäre.

Möbel im Wandel der Zeit

Seit dem Mittelalter verwendet der Tischler mit Vorliebe Holz der heimischen Baumarten, also Tanne, Eiche, Kiefer, Nußbaum, Esche und Ahorn. Wichtigstes Möbelstück war zunächst die Truhe, aus der sich später der anfangs zweigeschossige Schrank mit hohem Sockel entwickelte.

Als aus Italien die Intarsien nach Deutschland kamen, wurden sie weit und breit übernommen, allerdings gingen die deutschen Tischler in der Formgebung eigene Wege.

In der Renaissance traten beim Möbelbau Formelemente auf, die dem Steinbau entnommen waren. Die Schrankfronten zeigten verkleinerte Palastfassaden mit Säulen, Gebälken,

Fensterumrahmungen und Verdachungen. Von Jahrhundert zu Jahrhundert nahm die Kunstfertigkeit der Tischler zu.
Einer der bedeutendsten Tischler war der 1743 in Herrenhag (bei Budingen) geborene David Roentgen, der das Handwerk von seinem Vater übernommen hatte. Zu seinen Kunden gehörten Kaiser und König, Fürsten und Bischöfe. Selbst Goethe war bei ihm zu Gast und schrieb, wie er sich mit dem Meister über die tektonische Gliederung am Holzwerk, über Grund und Aufriß unterhalten habe. Roentgen beschäftigte bereits über 100 Tischlergesellen. In einem seiner Briefe heißt es: »Wie wunderbar ist es, mit dem Werkzeug am Arbeitstisch zu stehen, welche Freude verschaffen mir die Hände, wenn aus ihnen das Werk deiner Kunst emporsteigt.«
In der Französischen Revolution wurde auch den kunstvollen Tischlerarbeiten der Kampf angesagt. Man verlangte die »reine Form«. Die Wohnungen wurden schlichter, das Bett verlor den repräsentativen Rang, und der Fremde bekam zu diesem intimen Raum keinen Zutritt mehr. In den wohlhabenden Kreisen gewann der Salon an Bedeutung, während sich das Bürgertum mit dem Wohnzimmer begnügte.
Die Tische wurden leichter und kleiner. Immer neue Möbelstücke kamen hinzu.
Heute hat dieses Handwerk nichts von seiner Vielseitigkeit verloren. Entwurf, Herstellung, Reparatur, Einbau und Anbringung von Türen, Treppen und Fenstern gehören dazu, nach wie vor müssen Möbel aller Art bearbeitet werden.
Immer noch versteht der Tischler viel von Intarsien, von Holzmosaiken und Einlegearbeiten. Zu diesen Arbeiten gehören Bleichen und Beizen, Räuchern und Mattieren, Lackieren und Polieren. Immer neue Arbeitsgebiete erschließt sich das Handwerk, das seine alten Techniken vorzüglich weiterentwickelt und sich den neuen geschickt anpaßt.
Das Institut für Technische Betriebsführung im Handwerk in Karlsruhe unter Leitung von Professor Rühl hat in einer aufschlußreichen Studie über Struktur und Entwicklung des Tischlerhandwerks wichtige Erkenntnisse vermittelt. Es heißt darin, daß das Tischlerhandwerk eine besonders schnelle Anpassung an steigende und sich ändernde Marktforderungen verlangt. Der Werkstoffsektor, der oft mit hochgespannten

Erwartungen bedacht worden sei, werde jedoch sein Gesicht nur langsam wandeln. Der Geschmack am Holz bleibe dominierend. Der Trend zum Kunststoffmöbel bleibe bescheiden. Was den Investitionsbedarf angeht, so sagt die Studie, daß er progressiv steige. Im Mittelfeld der Betriebsgrößen müssen sich, nach Aussage des Karlsruher Instituts, Konföderationen im Fertigungsbereich bilden, wenn die Betriebe nicht schrumpfen und in ihrer Eigenfertigkeit bedeutungslos werden wollen. Das Tischlerhandwerk, so heißt es weiter, muß seiner bisherigen Struktur nach als überwiegend kapitalintensiv bezeichnet werden. Nur der größere Betrieb mit entsprechendem Kapital wird in der Lage sein, den Strukturwandel im Fertigungsbereich zu vollziehen. Die kleineren Betriebe werden den Wachstumsproblemen nur in geringem Umfang gerecht werden.

Das Institut gibt daher dem Tischlerhandwerk den Rat, Produktions- und Absatzprogramm zu überprüfen und neu zu orientieren. Mit der größeren Flexibilität könnten entstehende Marktlücken ausgenutzt werden. Das gehe aber nur auf der Basis einer ständigen Verbesserung der Auftragsvorbereitung und der Produktion.

Drechsler

Ihre Tätigkeit reicht von Kleinmöbeln über Treppengeländer, Türen und Säulen, über Beleuchtungskörper und Kunstgegenstände bis hin zum völligen Innenausbau.

Nach dem Krieg hat die Sachlichkeit in Architektur und Kunst leider zu einem Rückgang dieses Berufszweiges geführt. Es konnten sich nur wenige qualifizierte Betriebe behaupten.

Schon früh kam das Drechslerhandwerk mit dem Kunststoff in Berührung, so daß es ein neues Tätigkeitsfeld für Schmuck, modische Knöpfe, Schnallen und Schirmgriffe gefunden hat. Viele Angehörige dieses Berufes treten als Lieferanten der Industrie auf. Das Handwerk ist bemüht, die ornamentarische Gestaltung wieder zu beleben. Daher fühlt sich dieser Handwerkszweig stark zum Kunstgewerbe hingezogen.

Boote und Segeljachten

Wenn schnittige Segeljachten mit ihren weißen oder bunten Segeln über das Wasser gleiten, wenn schlanke Ruderboote in hartem Ringen um den Sieg im Rennen kämpfen, dann hat der

Beschauer nicht nur Freude an der sportlichen Leistung, sondern auch an den schönen Booten.
Das Bootsbauerhandwerk und das Schiffsbauerhandwerk sind zwei nach den handwerksrechtlichen Vorschriften getrennte Berufe. Sie sind aber eng miteinander verwandt. Das ergibt sich sowohl aus der geschichtlichen Entwicklung als auch aus dem technischen Vorgang der Arbeit.
Beide Berufe unterscheiden sich in der Hauptsache nur durch die Größe der von ihnen hergestellten Fahrzeuge. Das besondere Kennzeichen des Fertigungsprogramms des Boots- und Schiffsbauerhandwerks in der Gegenwart ist die Mannigfaltigkeit.
Im Bootsbau herrscht der Bau von Sportbooten aller Klassen, vom Kajak über die verschiedenen Typen von Ruderbooten, von kleinen bis mittelgroßen Segel- und Motorjachten vor.
Daneben nimmt die Herstellung von Rettungsbooten für die Handelsschiffahrt, von Zollkuttern, Lotsenversetzbooten und anderen Gebrauchsbooten für Behörden und der Bau von Fischerei- und Marinefahrzeugen bis zu 50 Tonnen einen breiten Raum ein. Im Schiffbau geht die Größenklasse im Bauprogramm für Fischkutter, Fluß- und Küstenschiffe bis zu 500 Tonnen.

Das Holzbildwerk aus einem Stück

Holz muß – wenn der Bildhauer ans Werk geht – gut getrocknet sein. Die Verwendung frischen Holzes widerspricht nicht nur den Traditionen dieses Handwerks, sondern es würde auch dazu führen, daß der feuchte Kern Risse bekäme.
Ein guter Holzbildhauer arbeitet ein Bildwerk aus einem Stück. Dabei muß er genau den Verlauf der Fasern beachten. Wenn es nötig ist, mehrere Stücke zusammenzufügen, so werden die Einzelteile durch Holzdübel und Leim verbunden.
Die Bearbeitung eines Werkblocks erfolgt nach einer Modellskizze. Ist der ausgewählte Block auf die richtige Größe zugeschnitten und in die Schnitzbank eingespannt, arbeitet der Bildschnitzer zunächst die Hauptformen, also bei Figuren den Kopf, heraus.
Die tieferliegenden Schichten müssen mit großer Kraftanstrengung herausgelöst werden. Dazu benötigt der Bildschnitzer einen hölzernen Schlegel, den sogenannten Klöppel.

Die feinere Ausarbeitung der Einzelformen erfolgt auf der horizontalen Schnitzbank. Mit kleinen, schmalen Schnitzmessern gibt der Handwerker der Form die letzte Vollendung. Durch Rillen, Kerben und Bohren entstehen die scharfen Grate, aber auch die Falten an den Gewändern. Der Ehrgeiz eines Bildhauers zielt darauf ab, ohne Anstückungen auszukommen, um dadurch der Gefahr der Beschädigung zu entgehen.

Die hutlose Mode

In den letzten Jahrzehnten hat das Putzmacherhandwerk erheblich an Terrain verloren. Es konnte sich vielfach nur dort über Wasser halten, wo es die Handelstätigkeit miteinbezogen hat.

Besonders stark bekommt der Putzmacher die Konkurrenz der Kaufhäuser zu spüren. Selbst dort, wo dieses Handwerk noch eine Domäne hatte, auf dem Land, ist man dazu übergegangen, den Bedarf an Kopfbekleidung in den Städten zu decken. Die hutlose Mode hat erheblich auf dieses Handwerk gedrückt. Trotz aller Wiederbelebungsversuche hat dieses Handwerk eine rückläufige Tendenz.

Pelze – Kunst der Kürschner

Die Arbeit des Kürschners beginnt mit der Auswahl der Felle. Man muß einmal sehen, wie ein Meister durch sorgfältiges Streichen mit der flachen Hand die »Rauche« – das ist der fachmännische Ausdruck für das dichte und weniger dichte Haar – prüft, wie er die Güte des Unterhaars feststellt, indem er den Grund des Felles anbläst.

Nach allen Seiten zieht er das Fell, um festzustellen, ob es auch geschmeidig ist. Dann sortiert er sorgfältig die gekauften Felle, denn kein Fell gleicht dem andern. Dabei geht es dem Kürschner um eine gewisse Gleichmäßigkeit in der Farbe, in der »Rauche«, in der Zeichnung und im Glanz.

Die Verarbeitung eines Felles zum fertigen Pelzstück ist eine schwierige Arbeit, die ein hervorragendes fachliches Können voraussetzt. Zum Nähen eines Nerzmantels sind 8000 Meter Garn erforderlich. Fehler bei der Verarbeitung können äußerst kostspielig werden. Es gibt Felle, die durch ein Versehen des Kürschners unbrauchbar gemacht werden können.

Immer noch arbeitet der Kürschnerbetrieb auf der Grundlage handwerklicher Maßarbeit. Allerdings zwingt der Wettbewerb zur betrieblichen Rationalisierung. Gegen Ende des vorigen Jahrhunderts setzte etwas ein, was in der Geschichte des Handwerks einmalig ist: die große Kürschnerwanderung. Viele tüchtige deutsche Kürschner suchten in Amerika eine neue Heimat und kamen dort zu Ansehen und Wohlstand. Der bekannteste unter ihnen ist der spätere Multimillionär Astor.

Sättel aus Perlon

Ohne genaue Kenntnis der Anatomie des Pferdes geht es beim Sattelmachen nicht. Der gute Sattler muß die Pferdetypen genauestens kennen, denn nur dann weiß er, welches Polster z. B. für einen Senkrücken notwendig ist.
Zu den wichtigsten Fertigkeiten, die der Sattler beherrschen muß, gehört das Nähen. Im dicken und zähen Leder wird Stich um Stich von der Hand gesetzt. Nur glatte Nähte, die ohne sonderliche Bedeutung sind, werden mit der Maschine genäht. Bei all seinen Arbeiten, die Mühe, Fleiß und hohes Können verlangen, sieht der Sattler stets das Pferd in all seinen Bewegungsabläufen vor sich, bei denen Sitz und Festigkeit des Sattels sich erweisen müssen.
Der traditionelle Sattel ist aus Leder. Für die meisten Menschen wird mit dem Begriff Sattel auch Leder verbunden bleiben. Aber die Kunstfaser hat vor der Sattelfertigung nicht Halt gemacht. Es werden Sättel aus Perlon hergestellt. Optisch sind sie nicht so schön wie die ledernen, aber ihre Vorteile sind nicht mehr wegzudiskutieren: das niedrige Gewicht, die Rutschfestigkeit, die Flexibilität des Materials.

Brot – Grundlage der Ernährung

Die Produktpalette des deutschen Bäckerhandwerks umfaßt rund 200 verschiedene Brotsorten und über 1200 Arten von Feingebäck. Mit dieser Angebotsvielfalt steht das deutsche Bäckerhandwerk in der ganzen Welt konkurrenzlos an der Spitze. In keinem anderen Land wird dem Verbraucher eine so große Produktvielfalt bei Brot und Backwaren geboten.
89 Prozent der deutschen Verbraucher halten Brot für ein gesundes Nahrungsmittel, 52 Prozent für das wichtigste Nahrungsmittel. 97 Prozent der Verbraucher sind überzeugt: Brot macht nicht dick.
Eßgewohnheiten:

Mischbrot:	66% der Verbraucher

Roggenbrot:	20% der Verbraucher
Weizenbrot:	10% der Verbraucher
Spezialbrot:	4% der Verbraucher

Der Verbrauchertrend geht zu mehr Abwechslung im häuslichen Brotkorb. Außerdem wird Brot immer häufiger auch zu warmen Mahlzeiten verzehrt.
Mit dem Konsum von Brot deckt der Verbraucher
21 Prozent seines Kalorienbedarfs
38 Prozent des Bedarfs an Kohlehydraten
20 Prozent des Eiweiß-Bedarfs
12 Prozent des Bedarfs des Vitamins Thiamin
9 Prozent des Bedarfs an Riboflavin
15 Prozent des Eisen-Bedarfs.

Damit zählt Brot zu den wichtigsten und gesündesten Lebensmitteln.
Romantik hat in Deutschlands Backbetrieben nichts mehr zu suchen. Das Bild vom schwitzenden, mehlverstaubten Bäcker ist nur noch in wenigen Schul- oder Kinderbüchern präsent. In vielen modernen Betrieben ersparen pneumatische Gebläse das früher mühselige Säckeschleppen, speisen moderne Energiequellen elektronisch gesteuerte Backöfen. Kundenorientierte Ladenausstattung, auf den Markt zugeschnittene Sortimente, fachlich geschultes Personal, das alles hat die Basis für den Erfolg des Bäckerhandwerks gelegt.
Gutes Brot ist die Grundlage gesunder Ernährung. Es unterliegt einer ständigen staatlichen Überwachung. Alle Betriebe des deutschen Bäckerhandwerks sind zusätzlich einer freiwilligen Selbstkontrolle angeschlossen: Jeden Tag werden überall in Deutschland rund 300 Brotprüfungen vorgenommen.

Leckere Süßigkeiten

Des Konditors ganze Arbeit ist darauf ausgerichtet, leckere Süßigkeiten in appetitlicher, hübscher Form herzustellen. Dazu dienen unendlich viele Rohstoffe: Sahne, Butter, Eier, Früchte – frische und konservierte, eingedünstete und glasierte –, Nüsse verschiedener Sorten, Gewürze etc.
Wie wichtig aber der Zucker, ob als Läuter- Faden-, Flug-, Karamel-, Speise- oder Schmelzzucker, ist, sieht man daran, daß

der Konditor in Süddeutschland und in Österreich Zuckerbäkker genannt wurde.
Obgleich künstlerische und gestalterische Fähigkeiten wesentliche Merkmale im Konditorenhandwerk sind, läßt sich trotzdem rationalisieren. Diese Bestrebungen laufen auf das Ziel hinaus, die Kosten zu senken.
Neben einer Reihe von Maschinen, die dem Konditor die Handarbeit erleichtern oder sogar abnehmen, sowie vielen kleinen Werkzeugen, die ebenfalls der Rationalisierung dienen, nimmt die Frosteranlage eine ganz besondere Stellung ein. Man kann fast alle Konditorei-Erzeugnisse einfrieren, ohne daß sie an Qualität einbüßen. Durch die Gefrieranlage ist es möglich, den Bedarf einzufrieren, so daß er jederzeit greifbar ist. Es kann also nicht passieren, daß Gebäcke nicht mehr oder noch nicht vorrätig sind.

Des Müllers Lust

Trotz der Industrialisierung haben bis zur heutigen Zeit noch einige tausend handwerkliche Mühlen ihre Existenz behaupten können. In einer modernen handwerklichen Mühle sind die gleichen Müllereimaschinen vorzufinden wie in einer Industriemühle.
Die handwerklichen Mühlen liegen weitgehend im Binnenland verstreut. Mit der Zunahme des Mähdrusches wird das Getreide vorwiegend in der Erntezeit angeliefert. Für die Aufnahme des Getreides müssen daher Reinigungsmaschinen, Trocknungs- und Siloanlagen bereitstehen.
In dem mehrstöckigen Mühlengebäude stehen die modernen Müllereimaschinen: Antriebsmaschinen, Aspirateure, Walzenstühle, Plansichter und Mischmaschinen. Das Getreidekorn besteht aus der für das Feinmehl nicht brauchbaren äußeren Schale und dem eigentlichen Mehlkern. Das müllerische Können besteht darin, die äußere Schale mit den Müllereimaschinen von dem Mehlkern zu trennen und diese im Vermahlungsprozeß auszuscheiden, damit keine Vermischung mit den Mehlen eintritt.
Eine wesentliche Voraussetzung für die Ermahlung qualitativ einwandfreier Mehle ist die Zusammensetzung der genau berechneten Getreidemischung. In der Bundesrepublik werden dem inländischen Weizen zur Qualitätsaufbesserung 20–25%

Auslandsweizen zugemischt. Bevor das Mehlgut auf den Walzenstuhl geht, wird es gründlich gereinigt und zur Vermahlung vorbereitet. Bei der Vorbereitung wird es vielfach genetzt, weil sich nur bei einem bestimmten Feuchtigkeitsgehalt die Schale einwandfrei vom Mehlkorn trennen läßt.

10000 Würste Tagesleistung

Das Bild eines Metzgereibetriebes hat sich in den letzten Jahrzehnten erheblich gewandelt. Da sind Hackmaschinen aller Größen, die die Fleischzerkleinerung mit hoher Stundenleistung bewerkstelligen, da gibt es Mengmaschinen, Wurstabfüllmaschinen und Würstchenabteilmaschinen mit Tagesleistungen bis zu 10000 Stück. Erstaunlich ist auch die Leistung der Abschwartmaschine, die in Sekundenschnelle dicke Schwarten säuberlich loslöst. Automatische Knochensägen helfen Zeit sparen, und mit einer mechanischen Säge tranchiert der Fleischer ein ganzes Schwein.
Was für den Bäcker der Ofen, ist für den Metzger die Kesselanlage, auf die er stolz ist, ebenso auf seine Kühlmaschinen, auf die Gefrieranlagen und Kühltruhen, in denen das Fleisch unbegrenzt lange aufbewahrt werden kann.
Das Handwerk leidet sehr unter den Supermärkten, die mit ihrer Selbstbedienung überall in den Fleischsektor eingedrungen sind.

Durst wird durch Bier erst schön

Das Bierbrauen gehört zu den alten Handwerkskünsten. Zur Zeit Karls des Großen werden die ersten Bierbrauer erwähnt. Die Klöster führten die Tradition erfolgreich weiter, bis ein zünftiges Braugewerbe entstand.
Wie entsteht nun Bier?
Die Gerste wird durch Feuchtmachen zum Keimen gebracht. Es entsteht das Malz im Korn, und dieses Malz wird zerkleinert, gekocht und aus der entstehenden Flüssigkeit durch Hefe- und Hopfenzusatz das Bier gegoren.
Niemals ist eine Gerstenernte wie die andere, niemals ist der Hopfen dem anderen gleich. Jedesmal muß bei der Bierbereitung auf diese verschiedenen Eigentümlichkeiten Rücksicht genommen werden.
Sehr sorgfältig muß die Behandlung des Stoffes bei der Bierbereitung sein, da dauernd eine bestimmte Temperatur einzuhal-

ten ist, einmal erwärmt, einmal abgekühlt, denn Kälte und Wärme sind bei der Gärung und all den anderen inneren Vorgängen von besonderer Bedeutung.
Wie groß auch die Flüssigkeitsmassen sind, die verarbeitet und bewältigt werden – eine bis ins kleinste gehende Genauigkeit bei der Überwachung des Keimens, Maischens und Gärens ist erforderlich. Die Kühlmittel, das Eis, spielen eine große Rolle und selbstverständlich auch die Sauberkeit.
Das Bier wird vor der Abfüllung durch eine Filterpresse gepumpt, damit der Saft klar zum Verbraucher kommt. Aus den Gerstekörnern entsteht das Bier.
Ein langer kunstvoller Prozeß, der in allen Einzelheiten beherrscht sein will. Sogar das Wasser, seine Beschaffenheit und sein Geschmack spielen eine große Rolle bei der Bierbereitung.
Die kleinen handwerklichen Brauereien haben sich vor allem in Bayern tapfer behauptet.

Die Fässer macht der Böttcher

Der Böttcherberuf hat es mit der Herstellung von Gefäßen aus Holz zu tun. Dazu bedient er sich einer besonderen Arbeitstechnik. Gefäße werden nicht etwa aus einem massiven Stück herausgeschnitzt, sondern aus einzelnen Holzleisten, den Dauben, zusammengesetzt. Diese Dauben werden dann durch die Faßreifen zusammengehalten.
Es ist eine besondere, ausgeklügelte Herstellung, deren Feinheiten klarwerden, wenn man sieht, wie aus geraden glatten Brettern das Faß eine bauchige runde Form erhält.
In diese Form müssen die Dauben gebracht werden, und zwar so, daß sie haarscharf zusammenpassen. Keine Fugen darf das fertige Gefäß aufweisen. Durch sie würde ja die Flüssigkeit, die im Faß aufbewahrt werden soll, herausfließen. Der Anfang der Böttcherarbeit ist daher das sorgfältige Schneiden der Dauben auf der Schneidebank und das haarscharfe Einfügen auf der Fügebank.
Sind die einzelnen Dauben in die vorgesehene Form gebracht, so wird das Faß im Setzreifen aufgesetzt. Hier erhalten die Dauben ihren Halt aneinander.
Während die einzelnen Dauben losgelassen aus dem Setzreifen herausfallen würden, stehen sie fest da, sobald sie alle einge-

setzt sind und sich im geschlossenen Kreis gegenseitig halten. Es bis dahin zu bringen, ohne daß einzelne Dauben herausfallen, ist ein kleines Kunststück.

Besser sehen – besser aussehen

Eine neue Blüte erlebte das Optikerhandwerk durch den Prediger Duncker aus Rathenow, der aufgrund eingehender physikalischer Forschungen einwandfreie Brillengläser herstellte. Ihm schreibt man die Erfindung der Vielschleifmaschine für Brillengläser zu.
Anfangs dieses Jahrhunderts erwarb sich die Firma Zeiss große Verdienste um die Verbesserung der Brille, vor allem um die Durchbiegung von Gläsern, mit der Abbildungsfehler der bisherigen flachen Gläser behoben wurden. Es bedingte eine genaue Brillenanpassung und damit eine schwierige Aufgabe der Brillenmacher.
Seit der Zeit ist der Optiker ein fachkundiger Mittler zwischen Industrie und Kunde geworden, dessen Beruf auf der physikalischen und physiologischen Optik beruht. Seine Aufgaben sind dreifach: das Brillenglas zu bestimmen, die Brille anzufertigen und sie richtig anzupassen. Der Brillenträger soll besser sehen und besser aussehen, wie der Werbeslogan sagt.
Die Brillengläserbestimmung setzt voraus, daß die Fehlsichtigkeit richtig erkannt wird. Man versteht darunter Kurzsichtigkeit, Übersichtigkeit und Alterssichtigkeit. Mit dem richtigen Brillenglas wird diese Fehlsichtigkeit optisch korrigiert.
Bei der Brillenanpassung geht es in erster Linie um optische Gesichtspunkte. Eine entscheidende Rolle spielt die genaue Zentrierung, das heißt die Übereinstimmung der optischen Mittelpunkte der Gläser mit den Pupillenmitten. Bei stärkeren Brillengläsern ist es besonders wichtig, den Abstand zwischen Auge und Brille richtig zu ermitteln.
Die Brillenanpassung muß nicht nur optisch, sondern auch anatomisch einwandfrei sein. Daher muß der Augenoptiker entsprechende Kenntnisse über den Bau des Kopfes, den Verlauf der Nerven und der Blutgefäße besitzen. Bei Kopfverletzten ist die Brillenanpassung besonders schwierig; in diesen Fällen müssen zunächst Plastiken und nach diesen Abdrücken Spezialfassungen gefertigt werden.
Bei der ästhetischen Brillenanpassung muß der Augenoptiker

über guten Geschmack verfügen, der ihn zugleich als guten Berater bei der Auswahl der Brillenfassung geeignet macht.

Der Hörgeräte-Akustiker

Der neuzeitliche Beruf des Hörgeräte-Akustikers ist heute in etwa 800 Betrieben vertreten, die sich alle der gleichen Aufgabe verschrieben haben, nämlich Schwerhörige mit modernen Hörhilfsmitteln zu versorgen.
Erst seit dem 16. September 1965 sind die Hörgeräte-Akustiker eine Berufsbezeichnung. Anfang der sechziger Jahre wurde das Handwerk zum Vollhandwerk erklärt.
Diese Handwerker arbeiten eng mit Universitäts-Professoren, Ärzten, Ingenieuren und Praktikern zusammen, denn hier spielen Physik und Akustik, Anatomie und Physiologie ineinander. Wer sich diesen Beruf auswählt, erfährt, daß Hören und Verstehen überaus komplizierte Vorgänge sind, von denen sich der Laie im allgemeinen keine rechte Vorstellung macht. Eine Hörbehinderung kann höchst unterschiedliche Ursachen haben. Daher muß sich der Hörgeräte-Akustiker in den Krankheiten des Ohres, die fachärztlich behandelt werden müssen, auskennen. Ihm stehen zur apparatischen Hörkorrektur der Hörbehinderung moderne Transistor-Hörgeräte zur Verfügung. Das setzt voraus, daß sich der Handwerker in der Niederfrequenztechnik und Elektro-Akustik auskennt.
Um Art und Stärke der Hörbehandlung festzustellen, bedient sich der Hörgeräte-Akustiker komplizierter physikalischer Meßgeräte, mit deren Hilfe er die Kenndaten des Ohres aufnimmt.
Der Hörgeräte-Akustiker arbeitet mit den verschiedensten Geräten. Er paßt sie an und unterweist den Träger in ihrer Handhabung. Es ist ein ebenso hilfreicher Beruf wie der des Bandagisten und Orthopädiemechanikers.

Bandagisten und Orthopädiemechaniker

Seit den beiden großen Kriegen haben die handwerklichen Berufe der Bandagisten und Orthopädiemechaniker ganz erheblich an Bedeutung gewonnen. Bei unzähligen Körperschäden haben sie sich als verantwortungsvolle Helfer erwiesen.
Den Orthopädiemechanikern obliegt es, künstliche Gliedmaßen und Stützapparate zu konstruieren und anzufertigen. Sie beschäftigen sich mit Amputationen als Folgen von Kriegs-

und Unfallverletzungen, mit Gliederschwäche durch spinale Kinderlähmung und mit Verkrümmungen, die durch Rachitis oder andere Krankheiten entstanden sind.
Der Bandagist übernimmt die Fertigstellung der Arbeiten des Orthopädiemechanikers durch Lederarbeiten aller Art. Er fertigt Einlagen und Bruchbänder, während der Chirurgiemechaniker chirurgische Instrumente aller Art baut und repariert. Da erfahrungsgemäß körperliche Schäden auch seelische Belastungen bringen, verlangt man vom Orthopädiemechaniker physisches Einfühlungsvermögen in die Leiden anderer.
Sein Können muß über das rein Handwerkliche hinausgehen, denn seine Aufgabe besteht darin, mit mechanischen Künsten dem leidenden oder beschädigten menschlichen Körper beizustehen und gleichzeitig Seelenhelfer zu sein. Den technischen und physikalischen Entwicklungen müssen die Berufe auf der Spur bleiben.
Von Jahr zu Jahr ist die Arbeit der Bandagisten, Orthopädie- und Chirurgiemechaniker umfangreicher und vielseitiger geworden. Künstliche Gliedmaßen und Bandagen lassen sich nicht industriell und serienweise herstellen. Sie müssen für jeden Einzelfall nach Maß gefertigt werden.
Diese Berufe sind im wahrsten Sinne des Wortes Sozialhelfer, und das hebt sie aus dem Kreis der anderen Handwerksberufe heraus.

Zahnersatz aus Kautschuk und Metall

Der Zahntechniker, um dessen Arbeit es hier geht, erhält die genauen Vorlagen und Abdrucke vom behandelnden Arzt. Nach diesem Abdruck fertigt er den Zahnersatz an. Neben ganzen Gebissen, bei denen er die Stoffe Gips, Kautschuk und Wachs zu bearbeiten hat, stellt er auch Einzelstücke aus Edelmetallen oder Metall-Legierungen her.
Das Abformen von Gaumenplatten, das Einsetzen der künstlichen Zähne, das Zurechtfeilen und all die vielen Handgriffe, die während der Arbeit nötig sind, müssen genau und behutsam ausgeführt werden. Früher wurde diese Tätigkeit von Zahnärzten miterledigt. Natürlich behandelt der Zahntechniker keine Patienten. Er beschränkt sich bewußt nur auf die Herstellung des Zahnersatzes. Wegen der Schwierigkeit dieser Arbeit wird die Ausbildung besonders streng überwacht.

Der Friseur

Wir kennen aus alten Bildern den Barbier, der mit seinen Messern und Seifennäpfen unterm Arm morgens von Haus zu Haus eilte, um seine Kundschaft zu rasieren. Die hohen Perükken und der Barbier der alten Zeit sind heute verschwunden, geblieben ist ein Handwerk, das Frauen und Männer gleichermaßen beschäftigt.
Seit 1890 laufen die Damen mit onduliertem Haar herum, und seit dieser Zeit werden auch Onduliereisen angeboten. Der Erste Weltkrieg führte notgedrungen zu einer Vereinfachung der Frisur. Bei den Damen war es die Einschlagfrisur und bei den Herren der Kurzhaarschnitt.
Da man sich daran gewöhnt hatte, das Haar einfach zu tragen, fanden die Bubikopfschneider 1920 großen Zuspruch.
Die Dauerwelle, von Karl Nessler erfunden, leitete eine ganze Reihe von Erfindungen ein, so auch die Trockenhaube und das Dauerwellgerät.
Es gibt eine große Menge von Arbeiten, die zu diesem Handwerk gehören: Anfertigen von Perücken, wo in feinster Nadelsticharbeit Haar für Haar eingenäht werden muß, die Pflege der Hände, der Nägel, das Haarfärben usw. Vielerlei Werkzeug beherrscht der Friseur, und immer wieder verändert sich seine Arbeit je nach den Wandlungen des Geschmacks.
Der Friseur hat immer unmittelbar mit dem Kunden zu tun, wenn man von den reinen Haararbeiten absieht. Diese Tatsache, daß das Werkstück sozusagen der Kunde selbst ist, gibt der ganzen Arbeit das Gepräge.
Strukturell hat es erhebliche Verschiebungen gegeben vom Herren- zum Damenfriseur. Andererseits nimmt der Anteil am Handelsumsatz ständig zu. Wechselnde Moden machen dem Friseur mal Freude, mal Sorge. Nach dem großen Boom in diesem Handwerk im vergangenen Jahrzehnt ist jetzt wieder ein Rückgang zu verzeichnen. Hier gilt, was für viele andere Handwerksberufe auch maßgeblich ist, daß sich letztlich nur der Tüchtige durchsetzt.

Das Glaserhandwerk, so alt wie modern

Wer könnte sich heute ein Haus ohne Glasfenster vorstellen; Glas, das Licht und Sonne durchläßt und Kälte und Regen abhält.
Das älteste Glas ist das Naturglas Obsidian. Es ist durch das na-

türliche Zusammentreffen der Grundstoffe des Glases in den Vulkanen entstanden und wurde bei deren Ausbrüchen auf die Erdoberfläche geschleudert. Dieses nach erforschten Überlieferungen viele zehntausend Jahre alte Naturglas soll schon damals in primitiver Form verarbeitet worden sein. Es gab also schon zu einer Zeit, zu der das künstliche Glas noch nicht erfunden war, Glasverarbeiter.
Mit der Erfindung der Glaspfeife in der Zeit um Christi Geburt begann die künstliche Glaserzeugung in Platten (Tafeln) durch Glasmacher, die dieses Glas auch gleichzeitig verarbeiteten. Die in der Größe begrenzten Glastafeln wurden zunächst durch Holz-, Bronze- und Eisensprossen zu einer Fensterfläche verbunden, und so entstanden die ersten Glasfenster.
Später wurden die einzelnen Glastafeln durch Verbleiung in gerade, winklige und ungerade Formen in einen Rahmen zusammengefügt und damit die Lichtöffnung in der Wand verschlossen. So war der Glasmacher zugleich Verglaser und Rahmenmacher. Erst später, mit zunehmender Glaserzeugung, trennten sich die Berufe des Glasmachers und des reinen Glasverarbeiters (des Glasers) voneinander. Die Glaser haben sich dann im Verlauf der Entwicklung weiter spezialisiert, und heute unterscheiden wir: den Glaser, den Kunstglaser und Glasmaler und den Glasschleifer und Glasveredler.

Der Glaser

Als im 19. Jahrhundert das Gußglas aufkam – das Glas kam jetzt aus der Schmelzwanne in Kessel und wurde auf vorbereitete Flächen gegossen, gewalzt und gekühlt –, vollzog sich ein großer Wandel. Man kam von der herkömmlichen Bleiverglasung ab und ging zur Kittverglasung über.
Dieses einfache und billige Verfahren bedeutete zunächst einen Abstieg des Glaserhandwerks, der aber dann durch die starke Industrialisierung und nicht zuletzt mit dem Aufkommen des Automobils wieder ausgeglichen wurde.
Aus der Fülle der Tätigkeiten des Glasers sollen hier nur einige Beispiele erwähnt werden: die Verglasung von Fenstern, Türen und Schaufenstern, die Herstellung von Glaskonstruktionen, Vitrinen, Ladeneinrichtungen, Gewächshäusern, Glaskuppeln und Aquarien, das Verlegen von Glasmosaik. Mit dem Diamant versteht er es, hübsche Muster und Zeichnungen

in Glas zu gravieren, und wenn auch die Glasschleiferei ein eigenes Vollhandwerk ist, so kennt sich der Glaser doch meist auch in dieser Technik aus. Sein Beruf wechselt ohnedies stark hinüber in das Kunsthandwerk.

Die Anwendung von Glas hat in den Jahren nach dem letzten Weltkrieg einen ungeahnten Umfang angenommen. Nicht alle Glasanwendungsmöglichkeiten können hier genannt werden. Die Fenster sind größer geworden, dementsprechend auch die Flächen der Glasscheiben. Es sind neue Doppelscheiben-Isoliergläser sowie viele neue Glasarten entstanden. Wir leben heute geradezu in einem Zeitalter des Glases.

Präzision ist Trumpf

Der Feinmechaniker arbeitet für die Wissenschaften, die Apparaturen und Instrumente brauchen, um Beobachtungen durchzuführen. Groß ist die Zahl der Apparate, die der Feinmechaniker meist auf Bestellung der wissenschaftlichen Institute anfertigt, Längenteilmaschinen, Ätzpantographen, Polarisationsapparate, Präzisionswaagen usw. Es kommt hier auf die Genauigkeit der Arbeit bis auf ein hundertstel, ja ein tausendstel Millimeter an und auf Bruchteile von Milligrammen. Zwar sind die Handfertigkeiten die gleichen wie etwa beim Schlosser: Feilen, Drehen, Fräsen, Anreißen, Bohren, Gewindeschneiden, Schmieden, Härten, Schleifen, Montieren. Aber dadurch, daß sie viel feiner und viel genauer sind, unterscheiden sie sich doch erheblich davon. Der Feinmechanikerberuf hat mit dem Ausbau der wissenschaftlichen Forschung und mit der zunehmenden Benutzung feinmechanischer Apparate im Alltag erheblich an Bedeutung gewonnen.

Der Siegeszug der Photographie

In einer im Jahre 1841 erschienenen Schrift über »Die Entdeckung einer unvollkommenen Erfindung, die man Daguerreotypie nennt«, ist zu lesen, wie der französische Kunstmaler und Verwalter eines Dioramas, Louis Jacques Mané Daguerre, dem Grundbesitzer Isidore Nièpce im Jahre 1837 Proben von Lichtbildern zeigte, die er unter Anwendung von Jod und Quecksilber bekommen hatte. Somit war in diesem Jahre die Photographie auf jodierten Silberplatten und die Hervorrufung des latenten Lichtbildes mit Quecksilberdämpfen erfunden worden.

Die Erfindung dieses Entwicklungsprozesses mit Quecksilber verdankte Daguerre einem eigentümlichen Zufall. Bei sehr langer Belichtung in der Kammer geben Jodsilberplatten bekanntlich ein sichtbares Bild, bei kurzer aber nicht. Eines Tages soll Daguerre eine Anzahl zu kurz belichteter Platten, die noch kein Bild zeigten, in einen alten Schrank gelegt haben. Einige Wochen danach nahm er eine Platte heraus und entdeckte zu seinem großen Erstaunen ein Bild darauf.

Der französische Staat kaufte die Rechte an dieser Erfindung auf und gab sie zur allgemeinen Nutzung frei.

Noch war es nicht möglich, die erzeugten Bilder zu vervielfältigen. Das blieb dem englischen Physiker Talbott vorbehalten, dem es 1840 gelang, Negative und Positive herzustellen. Damit war die Möglichkeit gegeben, von einer photographischen Aufnahme beliebig viele Kopien herzustellen.

Um die Mitte des vorigen Jahrhunderts bekam die Photographie einen starken Aufschwung. Pionierarbeit leisteten Steinheil, Zeiss und Voigtländer, die die Objektive verbesserten und die Metallkamera einführten. 1888 wurde der Schlitzverschluß patentiert und 1912 der Präzisionszentralverschluß »Compur«.

Der Beginn des 20. Jahrhunderts brachte dann die Farbphotographie. Bis 1935, dem Zeitpunkt der Erfindung des Drei-Schichten-Films, wurde sie allerdings nur von wenigen Photographen angewandt. Erst 1939 und verstärkt nach 1945 gewann die Farbphotographie stark an Boden; der Fachphotograph konnte jetzt seine Farbnegative selbst entwickeln und Farbpositive herstellen.

War die Photographie zuerst Liebhaberei begüteter Amateure und Forscher, so wurde sie später Broterwerb eines seßhaften Berufsstandes, welcher die Bevölkerung mit Einzel- und Familienbildern aller Art versorgte und nebenbei die wenigen Landschafts- und Sachaufnahmen anfertigte, derer man bedurfte.

Die Erfindung des Rasters brachte die Möglichkeit, Lichtbilder nachzudrucken. Damit wurde in der Zeitung, vor allem in der illustrierten Presse, die Zeichnung durch die Photographie abgelöst.

Die Porträtphotographie ist in den letzten 20 Jahren stark zu-

rückgegangen. Früher war es noch selbstverständlich, daß in der guten Stube die vom Photographen gemachten Bilder der Großeltern oder Eltern hingen.
Ungeahnten Aufschwung hat die Photographie auf dem Gebiete der Industrie-, Architektur-, Werbe- und Modeaufnahmen genommen.

Die Jünger Gutenbergs

Gutenberg kam auf den Gedanken, zum Druck einzelne Buchstaben zu verwenden, die man zu Wörtern, Sätzen, Zeilen und ganzen Buchseiten zusammensetzt und die nach dem Druck auseinandergenommen werden können, um für den nächsten Druck wieder zu neuen Wörtern, Zeilen und Seiten zusammengesetzt zu werden.
Diese Zusammensetzarbeit ist die Tätigkeit, die der Setzer ausführt. Auf einer Schiene, dem Winkelhaken, setzt er die einzelnen Buchstaben ab, natürlich in umgekehrter Form, das heißt in Spiegelschrift. Vor großen Pulten mit verschiedenen kleinen Fächern für die einzelnen Buchstaben steht er und reiht Buchstabe an Buchstabe, Wort an Wort, Zeile an Zeile. Dann kommen die so zusammengesetzten Zeilen in die Hand des Druckers, in die Druckmaschine.
So entstehen die fertigen Druckseiten. Die einzelnen Buchstaben müssen unterlegt werden, damit der Druck ganz gleichmäßig wird. Diese feine Arbeit, bei der die Stärke eines Papierbogens schon eine Rolle spielt, ist die eigentliche Qualitätsarbeit des Druckers.
Der Buchdruckerberuf ist so vielfältig wie unsere Schrifterzeugnisse. Briefbogen, Visitenkarten, Zeitungen, Bücher, Pressebilder, Bildprospekte, all das wird vom Buchdruckerhandwerk gedruckt.
Die Tätigkeit läßt sich in drei große Berufsgebiete einteilen: Die Setzarbeit, den eigentlichen Druck an der Druckmaschine und die verschiedenen Reproduktionsarbeiten bei der Anfertigung von Bildern.
Was der Setzer und der Reproduktionshandwerker in Einzelheiten herstellen, wird vom Drucker in die Maschine gebracht. Dort erhalten sie noch den letzten feinsten Schliff, und dann folgt der Druck selbsttätig durch die Maschine, bei der, wenn sie ganz modern ist, ein Knopfdruck genügt, um sie zu steuern.

Uhren für die Raumfahrt

Viele Teile kann der Uhrmacher nicht mit der bloßen Hand, sondern nur mit der Pinzette anfassen, so fein sind sie.
Es geht in diesem Beruf nicht nur um Sauberkeit, sondern um genaueste Arbeit, wenn Einzelteile bearbeitet oder neu hergestellt werden, wenn genietet, eingesetzt und verschraubt wird. Das alles vollzieht sich nach einem Plan und nach genauen Berechnungen, denn von einer Uhr erwartet man, daß sie weder vor- noch nachgeht.
In jüngster Zeit gibt es elektronisch gesteuerte Chronometer von solcher Präzision, daß man sich kaum eine Vorstellung davon machen kann. Sie sind notwendig geworden, wenn man an die Raumfahrt denkt, bei der Bruchteile von Sekunden von entscheidender Bedeutung sein können.

Lichtreklame

Das Lichtreklamehandwerk hat zunehmend an Bedeutung gewonnen. Es arbeitet, wie der Name sagt, für die Reklame, für die Ankündigung von Firmen und Veranstaltungen. Im Zeichen dieses Dienstes vereinigt es mehrere Arbeitsweisen, die des Klempners und die des Elektrohandwerkers, soweit es um die Bearbeitung von Blech und um die Handhabung von Beleuchtungen geht.
Der Schwerpunkt dieses Handwerks liegt im Entwerfen, in der Zeichen- und Malarbeit, denn alle Arbeit beginnt mit dem Entwurf, der wirkungsvoll das zeigen soll, was der Kunde verlangt.
Das Handwerk ist ständigen Wandlungen unterworfen. Wenn man an die Anwendung von Neon, an den Einsatz von Plexiglas und an die Fülle neuer Techniken denkt, dann haben wir es bei der hohen Bedeutung der Lichtreklame mit einem absolut zukunftsweisenden Handwerk zu tun.

100000 Glocken wurden ersetzt

Für den Glockengießer ist die Glocke ein Musterinstrument von großer Präzision und nicht etwa ein Industrieartikel, den man in Serien herstellen kann. Jede Glocke ist ein Einzelstück und hat eine eigene Gußform.
Was beim Glockenguß perfekt ist, wird nicht vom Gießer entschieden, sondern von den Glockensachverständigen. Von den Gutachten dieser Herren hängt die Abnahme der Glocke ab. Es ist nicht immer leicht für den Glockengießer, sich den Vor-

stellungen anderer von der Stimmung der Glocke, von der Klöppelform, von der Aufhängung des Geläutes und natürlich auch vom Preis zu unterwerfen.
Während man früher nur in Bronze goß, ist heute der Wettbewerb zwischen Stahl und Bronze immer härter geworden. Die Vorurteile sind mittlerweile geschwunden. Man weiß, daß ein gutes Stahlglockengeläute »geschmelzt« klingen kann wie ein Bronzegeläut. Die Dome in Paderborn und Osnabrück sollen dafür gute Beispiele liefern.
Im Zweiten Weltkrieg sind fast 100000 Glocken von deutschen Türmen umgeschmolzen worden. Sie zu ersetzen war eine gewaltige Aufgabe der Glockengießer in der Nachkriegszeit. Dieser Nachholbedarf war aber bereits Anfang der 60er Jahre gedeckt. Seither hat sich die Zahl der Glockengießereien in der Bundesrepublik ständig vermindert.
Sicherlich wäre es falsch zu sagen, daß die »Glockenpoesie« bei uns dahingeschwunden sei. Was die Glockenmüdigkeit angeht, so betrifft sie gewiß nur eine Minderheit. Ihr Guß wird wohl noch lange Zeit unseren Glockengießern Arbeit und Brot geben.

Das königliche Instrument

Es gibt höchstens noch drei Harfenbauer in der Bundesrepublik. In ihrer Werkstatt sieht man Bohrmaschinen, Fräsen, Schweißapparate, Drehbänke, moderne Holzbearbeitungsmaschinen und Furnierpressen. An den Wänden hängen zahlreiche Werkzeuge, und in eigenen Räumen lagern edle Hölzer.
Die Harfe ist ein königliches Instrument. Man hat bei Ausgrabungen Harfen gefunden, die wenigstens 3000 Jahre alt waren. Daß König David ein großer Harfenfreund war, wissen wir aus der Bibel.
Minnesänger wie Walther von der Vogelweide oder Wolfram von Eschenbach brachten die kleine Handharfe zu hoher Geltung. Möglicherweise ist diese zierliche Harfe, die man auch hoch zu Roß spielte, irischen Ursprungs. Noch heute gehört die Harfe zum Wappenbild Irlands.
Die früher allgemein übliche Harfe wurde wie heute im Sitzen gespielt, wobei die rechte Hand in den höheren, die linke in den tieferen Lagen tätig ist. Besonders charakteristisch für das Instrument ist das Spiel gebrochener Akkorde.

Der Harfenbau ist keine Hexerei. Geheimnisse kennt er nicht, wenn man auch manchmal so tut, als sei es so. Leider gibt es keine Lehrliteratur. Der Harfenbauer muß aus der Erfahrung bauen und eine elementare Begabung mitbringen. Er benötigt Musikalität und handwerkliches Geschick.
In der Werkstatt entsteht die Harfe von der Idee über den Entwurf bis zum spielfähigen Instrument.
Die Harfenbauer sind der Meinung, daß die Harfe heute eine Kombination von Musikinstrument und hochentwickelter Maschine ist. Der Arbeitsaufwand für eine Harfe entspricht dem von mehreren Konzertflügeln. Man rechnet 3 800 Arbeitsstunden pro Harfe. So versteht sich auch der hohe Verkaufspreis.
Die europäischen Harfenbauer – es gibt kein Dutzend auf dem Kontinent – betreiben den Bau rein handwerklich, während die Amerikaner zur Serienfabrikation übergegangen sind.

Das Kunsthandwerk

Seit Jahrzehnten wird darum gestritten, welchen Standort das Kunsthandwerk einnimmt. Dabei spielt die Unterscheidung zwischen angewandter und freier Kunst keine geringe Rolle. Im Manifest des Bauhauses hieß es: »Es gibt keinen echten Wesensunterschied zwischen Künstler und Handwerker.«
An den Kunsthochschulen ist längst wieder deutlich geworden, daß künstlerische Formgebung und wertmäßige Arbeit Hand in Hand gehen müssen. Man verlangt wieder nach einer handwerklichen und gegenständlichen Ausbildung.
Das Kunsthandwerk von heute zieht sich am liebsten auf den Ausgangspunkt seiner Arbeit zurück: auf Material, Form und Farbe. Es geht ihm um die werkgerechte, vollendete handwerkliche Verarbeitung, Werkstoffechtheit und Einfachheit, wobei die Einfachheit die schwerste Aufgabe ist. Überflüssiges mindert meist den Formenwert.

Die Arbeitsgemeinschaft des Kunsthandwerks

Als am 6. Mai 1947 auf Anerkennung der Gewerbeförderungsstelle der Handwerkskammer Düsseldorf eine Anzahl Kunsthandwerker zusammenkam, um zur Förderung des handwerklichen Qualitätsgedankens eine Arbeitsgemeinschaft zu gründen, wurde diese neugeschaffene Einrichtung richtungweisend für das ganze Bundesgebiet.

Die damaligen Gründungsmitglieder waren der Bildhauer und Keramiker Claus Berthelmeß – Benrath, die Buchbindermeisterin Frida Schoy – Essen, die Goldschmiedemeisterin Elisabeth Treskow – Köln, der Tischlermeister und Innenarchitekt Professor Reinhold Stotz – Wuppertal, der Buchbindermeister Heinz Petersen – Kaiserswerth, der Goldschmied Professor Hans Bausch – Krefeld, der Keramiker Paul Dresler – Krefeld, die Photographin Hehmke-Winterer – Düsseldorf u. a.

Von Anfang an beschloß die Arbeitsgemeinschaft des Kunsthandwerks, in der Mitgliederwerbung zurückhaltend zu sein und weniger auf Quantität als auf Qualität zu achten. Wer Mitglied werden wollte, mußte durch die Vorlage von Arbeiten seine gestalterische Fähigkeit unter Beweis stellen. Eine Neuaufnahme erfolgte nur, wenn die Mehrheit der Mitglieder zustimmte.

Heute noch handelt es sich bei der Arbeitsgemeinschaft des Kunsthandwerks um einen der kleinsten Zusammenschlüsse im handwerklichen Bereich. Insgesamt sind etwa 1 200 Kunsthandwerker in der Arbeitsgemeinschaft organisiert. Es wurden zahlreiche Ausstellungen im Laufe der Jahre durchgeführt. Tausende von Bildbänden wirkten aufklärend über vorbildliche Handwerksarbeit.

Nachdem in den einzelnen Ländern Staatspreise für das Kunsthandwerk zur Förderung der in ihm tätigen Kräfte gestiftet worden waren, rückte es stärker in das Blickfeld der Öffentlichkeit.

Alle Bemühungen
unserer Organisationen
müssen sich einordnen
in die übergeordneten
Gefüge des Gemeinwohls.
Paul Schnitker

Die Spitzenorganisation des Handwerks

Die Entwicklungslinien nach dem Krieg

(Aufzeichnungen von Hans Günther Patzig)

Mit der nach der Errichtung der Bundesrepublik Deutschland in Fortentwicklung der bizonalen ZAG erfolgten Gründung des Zentralverbandes des Deutschen Handwerks im November 1949 in Boppard wurde auch die »Vereinigung der Handwerkskammern« ins Leben gerufen, die sich sehr bald in Anlehnung an die alte Vorkriegstradition »Deutscher Handwerkskammertag« nannte. Aus der im Januar 1950 gegründeten »Vereinigung der Fachverbände des Handwerks« wurde die »Bundesvereinigung der Fachverbände des deutschen Handwerks«.

Wenn auch der Zentralverband des Deutschen Handwerks die gemeinsame handwerkliche Spitzenorganisation war, so ließ doch die Verzahnung zwischen Präsidium und Geschäftsführungen der drei Verbände noch einiges zu wünschen übrig. Nach den auf Grund der Bopparder Beschlüsse erfolgten Wahlen ergab sich zunächst bei den drei Verbänden folgendes Bild:

Zentralverband des Deutschen Handwerks (ZDH)
Präsident: Richard Uhlemeyer; Hauptgeschäftsführer: Dr. Hermann Wellmanns
Deutscher Handwerkskammertag (DHKT)
Präsident: Anton Hockelmann; Hauptgeschäftsführer: Dr. Heinrich Kolbenschlag
Bundesvereinigung der Fachverbände des deutschen Handwerks (BFH)
Präsident: Rupert Bodner; Hauptgeschäftsführer: Dipl.-Volkswirt Walther Coers

Zwar waren die Präsidenten der Kammerorganisation und der Fachverbandsorganisation zugleich Vizepräsidenten des ZDH und die Hauptgeschäftsführer des Kammertages und der Fachverbandsvereinigung zugleich Geschäftsführer des ZDH, für die drei Verbände bestand auch eine gemeinsame Geschäftsstelle. Aber trotz allem guten Willen war gelegentlich Doppelarbeit und Doppelrepräsentation kaum zu vermeiden. Es ist allen daher verständlich, daß schon Präsident Uhlemeyer danach strebte, während seiner Tätigkeit für den Verband eine organisatorische Reform der Handwerksspitze zu erreichen.

Richard Uhlemeyer

Er wurde am 3. Oktober 1900 als Sohn eines Stukkateurmeisters in Göttingen geboren. Seine handwerkliche Ausbildung erfuhr er im väterlichen Betrieb, arbeitete als Bildhauer und wandte sich schließlich der Töpferei zu.
1945 wurde Uhlemeyer an die Spitze der Handwerkskammer Hannover berufen. Von hier aus betrieb er Schritt für Schritt die Einigung des Handwerks in Westdeutschland und West-Berlin.
Seit der Gründung des Zentralverbandes des Deutschen Handwerks stand er an dessen Spitze. 1953, ein Jahr vor seinem Tode, konnte Uhlemeyer mit seiner Organisation in das von ihm erbaute Haus des Deutschen Handwerks in Bonn einziehen.
Das Vermächtnis, das der Handwerkführer hinterließ, waren die neue Handwerksordnung, eine leistungsfähige Spitzenvertretung des Handwerks, handwerksfördernde Einrichtungen, Maßnahmen für einen tüchtigen Gesellen- und Meisternachwuchs und die Ansätze zu einer konstruktiven Mittelstandspolitik.

Joseph Wild an der Spitze

Auf Uhlemeyer folgte im Amt des ZDH-Präsidenten der Münchener Kammerpräsident, Bäckermeister Joseph Wild. Seine ausgleichende Art, sein Verhandlungsgeschick und der große Widerhall, den er bei allen Regierungsstellen und in der Öffentlichkeit fand, verstärkten weiterhin die Zusammenarbeit im Handwerk.
Aber auch unter seiner Präsidentschaft blieb die Reform der Handwerksspitze ein wichtiges Ziel der Organisationspolitik. In einer ZDH-Präsidialsitzung vom 16. Dezember 1965 schließlich wurde die »Straffung der Handwerksspitze« beschlossen. Im Februar 1966 beriet das Präsidium bereits die dafür notwendigen Satzungsänderungen für ZDH, DHKT und BFH. Sie wurden im Mai 1966 von den Vollversammlungen der drei Organisationen zum Beschluß erhoben.
Damit war festgelegt, daß der Präsident des ZDH zugleich Präsident des Deutschen Handwerkskammertages und der Bundesvereinigung der Fachverbände, der Generalsekretär des ZDH zugleich Hauptgeschäftsführer der beiden anderen Organisationen sein sollte. 1967 sah die Spitze wie folgt aus:

Präsident des ZDH, des DHKT und der BFH: Joseph Wild
Generalsekretär des ZDH, Hauptgeschäftsführer des DHKT und der BFH: Dr. Heinrich Kolbenschlag
Präsidium des ZDH: Vizepräsidenten Kammerseite: Hockelmann, Schulhoff MdB; Verbandseite: Langemann, Festerling. Präsidialmitglieder: Bonjean, Derwald, Geisel, Insenhöfer, Krebs, Lange, Rosenkranz, Schlinker, Schlüter, Schöppler, Dr. Wellmanns (Geschäftsführendes Präsidialmitglied).
Parallel zur Straffung der Führungsspitze lief eine Neuorganisation der Geschäftsstelle in dem seit März 1966 bezogenen neuen Haus des Deutschen Handwerks in der Johanniterstraße in Bonn. Die Geschäftstelle wurde in neun Fachabteilungen eingeteilt, deren Abteilungsleiter und Referenten unterschiedslos für ZDH, DHKT und BFH tätig waren.

Wellmanns und Kolbenschlag

Wellmanns wurde am 24. Februar 1899 geboren und trat 1924 als 25jähriger Geschäftsführer in Erkelenz in die Dienste der handwerklichen Organisation. Er stieg zum Hauptgeschäftsführer der Handwerkskammern Osnabrück und Danzig auf und war nach dem Zusammenbruch bei denen, die das Handwerk sammelten und neu organisierten. Mit seinem dynamischen Temperament verstand er es, neue Ideen in die Tat umzusetzen. Er hat in den entscheidenden Phasen leidenschaftliche Diskussionen mit Ministern und Abgeordneten geführt. Es war für ihn als Hauptgeschäftsführer des ZDH nicht immer leicht, Last und Verantwortung zu tragen. Seinen Präsidenten und Vizepräsidenten war er kein bequemer, aber ein eifriger und zuverlässiger Geschäftsführer mit überragendem Sachverstand.
Sein Nachfolger war Dr. Heinrich Kolbenschlag, ein Mann, der ebenfalls unbeirrt zu den Ordnungsprinzipien und zur sozialen Sicherheit des Handwerks stand. 1971 wurde Dr. Heinrich Kolbenschlag geschäftsführendes Präsidialmitglied und Dr. Klaus-Joachim Kübler Generalsekretär der zentralen Organisation des Handwerks.

Ausbau und Straffung 1975

Die Reform der Handwerksspitze hatte den Vorteil, daß sie die Organisation insofern zu einem schlagkräftigen Instrument bei der Vertretung der Handwerksinteressen werden ließ. Doppelarbeit und Doppelrepräsentation wurden künftig vermieden. Zugleich gab diese Straffung der Spitze Anlaß, eine progressive Reform der gesamten Handwerksorganisation einzuleiten. Nach den Empfehlungen des ZDH-Präsidiums sollten hinfort vor allem durch Zusammenschlüsse z. B. kleinerer Fachverbände Einheiten von stärkerer Leistungsfähigkeit geschaffen werden.

Die Reformbewegung, die auch auf die Zusammenlegung kleinerer Innungen und Kreishandwerkerschaften abzielte, ist noch heute in Gang und wird voraussichtlich nicht so schnell abgeschlossen werden. Der Stärkung der Handwerksorganisation hat auch die Novelle zur Handwerksordnung von 1965 gedient. Auch der Ausbau handwerkseigener bzw. dem Handwerk nahestehender Einrichtungen wirkte sich in diesem Sinne aus.

In wenigen Jahren war es gelungen, die 1949 ins Leben gerufene Handwerksmesse in München zum größten Platz für den Austausch von Gedanken, Erfahrungen und Anregungen des Handwerks auszubauen und sie als »Internationale Handwerksmesse« in der ganzen Welt bekannt zu machen.

Der Wiederaufbau des Deutschen Handwerksinstitutes nach dem Krieg, die Einrichtung neuer Teilinstitute und die Förderung der Handwerkswissenschaft durch Handwerksorganisation, Bund und Länder sicherte die wissenschaftliche Beschäftigung mit dem Handwerk und die Bereitstellung wissenschaftlicher Forschungsergebnisse für das Handwerk.

Die Errichtung der Stiftung für Begabtenförderung im Handwerk und die Durchführung alljährlicher Praktischer Leistungswettbewerbe der Handwerksjugend half ganz entschieden, die Qualitätsmerkmale bei der Handwerksausbildung zu erhöhen, der Handwerksjugend und über sie hinaus den Handwerksbetrieben neue Anerkennung in der Öffentlichkeit zu verschaffen.

Der Ausbau der Kreditgarantiegemeinschaften des Handwerks verhalf vielen Handwerksbetrieben zu stärkerer Absicherung sowohl bei Betriebsneugründungen, Standortwechsel und Rationalisierungsmaßnahmen.

Die Gründung einer Journalistenvereinigung der Handwerkspresse ermöglichte eine enge Zusammenarbeit zwischen Or-

ganisation und Handwerkspresse, vermittelte den Handwerksjournalisten in umfangreichem Maße Informationen und diente ihrem Kenntnisstand.
Die Arbeitsgemeinschaft der berufsständisch orientierten Versicherungsgesellschaften verstärkte die schon bestehenden engen Beziehungen zwischen der Handwerksorganisation und diesen Gesellschaften zum Nutzen beider Seiten.
Da Präsident Wild auf eine Wiederwahl als ZDH-Präsident verzichtete und Dr. Kolbenschlag als Generalsekretär des ZDH in den Ruhestand trat, erfolgte zu Beginn der 70er Jahre in der Handwerksführung ein Wechsel.

Ludwig Erhard über Joseph Wild

1972 wurde ZDH-Präsident Joseph Wild nach 18jähriger Präsidentschaft im Alter von 71 Jahren von Paul Schnitker abgelöst. Dem Bäckermeister, Senator und Präsidenten Wild wurden viele Ehrungen zuteil, unter anderem von Professor Dr. Ludwig Erhard. Er sagte in seiner Laudatio:

»Es überfällt mich ein Gefühl von Wehmut, daran zu denken, daß Joseph Wild um die Jahreswende sein Amt als Präsident des Zentralverbandes des Deutschen Handwerks jüngeren Kräften in die Hände gelegt hat. Es ist gewiß nicht als Kritik gegenüber Dritten gemeint, wenn ich feststellen zu dürfen glaube, daß Joseph Wild als die ragende Gestalt des deutschen Handwerks mit einer weit über unser Land hinausreichenden internationalen Geltung unverrückbar in die Geschichte dieses bedeutsamen Wirtschaftszweiges eingehen wird.

Er bedurfte, so zahlreich sie ihm auch zugeflossen sind, keiner Titel, Orden und Ehrenzeichen, um seinen Rang zu demonstrieren und höchsten menschlichen Respektes gewiß sein zu dürfen. Ich möchte ihn sogar den ebenso mutigen wie weisen Erneuerer des deutschen Handwerks nennen, dem dank seiner Autorität und Überzeugungskraft das Verdienst zuzuschreiben ist, daß er diesen traditionsgebundenen Wirtschaftszweig weder in alten Formen hat erstarren lassen, aber noch weniger ihn modisch umfunktionieren wollte, sondern mit großer Beharrlichkeit und Bekenntnistreue der Grundordnung der Sozialen Marktwirtschaft verpflichtet hat.«

Die neue Mannschaft

Die ZDH-Vollversammlung von 1972 wählte als Nachfolger Joseph Wilds einstimmig den Präsidenten der Handwerkskammer Münster, Paul Schnitker, zum neuen Präsidenten von ZDH, DHKT und BFH. Die neue Zusammensetzung der Spitzengremien zeigte folgendes Bild:
Präsident des ZDH, DHKT und der BFH: Paul Schnitker, Malermeister, Präsident der Handwerkskammer Münster.
Vizepräsidenten der Kammerseite: Richard Wurbs, Präsident der Handwerkskammer Kassel, Dipl.-Ing. Georg Schulhoff, Präsident der Handwerkskammer Düsseldorf.
Vizepräsidenten der Verbandseite: Hugo Uhl, Präsident des Bundesinnungsverbandes des deutschen Steinmetz-, Stein- und Holzbildhauerhandwerks, Hans Langemann, Zentralverband des Deutschen Baugewerbes.
Weitere Präsidialmitglieder: Heinz Bonjean, Walter Derwald, Alfred Geisel, Rolf Hasenclever, Edmund Helbig, Werner Kastens, Alfred Krebs, Kurt Rosenkranz, Hermann Schlüter, Heinz Wieseke, Joseph Wild (Ehrenpräsident des ZDH).
Geschäftsführung des ZDH: Generalsekretär Dr. Klaus-Joachim Kübler, zugleich Hauptgeschäftsführer des DHKT und der BFH, Rechtsanwalt Adolf Götz, Geschäftsführer des ZDH und des DHKT, Dr. Jürgen Willich, Geschäftsführer des ZDH und der BFH.
Die neue Handwerksführung leitete eine beträchtliche politische Aktivierung der Handwerker und ihrer Organisation ein. Bei der Neuwahl des Präsidiums im Jahre 1975 wurden Präsident Schnitker und die Vizepräsidenten Wurbs und Uhl wiedergewählt. Das restliche Präsidium setzt sich wie folgt zusammen: Heinz Bonjean, Walter Derwald, Dipl.-Kaufm. Fritz Haberl, Rolf Hasenclever, Edmund Helbig, Ludwig König, Hans Langemann, Rudolf Nagel, Rudolf Ruf, Hans-Theodor Ruff, Hermann Schlüter, Dipl.-Ing. Georg Schulhoff, Heinz Wieseke.

Paul Schnitker

Am 12. Januar 1927 in Münster geboren, trat Paul Schnitker nach Besuch der Volks- und Oberschule (Abitur 1945) in die Malerlehre ein, die er 1947 mit der Gesellenprüfung abschloß. Weitere Stationen seiner beruflichen Ausbildung waren die Meisterprüfung im Malerhandwerk (1950) sowie die Meister-

prüfung im Glaserhandwerk (1963). Anschließend studierte er an der Universität Münster.
Einer besonderen Neigung für Fragen künstlerischer Formgebung entsprechend, besuchte er die Werkkunstschule in Münster, die ihn in der Folgezeit mit einer nebenamtlichen Unterrichtstätigkeit betraute und in ihre Prüfungskommission für die Abteilung Baumalerei berief. Zum Wintersemester 1966/67 erhielt Schnitker den Auftrag von der philosophischen Fakultät der Universität Köln, an einem interdisziplinären Colloquium mitzuwirken und Vorlesungen über »Farbenlehre« zu halten.
1964 erfolgte die Wahl Schnitkers in die Vollversammlung der Handwerkskammer Münster, in der er sich durch eine von abgewogenem Urteil, Ideenreichtum und fortschrittlichem Denken geprägte Mitarbeit auszeichnete. Im Juni 1968 berief ihn die Vollversammlung zum Präsidenten der Kammer.
Im Mai 1969 wählte der Westdeutsche Handwerkskammertag, die Vertretung der Handwerkskammern in Nordrhein-Westfalen, Schnitker zu seinem neuen Vorsitzenden. Die Wiederwahl in beiden Ämtern erfolgte 1971.
In seiner Funktion als Kammerpräsident sowie als Vorsitzender des Westdeutschen Handwerkskammertages eröffneten sich Schnitker zusätzliche Möglichkeiten, seine vielseitige Aktivität auf allen Gebieten der Handwerkspolitik wirkungsvoll einzusetzen. Im Frühjahr 1969 war er in den Hauptausschuß Gewerbeförderung des Zentralverbandes des Deutschen Handwerks berufen worden, in dessen Unterausschuß »Planung der Gewerbeförderung« ihm der Vorsitz übertragen wurde.
Die Generalversammlung des aus der Fusion des Verbandes ländlicher Genossenschaften e. V. mit dem Westfälisch-Lippischen Genossenschaftsverband e. V. (Schulze-Delitzsch) hervorgegangenen Westfälischen Genossenschaftsverbandes e. V. wählte Schnitker im Juni 1971 in den Verbandsausschuß. Der Kultusminister des Landes Nordrhein-Westfalen berief Schnitker 1970 als ordentliches Mitglied in den Landesausschuß für Berufsbildung. Seit 1970 ist Schnitker Mitglied des Handwerksrates, seit 1972 der höchste Repräsentant des Handwerks.

Hugo Uhl

Der neue Vizepräsident der Bundesvereinigung der Fachverbände des Deutschen Handwerks, Hugo Uhl, Bundesinnungsmeister des Steinmetz-, Stein- und Holzbildhauerhandwerks, wurde am 19. September 1918 in Frankfurt am Main geboren.
Nach dem Abitur studierte er mehrere Semester Volkswirtschaft. Während seiner Kriegsgefangenschaft in England wendete er sich der Schnitzerei und Holzbildhauerei zu. 1947 machte er sich als Holzbildhauer selbständig. Er leitet heute als Inhaber einen auf dem Gebiet der Planung und Ausführung von Freizeit- und Erholungszentren tätigen Zwanzig-Mann-Betrieb.
1954 wurde Hugo Uhl zum Bundesfachgruppenleiter und Landesinnungsmeister des Holzbildhauerhandwerks sowie zum Vorstandsmitglied des Bundesverbandes gewählt. 1960 erfolgte seine Wahl zum Bundesinnungsmeister.
Seit 1958 ist er Mitglied der Vollversammlung und seit 1965 Mitglied des Vorstandes der Handwerkskammer Frankfurt. Vizepräsident Hugo Uhl ist außerdem Präsident der Europäischen Natursteinunion und seit 1962 Mitglied des Gesamtvorstandes der Bundesvereinigung der Fachverbände des Deutschen Handwerks sowie – seit 1967 – Mitglied des Handwerksrates.

Richard Wurbs

Der neue Vizepräsident des Deutschen Handwerkskammertages, Bau-Ing. Richard Wurbs MdB, Präsident der Handwerkskammer Kassel, wurde am 26. August 1920 in Kassel geboren.
Nach Abitur und Kriegsteilnahme erlernte er das Maurerhandwerk und besuchte anschließend die Staatsbauschule. 1949 bestand er die Meisterprüfung im Maurerhandwerk und legte gleichzeitig das Ingenieur-Examen – Fachrichtung Hochbau ab.
Seitdem ist er als Mitinhaber in dem von seinem Großvater 1895 gegründeten Bauunternehmen tätig. 1964 erfolgte seine Wahl zum Präsidenten der Handwerkskammer Kassel.
In der Handwerksorganisation hat er sich insbesondere mit Fragen der Kooperation befaßt. Seit 1965 gehört Richard Wurbs als Abgeordneter der FDP dem Deutschen Bundestag an.

Hans Langemann

Auf der Vollversammlung vom 6. Juni 1975 wurde Maurermeister und Bauingenieur Hans Langemann zum neuen Präsidenten der Handwerkskammer zu Köln gewählt. Seit 1963 gehörte er der Handwerkskammer als Vorstandsmitglied an.
Hans Langemann ist seit 1954 Obermeister der Baugewerksinnung Köln, seit 1960 Vizepräsident der Bundesvereinigung der Deutschen Arbeitgeberverbände, seit 1967 Vizepräsident des Zentralverbands des Deutschen Handwerks und seit 1973 Aufsichtsratsvorsitzender der Kölner Bank von 1867.
Am 7. Juli 1918 in Köln geboren, wuchs er in der rheinischen Metropole auf, erlernte das Maurerhandwerk und sah sich gründlich in diesem Beruf um, ehe er die Meisterprüfung ablegte. Dann trat er in den väterlichen Betrieb ein, der seit 1912 bestand. Er gehörte schon früh dem Vorstand der Kreishandwerkerschaft und dem des Baugewerbe-Verbandes an. Besonders hat er sich für Sozial- und Tarifpolitik engagiert.

Georg Schulhoff

Er ist eine der bedeutendsten Persönlichkeiten der Handwerksorganisation der Nachkriegszeit. Sein Lebensbild ist bestimmt durch eine unermüdliche Tätigkeit für das Handwerk und seine Organisationen.
Georg Schulhoff steht seit vielen Jahren als Präsident an der Spitze der Handwerkskammer Düsseldorf und ist seit 1949 Präsident des Rheinisch-Westfälischen Handwerksbundes.
Sichtbares Zeichen seines Einsatzes und seines besonderen Interesses an Fragen der beruflichen Ausbildung und der Fort- und Weiterbildung ist die Gewerbeförderungsanstalt der Handwerkskammer (Georg-Schulhoff-Haus), die größte Einrichtung für Fort- und Weiterbildung des Handwerks im Bundesgebiet.
Auf Bundesebene ist es die Stiftung für Begabtenförderung im Handwerk, deren Kuratoriumsvorsitzender er seit 1955 ist. Diese Stiftung fördert junge, begabte Handwerker in ihrer beruflichen Weiterbildung.
Nicht minder stark waren seine Aktivitäten und Erfolge in Bonn. 1950 wurde er zum Vizepräsidenten des Zentralverbandes des Deutschen Handwerks und des Deutschen Handwerkskammertages gewählt, er wurde Vorsitzender des Hauptausschusses für Organisation und Recht, und in dieser

Eigenschaft hat er maßgeblich die Handwerksordnung 1953 und deren Novellierung im Jahre 1965 mitgestaltet.
1961 ging Georg Schulhoff als Abgeordneter des Deutschen Bundestages nach Bonn. 1962 kam er in den Finanzausschuß des Bundestages und wurde zu einem der Väter der Mehrwertsteuergesetzgebung. Seiner Initiative und unermüdlichen Arbeit im Finanzausschuß sind zahlreiche mittelstandspolitisch wichtige Gesetzesinitiativen zu verdanken. 1965 und 1969 zog er wieder für die CDU in den Deutschen Bundestag ein.
Auch im wirtschaftlichen Leben außerhalb des Handwerks ist Georg Schulhoff nach wie vor in zahlreichen Gremien tätig.
Ein so stark im öffentlichen und politischen Bereich engagierter Mann hat im Laufe seiner jahrzehntelangen ehrenamtlichen Tätigkeit zahlreiche Ehrungen und Auszeichnungen empfangen können. 1963 erhielt Georg Schulhoff des Große Verdienstkreuz und 1968 das Große Verdienstkreuz mit Stern des Verdienstordens der Bundesrepublik. Das Präsidium des ZDH verlieh ihm 1958 das Handwerkszeichen in Gold, und 1968 folgte die höchste Auszeichnung des ZDH – der Ehrenring des Deutschen Handwerks.

Weitere Mitglieder des Präsidiums

Heinz Bonjean: Malermeister, Präsident des Hauptverbandes des deutschen Maler- und Lackiererhandwerks, Landesinnungsmeister des Maler- und Lackierer-Innungsverbandes Nordrhein, Vizepräsident der Handwerkskammer Köln, Mitglied des Gesamtvorstandes der BFH.
Walter Derwald: Baumeister und Ingenieur, seit 1953 Obermeister der Baugewerbe-Innung Dortmund-Lünen, seit 1961 Präsident der Handwerkskammer Dortmund, seit 1955 Mitglied des Handwerksrates des ZDH, seit 1967 Mitglied des ZDH-Präsidiums.
Alfred Geisel: Schneidermeister, seit 1945 Präsident der Handwerkskammer Reutlingen, seit 1959 Vorsitzender der Arbeitsgemeinschaft Baden-Württembergischer Handwerkskammern, Präsident des Baden-Württembergischen Handwerkstages.
Rolf Hasenclever: Ingenieur, Vorsitzender und Vorstandsmitglied der Landesfachgruppe Werkzeugmacher im Fachverband Metall Westfalen-Lippe, seit 1966 Vorsitzender der

Bundesfachgruppe Werkzeugmacher im Hauptverband des Deutschen Schlosser- und Maschinenbauer-Handwerks und Mitglied des Vorstandsrates, seit 1969 Präsident des Bundesverbandes Metall und seit 1971 Vizepräsident der Internationalen Metallunion, Mitglied des Gesamtvorstandes der BFH.
Edmund Helbig: Fleischermeister, seit 1956 Obermeister der Innung für das Schlachter- und Groß-Schlachter-Handwerk in Hamburg, seit 1958 Vorstandsmitglied, seit 1964 Vizepräsident und seit 1965 Präsident der Handwerkskammer Hamburg, seit 1970 Mitglied des ZDH-Präsidiums.
Werner Karstens: Steinmetzmeister, von 1964 bis 1969 Vizepräsident, ab 1969 Präsident der Handwerkskammer Braunschweig, seit 1972 Erster Vorsitzender des Niedersächsischen Handwerkskammertages.
Alfred Krebs: Wagen- und Karosseriebaumeister, seit 1958 Vorsitzender des Zentralverbandes des Deutschen Wagen- und Karosseriebauhandwerks, Kreishandwerksmeister der Kreishandwerkerschaft Osnabrück.
Kurt Rosenkranz: Friseurmeister, seit 1954 Kreishandwerksmeister der Kreishandwerkerschaft Hattingen/Ruhr sowie Obermeister der Friseurinnung Hattingen, von 1966 bis 1972 Präsident des Zentralverbandes des Deutschen Friseurhandwerks und dessen jetziger Ehrenpräsident, Vorstandsmitglied der Handwerkskammer Dortmund.
Hermann Schlüter: Bäckermeister, seit 1952 Präses der Handwerkskammer Bremen, seit 1966 Mitglied des Präsidiums des ZDH, seit 1967 Präsident des Zentralverbandes des Deutschen Bäckerhandwerks.
Heinz Wieseke: Schornsteinfegermeister, Obermeister der Schornsteinfegerinnung Berlin, seit 1972 Präsident der Handwerkskammer Berlin (als Gast Mitglied des Präsidiums für den verstorbenen Kammerpräsidenten von Berlin, Herbert Snigola).

Klaus-Joachim Kübler

Der Generalsekretär des ZDH und Hauptgeschäftsführer des DHKT und der BFH, seit 1962 in der Spitzenorganisation des Deutschen Handwerks, war 37 Jahre alt, als er am 1. Juli 1962 im Haus des Deutschen Handwerks seine Tätigkeit aufnahm.

In Zürich (Schweiz) geboren, wuchs er in Hannover auf, besuchte dort das humanistische Ratsgymnasium, meldete sich 1942 freiwillig zum Militär und machte den Rußland-Feldzug mit. Nach Kriegsende begann er mit dem Jura-Studium an der Universität Kiel, legte 1950 das Erste Juristische Staatsexamen mit Prädikat ab, promovierte 1952 in Göttingen mit Prädikat zum Dr. jur. und bestand 1955 in Hannover das Assessor-Examen ebenfalls mit Prädikat.
Klaus-Joachim Kübler wurde in Hannover als Rechtsanwalt zugelassen und dann im Frühjahr 1957 zweiter Geschäftsführer und 1960 Syndikus von zwei Fachverbänden der keramischen Industrie. Am 17. März 1965 wählte ihn der Gesamtvorstand der Bundesvereinigung zum stellvertretenden Hauptgeschäftsführer, zwei Jahre später – im Zuge der Organisationsreform – wurde er am 26. April zum Geschäftsführer der Bundesvereinigung und Geschäftsführer des Zentralverbandes des Deutschen Handwerks gewählt und war damit einer der beiden Stellvertreter des Generalsekretärs.
Am 12. März 1971 wurde Kübler dann in einer außerordentlichen Vollversammlung des Zentralverbandes des Deutschen Handwerks zum Generalsekretär gewählt. Damit wurde er gleichzeitig Hauptgeschäftsführer des Deutschen Handwerkskammertages und der Bundesvereinigung der Fachverbände des Deutschen Handwerks.

Die weiteren Geschäftsführer

Adolf Götz: Seit 1959 Mitarbeiter des DHKT, seit der Organisationsreform vom 1. Januar 1967 Leiter der Abteilung »Zentrale Angelegenheiten« im ZDH und des DHKT und damit – satzungsgemäß – einer der beiden Stellvertreter des ZDH-Generalsekretärs.
Jürgen Willich: Nach Studium, Promotion und Staatsexamen zunächst in verschiedenen Verbänden tätig, bevor er im September 1971 Geschäftsführer des ZDH und der BFH und damit – satzungsgemäß – einer der beiden Stellvertreter des Generalsekretärs wurde.

Der Deutsche Junghandwerkerbund

Im Deutschen Junghandwerkerbund e. V. sind die in den einzelnen Ländern der Bundesrepublik arbeitenden Junghandwerkerbünde zusammengeschlossen. Ihre Mitglieder bilden

die Junghandwerkerschaften im Bereich einer Kreishandwerkerschaft.
Bei diesen Mitgliedern der Junghandwerkerschaften handelt es sich um junge Menschen, die im Handwerk unselbständig tätig oder ihm verbunden sind.
Das Ziel des Bundes ist es, fortschrittliche Handwerker heranzubilden und ein modernes Handwerk zu verwirklichen. Der Bund geht dabei davon aus, daß die Zukunft des Handwerks entscheidend von den Persönlichkeiten und Fähigkeiten der im Handwerk Tätigen abhängt.
Das Ziel soll erreicht werden, indem den jungen Handwerkern zusätzliches Wissen vermittelt wird und ihre Kenntnisse vertieft werden, aber auch, indem durch Arbeitskreise und Seminare das Zusammengehörigkeitsgefühl der Mitglieder gefördert wird. In den einzelnen Junghandwerkerschaften werden betriebswirtschaftliche, betriebstechnische, aber auch politische Vortrags- und Diskussionsabende durchgeführt.
Im Jahre 1970 hat der Deutsche Junghandwerkerbund ein Acht-Punkte-Programm veröffentlicht, folgenden Inhalts:

1. Erziehung zum Leistungsgedanken und Teilnahme am berufsständischen und öffentlichen Leben auf der Grundlage des demokratischen Gedankens.
2. Entfaltung der Persönlichkeit durch Vertiefung der Allgemeinbildung und Förderung der fachlichen Weiterbildung.
3. Vermittlung von grundlegenden Kenntnissen in wirtschaftlichen, sozialen und kulturellen Fragen.
4. Förderung der verantwortlichen Zusammenarbeit in den Betrieben und Organen des Handwerks.
5. Wahrnehmung der berufsständischen, wirtschaftlichen und sozialen Interessen mit Ausnahme des Abschlusses von Tarifverträgen. Vertretung der im Handwerk unselbständig Tätigen in den Organen der berufsständischen und sozialen Selbstverwaltung, wo der Gesetzgeber dies vorsieht.
6. Zusammenarbeit mit anderen Organisationen und den Jugendverbänden.
7. Pflege des Gemeinschaftsgeistes, der Geselligkeit und des handwerklichen Brauchtums.
8. Förderung des Spargedankens und der eigenverantwortlichen Zukunftssicherung.

Wir müssen dem Ziel, die
Leistungskraft und damit
die Wettbewerbsfähigkeit der
Handwerksbetriebe zu
erhöhen, mit ganzem
Herzen dienen.
Georg Schulhoff

Probleme und Aktivitäten des Handwerks

Die handwerkspolitischen Forderungen

In Eingaben an Parteien, Bundestag und Bundesregierung bringt das Handwerk immer wieder seine Forderungen zum Ausdruck. Diese Forderungen sind aus der Position erwachsen, die das Handwerk in Wirtschaft und Gesellschaft einnimmt. Es verfolgt das Ziel, an der Fortentwicklung unseres demokratischen Staates mitzuwirken. Als Voraussetzung dazu sieht es die innere Sicherheit und damit die Abwehr von Gewalt und Ausschreitungen an.
Den Kern einer wirtschaftsgerechten und sozialverpflichteten Gesamtpolitik sieht das Handwerk in der sozialen Marktwirtschaft. Die Basis für sinnvolle Erfolge in gemeinsamer Verantwortung sucht das Handwerk in der Verwirklichung einer gerechten Finanz- und Steuerpolitik.
Für das wirksame Gegengewicht gegen Kollektivismus und Unfreiheit hält das Handwerk garantiertes Eigentum und freie Entfaltung der Persönlichkeit.
Die ausgewogene Fortentwicklung des Bildungswesens ist nach Meinung des Handwerks die Antriebskraft für den wirtschaftlichen und gesellschaftlichen Fortschritt.
Im Rahmen dieser Forderungen hat das Handwerk eigene Vorstellungen für die Ordnungs- und Wettbewerbspolitik, für die Konjunktur- und Stabilitätspolitik und für die regionale Wirtschaftsförderung.

Das Sozialpaket

Der Kampf um das sogenannte »Sozialpaket« begann 1962. Die Bundesregierung wollte mit drei kombinierten Gesetzen die Sozialpolitik vorantreiben, die eine Reform der gesetzlichen Krankenversicherung, die Sicherung der Lohnfortzahlung im Krankheitsfall für Arbeiter und eine Änderung der Kindergeldgesetzgebung beinhalteten. Sie erhoffte sich eine Senkung der Kosten der Krankenversicherung, strebte die Gleichstellung der Arbeiter mit den Angestellten hinsichtlich der Lohnfortzahlung an und war bereit, die Betriebe von der Belastung durch die Aufbringung des Kindergeldes zu befreien und dieses aus Steuermitteln aufzubringen.
Mit diesem letzten Teil des Sozialpaketes war die gesamte Wirtschaft einverstanden. Zur Reform der Krankenversicherung wurde gefordert, daß sie eine echte Senkung des steigenden Krankenstandes in den Betrieben zur Folge haben müsse,

und hinsichtlich der Lohnfortzahlung forderte das Handwerk im Gegensatz zu den Regierungsparteien und der Sozialdemokratie keine arbeitsrechtliche, sondern eine versicherungsrechtliche Lösung.
Da vor allem die arbeitsintensiven kleinen Betriebe in der arbeitsrechtlichen Lösung eine echte Existenzbedrohung sahen, begann die Handwerksorganisation mit allen zulässigen Mitteln gegen diese Lösung zu kämpfen. Der Kampf zog sich über Jahre hin: Das Handwerk gewann Verbündete in der übrigen Wirtschaft, konnte aber die politischen Parteien nicht überzeugen.
Das Sozialpaket wurde »aufgeschnürt«, die Übernahme des Kindergeldes durch den Staat vorgezogen. Die Besorgnisse hinsichtlich des Lohnfortzahlungsgesetzes wuchsen im Handwerk. 1968 kam es in der ganzen Bundesrepublik zu Handwerkskundgebungen gegen den Gesetzentwurf: Aber nur die in der Opposition stehende FDP war bereit, den Wünschen des Handwerks zu folgen. Die arbeitsrechtliche Form der Lohnfortzahlung wurde eingeführt. In letzter Minute gelang es, zur Förderung der Ausgleichskassen der Kleinbetriebe einen Betrag von 500 Millionen DM aus Bundesmitteln zu sichern.

Die Umsatzsteuerreform

Anfang der 60er Jahre setzten sich in Parlament und Bundesregierung die Anhänger einer Reform der Umsatzsteuer durch, die danach strebten, die bisherige »kumulative Allphasensteuer« durch eine »Mehrwertsteuer« zu ersetzen, wie sie auch für die Zukunft, nach Vollendung der Europäischen Wirtschaftsunion, für alle Mitgliedsländer der EG gemeinsam geplant wurde.
Der ZDH beschäftigte sich frühzeitig mit der Problematik der Mehrwertsteuer und erkannte, daß im Endergebnis durchaus Vorteile für die Mittel- und Kleinbetriebe entstehen könnten, wenn die konzentrationsfördernde Wirkung der bisherigen Umsatzsteuer wegfalle.
Andererseits wandte sich die Handwerksführung aber von vornherein gegen die Einführung einer »systemreinen« Mehrwertsteuer, weil sie davon Nachteile für einige Handwerkszweige befürchtete. Schon 1962 wurden als Forderungen des Handwerks festgelegt:

– ermäßigte Steuersätze für Handwerkszweige, die wegen hoher Wertschöpfung durch den Regierungsentwurf besonders belastet werden würden;
– eine Freibetragsregelung, die eine Schlechterstellung von Kleinbetrieben gegenüber der bisherigen Regelung ausschließen sollte.

Schon bei der ersten Lesung des Umsatzsteuerreformgesetzes im Bundestag, am 5. Februar 1964, wurden die Argumente des Handwerks aufgegriffen. Es wurde eine Bresche in die Theorie der »lupenreinen« Mehrwertsteuer geschlagen.
Das Ringen um die endgültige Formulierung des Gesetzes, insbesondere aber um die Verbesserung des Entwurfes zugunsten der Handwerker und anderer Kleinbetriebsinhaber, zog sich noch über Jahre hin. Der ZDH leistete hervorragende fachliche und politische Arbeit, die bewirkte, daß das Gesetz, als es 1967 endlich verabschiedet wurde, im wesentlichen den Wünschen des Handwerks entsprach.

Das Berufsbildungsgesetz von 1969

Anfang der 60er Jahre begann für das Handwerk auch die Auseinandersetzung um ein allgemeines Berufsbildungsgesetz. Zunächst vertrat die Handwerksspitze – ZDH und Deutscher Handwerkskammertag – mit anderen Verbänden der Wirtschaft die Ansicht, daß ein allgemeines Berufsbildungsgesetz für den gesamten Bereich der Wirtschaft unerwünscht sei, da es den außerordentlich unterschiedlichen Gegebenheiten in den einzelnen Bereichen der Wirtschaft keinesfalls gerecht werden könnte.
Man war überzeugt, daß Verbesserungen in der Gewerbeordnung für die meisten Wirtschaftszweige das gewünschte Ergebnis haben könnten, während für das Handwerk die entsprechenden Vorschriften der Handwerksordnung ausreichten.
Als der Bundestag daranging, den Entwurf eines Berufsbildungsgesetzes zu erörtern, verlagerte sich der Schwerpunkt der Argumentation des Handwerks auf die Erhaltung der Handwerksordnung. Es wurden jedoch alle Vorschriften, die die vertragliche Seite der Berufsbildung betrafen, aus der Handwerksordnung herausgenommen. Die ordnungsrechtlichen Vorschriften dagegen wurden in der Handwerksordnung

belassen und den Vorschriften des Berufsbildungsgesetzes angepaßt.
Durch das Gesetz wurden zwei neue zentrale Institutionen geschaffen: der Bundesausschuß für Berufsbildung und im Hauptausschuß des Bundesinstitutes vertreten. Neue Verhältnisse für die Handwerkskammern entstanden durch die verstärkten Kompetenzen der – paritätisch besetzten – Berufsbildungsausschüsse.
Dem Gesetz war kein positives Echo beschieden. Von allen Seiten wurde es als Kompromiß angesehen und behandelt. Kaum war es in Kraft getreten, als die Berufsbildung mit dem Wechsel der Regierung von der Großen Koalition zur sozialliberalen Koalition in den Sog anfänglicher Reformbegeisterung der ersten Regierung Brandt hineingezogen wurde. Von den Gewerkschaften ging der Anstoß aus, das neue Berufsbildungsgesetz baldigst zu novellieren bzw. durch ein neues Gesetz zu ersetzen.
Die Gewerkschaften und mit ihnen der Bundeswissenschaftsminister strebten die Übernahme der gesamten Berufsbildung durch neu zu schaffende staatliche Institutionen an; die Handwerksorganisation und der Deutsche Industrie- und Handelstag verteidigten das bewährte »duale System der Berufsausbildung im Betrieb und durch berufsbegleitende Schulen«, ergänzt durch überbetriebliche Ausbildungsmaßnahmen. Denkschriften und Gutachten zum System und der Finanzierung der künftigen Berufsbildung wurden auf beiden Seiten erstellt.
Bildungsminister von Dohnanyi legte 1973 sogenannte »Markierungspunkte« für ein neues Berufsbildungsgesetz vor, die das Handwerk ablehnte. Der Referentenentwurf des Ministers stieß auf so heftige Kritik, daß man ihn zurückziehen mußte. Als Bundeskanzler Helmut Schmidt 1974 die Nachfolge von Willy Brandt antrat, übernahm der neue Wissenschaftsminister Rohde die Aufgabe, einen Gesetzentwurf vorzulegen. Das Ringen um das neue Berufsbildungsgesetz ging weiter. Die Wirtschaft war besorgt, daß es zu einer weiteren Bürokratisierung der Berufsbildung und Entrechtung der Selbstverwaltung führen könnte, ohne daß den Betroffenen, den Auszubildenden, echte Verbesserungen gebracht würden.

Die Novelle zur Handwerksordnung

Die Handwerksordnung (Gesetz zur Ordnung des Handwerks) war zehn Jahre in Kraft, als die Handwerksorganisation daranging, Vorschläge für eine Novellierung des Gesetzes zu entwickeln.
Auf Grund der wirtschaftlichen und technischen Entwicklung hatten sich bei der Anwendung des Gesetzes zahlreiche Erfahrungen ergeben, die Änderungen und Verbesserungen des Gesetzes wünschenswert machten.
Notwendig erschien eine neue Regelung bezüglich der Betreuung der handwerksähnlichen Gewerbe durch die Handwerksorganisation. Außerdem sollte in einer Novelle zur Handwerksordnung auch die Regelung über das Niederlassungsrecht und den freien Dienstleistungsverkehr innerhalb der EG verwirklicht werden.
All diesen Zielen dienten die Beschlüsse des Handwerksrates von 1963 über ins einzelne gehende Vorschläge für eine Novellierung. Diese Vorschläge wurden zur Grundlage des gemeinsamen Initiativantrages, der am 9. Juni 1964 im Bundestag von den Abgeordneten Schulhoff und Genossen und der CDU/CSU-Fraktion, Lange und Genossen und der SPD-Fraktion und Opitz und Genossen und der FDP-Fraktion eingebracht wurde.
Die schnelle parlamentarische Bearbeitung des Gesetzentwurfs wurde nicht zuletzt dadurch ermöglicht, daß ein vom Mittelstandsausschuß eingesetzter Unterausschuß, bestehend aus den Abgeordneten Schulhoff, Lange und Opitz, unter Hinzuziehung von Sachverständigen des Zentralverbandes des Deutschen Handwerks und des Deutschen Handwerkskammertages, des Deutschen Gewerkschaftsbundes und des Bundeswirtschaftsministeriums in acht Sitzungen unterschiedliche Meinungen koordinierte, Fachfragen klärte und Formulierungsvorschläge vorlegte.
Das Plenum des Bundestages verabschiedete die Novelle zur Handwerksordnung am 23. Juli 1965 ohne Gegenstimmen, sie wurde vom Bundespräsidenten im September verkündet und trat am 16. September 1965 in Kraft.
Die Novelle brachte wesentliche Änderungen der bisherigen Handwerksordnung. Sie betrafen folgende Problemstellungen:

1. Die Novelle führte u.a. den Begriff des »verwandten Handwerks« wieder ein. Ein Handwerker sollte die Möglichkeit haben, den Betrieb auf verwandte Handwerke auszudehnen, ohne daß er für diese Handwerke zusätzliche Meisterprüfungen ablegen müßte. Wer die Meisterprüfung in einem Handwerk abgelegt hat, soll auch in verwandten Handwerken tätig werden können. Der Bundeswirtschaftsminister soll durch Rechtsverordnung mit Zustimmung des Bundesrates bestimmen, welche Handwerke miteinander verwandt sind.
2. Künftig sollen auch nicht rechtsfähige Gesellschaften des Bürgerlichen Rechts und des Handelsrechts in die Handwerksrolle eingetragen werden können, wenn der Befähigungsnachweis von demjenigen Gesellschafter erbracht wird, der für die technische Leitung des Betriebes verantwortlich ist. Damit wurden u.a. die Hereinnahme von kaufmännischen Führungskräften in den Betrieb als Mitinhaber sowie die Bildung von Arbeitsgemeinschaften zur Übernahme größerer Aufträge erleichtert.
3. Der Bundesminister für Wirtschaft wurde ermächtigt, die Anlage A der Handwerksordnung – das Verzeichnis der Gewerbe, die als Handwerk betrieben werden können – insoweit durch Rechtsverordnung zu ändern, als notwendig werdende Änderungen von Berufsbezeichnungen ebenso wie Zusammenlegungen und Trennungen einzelner Handwerksberufe erforderlich sind.
4. In einem neuen Abschnitt der Handwerksordnung wurden die sogenannten »handwerksähnlichen Gewerbe« behandelt. Sie wurden von nun an bei der Handwerkskammer in einer Liste der »Handwerksähnlichen Gewerbe« eingetragen und sind damit der Handwerkskammer zugehörig. Ein Befähigungsnachweis wurde für diese Gewerbe nicht vorgeschrieben.
5. Das neue Gesetz brachte auch einige Änderungen auf dem Gebiet der Berufsbildung im Handwerk, die darauf abgestellt waren, Modernisierungen und Verbesserungen der bisherigen Vorschriften herbeizuführen und unter anderem ungeeignete Betriebe vom Ausbildungsrecht auszuschließen.

6. Andere Regelungen des Gesetzes betrafen u.a. die elastischere Gestaltung der Bestimmungen über Erbenbetriebe, die Gleichstellung von Prüfungen an Hochschulen und Höheren Technischen Lehranstalten mit der Meisterprüfung, die Regelung der handwerklichen Berufsbilder sowie einige Änderungen, die die Bedeutung der Gesellenausschüsse erhöhen.

Die große Mehrheit, die das Gesetz fand, zeigte, daß es der Handwerksführung gelungen war, alle demokratischen Parteien davon zu überzeugen, daß dem großen Wirtschaftsbereich Handwerk die Möglichkeiten für eine gute Fortentwicklung auch und besonders im Zeichen eines sich zusammenschließenden Europas geschaffen werden mußten.

Die Altersversorgung des Handwerks

Ein schwieriges Kapitel der Sozialversicherung ist die Altersversorgung für das Handwerk. Die Gesetzesregelung, die 1938 geschaffen wurde, war von Anfang an umstritten. Auch nach dem Krieg, vor allem seit der Währungsreform, war das Altersversorgungsproblem Gegenstand heftiger Erörterungen.
Seit Jahrzehnten beschäftigten sich Handwerker und ihre Organisationen mit der Frage, ob und in welchem Umfang das Handwerk in die öffentliche Pflichtversicherung einzubeziehen ist und ob es einer ähnlichen Zwangsversicherung unterworfen werden kann, wie sie gesetzlich für Arbeitnehmer eingeführt ist.
Auf seiner Tagung in Köln im Jahre 1928 faßte der Deutsche Handwerks- und Gewerbekammertag folgende Entschließung: »Eine Einbeziehung in die Reichsversicherungspflicht ist unvereinbar mit der Stellung des Handwerks als eines freien Berufsstands.«
Damit wurde die ablehnende Stellungnahme des Handwerks gegenüber einem gesetzlichen Versicherungszwang bestätigt. Selbst bei den Verhandlungen über die Schaffung einer Altersversorgung des Deutschen Handwerks im Jahre 1936 sprach sich das Handwerk noch dagegen aus. Anlaß zu dieser Entscheidung war ein Brief des damaligen Reichsarbeitsministers, in welchem dieser erklärte, der Reichsregierung die Versorgung des Handwerks für den Fall des Alters und der Berufsun-

fähigkeit auf dem Wege der Versicherung vorzuschlagen, falls dieses den Wünschen der Beteiligten entspräche.
Das Handwerk hielt damals nur eine solche Regelung für befriedigend, die zwar die Angestelltenversicherungspflicht für den selbständigen Handwerker als Unternehmer vorsah, ihm aber gleichzeitig das Recht zusicherte, einen Lebensversicherungsvertrag anstelle der Angestelltenversicherung bei einer privaten Lebensversicherungsgesellschaft zu wählen.
Entsprechend diesen Wünschen des Handwerks wurde am 21. Dezember 1938 die Altersversorgung des Handwerks auf der Gleichberechtigtengrundlage von Angestelltenversicherung und Lebensversicherung eingeführt.
Im Gegensatz zu dieser eindeutigen Regelung erklärten nach dem Zweiten Weltkrieg die Landesversicherungsanstalten alle selbständigen Handwerksmeister für angestelltenversicherungspflichtig. Damit beseitigten sie das gesetzlich zugestandene Wahlrecht zum Abschluß von Lebensversicherungsverträgen und zwangen viele Handwerksunternehmen zur doppelten Entrichtung von Beiträgen, wenn sie die Lebensversicherung nicht aufgeben wollten. Das war ja nicht ohne weiteres möglich.
Begreiflicherweise rief dieses Vorgehen Unruhe hervor, führte zu Protesten und zahlreichen Beschwerden. Diese rechtlich und wirtschaftlich bedenkliche Maßnahme der Landesversicherungsanstalten war mit der Sozialversicherungs-Direktive Nr. 3 der Militärregierung vom Oktober 1945 begründet worden, die alle laufenden Bescheinigungen für die Befreiung von Beitragszahlungen für ungültig erklärten. Selbständige Handwerker wurden davon nicht ausgenommen.
Die Kammern standen demgegenüber auf dem Standpunkt, daß es sich bei dem Altersversorgungsgesetz um eine garantierte Wahlfreiheit handele und daß die Versicherungspflicht des selbständigen Handwerkers nicht identisch sei mit der Versicherungspflicht aufgrund des Angestelltenversicherungsgesetzes. Nach langen Bemühungen gelang es den handwerklichen Organisationen, eine allgemeine Stundung der von den lebensversicherten Handwerkern geforderten Beiträge zu erreichen und später den alten Zustand wiederherzustellen.
Diese ungewissen Verhältnisse hielten etwa ein Jahr an. Es ist

verständlich, daß sie sich psychologisch nicht gerade günstig auf das Altersversorgungsgesetz auswirkten. Das Handwerk empfand die doppelte Beitragszahlung wie eine Doppelbesteuerung.

Die Währungsreform vom 21. Juni 1948 brachte eine neue Beunruhigung für das Handwerk. Der lebensversicherte Handwerker sah sich gegenüber dem angestelltenversicherten Handwerksmeister benachteiligt. Während die Angestelltenversicherung zu den gleichen Beiträgen weiterhin die gleichen Leistungen in DM gewährte, also eine Währungsumstellung von 1:1 erfolgte, wurden die Versicherungsbeiträge der lebensversicherten Handwerker abgewertet. Der Unwille war verständlich und äußerte sich in scharfen Beschwerdebriefen. Wenn auch manches später gemildert wurde, so bleibt doch die Tatsache bestehen, daß die Währungsreform gerade den am längsten versicherten Handwerksmeistern, und das waren vor allem die älteren Berufsangehörigen, auch den größten Schaden zugefügt hatte. Oft gaben die Klagen ein erschütterndes Bild von der Enttäuschung jener Handwerker, die ihr ganzes Leben gearbeitet hatten, die ihren mühsam erworbenen Wohlstand in Schutt und Asche sinken sahen und nun praktisch vor dem Nichts standen.

Durch das Sozialversicherungs-Anpassungsgesetz vom 17. 6. 1949 erfolgte die Beitragserhöhung in der Angestelltenversicherung, ohne daß die Leistungen angehoben wurden. Das Gesetz verlangte weiter, daß die lebensversicherten Handwerker, deren Prämien nach den Beitragssätzen der Angestelltenversicherung bemessen wurden, die Aufforderung bekamen, nicht nur die Aufstockung der durch die Währungsumstellung verminderten Lebensversicherungssummen vorzunehmen, sondern darüber hinaus den Lebensversicherungsvertrag den erhöhten Beitragssätzen der Angestelltenversicherung anzugleichen.

Das dem selbständigen Handwerker zugestandene Recht, statt der Angestelltenversicherung einen Lebensversicherungsvertrag zu wählen, führte den Lebensversicherungsgesellschaften viele neue Kunden aus dem Handwerk zu.

Das Jahr 1961 brachte als Ergebnis eines mehr als zehnjährigen Kampfes die abschließende Regelung einer Alterssiche-

rung für das Handwerk. Ausdauer und Konsequenz hatten sich als richtig erwiesen. Nachdem der Bundesrat mit den Stimmen der von der CDU oder CSU regierten Länder und den Stimmen Bremens die neue Regelung angenommen hatte, wurde das Gesetz am 8. September verkündet.
Das Rentenreformgesetz vom Dezember 1972 und das Rentenversicherungs-Änderungsgesetz vom März 1973 brachten dann zahlreiche Änderungen für die gesetzliche Altersversorgung der Handwerker.
Diese neuen Gesetze gaben dem selbständigen Handwerker die Möglichkeit, der gesetzlichen Rentenversicherung als Pflicht- oder freiwilliges Mitglied beizutreten, sofern er nicht schon in der Handwerkerversicherung pflichtversichert war. Darüber hinaus ermöglichten die Gesetze pflichtversicherten Handwerkern die Auffüllung von rückliegenden Beitragslükken durch die Entrichtung freiwilliger Beiträge.
Durch die Inanspruchnahme der Pflichtversicherung wurde der selbständige Handwerker sozialversicherungsrechtlich dem pflichtversicherten Arbeitnehmer gleichgestellt. Wer von den Handwerkern nun die Pflichtversicherung beantragte, mußte fortan regelmäßige Beiträge zahlen, die seinem Einkommen entsprachen. Von besonderer Bedeutung war die Nachentrichtung von Beiträgen.
Erst vor dem Hintergrund der inflatorischen Entwicklung der letzten Jahre ist sicher allen Handwerkern klargeworden, welche Bedeutung das für die Alters- und Hinterbliebenenversorgung entscheidende Gesetz hat.

Das Handwerk und die Steuern

Seit langem setzt sich das Handwerk dafür ein, daß bei den gewählten Steuerreformen ein für die Mehrheit der Steuerzahler einfaches und überschaubares Steuersystem geschaffen wird. Dieses System soll eine gleichmäßige und verfassungskonforme Besteuerungspraxis gewährleisten.
Das Handwerk führt Klage darüber, daß seine Betriebe durch Verwaltungsarbeiten, durch Steuern der verschiedensten Art und durch die Fülle der Sozialabgaben um ein Vielfaches höher belastet sind als größere Betriebe. Das allein sieht das Handwerk als wichtigen Grund für die Forderung nach einer Steuerreform an, bei der die Vereinfachung eine besondere Rolle

spielen muß. In einem Sofortprogramm hat der Zentralverband des Deutschen Handwerks bereits 1972 folgende Gesichtspunkte für eine solche Steuerreform aufgestellt:
Die Vereinfachung des Besteuerungsverfahrens auf dem Gebiet der Lohnsteuer und des Prämienrechts; die steuerneutrale Inkraftsetzung der Gesetze über die einheitswertabhängigen Steuern. Hierbei sind die durch die wirtschaftliche Entwicklung längst überholten Freibeträge bei der Vermögenssteuer und der Erbschaftssteuer angemessen zu erhöhen.
Weiterhin die Vereinfachung des Umsatzsteuerverfahrens, Erleichterungen beim Vorsteuerabzug und die Einführung einer systemkonformen Begünstigung für kleinere Unternehmen durch Verabschiedung der Umsatzsteuer-Novelle.
Die Zulassung einer Investitionsrücklage im Einkommensteuerrecht, um mittelständischen Unternehmen die Anpassung an den strukturellen Wandlungsprozeß zu erleichtern.
Die Vereinfachung des Besteuerungsverfahrens bei der Kraftfahrzeugsteuer durch Einführung eines Plakettenverfahrens mit einem Steuersatz.

Die Gewerbeförderung

Alle Maßnahmen, die der Entwicklung des Gewerbefleißes und der Hebung des Gewerbes im Konkurrenzkampf dienten, wurden ursprünglich unter dem Begriff der Gewerbeförderung zusammengefaßt. Neben den Städten und Gemeinden wirkten auch Vereine, Gesellschaften und Kooperationen im Sinne der Gewerbeförderung.
Im einzelnen ging es um das Fortbildungs- und Fachschulwesen, um die Einrichtung von Meisterkursen, um die technische Förderung in den Betrieben, um neu erprobte Arbeitsweisen, um das Ausstellungswesen und selbst um das gewerbliche Genossenschaftswesen.
Nach der Jahrhundertwende hatte das Bild der Gewerbeförderung bestimmte Züge bekommen. Die Gewerbeförderung wurde durch die Schaffung der beruflichen Selbstverwaltung, also der Kammern, Innungen und Innungsverbände, verselbständigt. Die Meisterkurse gingen auf die neue Organisation über, während Berufs- und Fachschulwesen ein selbständiger Zweig der staatlichen Unterrichtsverwaltung wurden.
Bis zum Ersten Weltkrieg spielt die technische Weiterentwick-

lung der handwerklichen Produktionsanlagen keine bedeutende Rolle. Zwar hatten Kleinmotoren und andere Arbeitsmaschinen in den Handwerksbetrieben Eingang gefunden, aber es fehlten die Kräfte, die diese technischen Neuerungen planvoll steuern konnten. Nach dem Krieg wurde das schlagartig anders. Nun setzte ein neuer Abschnitt der Gewerbeförderung ein.

Der Begriff der Gewerbe- und Handwerksförderung bekam einen neuen Zuschnitt. Es ging jetzt im wesentlichen um die Anpassung der traditionellen Arbeits- und Betriebsweise des Handwerks an die Formen und Grundsätze des modernen Wirtschaftslebens, mit denen sich das Handwerk auseinandersetzen mußte. Das bedeutet eine planmäßige Durchdringung der handwerklichen Gütererzeugung und handwerklichen Arbeitswelt mit neuzeitlichen Grundsätzen und Methoden, also eine Modernisierung des Handwerks.

Während es die Berufsausbildung mit den Menschen im Handwerk zu tun hat, befaßt sich die Handwerksförderung mit dem Betrieb, der Technik, der Erzeugung und dem Erzeugnis. Als grundlegende Sachgebiete wurden Betriebstechnik und Betriebswirtschaft in den Mittelpunkt gestellt.

Über das Problem der Gewerbeförderung schreibt Heinrich Kolbenschlag, einer der besten Kenner der leistungssteigernden Vorkehrungen im Handwerk: »In erster Linie muß der Betriebsinhaber sich selbst um eine Bestgestaltung seines Betriebes kümmern. Er kann weder von der Verantwortung für das Funktionieren des Betriebsablaufs entbunden werden, noch können ihm die Entscheidungen, welche Maßnahmen im einzelnen zu treffen sind, abgenommen werden.

Die staatliche Wirtschafts-, Sozial- und auch Steuerpolitik können aber die Voraussetzungen für Rationalisierungen positiv oder negativ beeinflussen. Als Beispiele seien die Bereitstellung von Krediten für Rationalisierungszwecke und steuerliche Vorteile für Rationalisierungsvorhaben genannt. Hohe Soziallasten können die Neigung begünstigen, Arbeitskräfte einsparende Arbeitsverfahren einzuführen, was sich aber auch aus dem Fehlen von Fachkräften in konjunkturell guten Zeiten als notwendig erweisen kann.

Von der Berufsstandsorganisation aus ist es andererseits möglich, Einrichtungen zu schaffen, um aus den Betrieben ausgesonderte Aufgaben für diese durchzuführen; erinnert sei an den genossenschaftlichen Gemeinschaftsbezug von Rohstoffen, Hilfsstoffen, Maschinen und dergleichen, ferner an den gemeinsamen Absatz der Erzeugnisse, wie das beispielsweise der Meisterkreis niedersächsischer Tischler sich unter gleichzeitiger Einflußnahme auf die Formgebung als Aufgabe gestellt hat. Erwähnt sei auch die Übernahme der Buchführung und ihre Auswertung durch Buchstellen, deren Zahl sich im Bundesgebiet auf 160 beläuft.

Die Maßnahmen zu einer Leistungssteigerung können unmittelbar im Betrieb eingeleitet werden. Als wichtigste Ansatzpunkte kommen in Betracht: das Materialwesen, zum Beispiel günstiger Einkauf, gute Materialausnutzung, verlustfreie und zweckmäßige Lagerung; die Betriebseinrichtung, zum Beispiel Auswahl und Beschaffung moderner Werkzeuge und Maschinen, der Richtung des Arbeitsablaufs gemäße Aufstellung der Einrichtungen, zweckmäßige Raum- und Baugestaltung; die Arbeitsverfahren, zum Beispiel neue Techniken, Anwendung von Schweißverfahren statt Vernietungen oder Verschraubungen; die Betriebsorganisation und Betriebsverwaltung, zum Beispiel gute Arbeitsvorbereitung, geordnetes Rechnungswesen mit Buchführung, Selbstkostenrechnung, Finanzplanung, sonstige betriebswirtschaftlich orientierte Führungsaufgaben.

In Vorträgen und Übungen – unter Zuhilfenahme von Lichtbildern, Filmen, Merkblättern und praktischen Vorführungen von Materialien, Betriebseinrichtungen und Arbeitsverfahren – werden die für die Anwendung im Betrieb wesentlichen Kenntnisse und Fertigkeiten behandelt. Gerade im Handwerksbetrieb muß der einzelne Mitarbeiter möglichst viel vom Betriebsgeschehen wissen und umfassend ausgebildet sein.

Das Rationalisierungsproblem ist nirgendwo so überwiegend ein Erziehungsproblem wie im Handwerk. Trotz der Trennung in zwei Aufgabengebiete sind daher Berufserziehung und Gewerbeförderung zusammengehörig. Es sind zwei Stufen ein und der gleichen Erziehungsaufgabe im Handwerk.

Im Handwerk sind es vor allem die Handwerkskammern, die Fachverbände des Handwerks, die Kreishandwerkerschaften und Innungen, ferner von diesen eingerichtete oder unterstützte Schulungseinrichtungen, die den Betrieben Hilfestellungen für Betriebsverbesserungen leisten. Die Steuerung und Koordinierung aller Maßnahmen erfolgen durch den Zentralverband des Deutschen Handwerks, den Deutschen Handwerkskammertag, die Vereinigung der Zentralfachverbände des deutschen Handwerks und durch das Deutsche Handwerksinstitut.«

Handwerk und Industrie

Aus der ursprünglichen Gegnerschaft von Handwerk und Industrie hat sich im Laufe der Zeit nicht nur ein Nebeneinander, sondern ein Miteinander entwickelt.

Je mehr sich im Zuge der technischen Weiterentwicklung die automatisierte Fertigungsweise durchsetzte, desto mehr haben sich die Großbetriebe von den Arbeitsgängen befreit, die eine Spezialarbeit erfordern. Hier ist ein neuer Spielraum entstanden, der dem Handwerk entsprechende Entwicklungsmöglichkeiten geboten hat.

Wenn dennoch der Gegensatz von Handwerk und Industrie weiter besteht, dann deshalb, weil die Grenzen zwischen beiden Bereichen fließend sind. Es gibt Industrieunternehmen mit weniger Arbeitskräften und Handwerksbetriebe mit mehreren hundert Beschäftigten. Auch von der Produktionstechnik her gehen die Unterschiede vielfach ineinander über, seit Maschinen aller Art fester Bestandteil vieler Handwerksberufe geworden sind. An der Spitze steht der Elektromotor, der sich die meisten Handwerksbetriebe erobert hat.

Ein wichtiger Faktor für die Industrie ist die Mission des Handwerks bei der Ausbildung von Fachkräften. Hier ist die Industrie seit Jahrzehnten der nehmende Teil. Trotz eigener Ausbildungsstätten wird dort der im Handwerk ausgebildete Facharbeiter nicht nur wegen seines umfassenden fachlichen Wissens geschätzt, sondern weil er innerhalb der traditionsgebundenen handwerklichen Erziehung diszipliniertes Arbeiten gewohnt ist.

Die Stiftung für Begabtenförderung im Handwerk

Unter der Schirmherrschaft des ersten Bundespräsidenten der Bundesrepublik, Professor Dr. Theodor Heuss, wurde am 4.2. 1954 die »Stiftung für Begabtenförderung« errichtet.

Ermöglicht wurde diese Stiftung durch die Einführung eines individuellen Förderungsprogramms der Bundesregierung im Jahre 1962 sowie durch die Inkraftsetzung der Nachfolgegesetze des Arbeitsförderungsgesetzes und des Bundesausbildungsförderungsgesetzes.
In ihrer Satzung hat die Stiftung für Begabtenförderung im Handwerk die Aufgaben folgendermaßen festgelegt:

1. Ermittlung hervorragend begabter Gesellen durch die Maßnahmen des praktischen Leistungswettbewerbs der Handwerksjugend.
2. Bereitstellen von Stipendien und Freistellen an Fachschulen, Gewähren von Unterhaltszuschüssen für den Schulbesuch, Gewähren von Buch- und Werkzeugprämien.
3. Förderung von Studienreisen und Arbeitsaufenthalten im Ausland.

Folgende Handwerksorganisationen haben die Stiftung gegründet: Zentralverband des Deutschen Handwerks, Deutscher Handwerkskammertag, Vereinigung der Zentralfachverbände, Handwerkskammer Köln, Handwerkskammer Düsseldorf, Zentralverband des Deutschen Baugewerbes und Verband des Deutschen Tischlerhandwerks.
Die Organe der Stiftung sind das Kuratorium, der Vorstand und die Mitgliederversammlung. Erster Vorsitzender des Kuratoriums der Stiftung wurde Handwerkskammerpräsident Dipl.-Ing. Georg Schulhoff und Vorsitzender des Vorstandes ZDH-Vizepräsident Hans Langemann.
Dem Kuratorium gehören als ständige Mitglieder je ein Vertreter der Bundesministerien für Wirtschaft, Bildung und Wissenschaft und der Ständigen Konferenz der Kultusminister an, außerdem die vom Präsidium des Zentralverbandes des Deutschen Handwerks delegierten sechs Mitglieder.

Die Kulturarbeit des Handwerks

Der Hauptausschuß »Kultur« des Zentralverbandes des Deutschen Handwerks hat in einem Arbeitsprogramm Ziele der Kulturarbeit des Handwerks niedergelegt:

1. In einer Zeit, in der »Lebensqualität« als Schlagwort von der Wirtschafts- und Gesellschaftspolitik postuliert wird, sollten Handwerker und Handwerksorganisationen deut-

lich zum Ausdruck bringen, wie das Handwerk heute und in Zukunft zur Verbesserung der echten Qualität des Lebens beiträgt und beitragen kann. Dazu gehören Hinweise auf die wesentlich humaneren Arbeitsbedingungen im handwerklichen Klein- und Mittelbetrieb genauso wie Informationen über die vielfach individuellen Leistungen und Produkte des Handwerks.

2. Um das Verständnis für die kulturelle Funktion des Handwerks zunächst innerhalb des Handwerks zu fördern, ist die Zusammenarbeit aller betroffenen Gremien und Exekutivorgane der Organisation insbesondere in den Bereichen Gewerbeförderung, Berufsbildung und Öffentlichkeitsarbeit zu pflegen bzw. zu intensivieren.
3. Um diese kulturelle Funktion auch außerhalb des Handwerks stärker zu propagieren, ist die Zusammenarbeit mit ähnlich orientierten Gremien und Organisationen (z.B. Rat für Formgebung, Gestaltkreis im BDI, Bund deutscher Architekten u.a.m.) anzustreben und zu vertiefen. Gleichmäßig sind alle einschlägigen Maßnahmen der Öffentlichkeitsarbeit (z.B. Ausstellungen, Publikationen, Pressekontakte, Tagungen u.a.m.) soweit als möglich zu fördern.

Der Handwerker kann die ihm zustehende Stellung in der Gesellschaft nur einnehmen, wenn er neben seiner fachlichen Bildung auch seine Allgemeinbildung laufend verbessert. Das gilt in verstärktem Maße für diejenigen, die Führungstätigkeiten. und Selbständigkeit anstreben oder ausüben.
Im Zeichen der immer enger werdenden internationalen Verflechtung ist es für das deutsche Handwerk unumgänglich, auch im Ausland zu zeigen, welche wesentliche kulturelle Funktion das Handwerk in Deutschland hat.

Das exportierende Handwerk

Export im Handwerk bestand zwar schon im Mittelalter, aber in der Form, wie wir diesen Export heute kennen, ist er verhältnismäßig jung.
Seit etwa 50 Jahren wird der Export im Handwerk durch Gemeinschaftseinrichtungen systematisch gefördert. Dazu trugen die großen Messen in Deutschland besonders bei.

Es wäre falsch, unter Handwerksexport nur die Ausfuhr fertiger Erzeugnisse zu verstehen, es werden vielmehr auch Leistungen exportiert, d.h., Handwerksmeister mit überdurchschnittlichem Können gehen zur Durchführung bestimmter Aufgaben vorübergehend ins Ausland. Daneben gibt es auch einen Arbeitsexport, wie er besonders an den Landesgrenzen deutlich wird. Täglich wechseln Handwerksmeister und Gesellen nach Holland, Belgien, Frankreich oder in die Schweiz hinüber, um dort Arbeiten auszuführen.
Vor allem nach dem Zweiten Weltkrieg hat der Handwerksexport wieder einen beträchtlichen Umfang angenommen. Bevorzugte Länder sind die Vereinigten Staaten, Kanada, Mittel- und Südamerika, Australien und Asien. Von den europäischen Ländern kommen für den deutschen Handwerksexport Österreich, Holland, Italien, die Schweiz, Spanien, England, Griechenland und Finnland in Frage. Im Vordergrund bleiben aber die USA.
Die wichtigsten Exportartikel sind Spezialwerkzeuge, Elektrogeräte, feinmechanische Instrumente, Textil- und Lederwaren, Musikinstrumente, Holz- und Spielwaren der verschiedensten Arten.

Die Schwarzarbeit

Von jeher ist die Schwarzarbeit ein besonderes Ärgernis des Handwerks gewesen. In den letzten Jahren wurde es unerträglich.
Die Schwarzarbeiter verschaffen sich durch die Verletzung gesetzlicher Vorschriften und durch Rechtsbrüche Wettbewerbsvorteile. Die im handwerklichen Bereich durchgeführten Aufträge von Schwarzarbeitern belaufen sich jährlich auf Milliarden. Es bedeutet gleichzeitig, daß der öffentlichen Hand Milliarden verlorengehen. Wenn die Organisationen des Handwerks immer wieder vor Schwarzarbeit warnen, dann weisen sie darauf hin, daß es sich nicht nur um ein Kavaliersdelikt handelt, sondern vielmehr um Gerechtigkeit vor dem Gesetz, um die Erhaltung der Chancengleichheit und um die Steuermoral.
Schwarzarbeit ist die umgangssprachliche Bezeichnung für eine unerlaubte gewerbliche Betätigung. Der Rechtsverstoß besteht darin, daß der Schwarzarbeiter seine Tätigkeit unan-

gemeldet ausübt und weder Steuern noch sonstige Abgaben entrichtet.
Es gehört zu den wesentlichen Kriterien des Rechtsstaats, daß die Gleichheit aller vor dem Gesetz gewahrt bleibt. Wenn also die Ausübung einer bestimmten Tätigkeit eine Erlaubnis erfordert, muß das für alle gelten, die diese Tätigkeit ausüben wollen. Wird Schwarzarbeit geduldet, dann wird damit das Vertrauen in den Rechtsstaat untergraben.

Betriebswirtschaftliche Beratung

Die Betriebsberatung im Handwerk gewinnt ständig an Umfang und Bedeutung.
Für die betriebswirtschaftlichen Beratungsstellen ist die Zusammenarbeit mit den Buchstellen und den Kreditgarantiegemeinschaften besonders wichtig. Im Bundesgebiet bestehen z.Z. ca. 180 – teils auf der Grundlage des § 107a der Abgabenordnung, teils auf vertraglicher Vereinbarung beruhende – Buchstellen.
Bei den Buchstellen setzt sich der Gedanke, daß sich ihre Tätigkeit über die Hilfeleistung in Steuersachen hinaus auch auf die betriebswirtschaftliche Betreuung ausdehnen sollte, immer mehr durch. Damit sind sie für eine enge Zusammenarbeit mit den Beratungsstellen geradezu prädestiniert. Sie sind insbesondere in der Lage, bei der Erarbeitung von Grundlagenmaterial für die Beratung (Betriebsvergleiche, Kennziffern, Branchenanalysen u.a.) mitzuwirken.
Die Zusammenarbeit zwischen Betriebsberatung und Buchstelle sollte ferner über den Einzelfall hinaus auch auf gelegentliche gemeinsame Tagungen und Besprechungen (Erfahrungsaustausch, Erörterung betriebswirtschaftlicher Probleme) ausgedehnt werden, wie dies in einzelnen Bezirken bereits mit gutem Erfolg geschieht.
Für eine Zusammenarbeit sind weiterhin die Kreditgarantiegemeinschaften des Handwerks zu nennen. Sie wurden als berufsständische Selbsthilfe-Einrichtung errichtet, um entwicklungsfähigen Betrieben die Aufnahme eines langfristigen Kredits zu ermöglichen, falls eigene bankübliche Sicherheiten nicht ausreichen bzw. fehlen. Der Kredit- bzw. Bürgschaftsantrag kann Anlaß zu einer Erörterung »betrieblicher Probleme« sein, um die Notwendigkeit des Kredits zu prüfen.

Beratung für Formgebung

Auch die Beratung für Formgebung erfordert eine weitgehende und vielseitige Zusammenarbeit mit anderen Stellen. Infolge seiner zentralen Stellung, der Weiträumigkeit des Arbeitsbereiches, der Vielseitigkeit der betreuten Berufe und der Vielschichtigkeit der absatzwirtschaftlichen und gestalterischen Probleme ist der Berater für Formgebung (Handwerkspfleger) meist nicht in der Lage, eine intensive Einzelberatung und die notwendige Breitenarbeit in eigener Person zu leisten. Er ist in besonderem Maße auf die Mitarbeit der Kammern, Kreishandwerkerschaften, Fachverbände und anderer Stellen angewiesen. Dazu gehören vor allem:
der Hauptausschuß Kultur beim Zentralverband des Deutschen Handwerks,
die Arbeitsgemeinschaft des Deutschen Kunsthandwerks mit den regionalen und bezirklichen Arbeitsgemeinschaften,
der Rat für Formgebung,
der Deutsche Werkbund,
der Bund Deutscher Architekten,
die Arbeitsgemeinschaft der Werkkunstschulen u.a.

Dringend notwendig sind enge Kontakte mit Presse, Rundfunk, Fernsehen und Ausstellungsgesellschaften des In- und Auslandes, um die Leistungen des gestaltenden Handwerks einer weiteren Öffentlichkeit bekanntzumachen, die Berührungspunkte des handwerklichen Schaffens mit den kulturellen Problemen unserer Zeit aufzuzeigen und den Absatz guter handwerklicher Erzeugnisse zu fördern.

Exportberatung

In einer ähnlichen Situation befindet sich auch die Exportberatungsstelle. Sie ist zunächst ebenfalls auf eine gute Zusammenarbeit mit den Organisationen des Handwerks angewiesen, sei es, daß diese die Informationen der Exportberatung an interessierte, exportierende Betriebe weitergeben oder Anfragen solcher Betriebe über die Exportberatung klären oder gemeinsam mit der Exportberatung Sprechstunden für interessierte Betriebe einrichten.
Darüber hinaus sind die Exportberatungsstellen bei ihren Maßnahmen zur allgemeinen Förderung und Unterstützung des Handwerksexportes und der exportierenden Betriebe auf

eine gute Zusammenarbeit mit zahlreichen Stellen vorwiegend außerhalb des Handwerks angewiesen, z.B. auf:
die Deutsche Gruppe der Internationalen Handelskammer,
die Deutsch-Italienische Handelskammer oder
die Deutsch-Französische Handelskammer.

Aktion modernes Handwerk

Um die Öffentlichkeitsarbeit für das Deutsche Handwerk zu unterstützen, wurde ein »Verein zur Förderung der Öffentlichkeitsarbeit des Handwerks« ins Leben gerufen. Er ist der Träger der »Aktion modernes Handwerk«. Der Verein kennt fördernde Mitglieder und öffentliche Mitglieder, wobei besonders die Organisationen des Handwerks angesprochen sind.
Das große Handwerkspreisausschreiben von 1972, bei dem 51000 Bundesbürger über positive Erfahrungen mit Handwerkern berichteten, stand bei dieser Aktion Pate. Man hatte erkannt, daß das Interesse am Handwerk in der Öffentlichkeit enorm angewachsen war und daß die Berichterstattung über diesen wichtigen Wirtschaftszweig in Presse, Funk und Fernsehen erheblich zugenommen hatte. Überall im Land sah man den Aufkleber mit der Aufschrift: »Das Handwerk – Deutschlands vielseitigster Wirtschaftsbereich.«
In eindrucksvollen anderen Werbemaßnahmen bekundete das Handwerk, daß es nicht länger ein Bild in verschnörkeltem Rahmen abgeben wolle. Der romantisierenden und überholten Vorstellung vom Handwerk wich eine neue Betrachtungsweise, die sich an wirtschaftlichen Tatsachen und Entwicklungstendenzen, an Funktionen des Handwerks in der Wirtschaft und an den besonderen Aufgaben in der Gesellschaft orientierte.
Die handwerklichen Organisationen, an der Spitze der Zentralverband des Deutschen Handwerks, bemühten sich, offene und verständliche Informationen zu geben und immer wieder in der Öffentlichkeit die wirtschaftlichen und gesellschaftlichen Probleme des Handwerks zu diskutieren.
Das Handwerk lernte mit der Kritik der Öffentlichkeit zu leben, und Präsident Schnitker rief seine Handwerker auf, mehr als bisher in Erscheinung zu treten und in geschlossener Solidarität die »Aktion modernes Handwerk« zu fördern.
Im Rahmen seiner Öffentlichkeitsarbeit hat der Zentralver-

band des Handwerks eine Aktion durchgeführt, die als »Suche nach den nettesten Handwerkern« lange Zeit die Öffentlichkeit beschäftigt hat. Durch die Aufrufe in der Presse erhielten die Handwerksorganisationen Zehntausende von Einsendungen, in denen aus nahezu allen Handwerksberufen die nettesten Handwerker namhaft gemacht wurden.

Mit dieser Aktion hat die Bevölkerung dem Deutschen Handwerk eindeutig Anerkennung und Lob gespendet. Damit wurde eine Behauptung widerlegt, die weit verbreitet ist: Es gäbe immer Ärger mit dem Handwerk.

Der Fortbestand des
Handwerks ist kein
Naturgesetz, sondern muß
immer wieder erkämpft
werden
Werner Kind

Im Mittelpunkt bleibt der Meister

Der Begriff des Handwerks

Über den Handwerksbegriff ist viel geschrieben worden, ohne daß es zu einer wissenschaftlich befriedigenden Definition gekommen wäre, in der die Vielseitigkeit und Vielgestaltigkeit handwerklicher Arbeit erfaßt ist: der Beruf, die Betriebsform und der Stand.

Auch die Gesetzgeber haben bisher auf eine genaue Begriffsbestimmung verzichtet und damit sicherlich eine kluge Entscheidung getroffen. So kann sich das Handwerk, ohne eingeengt zu sein, weiter nach allen Richtungen entfalten und sich an die wirtschaftlich-technische Entwicklung anpassen.

Bestimmte Merkmale, die für das Handwerk des vergangenen Jahrhunderts zutreffend waren, gelten heute nicht mehr. Ein solches Merkmal war die ständige Mitarbeit des Meisters in der Werkstatt. Der Platz des Meisters ist heute auch hinter dem Schreibtisch oder draußen bei den Kunden. Ein längst nicht mehr gültiges Merkmal ist die Arbeit auf Bestellung. Betriebe bleiben auch dann handwerklich, wenn sie an Wiederverkäufer liefern oder in Serien produzieren.

Hier erhebt sich die Frage, ob man das Handwerk noch klar gegenüber der Industrie abgrenzen kann, ein Problem, mit dem sich die Rechtsprechung befassen muß. Jedenfalls gibt es keine gesetzliche Größenabgrenzung, wie sie in manchen europäischen und auch überseeischen Ländern üblich ist.

Eine praktische Abgrenzung wird in der »Handwerksordnung« vom 17. September 1953 vorgenommen. Hier ist ein Verzeichnis der Gewerbe angeführt, die handwerklich betrieben werden können. Es sind 124 Berufe angeführt, zu denen aber noch zahlreiche Teil- und Spezialberufe kommen. Wer einen dieser Berufe betreibt, wird in die Handwerksrolle eingetragen und ist demzufolge bei der Handwerkskammer beitragspflichtig. Von daher könnte man sagen, daß derjenige selbständiger Handwerker ist, der in der Handwerksrolle steht.

Was nun die Rechtsprechung angeht, so haben sich bei den Verwaltungsgerichten gewisse Regeln herausgebildet. Man versteht dort unter typischem Industriebetrieb ein Unternehmen, das durch spezialisierte Maschinerie und durch eine Anzahl gelernter oder angelernter Arbeitskräfte auf eine bestimmte Massenfertigung festgelegt ist. Der typische Handwerksbetrieb hingegen muß mannigfachen und individuellen

Anforderungen gerecht werden. Seine Mitarbeiter haben den Beruf erlernt, aber die Maschinenausrüstung ist in der Regel nicht so spezialisiert. Wenn beispielsweise eine Möbeltischlerei einige hundert Gesellen und Auszubildende beschäftigte, so würde das dort individuell gestaltete Möbel die Bezeichnung »Handwerksbetrieb« rechtfertigen.

Handwerks-ähnliche Berufsgewerbe

In einer Anlage des Gesetzes zur Ordnung des Handwerks werden vierzig handwerksähnliche Berufe aufgeführt und sind vom Gesetzgeber als solche anerkannt. Das Gesetz sagt allerdings nicht exakt, wer zum handwerksähnlichen Beruf gehört. Die Trennungslinie markiert die Praxis.
Der Betriebsinhaber eines handwerksähnlichen Berufes wird in das von den Handwerkskammern geführte Verzeichnis der handwerksähnlichen Betriebe aufgenommen und gehört damit der Handwerkskammer an, d.h., er wird von ihr mit betreut, was für den Betrieb und für ihn erhebliche Vorteile hat.
Die vierzig handwerksähnlichen Berufe sind nach Sachgebieten in sieben Gruppen untergliedert. Es läßt sich noch eine andere Gliederung in nur zwei Gruppen vornehmen: in die Gruppe der Dienstleistungsbetriebe, bei denen handwerkliche Tätigkeit nicht im Vordergrund ihrer Arbeit steht – wie z.B. das Bestattungsgewerbe –, und in die Gruppe der Handwerker mit ausgefallenen Spezialtätigkeiten, für die im Organisationsgefüge des Kernhandwerks kein Platz mehr war, wie z.B. die Fuger im Hochbau, die Kuttler im Nahrungsmittelgewerbe oder die Metallsägenschärfer im Metallgewerbe.
Alle diese Spezialtätigkeiten, die den Großteil der handwerksähnlichen Berufe ausmachen, sind rein handwerkliche Tätigkeiten. Sie lassen den Schluß zu, den der Gesetzgeber 1965 mit ihrer Aufnahme in die Handwerksrolle gezogen hat: Auch die handwerksähnlichen Berufe gehören zum deutschen Handwerk.

Die besondere Bedeutung des Handwerks

Das Handwerk erzeugt, verarbeitet, vertreibt, installiert und repariert. Seine besondere Bedeutung liegt darin, daß die Betriebe einen dezentralen und bedarfsnahen Wirtschaftsfaktor darstellen, der besonders umstellungs- und anpassungsfähig ist. Hier liegt auch die wertvolle Ergänzung zur Industrie.

In Zeiten, in denen die Industrie ausfiel, etwa während des Krieges oder in den unmittelbaren Jahren danach, war das Handwerk in der Lage, die Verbraucher zu versorgen und die Wirtschaft einigermaßen in Gang zu halten. In Krisenzeiten, so in den jüngsten Rezessionen, haben sich Handwerksbetriebe als besonders krisenfest erwiesen. Damit tragen sie nicht unerheblich zur Stabilität in der Wirtschaft bei.
Nicht nur durch wirtschaftliche Leistungen und durch die Berufserziehung ist das Handwerk für das öffentliche Leben wertvoll, sondern auch durch seine ideellen Werte, die der Vermassung entgegenwirken. Im Mittelpunkt des Handwerks steht immer der Mensch, der gelernte Fachmann, dessen Arbeit vielseitig, verantwortlich und selbständig ist. Der selbständige Meister vereinigt Arbeit und Besitz, er ist Werkmann und Unternehmer zugleich. In seiner sozialen Harmonie, in der befriedigenden Arbeit und im berechtigten Berufsstolz sieht das Handwerk ein Gegengewicht gegen den Kollektivismus.

Der Meister

Das Rückgrat des handwerklichen Betriebes ist der selbständige Betriebsinhaber, der in der Regel nicht nur geprüfter Meister, sondern gleichzeitig auch Eigentümer und Betriebsleiter ist. Ihm fällt eine soziale Funktion insofern zu, als er mit seinem Betrieb die Aufstiegsbasis für den Anfänger im Handwerk ist und diesen über Jahre lenkt, leitet und betreut. Seine Rolle als Berufsausbilder ist ebenso wichtig wie seine Funktion als Leiter des Betriebes.
Von einem Meister verlangt man Bereitschaft und Fähigkeit, den geistigen und beruflichen Anforderungen an eine neuzeitliche Betriebsführung gewachsen zu sein. Das berufliche Können und Wissen sind die wertvollste Waffe des selbständigen Handwerkers im Wettbewerb. Sie hat sich über Jahrhunderte, auch in der Ungunst der Zeiten, als besonders wirksam erwiesen.
Wenn auch heute der aufgebaute Sachapparat in einem Betrieb eine bedeutende Rolle spielt, so hat die persönliche Tüchtigkeit des Meisters nichts an seinem Wert und Gewicht verloren.

Der Weg nach oben

Der Weg führt im Handwerk heute noch über Lehr- und Gesellenzeit. In der Regel beträgt diese Lehrzeit 3, in vielen Berufen aber auch 3½ Jahre. Die lebensnahe Ausbildung im Betrieb wird durch den Berufsschulbesuch, durch Lehrwerkstätten und durch zusätzliche Kurse ergänzt. Der jährliche Leistungswettbewerb der Handwerksjugend, der anhand der Gesellenstücke durchgeführt wird, ist für Meister und Auszubildende ein wertvoller Ansporn.
Nach der Lehre stehen dem Gesellen ebenfalls zahlreiche Kurse der Handwerksorganisationen für die Weiterbildung zur Verfügung. Daneben besteht die Möglichkeit, Fach-, Werkkunst- und Meisterschulen zu besuchen. Abgeschlossen wird die Gesellenzeit, die in der Regel 5 Jahre dauern soll, durch die Meisterprüfung. Der hohe Stand der Ausbildung wird deutlich, wenn man weiß, daß der Durchschnittssatz der erfolgreichen Prüfungen bei 90% liegt.
Vor dem Kriege befaßte sich die Industrie in weit geringerem Umfang als heute mit der Berufsausbildung. Daher konnte man die aus Handwerk und Gewerbe kommenden Lehrlinge schlechthin als die Lehrlinge der Wirtschaft bezeichnen. Heute hat sich das geändert. Dennoch liegt die Zahl der Handwerkslehrlinge noch bei über 400000, wobei immer noch eine große Anzahl nach der Lehre in andere Sparten der Wirtschaft abwandert. Gesetzgeberische Maßnahmen haben die Nachwuchsfrage im Handwerk stark beeinflußt.

Die Probleme der Berufserziehung

Mit Recht verficht das Handwerk seine Auffassung, daß die Berufserziehung ihrer Natur nach eine ureigenste Aufgabe des Handwerks sei. Über Jahrhunderte hat der Berufsstand selbstverantwortlich für seinen Nachwuchs gesorgt. Der Staat griff höchstens anregend und fördernd ein. Heute möchte der Staat zunehmend stärker als Träger der Berufserziehungseinrichtung auftreten.
Das Handwerk weist mit Nachdruck nicht nur auf das natürliche Recht, sondern auch auf die sittliche Pflicht hin, die Aufgaben der Erziehung eines Nachwuchses zu übernehmen, zu denen es auch in der Lage ist. Dabei mißt das Handwerk den Berufsschulen große Bedeutung zu und betont immer wieder, daß sich Betriebe und Schulen wirkungsvoll ergänzen. Die

Ausbildung in der Berufsschule bleibt daher neben der praktischen Werkstattlehre ein unentbehrlicher Teil der Erziehung. Die betriebliche Ausbildung der Lehrlinge (Auszubildenden) ist durch die überbetrieblichen Unterweisungsmaßnahmen des Handwerks ergänzt und erheblich vertieft worden. Ziel ist es, einen Ausbildungsstand zu erreichen, der den heutigen Anforderungen entspricht. Die Unterweisungslehrgänge der Lehrlinge gliedern sich wie folgt auf:

1. Einführungslehrgänge in das Berufsleben für Lehrlinge des ersten Lehrjahres zur Vermittlung von Grundfertigkeiten.
2. Ergänzungslehrgänge für Lehrlinge des zweiten und dritten Lehrjahres zur Vertiefung der Ausbildung in allen nach den fachlichen Vorschriften für das Lehrlingswesen erforderlichen Fertigkeiten und Tätigkeiten.
3. Zusatzlehrgänge, die der Anpassung der Auszubildenden an die technische Entwicklung ihres Handwerks dienen. Die in diesen Zusatzlehrgängen zur Vermittlung kommenden Fertigkeiten und Kenntnisse liegen in der Regel außerhalb des eigentlichen Lehrzieles.

Der Leistungswettbewerb

Seit dem Jahre 1951 wird der praktische Leistungswettbewerb der Handwerksjugend durchgeführt. Er dient dem Ziel, die Auszubildenden zu erhöhter Leistung anzuspornen, sie in der Ausbildungsarbeit zu unterstützen und zu fördern und damit das Leistungs- und Bildungsniveau zu heben. Es gibt Bundes-, Landes- und Kammersieger. Die ausgezeichneten Ergebnisse beweisen, daß die Ausbildungsbetriebe einen hohen Stand haben, daß aber auch die berufsbegleitenden Schulen vorbildliche Arbeit leisten.

Zehn Gebote der Lehrlingsausbildung

Wenn die Auszubildenden im Leistungswettbewerb der Handwerksjugend so gut abschneiden, dann ist es die Frucht der Ausbildung. Die handwerklichen Organisationen haben zehn Gebote zur Lehrlingsausbildung empfohlen:

1. Setz beim Lehrling nie zuviel voraus!
2. Zeig mehrere Arbeitsvorgänge nie zur gleichen Zeit!
3. Achte bei der Arbeitsverrichtung nur auf die Genauigkeit und nicht auf das Tempo!
4. Erklär die Arbeit nie allein mit Worten, sondern mache sie

selbst vor, lasse sie nachmachen und entsprechend langsam üben!
5. Gestatte ruhig, daß am Anfang Fehler gemacht werden!
6. Laß den Lehrling das Werkstück in seiner Gesamtschau erleben!
7. Laß im Lehrling nicht das beklemmende Gefühl aufkommen, daß er ständig überwacht wird!
8. Spar nicht mit Anerkennung für Leistung und Anstrengung!
9. Laß die Lehrlinge in einen gesunden Wettbewerb unter sich eintreten!
10. Sorg dafür, daß unter den Lehrlingen ein guter Kameradschaftsgeist herrscht!

Dem Meister zur Seite

Zwischen Meister und Gesellen stehen in vielen Betrieben die mithelfenden Familienangehörigen, die einen ansehnlichen Kräfteposten in der Beschäftigtenbilanz des Handwerks stellen. Ihre Domäne, und hierbei handelt es sich zumeist um Familienangehörige weiblichen Geschlechts, ist die Kundenbedienung und die Mitarbeit in allen kaufmännischen Angelegenheiten. Dabei stehen in den Handwerkszweigen mit offenem Ladengeschäft die Familienmitglieder an erster Stelle.
Neben dem Meister ist nach wie vor der Geselle die wichtigste Arbeitskraft im Handwerksbetrieb. Es wäre falsch, wenn man von der Beschäftigtenzahl auf die Betriebsgröße schließen wollte. Sie gibt, seit Motor, Mechanik und Automation überall Eingang gefunden haben, kein zureichendes Bild der Leistungskraft.
Die Zahl der Kräfte, die im Handwerk durch Maschinenkraft ersetzt worden sind, ist groß. Dadurch wurde der ursprüngliche Charakter des Handwerks in fast allen Zweigen grundlegend verändert. Besonders stark zugenommen hat die Automation im Holz- und Metallgewerbe, in den Nahrungs- und Genußmittelberufen, in allen Zweigen des Bauhandwerks und in vielen anderen, die gegenüber den großbetrieblich organisierten Berufsgruppen erheblich aufgeholt haben.
Was die Arbeitsorganisation angeht, so kann das Handwerk schon lange nicht mehr an der Arbeitsteilung vorbeikommen. Das gilt sowohl für das produzierende als auch das installie-

rende Handwerk. Natürlich läßt sich die Arbeitsteilung nicht so weit treiben wie in der industriellen Massenfertigung. Selbst in Berufen wie dem Schneiderhandwerk, wo diese Arbeitsteilung früher undenkbar war, ist sie üblich geworden. Auf diese Weise hat man die Fertigungszeiten erheblich reduzieren können.

So hat sich die Stellung des Meisters im Zuge der anders gearteten betrieblichen Organisation weitgehend gewandelt. Weder in der Werkstatt noch auf der Baustelle legt er, soweit er eine größere Anzahl von Mitarbeitern beschäftigt, noch ständig selbst Hand mit an. Man verlangt jedoch von ihm, daß er alle Fertigkeiten beherrscht und sie auch seinen Leuten vormachen kann. Die Schwerpunkte seiner Tätigkeit liegen bei der Auftragsbeschaffung, beim Einkauf, bei der Arbeitsvorbereitung, der Kalkulation, also vornehmlich bei disponierenden und koordinierenden Tätigkeiten, die nicht nur gründliches technisches Wissen, sondern auch unternehmerische Fähigkeiten voraussetzen.

Der gerechte Preis

Beim Handwerk des Mittelalters wurde der Preis von der Zunft oder vom Magistrat vorgeschrieben. Seither hat die Auseinandersetzung um den gerechten Preis nicht mehr aufgehört.

Ganz allgemein gesehen, hängt die Preisbildung für handwerkliche Erzeugnisse und Leistungen von Marktgegebenheiten und einzelbetrieblichen Berechnungen ab, sie wird aber auch durch den staatlichen Einfluß reguliert, denn die Belastungen für den einzelnen Handwerker sind immer größer geworden. Kostensteigende Elemente im Handwerk sind meist auf Einflüsse und Vorgänge zurückzuführen, die außerhalb des Handwerks liegen, also Erhöhung der Werkstoffpreise, Steigerung der Arbeitslöhne, Zunahme der steuerlichen und sozialen Lasten, wachsende Ansprüche der Kunden. Hier steht das Handwerk mit im Schatten der übrigen Partner am Wirtschaftsgeschehen. Es wehrt sich zwar durch seine Organisationen und Sprecher, muß sich jedoch mit den getroffenen Regelungen abfinden.

Wenn Kunden über die zu hohen Preise der Handwerker klagen, muß man an folgendes denken: Der Meister hat dem Ge-

sellen neben dem Fertigungslohn für die reine Arbeitszeit auch Lohn für gesetzliche Feiertage, im Krankheitsfall, während des Urlaubs, für innerbetriebliche Arbeiten, für unproduktive Zeiten zu zahlen. Hinzu kommen Weihnachtsgeld und vermögenswirksame Leistungen. Auf der Basis dieses Bruttolohnes wird der Arbeitgeberanteil zu den gesetzlichen Sozialabgaben hinzugerechnet.
Für die lohngebundenen Kosten ergibt sich erfahrungsgemäß ein Zuschlag auf den Arbeitslohn des Gesellen in Höhe von 50 bis 60%. Um seinem Gesellen also 9,40 DM zahlen zu können, müßte der Meister vom Kunden bereits 14,57 DM fordern.
Darüber hinaus entstehen in jedem Betrieb weitere Gemeinkosten, wie Aufwendungen für Verwaltungspersonal, Energie, Wasser, Betriebsversicherungen, Gewerbesteuer, Mieten und Heizung, Reparaturen an Gebäuden, Maschinen und Fahrzeugen, Porto und Telefon, Büromaterial, steuerliche Beratung, Kfz-Kosten, Zinsen und Diskonte, Abschreibungen und anderes mehr.
Nach der im Handwerk üblichen Kalkulation werden die Gemeinkosten durch Zuschlag auf den Stundenlohn verrechnet. Für einen Handwerksbetrieb, der weder besonders anlage- noch materialintensiv ist, kann ein Zuschlagssatz von insgesamt 150 Prozent auf den Gesellenlohn angenommen werden. Dieser Zuschlagssatz enthält rund 55 Prozent für lohngebundene Gemeinkosten, etwa 85 bis 90 Prozent für die übrigen Gemeinkosten und rund 5 bis 10 Prozent für Gewinn und Wagnis des Unternehmens.

Die Zahlungsmoral

Immer schon benötigte der Handwerksbetrieb Kapitalien zur Überbrückung von Außenständen. Es sei nur das Stichwort »Borgunwesen« gegeben. Schon im Mittelalter haben die Zahlungssitten der Handwerkerkundschaft Anlaß zur Klage gegeben. Hier hätte auch die heutige zielbewußte Berufspolitik noch ein weites Betätigungsfeld.
Nach wie vor bedient sich der Handwerker des Lieferantenkredits. Für die organisierte Kredithergabe stehen die Kreditgenossenschaften, die Sparkassen, die Banken und insbesondere die Volksbanken zur Verfügung. In Anspruch genommen werden sowohl kurzfristige wie langfristige Kredite.

Was die langfristigen Kredite angeht, so hat früher der Städte-Realkredit für das Handwerk Bedeutung gehabt. Er hat es heute noch, wenn auch in veränderter Form. Ein großer Teil selbständiger Handwerker hat Grund und Boden oder strebt ihn an.

Klagen über das Handwerk

Wenn sich das Handwerk auch um guten Service bemüht und weiß, daß der Stammkunde sein wertvollstes Kapital ist, so verstummen die Klagen über Unpünktlichkeit und mangelnden Kundendienst nicht. Das verbrauchsnahe Handwerk ist dieser Kritik besonders stark ausgesetzt.
Solche Klagen werden mit Nachdruck vorgetragen, weil man den Handwerker nicht nur als Geschäftsmann empfindet, sondern als Angehörigen eines traditionsreichen Berufsstandes, von dem man Berufsehre und Zuverlässigkeit erwartet.
Da Ärger das Urteil trübt, wird der Verdruß mit einzelnen Werkstätten oft auf das ganze Handwerk übertragen. Auch die Fehlleistungen von Schwarzarbeitern werden oft dem legalen Handwerk angekreidet.
Ehe man die Handwerker schilt, sollte man überprüfen, von wie vielen Handwerksberufen man zuverlässig, pünktlich und sachgemäß bedient wird. Man wird dann sicherlich Abstriche machen, so daß sich ein erörterungsfähiger Kern herausschält. Der Handwerkspublizist Dr. Arnold Zelle kommt zu folgender Betrachtung: »Das Verallgemeinern von Einzelfällen führt zu falschen Generalurteilen. ›Schwarze Schafe‹ gibt es überall. Schwierigkeiten überlasteter Handwerksbetriebe, besonders bei stoßweisem Auftragseingang, erschweren das Einhalten von Terminen. Klare Abmachungen über Leistung und Preis bewahren oft vor wirklichen oder vermeintlichen Enttäuschungen.
Grob unlauteres Verhalten und offensichtlich unzulängliche Arbeit sollte sich niemand gefallen lassen. Für die Bereinigung von Streitfällen gibt es bei Kreishandwerkerschaften und Handwerkskammern Gütestellen, die zwar keine Gesetzesgewalt, aber Erfahrung und Autorität besitzen. Bei den Handwerkskammern kann man vereidigte Sachverständige in Anspruch nehmen.
Wer schlechte Erfahrungen macht, möge nicht auf das Hand-

werk allgemein schelten, sondern sich einen besseren Handwerker aussuchen.«

Umgang mit Handwerkern

Die »Aktion modernes Handwerk«, die sich Verdienste um das Ansehen des Handwerks erworben hat und die Leistungsfähigkeit des Handwerks noch sichtbarer machen möchte, gab Tips für den Umgang mit Handwerkern. Sie sollen Geld, Zeit und Ärger sparen.

1. Holen Sie bei größeren Aufträgen von mehreren Handwerkern Kostenvoranschläge ein. Schriftlich.
2. Lassen Sie sich wenigstens – auch bei kleinen Aufträgen – vorher den Stundenverrechnungspreis aufgeben.
3. Lassen Sie sich vom Handwerker einen Stundenlohnzettel vorlegen, damit Sie die aufgewendete Zeit quittieren können. Behalten Sie eine Durchschrift dieses Zettels.
4. Bedenken Sie, daß auch die An- und Abfahrzeit voll verrechnet wird. Deshalb suchen Sie sich möglichst einen Handwerker in Ihrer Nähe.
5. Wenn Sie keinen Handwerker kennen, rufen Sie bei der nächstgelegenen Innung, Kreishandwerkerschaft oder Handwerkskammer an und fragen nach ein paar Anschriften.
6. Machen Sie im Gespräch mit Handwerkern möglichst genaue Angaben über Art und Umfang des Auftrages, damit Zeit-, Werkzeug- und Materialbedarf deutlich werden.
7. Vereinbaren Sie einen vertretbaren Termin und fordern Sie, daß Sie bei unvorhergesehener Nichteinhaltung rechtzeitig benachrichtigt werden.
8. Hinterlassen Sie deshalb eine Rufnummer, unter der man Sie erreichen kann.

Der vielseitigste Wirtschaftszweig

Mit Recht sagt das Handwerk, daß es der vielseitigste deutsche Wirtschaftszweig sei. Seine Funktionen und Arbeitsgebiete kann man fünffach unterteilen:

1. Dezentralisierte Erzeugung von Produktionsmitteln für den individuellen Bedarf. Dazu gehören Möbel, Hausrat, Fleisch- und Backwaren, Kleidung, Schmuck, Lederwaren, Musikinstrumente, Spielwaren, kunsthandwerkliche Erzeugnisse, Maschinen, Geräte, Apparate, Instrumente.

2. Anbringung, Montage und Anpassung mit Arbeiten von Installateuren, Elektro-Installateuren, Klempnern, Schlossern, Augenoptikern u.a.
3. Sachwerterhaltung und Güterpflege durch Reparatur, Instandhaltung, Anstrich, Reinigung u.a.
4. Dienstleistungen sachlicher Art, wie etwa das Färben, oder persönlicher Art, wie die Tätigkeit des Friseurs.
5. Handel mit einschlägigen Industrieerzeugnissen. Hier gehört das Handwerk zum Verteilerapparat der Industrie. Es wartet und repariert gleichzeitig.

Ein Zug von Braunschweig bis Bonn

Die Beschäftigtenzahlen von rd. 4000000 im Handwerk wurden von einem Handwerksjournalisten anschaulich gemacht. Er sprach von einer Zuglänge von Braunschweig bis Bonn, also über rd. 300 km. Der Vorbeimarsch dieses Zuges würde 3 Tage und 3 Nächte dauern.

Die Zukunft des Handwerks
hängt von der Gemeinschaftsleistung
aller Handwerker ab.
Klaus-Joachim Kübler

Das Zukunftsbild des Handwerks

Die Lebensfähigkeit des Handwerks

Im Jahre 1975 arbeiteten über zwanzig Prozent aller selbständigen Handwerker in Berufen, die es im Jahre 1900 noch nicht oder nur in unbedeutenden Anfängen gab. Gedacht sei hier an die Elektroberufe, an die Kfz-Mechaniker, an die Rundfunk- und Fernsehtechniker, an die Büromaschinenmechaniker und Hörgeräteakustiker, um nur einige zu nennen. Noch bemerkenswerter ist die Tatsache, daß in all diesen Handwerken etwa die Hälfte aller Lehrlinge ausgebildet wird.

Von den Anfang dieses Jahrhunderts selbständigen Handwerkern übten zehn Prozent Berufe aus, die es als Handwerk heute nicht mehr oder nur noch selten gibt, wie Drechsler, Gerber, Hutmacher, Holzschuhmacher, Küfer, Mühlenbauer.

Die Bekleidungsberufe machten damals ein Drittel des Betriebsbestandes aus und stellen heute nur noch etwa einen Anteil von acht Prozent.

Im Zuge des technischen Fortschritts und einer darauf zwangsläufig folgenden Spezialisierung haben sich viele Berufe auf neue Arbeitsbereiche umgestellt. Stellmacher sind Karosseriebauer geworden, Sattler und Polsterer haben sich in Raumausstatter verwandelt, und der Orthopädieschuhmacher übt auf der Grundlage eines uralten Berufes ein ganz neues Handwerk aus.

Aufgrund dieser Wandlung stellt der Hauptgeschäftsführer der Handwerkskammer Köln, Dr. Werner Kind, folgende Betrachtung an: »Wer eine Vision des Jahres 2000 versucht, muß das Bild des Handwerks mit viel Phantasie malen. Es kann keine Fotografie des Handwerks von heute sein.

1949 gab es in der Bundesrepublik rund 900000 Handwerksbetriebe, die mit 3,2 Millionen Beschäftigten 21 Milliarden DM umsetzten. Heute gibt es nur noch 500000 Betriebe, die jedoch mit 4 Millionen Beschäftigten 260 Milliarden DM Umsatz erwirtschaften.

Der Anteil des Handwerks an der jährlichen Steigerung des Sozialprodukts war immer überproportional bemessen. Gewiß, die Zahl der Betriebe ist stark zurückgegangen, aber die Beschäftigtenziffer gestiegen. Waren 1949 durchschnittlich drei Handwerker in einem Betrieb tätig, sind es heute acht. Mit dieser Konzentration und steigenden Produktivität ist die Wirtschaftskraft des Handwerks enorm gestiegen.

Sicherlich beweist der Status des deutschen Handwerks in der Gegenwart eine ganz erstaunliche Anpassungsfähigkeit. Es ist offensichtlich, daß das Handwerk die Probleme des technischen Fortschritts nicht nur bewältigt, sondern sich die technologische Entwicklung voll dienstbar macht.
Das gilt für die Betriebsausstattung, die sich in einer gewaltigen Steigerung des Energieverbrauchs und in beachtlichen Investitionssummen ausdrückt. Das setzt eine ständig steigende Qualifikation des Handwerkers in seinen handwerklichen Fertigkeiten voraus. Die Maschine ersetzt nicht den Handwerker, sie entlastet ihn und steigert seine Produktivität.
Seiner Natur nach ist der Handwerker Techniker, der bewährte und modernste Arbeitsmethoden beherrschen muß. Er ist zuverlässiger Sachverständiger in Material, ob es sich um Natur- oder Kunststoff handelt.
Viele Handwerker besitzen große gestalterische Fähigkeiten, andere sind geschickte Improvisatoren. Der handwerkliche Unternehmer ist durchwegs wirtschaftlich erfolgreich, ja, er repräsentiert einen spezifischen Typ des deutschen Unternehmers.
Seine Anpassungsfähigkeit setzt Urteilsvermögen und Risikobereitschaft, kreativen Sachverstand und dispositive Sicherheit voraus.
Solche Eigenschaften können sich aber nur in einer marktwirtschaftlichen Ordnung entfalten. Eine halbe Million mittelständischer Unternehmungen des Handwerks wirtschaften in breitester Streuung in unmittelbarer Verbrauchernähe. Ihre Anpassung bedeutet das Eingehen auf Verbraucherwünsche, auf Bedarf und Nachfrage.
Ob das Handwerk in seiner heutigen Verfassung dauerhaft Bestand haben wird, stellt sich weniger als technisch-ökonomisches Problem, sondern als politische Frage. Die verblüffende Anpassungsfähigkeit und imponierende Dynamik sprechen für die Lebensfähigkeit des Handwerks.«

Wünsche und Forderungen

Am 13. Juli 1976 erläuterte Handwerkspräsident Schnitker im Hinblick auf die Bundestagswahlen die Wünsche und Forderungen des von ihm vertretenen Berufsstands mit 4 Millionen Beschäftigten.

Der Wunschkatalog des Handwerks war gekennzeichnet von Vorstellungen, die sich auf den gemeinsamen Nenner »Organischer Fortschritt« bringen ließen. Fortschritt in Maßen wurde gefordert in den Bereichen Wirtschafts- und Ordnungspolitik sowie Wettbewerbs- und Strukturpolitik. Eine Rückkehr zu größerer Sparsamkeit forderte das Handwerk hingegen für die Haushalts- und Steuerpolitik, auf Gebieten also, auf denen in den vergangenen Jahren ungesunde und teils explosionsartige Ausweitungen zu beobachten waren.
Die Wirtschaftsordnung der Bundesrepublik verteidigte das Handwerk als ein Ordnungssystem, das wie kein anderes optimale ökonomische Effizienz und Verteilungsgerechtigkeit mit einem Höchstmaß an Freiheit verband. Deshalb erwarte das Handwerk von allen Parteien des neuen Bundestages und von der neuen Bundesregierung, daß sie Angriffen auf diese Marktwirtschaft konsequent entgegentreten würden.
Leistungswettbewerb und Leistungswillen müßten fortentwikkelt werden, wünschte Schnitker. Dem Verdrängungswettbewerb durch immer stärker expandierende Großbetriebe sollte durch die Verbesserung des Gesetzes gegen Wettbewerbsbeschränkungen begegnet werden. Auch die Baunutzungsverordnung müßte mit dem Ziel novelliert werden, insbesondere in neu entstehenden Wohngebieten auch Handwerksbetrieben Finanzierungs- und Ansiedlungsmöglichkeiten zu sichern. Das Handwerk sähe in der Sicherstellung eines fairen und wirksamen Wettbewerbs zwischen unterschiedlichen Betriebsgrößen eine wichtige Aufgabe des Staates.
Das von der Bundesregierung überarbeitete »Aktionsprogramm zur Leistungssteigerung kleiner und mittlerer Unternehmen« fand die Zustimmung des Handwerks mit der Einschränkung, daß Strukturpolitik nicht zum Instrument dirigistischer Eingriffe in die Unternehmensentscheidungen werden dürfte. Für die ländlichen Gebiete müßte eine Mindestausstattung mit Infrastruktureinrichtungen gesichert werden.
Großes Gewicht legte das Handwerk dem Komplex Betriebs-Neugründungen bei. Hier forderte Schnitker die Fortführung der seitherigen Finanzierungsprogramme und zusätzliche Beihilfen, um ein weiteres Absinken der Zahl der Handwerksbetriebe zu verhindern. Als zusätzliche Hilfen wurden

genannt: Ausweitung der Kreditprogramme sowie Anpassung der Bürgschafts- und Kreditbedingungen an die Praxis, der Stärkung der Kreditgarantiegemeinschaften und Förderung handwerklicher Selbsthilfeeinrichtungen.
Als nach wie vor unbefriedigend empfand das Handwerk die Praxis bei der Vergabe öffentlicher Aufträge. Kleine Unternehmen würden dabei trotz gewisser Verbesserungen auf diesem Gebiet benachteiligt.
Mit der Gewerbeförderung wollte das Handwerk Selbsthilfemaßnahmen der Betriebe aktivieren, die dem Erhalt und der Steigerung der Leistungsfähigkeit der Unternehmen dienten. Unternehmensberatung, Führungslehrgänge, Forschung und Entwicklung gehörten ebenso zu diesen Maßnahmen wie Förderung von Kooperation, Absatz, Messen bzw. Ausstellungen, berufliche Aus- und Weiterbildung sowie überbetriebliche Unterweisung.
Die Finanz- und Steuerpolitik der letzten Jahre betrachtete das Handwerk mit großer Sorge. Die Staatsausgabenquote am Sozialprodukt erreichte 1975 die Rekordmarke von 48,2%. Ebenso sprunghaft stiegen die Personalkosten im öffentlichen Dienst, andererseits fielen die investiven Staatsausgaben zurück. Die Schuldendienstbelastung zukünftiger Haushalte stieg bedrohlich. Das Handwerk forderte, daß die Staatsquote am Sozialprodukt zurückgeführt, die konsumtiven Staatsausgaben zugunsten der Investitionen gesenkt und der Umfang staatlicher Tätigkeit auf ein vernünftiges Maß beschränkt werde.
Das Handwerk hätte kein Verständnis dafür, sagte Schnitker, wenn anstelle der dringend erforderlichen weitergehenden Revision der Staatsausgaben der bequemere Weg von Steuererhöhungen eingeschlagen werde.
Was die Mehrwertsteuer anging, so forderte Schnitker eine Novelle. Wettbewerbsnachteile sollten in Bereichen des Handwerks beseitigt werden. Die Steuergesetzgebung dürfte die Investititonsmöglichkeit der Wirtschaft nicht weiter beschränken.
In diesem Zusammenhang forderte das Handwerk die Einführung einer auf den Mittelstand zugeschnittenen Investitionsrücklage. Von allen diskutierten steuerlichen Maßnahmen zur

Entlastung kleiner und mittlerer Unternehmen stellte eine der Höhe nach begrenzte Investitionsrücklage für das Handwerk und den Mittelstand die wirksamste Methode mit der größten Breitenwirkung dar.

Immer umfangreicher lasteten Melde-, Berichts- und Auskunftspflichten neben Steuer-, Sozialversicherungs-, Beitrags- und Umlageverpflichtungen auf den Betrieben. Kleine und mittlere Unternehmen würden davon besonders hart getroffen. Das Handwerk wiederholte deshalb seine Forderung, die Kostenbelastung der Betriebe durch solche unbezahlten Hilfsarbeiten fundiert untersuchen zu lassen und den betroffenen Unternehmen zumindest pauschal über einen Steuerbonus eine Entlastung zu gewähren.

Soziale Sicherung hätte nach Auffassung Schnitkers nicht nur für Arbeitnehmer da zu sein, sondern für alle Bürger einschließlich der Selbständigen und der besonders schutzbedürftigen Randgruppen. Eine Absicherung gegen jedes denkbare Risiko wäre aber nicht finanzierbar. Die Sozialpolitik müßte sich daher in erster Linie auf die Absicherung der Grundrisiken konzentrieren und einen vernünftigen Spielraum für Eigenvorsorge und Selbstverantwortung erhalten oder wiederherstellen.

Die Sozialkosten wären gerade in den lohnintensiven mittelständischen Betrieben in den letzten Jahren erdrückend angestiegen. Das Handwerk forderte deshalb, sozialpolitische Vorhaben auf Kostenbelastung der Wirtschaft hin zu untersuchen. Die besondere Belastung lohnintensiver Betriebe durch die Lohnbezogenheit der Sozialkosten bedürfte einer erneuten wissenschaftlichen Untersuchung, da die bisherigen Untersuchungen im Zeichen anderer Gegebenheiten standen.

Die Berufsbildung müßte endlich befreit werden von ideologischem Ballast. Die Anstrengungen der Wirtschaft, den Jugendlichen qualifizierte Ausbildungsplätze in ausreichender Zahl zur Verfügung zu stellen, müßten unterstützt, nicht behindert werden.

Viel zu lange wäre der gymnasiale Bildungsweg zum einzigen Leitbild der Bildungspolitik erhoben worden. Demgegenüber hielte das Handwerk fest an seiner Forderung nach Ebenbürtigkeit und Gleichwertigkeit von beruflicher und allgemeiner

Bildung – auch bei der finanziellen Ausstattung. Das Berufsbildungsgesetz von 1969 könnte dazu als Basis dienen.
Zur Finanzierung verwies Schnitker auf seinen Vorschlag, jeder an der Berufsbildung beteiligte Partner sollte die in seinem Bereich entstehenden Kosten übernehmen, d.h., die Betriebe bezahlten die betriebliche Ausbildung, der Staat die Kosten der Berufsschule, und die Kosten der überbetrieblichen Ausbildung trügen Bund, Land und Betrieb je zu einem Drittel.
Handwerkspräsident Schnitker erklärte, daß die Handwerksorganisationen von den Innungen bis zu den Spitzenverbänden auf demokratischer Basis arbeiteten. Ihre Aufgabe wäre es in erster Linie, den kleinen und mittleren Betrieben im Wettbewerb und in allen anderen für sie lebenswichtigen Fragen zu helfen. Deshalb stieße die Forderung der Gewerkschaften nach Wirtschafts- und Sozialräten auf klare Ablehnung des Handwerks, weil dadurch an die Stelle einer ausgewogenen, von unten nach oben gewachsenen Selbstverwaltung das Rätesystem treten würde, das seine Unfähigkeit zur Lösung solcher Fragen schon zweimal in der deutschen Wirtschaftsgeschichte bewiesen hätte. Wer solche Pläne verfolgte, müßte sich darüber klar sein, daß er damit zwangsläufig die Diskussion um die Errichtung von Arbeitnehmerkammern wieder belebe.
Abschließend betonte Schnitker, daß das Handwerk mit allen politischen Kräften loyal und offen zusammenarbeiten würde, die auf dem Boden des Grundgesetzes stünden und die soziale Marktwirtschaft bejahten.

Entwicklungstendenzen

Heinrich Kolbenschlag, langjähriger Generalsekretär des Zentralverbandes des Deutschen Handwerks, hat sich mehrfach zu den Entwicklungstendenzen im Handwerk geäußert. Seiner Ansicht nach werden sie für die einzelnen Gewerbe durch folgende Faktoren bestimmt:
Bau- und Ausbaugewerbe: Die strukturelle Neugestaltung des deutschen Lebens- und Wirtschaftsraumes, die Sanierung von Städten und Dörfern, die Erschließung neuer Verkehrswege, die Umgestaltung des innerstädtischen Verkehrs wird starken Einfluß auf die Nachfrage nach Bauleistungen haben.
Das Baugewerbe, das mit allen seinen Zweigen einen Anteil von 40% des handwerklichen Gesamtumsatzes aufweist, muß

sich noch stärker als bisher auf neue, arbeits- und kostensparende Methoden einstellen. Aller Wahrscheinlichkeit nach wird dieses Gewerbe trotz Rationalisierung und Mechanisierung eine handwerkliche Domäne bleiben. Die Nachfrage nach seinen Leistungen hängt nicht nur von der eigentlichen Bauproduktion ab, sondern ebenso von der Entwicklung der Masseneinkommen.

Die *Investitionsgüterhandwerke* haben, so Kolbenschlag, etwa einen Umsatzanteil von 25% am handwerklichen Gesamtumsatz. Das Anwachsen der industriellen Unternehmensgrößen und die zunehmende technische Spezialisierung werden zu einer verstärkten Zulieferertätigkeit des Handwerks führen.

In der Verbindung von Reparaturmöglichkeit und Handel werden die Handwerksbetriebe dem reinen Handel absatzmäßig überlegen sein. Der Bedarf an *Herstellung und Reparatur von Maschinen*, Werkzeugen, Instrumenten und anderen Einrichtungen individueller Prägung wird im Hinblick auf die weitere Technisierung und Mechanisierung von Betrieben und Haushalten zunehmen. Hinsichtlich der Reparaturtätigkeit ist zu beachten, daß auch hier ein immer stärkerer Wandel vom »Gebrauchsgut zum Verbrauchsgut« erfolgen wird. Es wird weniger repariert und mehr ausgetauscht werden.

Beim *Bekleidungs-, Textil- und Ledersektor* wird der handwerkliche Marktanteil absolut und relativ zurückgehen. Konfektion und Maßkonfektion werden die handwerkliche Produktion weiter einengen. Zwar wird die Herstellung hochwertiger Maßkleidung nicht nur erhalten bleiben, sondern sich noch verstärken, was aber zu keinem Ausgleich führen wird. Soweit metall- und holzverarbeitende Betriebe Konsumgüter herstellen, werden wachsende Absatzmöglichkeiten nur für den gehobenen Bedarf vorliegen.

Auf dem *Nahrungsmittelsektor* werden Warenhäuser, Supermärkte und Verbrauchermärkte den handwerklichen Marktanteil durch preisgünstige zentrale Produktionen verringern. Kolbenschlag ist der Ansicht, daß ein Einpendeln auf einer Ebene erfolgen wird, die von der Lagerfähigkeit, der Verderblichkeit der Waren und dadurch, daß die dezentrale Kleinproduktion dem Druck fixer Kosten nicht im gleichen Maße ausgesetzt sei, bestimmt werden könne.

Im Gegensatz zu *Bäckern* und *Fleischern* werden die Konditoren eine echte Wachstumschance haben, die mit dem steigenden Lebensstandard zusammenhängt, während *Müller* und *Brauer* durch die sich zu großwirtschaftlichen Formen entwikkelnde Ernährungsindustrie zurückgedrängt werden.
Von der technischen Entwicklung und dem Konkurrenzdruck der Industrie nahezu unberührt, würden, wie Kolbenschlag sagt, die sogenannten *Kunsthandwerke* sowie alle schmückenden Gewerbe ihre Existenz behalten. Ihre weitere Entwicklung hänge von den wachsenden Masseneinkommen und der damit verbundenen Neigung, individuellen Bedarf zu entwikkeln, ab. Natürlich müßten auch sie die notwendige Rationalisierung ihrer Arbeit ernsthaft betreiben und sich steigenden Qualitätsanforderungen stellen.

Die Konjunkturabhängigkeit des Handwerks

Entgegen bisherigen Erkenntnissen ist die kurzfristige wirtschaftliche Entwicklung des Handwerks stark konjunkturabhängig.
Die prozyklischen Schwankungen im Handwerk übersteigen z.T. beträchtlich die von Industrie und Einzelhandel, und es kann nicht mehr generell von einer verzögerten Anpassung des Handwerks an konjunkturelle Veränderungen gesprochen werden.
Die bisher vertretene Stabilisatorhypothese gilt im wesentlichen nur noch für die Konsumgüter-Handwerke und für die konsumverbundenen Dienstleistungen, dagegen nicht beim überwiegenden Teil der Investitionsgüter-Handwerke und bei investititonsverbundenen Dienstleistungen.
Das sind die wichtigsten Ergebnisse einer vom Seminar für Handwerkswesen im Deutschen Handwerksinstitut an der Universität Göttingen erarbeiteten Studie, die für die Zukunft erwartet, daß diese gespaltene Konjunkturabhängigkeit des Handwerks weiter zunehmen wird (»Die Konjunkturabhängigkeit des Handwerks« von K.-H. Schmidt und »Die Konjunkturabhängigkeit von Klein- und Mittelbetrieben im Baugewerbe« von K. Aßmann).
Beide Untersuchungen zeigen, daß der Grad der Konjunkturabhängigkeit im Bereich der kleinen und mittleren Unternehmen nach Zweigen, Betriebsgrößen und Entwicklungsphasen

der Wirtschaft differenziert ist. Zudem weisen sie auf »Leitvariable« für die konjunkturelle Entwicklung der kleinen und mittleren Unternehmen hin und bieten damit Anhaltspunkte für die Konjunkturbeobachtung, Konjunkturforschung und Konjunktursteuerung.
Zwei Hypothesen über die kurzfristige Entwicklung des Handwerks werden auf der Grundlage neuer konjunkturstatistischer Daten geprüft:

1. Die »Stabilisatorhypothese«, der zufolge das Handwerk – und im weiteren Sinn die Klein- und Mittelbetriebe – zur Stabilisierung der Konjunktur beitragen, weil sie anpassungsfähiger sind als Großunternehmen.
2. Die »Krisenverstärkerhypothese«, nach der das Handwerk nicht nur unfähig ist, konjunkturstabilisierende Wirkungen zu entfalten, sondern durch kumulative Prozesse zur Verstärkung von Krisen beiträgt, etwa durch Flucht in die Selbständigkeit, handwerkliche Schwarzarbeit und stärkere Eigenproduktion bei sinkender privater Nachfrage, die die ohnehin sinkende Marktnachfrage nach Gütern und Leistungen des Handwerks in der Rezession zusätzlich vermindert.

Weitere Ergebnisse der Analyse sind:
Der Beitrag des Handwerks zur Stabilisierung der Konjunktur wird nur unter der Bedingung gewährleistet bleiben, daß die staatliche Wirtschafts- und Sozialpolitik stärker als bisher eine strukturpolitisch orientierte Einkommens- und damit Nachfragestabilisierungspolitik betreibt. Die wirtschaftspolitische Maxime der Globalsteuerung allein wird der unterschiedlichen handwerklichen Konjunkturentwicklung nicht gerecht.
Für das Baugewerbe wird anhand der jährlichen Veränderung der Betriebe, Beschäftigten und Umsätze nachgewiesen, daß die konjunkturellen Schwankungen der Nachfrage nach Bauleistungen die kleinen und mittleren Unternehmen des Baugewerbes tendenziell in geringerem Maße beeinflußten als die großen Unternehmen dieses Wirtschaftsbereichs.
Eine weitere Abnahme der Konjunkturabhängigkeit in diesem Bereich kann nur durch eine verstärkte wirtschaftspolitische Struktursteuerung erreicht werden. Gerade die öffentlichen

Bauinvestitionen, die Verkürzung der Baugenehmigungsverfahren und im besonderen die Tiefbauaufträge der öffentlichen Hand sind als ausschlaggebende »Leitvariable« für die wirtschaftliche Entwicklung der handwerklichen Klein- und Mittelbetriebe im Bau- und Ausbaugewerbe für den Grad der Konjunkturabhängigkeit bzw. -stabilisierung verantwortlich.
Im Bereich der übrigen Investitionsgüterhandwerke und der investitionsverbundenen Dienstleistungen hat sich die Konjunkturabhängigkeit der Klein- und Mittelbetriebe zunehmend verstärkt. Die zu erwartende weitere Verstärkung dieser Entwicklung geht wesentlich vom Zulieferbereich aus, der durch eine zunehmende Anbieter-, Produkt- und Abnehmerspezialisierung gekennzeichnet ist. Durch diesen Prozeß werden die konjunkturellen Schwankungen der Investitionen und der Nachfrage nach Investitionsgütern relativ früh auf die »Zulieferhandwerke« übertragen.
Insgesamt machen diese Entwicklungen eine kontinuierliche und koordinierte Konjunkturbeobachtung besonders in den umsatzstarken und konjunkturabhängigen Zweigen der gewerblichen Wirtschaft unter stärkerer Berücksichtigung der Konjunkturbeobachtung im Handwerk erforderlich. Darüber hinaus sollte eine wirtschaftspolitische Struktursteuerung entwickelt werden, welche die strukturellen Voraussetzungen für eine stetige und nachfragegerechte Entwicklung des Handwerks verbessert.

Die handwerkliche Versorgungsstruktur

Eine vom Seminar für Handwerkswesen an der Universität Göttingen erarbeitete Untersuchung zur Frage regionaler Angebotslücken im Handwerk zeigt, daß zwischen der Versorgung der Bevölkerung mit handwerklichen Gütern und Leistungen in Stadt und Land erhebliche Unterschiede bestehen. Vor allem in Landgebieten zeigt sich eine Unterversorgung, deren Ursache in einer Landflucht der Handwerker zu suchen ist. Nach dieser Untersuchung soll die Betriebsdichte im Handwerk in den Landkreisen zwar noch um ein Drittel höher als in den kreisfreien Städten sein, aber die Zahl der dort ansässigen Betriebe verringert sich schneller als in den Städten. Die handwerkliche Beschäftigungsdichte in den Städten wiederum ist höher als auf dem Land.

Wenn sich diese Entwicklung fortsetzt, dann werden die flächenmäßig großen und dünn besiedelten Räume mit relativ vielen kleinen Handwerksbetrieben bald einen spürbaren Fehlbestand an Handwerksunternehmen haben, während in den Städten die Konzentration der Betriebe fortschreitet.
Diese Erkenntnisse müssen vor dem Hintergrund einer anderen Untersuchung über die Veränderungen der privaten Nachfrage gesehen werden. Hier wird nämlich deutlich, daß sich alles in allem für das Handwerk positive Entwicklungen abzeichnen. Das real verfügbare Einkommen und dementsprechend die Verbrauchsausgabe der privaten Haushalte haben sich verdoppelt. Die privaten Konsumausgaben für Güter und Dienstleistungen sind davon erheblich betroffen.
Bei Nahrungs- und Genußmitteln scheint zwar der Sättigungsgrad erreicht zu sein, bei Körper- und Gesundheitspflege sowie persönlicher Ausstattung, dazu gehören Kraftfahrzeug, Radio- und Fernsehwartung, ist eine deutliche Ausweitung der Nachfrage festzustellen.
Die Untersuchungen ergaben, daß das Einkommensgefälle zwischen Stadt und Land noch stark zugunsten der Stadt ausgeprägt ist. Das trifft auch für die Nachfrage nach handwerklichen Gütern und Leistungen zu.

Verjüngung der Selbständigen

Die »Prognos AG«, Basel, sagte in einer Untersuchung im Auftrag des Bundeswirtschaftsministeriums, daß die Situation der kleinen und mittleren Unternehmen gegenwärtig in allen marktwirtschaftlich organisierten Ländern Gegenstand von Untersuchungen und Diskussionen sei.
Im einzelnen kommt die Analyse zu dem Ergebnis, daß die Bereitschaft zur Selbständigkeit nicht abnimmt, sondern daß in allen Wirtschaftsbereichen eine Verjüngung der Selbständigen zu beobachten ist. Die Abnahme der Selbständigenzahlen hängt nach Meinung von »Prognos« im wesentlichen mit der Verschiebung des Wirtschaftsgefüges zusammen. Hierbei handelt es sich um einen normalen marktwirtschaftlichen Vorgang.
Der allgemeine wirtschaftliche und soziale Strukturwandel engt die Möglichkeiten zum Aufbau neuer selbständiger Existenzen ein. Die Konzentration der Bevölkerung bietet immer

weniger Ansatzpunkte zum Aufbau neuer Unternehmen. Gleichzeitig steigen die Kosten für die Übernahme oder für den Aufbau eines Unternehmens, so daß immer größere finanzielle Schwierigkeiten entstehen.
Bis zum Jahre 1985 wird für die Bundesrepublik folgende Entwicklung prognostiziert: Die Zahl der Unternehmen mit 1–9 Beschäftigten wird weiter abnehmen, jedoch deutlich langsamer. Die Zahl der Unternehmen mit 10–50 Beschäftigten wird zunehmen, und die Zahl der rechtlich selbständigen Unternehmen wird bis 1985 nur noch wenig zurückgehen.

Das Handwerk in der Welt von morgen

Der Leiter des Heinz-Piest-Instituts für Handwerkstechnik an der Technischen Hochschule Hannover, Dr. Bodo Delventhal, sieht die Welt von morgen aus der Sicht des Handwerks so: Der technische Fortschritt wird an Umfang und Intensität zunehmen, die Mechanisierung wird fortschreiten, ebenso die Automatisierung der Produktion und Verwaltung. Die Informationsmöglichkeiten werden umfangreicher und besser, es ist mit einer weiteren Zunahme des Kraftfahrzeugverkehrs zu rechnen, und die Elektronik wird ständig weiter vordringen.
Eng mit dem technischen Fortschritt hängen der Trend zur Unternehmenskonzentration und die steigende Bedeutung größerer supranationaler Märkte zusammen. Wirtschaft und Technik werden ihren nationalen Charakter mehr und mehr verlieren, und während in den westlichen Ländern ein Zug zur Planifikation und Vergesellschaftung festzustellen ist, macht sich in den Ostblockstaaten eine gewisse Liberalisierung bemerkbar. Nicht mehr das Gefälle von West nach Ost wird erheblich sein, sondern das von Nord nach Süd, das heißt von den hochindustrialisierten Ländern zu den Entwicklungsländern.
Für das Handwerk insbesondere prophezeit Bodo Delventhal eine zunehmende Mechanisierung, die eine Verteuerung der Arbeitsplätze nach sich ziehe und eine wachsende Spezialisierung bringe. Das aber bedeute eine gewisse Einbuße an Elastizität der Betriebe und eine höhere Belastung durch fixe Kosten.
Der Meister, so sagt Delventhal, wird zukünftig in erster Linie eine Unternehmerfunktion zu erfüllen haben und nicht mehr selber an der Werkbank stehen können. Viele Tätigkeiten, die

bislang von Facharbeitern und Gesellen ausgeführt werden, werden an angelernte Kräfte oder Helfer übergeben.
Wo ein Massenbedarf besteht oder geweckt werden kann, wird dieser in verstärktem Maße durch die hochmechanisierte und automatisierte Industrie gedeckt werden, und hier muß das Handwerk mit Einbußen rechnen.
Zunehmende Bedeutung wird die Kooperation des Handwerks mit der Industrie gewinnen. Neben den bewährten Formen gilt es hier, neue Möglichkeiten zu entwickeln. Das Ziel solcher Kooperation im Handwerk muß das verbrauchergerechte Angebot sein. Beispiele hierfür bieten besonders das Baugewerbe und die Installationshandwerke.
Delventhal sieht im Hinblick auf diese Aufgaben neue Anforderungen, die an die Handwerksorganisationen gestellt werden müssen. Um diesen Anforderungen gerecht zu werden, bedürfe es leistungsstarker Dienststellen. Diese aber könnten nur auf dem Wege der Konzentration entstehen, eine Konzentration, die sich besonders auf Innungen und Kreishandwerkerschaften auswirken müsse.

Walter Scheel über das Handwerk

»Demokratischer Staat und freie Wirtschaft gehören zusammen. Eine freie Wirtschaft, die sich ohne staatlichen Dirigismus entwickelt, braucht neben der industriellen Produktion selbständige Mittel- und Kleinbetriebe, wie sie unter dem Dach der Handwerksorganisation vereinigt sind. Daher haben sich auch die Prophezeiungen, die den Handwerkern wie dem gesamten Mittelstand den wirtschaftlichen Ruin voraussagten, nicht erfüllt.
Der Berufsstand ist ein unverzichtbarer und wichtiger Bereich unserer modernen Wirtschaft. Der Beitrag zum Sozialprodukt beträgt mehr als 11%, eine Zahl, die an Bedeutung noch gewinnt, wenn man hinzufügt, daß der Beitrag des Einzelhandels 6%, der der Landwirtschaft 3,5% beträgt.
Ein solches Ergebnis ist dem Handwerk nicht wie eine reife Frucht zugefallen. Hinter den genannten Zahlen stehen die Fähigkeit zur Anpassung, technisches und handwerkliches Können, vor allem aber Leistungsbereitschaft.
Die berufliche Bildung des Handwerks muß eingeordnet werden in die Gesamtbildungspolitik. Ihre Ergebnisse entscheiden

über die Entwicklung unserer Gesellschaft, über unser aller Zukunft.
Ein leistungsfähiges Bildungssystem kostet Geld. Aber nur in einer leistungsfähigen Wirtschaft kann dieses Geld erarbeitet und bereitgestellt werden. Die Erfüllung berechtigter Ansprüche der Bürger im Bildungsbereich erfordert also ein unmißverständliches Ja zur Leistungsgesellschaft, für die auch der unternehmerische Gewinn keine Erfindung des Teufels ist.
Das Handwerk ist der vielseitigste Wirtschaftsbereich. Sein Beitragsfeld umfaßt Dienstleistungen aller Art, und diese Vielfalt bringt es mit sich, daß die konjunkturelle Lage in den einzelnen Sparten nicht einheitlich ist.
Es ist der große Vorteil einer Demokratie, daß Fehlentwicklungen offen zutage treten und beim Namen genannt werden können. Eine sich ständig selbst kontrollierende, sich selbst korrigierende Gesellschaft ist die Voraussetzung für einen politisch, sozial und wirtschaftlich gesunden Staat.«

In einer bewegten Zeit,
in der viele Wertmaßstäbe verlorenzugehen
drohen, ist das Handwerk mit
seinen Berufsstandsorganisationen
eine Gemeinschaft mit gültigen
Ordnungsprinzipien geblieben
Heinrich Frommknecht

Organisationen des Handwerks und ihre Vertreter

Zentralverband des Deutschen Handwerks

Präsidium

Präsident:
Paul Schnitker
Präsident der Handwerkskammer Münster
Bismarckallee 1, 4400 Münster

Vizepräsidenten:
Richard Wurbs, MdB
Vizepräsident des Deutschen Handwerkskammertages
Präsident der Handwerkskammer Kassel
Scheidemannplatz 2, 3500 Kassel
Hugo Uhl
Vizepräsident der Bundesvereinigung der Fachverbände des Deutschen Handwerks
Bundesinnungsmeister des Deutschen Steinmetz-, Stein- und Holzbildhauerhandwerks
Harheimer Weg 82, 6000 Frankfurt/M.
Hans Langemann
Präsident der Handwerkskammer Köln
Vorsitzender des Baugewerbeverbandes Nordrhein
Osterather Straße 7, 5000 Köln-Nippes
Georg Schulhoff, Dipl.-Ing.
Präsident der Handwerkskammer Düsseldorf
Präsident des RWHB
Breite Straße 11, 4000 Düsseldorf

Weitere Mitglieder des Präsidiums:
Heinz Bonjean
Präsident des Hauptverbandes des Deutschen Maler- und Lackierer-Handwerks
Lentstraße 8, 5000 Köln
Baumeister Walter Derwald
Präsident der Handwerkskammer Dortmund
Landgrafenstraße 33, 4600 Dortmund
Dipl.-Kaufmann Fritz Haberl
Präsident des Bayerischen Handwerkstages
Präsident des Zentralverbandes des Kraftfahrzeughandwerks
Schleibinger Straße 12, 8000 München

Rolf Hasenclever
Präsident des Bundesverbandes Metall
Westerfelder Weg 90, 5880 Lüdenscheid
Edmund Helbig
Präsident der Handwerkskammer Hamburg
Holstenwall 12, 2000 Hamburg 36
Ludwig König
Bundesinnungsmeister des Zentralverbandes des Deutschen Friseur-Handwerks
Tengstraße 36, 8000 München 40
Rudolf Nagel
Präsident der Handwerkskammer Ostfriesland
Zwischen den Bleichen 9, 2960 Emden
Rudolf Ruf
Präsident der Handwerkskammer Karlsruhe
Rüppurrer Straße 25, 7500 Karlsruhe 1
Hans-Theodor Ruff
Vizepräsident des Bundesverbandes des holz- und kunststoffverarbeitenden Handwerks
Schießplatz 18–20, 8510 Fürth
Hermann Schlüter
Präsident des Zentralverbandes des Deutschen Bäckerhandwerks
Präsident der Handwerkskammer Bremen
Ansgaritorstraße 24, 2800 Bremen 1
Heinz Wieseke
Präsident der Handwerkskammer Berlin
Blücherstraße 68, 1000 Berlin 61

Handwerksrat

Erwin Banholzer
Präsident der Handwerkskammer Heilbronn
Paul-Göbel-Straße 1, 7100 Heilbronn/Neckar
Dr. Horst Baumann
Präsident des Bundesverbandes der Deutschen Volksbanken und Raiffeisenbanken
Heussallee 5, 5300 Bonn
Friedrich Becker
Präsident der Handwerkskammer Koblenz
Markenbildchenweg 7, 5400 Koblenz

Generaldirektor Horst Becker
Iduna-Versicherungen
Neue Rabenstraße 15–19, 2000 Hamburg 36
Fritz Bleekmann
Präsident des Deutschen Konditorenbundes
Am Altmarkt 28–32, 4100 Duisburg-Hamborn
Alfred Borgstadt
Präsident der Handwerkskammer Osnabrück
Frankfurter Heerstraße, 4500 Osnabrück
Rudolf Brinke
Präsident der Handwerkskammer Hannover
Hildesheimer Straße 39, 3000 Hannover
Wilhelm Diekmann
Präsident des Zentralverbandes des Deutschen Dachdecker-Handwerks
Richard-Wagner-Straße 13, 4680 Wanne-Eickel
Ludwig Ebbinghaus
Vizepräsident des Zentralverbandes des Kraftfahrzeug-Handwerks
Franz-Lohe-Straße 21, 5300 Bonn 1
Josef Egger
Präsident der Handwerkskammer für Schwaben
Schmiedberg 4, 8900 Augsburg
Werner Fischer
Präsident des Zentralverbandes für das Juwelier-, Gold- und Silberschmiede-Handwerk
Hellstraße 18 / Oststraße 35, 4730 Ahlen
Winfried Frank, MdL
Präsident der Handwerkskammer des Saarlandes
Bergstraße 9–11, 6643 Perl
August Hackert
Präsident des Zentralverbandes des Deutschen Baugewerbes e. V.
Herner Straße 233, 4630 Bochum
Josef Kiefer
Präsident des Bundes Deutscher Buchbinderinnungen
Tauernstraße 20, 8000 München 90

Jakob Kraus
Vorsitzender des Bundesverbandes des Bekleidungs-Handwerks e. V.
Wormser Landstraße 16, 6720 Speyer
Herbert Kruggel
Präsident des Zentralverbandes des Deutschen Elektro-Handwerks
Gödekestraße 7, 3100 Celle
Heinz Landré
Präsident der Handwerkskammer Ostwestfalen-Lippe zu Bielefeld
Lindenweg 12, 4900 Herford
Alois Link
Präsident der Handwerkskammer Mannheim
Karl-Benz-Straße 11, 6900 Heidelberg 1
Bau-Ing. Wilhelm Marks
Präsident der Handwerkskammer Lübeck
Krügerstraße 17, 2400 Lübeck
Minister a. D. Karl Möller
Präsident des Gesamtverbandes Handwerk Niedersachsen
Im Burggarten 3, 4570 Quakenbrück
Heinz Scherer
Präsident der Handwerkskammer der Pfalz
Jahnstraße 2, 6780 Pirmasens
Hermann Schlüter
Präsident der Handwerkskammer Bremen
Ansgaritorstraße 24, 2800 Bremen 1
Heinz Schmalen
Präsident des Zentralverbandes Sanitär-, Heizungs- und Klimatechnik
Düsseldorfer Straße 140, 5000 Köln-Mülheim
Karl Schölch
Präsident des Zentralverbandes Karosserie- u. Fahrzeugtechnik
Sandershäuser Straße 89, 3500 Kassel – B
Karl Schöppler
Präsident der Handwerkskammer Wiesbaden
Sonnenberger Straße 22, 6200 Wiesbaden
Bernhard Suttner MdS
Präsident der Handwerkskammer Niederbayern-Oberpfalz
Dr.-Johann-Maier-Straße 6a, 8400 Regensburg

Hermann Viellieber MdL
Präsident des Deutschen Fleischer-Verbandes e.V.
Eichhornstraße 46, 7750 Konstanz

Stand: 1976

Hauptausschüsse

1. Hauptausschuß für Organisation und Recht
   Vorsitzender: Präsident Dipl.-Ing. Schulhoff, Düsseldorf
2. Hauptausschuß für Finanz- und Steuerpolitik
   Vorsitzender: Präsident Helbig, Hamburg
3. Hauptausschuß Sozialversicherung
   Vorsitzender: Präsident Derwald, Dortmund
4. Hauptausschuß für Geld-, Kredit- und Bankwesen
   Vorsitzender: Präsident Schöppler, Wiesbaden
5. Hauptausschuß für Wirtschaftspolitik, Wirtschaftsbeobachtung und Statistik
   Vorsitzender: Präsident Schlüter, Bremen
6. Hauptausschuß Kultur
   Vorsitzender: Bundesinnungsmeister Uhl, Frankfurt/M.
7. Hauptausschuß für Öffentlichkeitsarbeit
   Vorsitzender: Präsident Frankl, Lüneburg
8. Hauptausschuß für die Koordinierung der Handwerkspolitik
   Vorsitzender: Präsident Karl Möller, Hannover
9. Hauptausschuß für Auftragswesen
   Vorsitzender: noch nicht gewählt

Landeshandwerksvertretungen

Landeshandwerks-vertretung	Vorsitzender	Geschäftsführer/ Geschäftsstelle
Baden-Württembergischer Handwerkstag	Glasermeister Rudolf Ruf Rüppurrer Straße 25 7500 Karlsruhe 1 Tel. (07 21) 60 62 75	Dr. Kurt Geiger Heilbronner Straße 43 7000 Stuttgart 1 Tel. (07 11) 29 95 41
Bayerischer Handwerkstag	Kfz.-Meister, Dipl.-Kfm. Fritz Haberl Schleibinger Straße 12 8000 München 8 Tel. (0 89) 4 15 02 20	Dr. Hanns Schwindt Max-Joseph-Straße 4 8000 München 2 Tel. (0 89) 51 19-1

Landeshandwerks- vertretung	Vorsitzender	Geschäftsführer/ Geschäftsstelle
Hessischer Handwerkstag	Malermeister Karl Schöppler Sonnenberger Straße 22 6200 Wiesbaden Tel. (0 61 21) 37 24 33	Dipl.-oec. Benno Zarda Bahnhofstraße 63 Postfach 2 27 6200 Wiesbaden Tel. (0 61 21) 3 98 26
Landeshandwerks- vertretung Berlin	Bezirksschornstein- fegermeister Heinz Wieseke Eichkampstraße 88 1000 Berlin 19 Tel. (0 30) 3 02 18 76	Dipl.-Volkswirt Gerhard Rohde Blücherstraße 68 1000 Berlin 61 Tel. (0 30) 2 51 09 31
Landeshandwerks- vertretung Bremen	Bäckermeister Hermann Schlüter Paschenburgstraße 70 2800 Bremen 1 Tel. (04 21) 44 89 11	RA Wolfgang Schmolitzky Ansgaritorstraße 24 Postfach 54 2800 Bremen 1 Tel. (04 21) 31 07 91
Landeshandwerks- vertretung Hamburg	Fleischermeister Edmund Helbig Schreyerring 13 2000 Hamburg 60 Tel. (0 40) 6 30 16 26	Clemens Caesar Holstenwall 12 2000 Hamburg 36 Tel. (0 40) 3 59 05-1
Landes- handwerksrat Schleswig-Holstein	Bau-Ing. und Zimmermeister Wilhelm Marks Krügerstraße 17 2400 Lübeck 1 Tel. (04 51) 3 30 66	Dr. Wilhelm Schroeder Breite Straße 10–12 Postfach 13 85 2400 Lübeck 1 Tel. (04 51) 7 17 41–44
Landeshandwerks- vertretung des Saarlandes	Maler- und Lackierer- meister Winfried Frank, MdL Bergstraße 9–11 6643 Perl Tel. (0 68 67) 2 72	Dr. Heinz Keller Hohenzollernstraße 47 Postfach 1 52 6600 Saarbrücken 1 Tel. (06 81) 5 70 91-3
Niedersächsischer Handwerks- kammertag	Kfz.-Mechaniker- Meister Alfred Borgstadt Frankfurter Heer- straße 4500 Osnabrück Tel. (0541) 57000	Dipl.-Volkswirt Bodo Herwig Berliner Allee 17 Postfach 25 27 3000 Hannover Tel. (05 11) 1 45 95

Landeshandwerksvertretung	Vorsitzender	Geschäftsführer/ Geschäftsstelle
Gesamtverband Handwerk Niedersachsen	Minister a. D. Karl Möller Im Burggarten 3 Postfach 32 4570 Quakenbrück Tel. priv. (0 54 31) 36 11 Tel. Büro 33 15	H. D. Koech Herschelstraße 28 3000 Hannover Tel. (05 11) 1 76 28
Rheinisch-Westfälischer Handwerkerbund e. V.	Dipl.-Ing. Georg Schulhoff Erasmusstraße 18 4000 Düsseldorf Tel. (02 11) 33 45 93	Dipl.-Volkswirt Gerd Wieneke Breite Straße 7–11 Postfach 39 20 4000 Düsseldorf Tel. (02 11) 32 98 61

Stand: 1976

Deutscher Handwerkskammertag

Vorstand
Präsident:
Paul Schnitker, Präsident der Handwerkskammer Münster
Bismarckallee 1, 4400 Münster
Vizepräsident:
Richard Wurbs, MdB,
Präsident der Handwerkskammer Kassel
Scheidemannplatz 2, 3500 Kassel

Weitere Mitglieder:
Dipl.-Ing. Georg Schulhoff
Präsident der Handwerkskammer Düsseldorf
Breite Straße 11, 4000 Düsseldorf
Heinz Wieseke
Präsident der Handwerkskammer Berlin
Blücherstraße 68, 1000 Berlin 61
Peter Sieben
Vizepräsident der Handwerkskammer Aachen
Knöpgerweg 33, 5100 Aachen
Isidor Ankenbrand
Vizepräsident der Handwerkskammer Nürnberg
Belzner Weg 10, 8500 Nürnberg

Handwerkskammer	Präsident	Hauptgeschäftsführer/ Geschäftsstelle
Aachen	Maurermeister Anton Immendorf Malmedyer Straße 1 5190 Stolberg Tel. (0 24 02) 26 05	Dr. Ing. Lothar Kreft Sandkaulbach 21, Postfach 5100 Aachen Tel. (02 41) 4 81 51 Telex: 8 32 372
Arnsberg	Straßenbauermeister Erich Gelhausen Heideweg 30 5883 Kierspe Tel. (0 23 59) 5 83	Dipl.-Kfm. Erwin Albert Brückenplatz 1 Postfach 53 03 5770 Arnsberg Tel. (0 29 31) 19 36
für Schwaben	Malermeister Josef Egger Hauptstraße 56 8900 Augsburg-Göggingen Tel. (08 21) 9 11 76	RA Max Rauch Schmiedberg 4 Postfach 5 22 8900 Augsburg 1 Tel. (08 21) 3 25 91
für Ostfriesland	Böttchermeister Rudolf Nagel Zw. beiden Bleichen 9 Postfach 2 00 2970 Emden Tel. (0 49 21) 2 36 77	Assessor Gerhard Henke Rudolf-Eucken-Allee 22 Postfach 13 09 2960 Aurich Tel. (0 49 41) 42 37/38 und 58 14
für Oberfranken	Straßenbauermeister Franz Meindel MdS Neuerbstraße 13 8600 Bamberg Tel. (09 51) 3 20 01	Dr. Veit Holzschuher Friedrichstraße 19 Postfach 5 61 8580 Bayreuth Tel. (09 21) 6 60 37–39
Berlin	Bezirksschornstein-fegermeister Franz Wieseke Eichkampstraße 88 1000 Berlin 19 Tel. (0 30) 3 02 18 76	Dipl.-Volkswirt Gerhard Rohde Blücherstraße 68 1000 Berlin 61 Tel. (0 30) 2 51 09 31
Ostwestfalen-Lippe zu Bielefeld	Schlossermeister und Ing. (grad.) Heinz Landré Lindenweg 12 4900 Herford Tel. (0 52 21) 8 39 11	Dr. jur. Günter Freybe Obernstraße 48 Postfach 37 20 4800 Bielefeld 1 Tel. (05 21) 6 10 08/9 oder 6 10 00

Handwerkskammer	Präsident	Hauptgeschäftsführer/ Geschäftsstelle
Braunschweig	Steinmetzmeister Werner Karstens Helmstedter Straße 93 3300 Braunschweig Tel. (05 31) 7 25 03	Assessor Karl Traupe Burgplatz 2 Postfach 26 07 3300 Braunschweig Tel. (05 31) 40 00 44
Bremen	Bäckermeister Hermann Schlüter Paschenburgstraße 70 2800 Bremen 1 Tel. (04 21) 44 89 11	Assessor Wolfgang Schmolitzky Ansgaritorstraße 24 Postfach 54 2800 Bremen 1 Tel. (04 21) 31 07 91
Coburg	Schneidermeister Franz Feiler Ernst-Faber-Straße 4 8630 Coburg Tel. (0 95 61) 1 05 18	Assessor Peter Knoblich Ernstplatz 12 Postfach 6 77 8630 Coburg Tel. (0 95 61) 9 24 56
Darmstadt	Zimmermeister Wilhelm Göller Schloßgartenstraße 52 6100 Darmstadt Tel. (0 61 51) 7 41 42	Dr. Günter Gerhards Hindenburgstraße 1 Postfach 40 49 6100 Darmstadt Tel. (0 61 51) 8 00 11
Dortmund	Baumeister Walter Derwald Landgrafenstraße 33 4600 Dortmund Tel. (02 31) 52 29 01, 81 89 21	Assessor Josef Fiekens Reinoldistraße 7–9 Postfach 2 46 4600 Dortmund Tel. (02 31) 52 75 51
Düsseldorf	Dipl.-Ing. Georg Schulhoff Erasmusstraße 18 4000 Düsseldorf Tel. (02 11) 33 45 93	Dr. Bernhard Deermann Breite Straße 7–11 Postfach 39 20 4000 Düsseldorf Tel. (02 11) 32 05 31
Flensburg	Steinmetzmeister Fred Jacubowski Am Friedenshügel 43 2390 Flensburg Tel. (04 61) 5 43 43	Dipl.-Volkswirt Jürgen Schriewer Johanniskirchhof 1 Postfach 2 62 2390 Flensburg Tel. (04 61) 1 75 73

Handwerkskammer	Präsident	Hauptgeschäftsführer/ Geschäftsstelle
Frankfurt/Main	Schreinermeister Horst Abt Atzelbergstraße 125 6000 Frankfurt/Main Tel. (06 11) 44 59 14 und 49 45 32	RA Dieter Goebels Bockenheimer Landstr. 21 6000 Frankfurt/Main 1 Tel. (06 11) 72 21 54-6, 72 28 44-5
Freiburg/Br.	Bäckermeister Wilhelm Jung MdL Riesstraße 5 7850 Lörrach/Baden Tel. (0 76 21) 20 81	Assessor Adolf Göhringer Bismarckallee 6 7800 Freiburg/Br. Tel. (07 61) 3 14 11/13
Hamburg	Fleischermeister Edmund Helbig Schreyerring 13 2000 Hamburg 60 Tel. (0 40) 6 30 16 26	Clemens Caesar Holstenwall 12 2000 Hamburg 36 Tel. (0 40) 35 90 51
Hannover	Schmiedemeister Rudolf Brinke Hildesheimer Straße 39 3000 Hannover Tel. (05 11) 88 29 58	Dr. Werner Herhaus Berliner Allee 17 Postfach 25 27 3000 Hannover Tel. (05 11) 32 61 61
Heilbronn	Mechanikermeister Erwin Banholzer Paul-Göbel-Straße 1 7100 Heilbronn Tel. (0 71 31) 7 64 76	Dr. Ernst H. Fraas Theaterstraße 2 Postfach 4 40 7100 Heilbronn Tel. (0 71 31) 8 57 08/09
Hildesheim	Bezirksschornstein- fegermeister Hermann Schulze Mozartstraße 4 3200 Hildesheim Tel. (0 51 21) 8 32 60	Dipl.-Volkswirt Rudolf Stagge Braunschweiger Straße 53 Postfach 13 28 3200 Hildesheim Tel. (0 51 21) 18 15 u. 18 16
der Pfalz	Bäckermeister Heinz Scherer Jahnstraße 2 6780 Pirmasens Tel. (0 63 31) 7 55 38	Dr. Albert Fiscus Am Altenhof 15 Postfach 26 20 6750 Kaiserslautern Tel. (06 31) 20 34/36
Karlsruhe	Glasermeister Rudolf Ruf Rüppurrer Straße 25 7500 Karlsruhe 1 Tel. (07 21) 6 41 75	Assessor Heribert Scherer Friedrichsplatz 4–5 Postfach 32 09 7500 Karlsruhe 1 Tel. (07 21) 2 19 71–74

Handwerkskammer	Präsident	Hauptgeschäftsführer/ Geschäftsstelle
Kassel	Bau-Ing. Richard Wurbs MdB Grüner Waldweg 25 3500 Kassel Tel. (05 61) 3 46 40	Dipl.-Volkswirt Klaus Schuchardt Scheidemannplatz 2 Postfach 21 44 3500 Kassel Tel. (05 61) 1 59 75 Telex: 9 92 428
Koblenz	Fleischermeister Friedrich Wilh. Becker Markenbildchenweg 7 5400 Koblenz Tel. (02 61) 3 46 08	Assessor Dr. Alfred Faßbender Friedrich-Ebert-Ring 33 Postfach 9 29 5400 Koblenz Tel. (02 61) 3 98-1
Köln	Maurermeister und Bau-Ing. Hans Langemann Osterather Straße 7 5000 Köln 60 Tel. (02 21) 51 35 37	Dr. Werner Kind Heumarkt 12 5000 Köln 1 Tel. (02 21) 2 02 21
Konstanz	Elektroinstallateur- meister Ernst Held Guckenbühl 9 7750 Konstanz 16 Tel. (0 75 31) 4 42 68	Dipl.-Kfm. Ernst Redl Webersteig 3 Postfach 3 04 7750 Konstanz Tel. (0 75 31) 2 10 26
Lübeck	Bau-Ing., Zimmermeister Wilhelm Marks Krügerstraße 17 2400 Lübeck 1 Tel. (04 51) 3 30 66	Dr. Wilhelm Schroeder Breite Straße 10–12 Postfach 13 85 2400 Lübeck 1 Tel. (04 51) 7 17 41/44
Lüneburg-Stade	Bau-Ing., Baumeister Hermann Frankl Kirchenstraße 15 3118 Bad Bevensen Tel. (0 58 21) 30 04	Dr. jur. Hans Schmidt Friedenstraße 6 Postfach 17 60 3140 Lüneburg Tel. (0 41 31) 4 30 66–69
Bezirksstelle Stade		Dr. Hans-Georg Augustin Im Neuwerk 19 Postfach 2 44 2160 Stade Tel. (0 41 41) 6 10 74

Handwerkskammer	Präsident	Hauptgeschäftsführer/ Geschäftsstelle
Rheinhessen	Steinmetzmeister Paul Sauer Untere Zahlbacher Straße 80–82 6500 Mainz Tel. (0 61 31) 2 50 56	Dipl.-Volkswirt Günther Tartter Ernst-Ludwig-Straße 6–8 Postfach 22 27 6500 Mainz Tel. (0 61 31) 2 44 35/36, 2 71 29
Mannheim	Fahrzeugbauermeister Alois Link Karl-Benz-Straße 11 6900 Heidelberg Tel. (0 62 21) 2 04 21	Dr. Dr. Heinrich Mengelberg B 1, 1–2, Postfach 9 40 6800 Mannheim 1 Tel. (06 21) 2 58 57
für Oberbayern	Bäckermeister Joseph Wild MdS Auf dem Kyberg 16 8024 Oberhaching/ München Tel. (0 89) 6 13 20 24	Dr. Hanns Schwindt Max-Joseph-Straße 4 8000 München 2 Tel. (0 89) 51 19-1 Telex: 5 299 599
Münster	Malermeister Paul Schnitker Hammerstraße 36 4400 Münster Tel. (02 51) 4 30 93	RA Bernd Schulze- Wierling Bismarckallee 1 Postfach 34 80 4400 Münster Tel. (02 51) 4 00 35/37
für Mittelfranken	Friseurmeister Karl Halbig, MdS Waldstraße 21 8510 Fürth Tel. (09 11) 70 61 42	RA Wilhelm Gräser Sulzbacher Straße 11–15 Postfach 1 05 8500 Nürnberg 10 Tel. (09 11) 53 39 81
Oldenburg	Maler- und Lackierermeister Heinz Bratzke Mühlenweg 7 2940 Wilhelmshaven Tel. (0 44 21) 3 10 11	Assessor Ulrich Cramer Theaterwall 30–32 2900 Oldenburg Tel. (04 41) 2 76 41
Osnabrück	Kfz.-Mech.-Meister Alfred Borgstadt Frankfurter Heerstraße 4500 Osnabrück Tel. (05 41) 5 70 00	Dr. Wilhelm Syben Johannisstraße 91 Postfach 22 06 4500 Osnabrück Tel. (05 41) 6 70 44

Handwerkskammer	Präsident	Hauptgeschäftsführer/ Geschäftsstelle
Niederbayern, Oberpfalz – Hauptverwal- tungssitz Passau –	Dipl.-Ing., Baumeister Gerhard Bertram Auerspergstraße 1 b 8390 Passau Tel. (08 51) 60 23	Syndikus Anton Hinterdobler Nikolastraße 10 Postfach 28 8390 Passau Tel. (08 51) 5 10 61 Telex: 0 57 847
– Hauptver- waltungssitz Regensburg –	Schneidermeister Bernhard Suttner, MdS Dr.-Johann-Maier- Straße 6 a 8400 Regensburg Tel. (09 41) 2 26 59	Syndikus Anton Hinterdobler Ditthornstraße 10 Postfach 12 02 29 8400 Regensburg 12 Tel. (09 41) 5 60 25 Telex: 0 65 694
Reutlingen	Schreinermeister Ernst August Karrer Mohlstraße 38 7400 Tübingen Tel. (0 71 22) 2 15 22	Dr. Herbert Beyer Burgplatz 1 Postfach 79 7410 Reutlingen Tel. (0 71 21) 2 10 71/74
des Saarlandes	Maler- und Lackierermeister Winfried Frank MdL Bergstraße 9–11 6643 Perl Tel. (0 68 67) 2 72	Dr. Heinz Keller Hohenzollernstraße 47 Postfach 1 52 6600 Saarbrücken 1 Tel. (06 81) 5 70 91–93
Stuttgart	Schreinermeister Friedrich Ziegler Markgröninger Straße 41 7000 Stuttgart 40 Tel. (07 11) 87 53 83	Handwerkskammer- Direktor, Dipl.-Volkswirt Werner Thudium Heilbronner Straße 43 Postfach 26 21 7000 Stuttgart 1 Tel. (07 11) 29 95 41
Trier	Elektro-Installateur und Radio- und Fernseh- techniker-Meister Ludwig Weber Niederstraße 92 5500 Trier-Ehrang Tel. (06 51) 6 60 61	Dipl.-Volkswirt Heinrich Ellingen Loebstraße 18 5500 Trier Tel. (06 51) 4 23 11/12
Ulm	Küfermeister Friedrich Degeler Grabenstraße 3 7920 Heidenheim/Brenz Tel. (0 73 21) 2 15 10	Dr. Erich Dittus Olgastraße 72 Postfach 4 55 7900 Ulm Tel. (07 31) 6 23 51

Handwerkskammer	Präsident	Hauptgeschäftsführer/ Geschäftsstelle
Wiesbaden	Malermeister Karl Schöppler Sonnenberger Straße 22 6200 Wiesbaden Tel. (0 61 21) 37 24 33	Dipl.-oec. Benno Zarda Bahnhofstraße 63 Postfach 2 27 6200 Wiesbaden Tel. (0 61 21) 3 98 26
für Unterfranken	Malermeister und Restaurator Franz Fuchs Bohnesmühlgasse 11 8700 Würzburg Tel. (09 31) 5 33 01	Handwerkskammer- direktor Dr. jur. Bernhard Walle Rennwegerring 3 8700 Würzburg Tel. (09 31) 5 01 16

Hauptausschüsse

1. Hauptausschuß für Berufsbildung
   Vorsitzender: Präsident Heinz Wieseke, Berlin
2. Hauptausschuß für Gewerbeförderung
   Vorsitzender: Präsident Anton Immendorf, Aachen

Regionale Handwerkskammertage

Handwerkskammertage/ Arbeitsgemeinschaften	Vorsitzender	Geschäftsführer/ Geschäftsstelle
Arbeitsgemeinschaft der Bayerischen Handwerkskammern	Bäckermeister Joseph Wild, MdS Auf dem Kyberg 16 8024 Oberhaching/ München Tel. (0 89) 6 13 20 24	Dr. Hanns Schwindt Max-Joseph-Straße 4 8000 München 2 Tel. (0 89) 51 19-1
Arbeitsgemeinschaft der Handwerkskammern in Baden-Württemberg	Glasermeister Rudolf Ruf Rüppurrer Straße 25 7500 Karlsruhe 1 Tel. (07 21) 60 62 75	Dr. Kurt Geiger Heilbronner Straße 43 7000 Stuttgart 1 Tel. (07 11) 29 95 41
Handwerkskammer Berlin	Bezirksschornstein- fegermeister Heinz Wieseke Eichkampstraße 88 1000 Berlin 19 Tel. (0 30) 3 02 18 76	Dipl.-Volkswirt Gerhard Rohde Blücherstraße 68 1000 Berlin 61 Tel. (0 30) 2 51 09 31

Handwerkskammertage/ Arbeitsgemeinschaften	Vorsitzender	Geschäftsführer/ Geschäftsstelle
Handwerkskammer Bremen	Bäckermeister Hermann Schlüter Paschenburgstr. 70 2800 Bremen 1 Tel. (04 21) 44 89 11	Rechtsanwalt Wolfgang Schmolitzky Ansgaritorstraße 24 2800 Bremen 1 Tel. (04 21) 31 07 91
Handwerkskammer Hamburg	Fleischermeister Edmund Helbig Schreyerring 13 2000 Hamburg 60 Tel. (0 40) 6 30 16 26	Clemens Caesar Holstenwall 12 2000 Hamburg 36 Tel. (0 40) 3 59 05-1
Arbeitsgemeinschaft der Hessischen Handwerkskammern	Malermeister Karl Schöppler Sonnenberger Str. 22 6200 Wiesbaden Tel. (0 61 21) 37 24 33	Dipl.-oec. Benno Zarda Bahnhofstraße 63 Postschließfach 2 27 6200 Wiesbaden Tel. (0 61 21) 3 98 26
Niedersächsischer Handwerkskammertag	Kfz.-Mechaniker-Meister Alfred Borgstadt Frankfurter Heer-straße 4500 Osnabrück Tel. (05 41) 5 70 00	Dipl.-Volkswirt Bodo Herwig Berliner Allee 17 3000 Hannover Tel. (05 11) 1 45 95
Westdeutscher Handwerkskammertag	Malermeister Paul Schnitker Hammerstraße 36 4400 Münster Tel. (02 51) 4 30 93	Assessor Felix Ewerhart Corneliusstraße 36 Postfach 89 28 und 50 04 4000 Düsseldorf 1 Tel. (02 11) 37 40 80/ 37 40 89
Arbeitsgemeinschaft der Handwerkskammern Rheinland-Pfalz, vertreten durch die Handwerkskammer Mainz	Steinmetzmeister Paul Sauer Untere Zahlbacher Straße 80–82 6500 Mainz Tel. (0 61 31) 2 50 56	Dipl.-Volkswirt Günther Tartter Ernst-Ludwig-Straße 6–8 Postfach 22 27 6500 Mainz Tel. (0 61 31) 2 44 35/36
Handwerkskammer des Saarlandes	Maler- und Lackierermeister Winfried Frank, MdL Bergstraße 9–11 6643 Perl Tel. (0 68 67) 2 72	Dr. Heinz Keller Hohenzollernstraße 47 Postfach 1 52 6600 Saarbrücken 1 Tel. (06 81) 5 70 91–93

Handwerkskammertage/ Arbeitsgemeinschaften	Vorsitzender	Geschäftsführer/ Geschäftsstelle
Arbeitsgemeinschaft der schleswig-holsteinischen Handwerkskammern, vertreten durch die Handwerkskammer Lübeck	Zimmermeister und Bau-Ing. Wilhelm Marks Krügerstraße 17 2400 Lübeck 1 Tel. (04 51) 3 30 66	Dr. Wilhelm Schroeder Breite Straße 10–12 Postfach 13 85 2400 Lübeck Tel. (04 51) 7 17 41–44

Stand: 1976

Bundesvereinigung der Fachverbände des Deutschen Handwerks

Geschäftsführender Vorstand
Präsident:
Paul Schnitker
Präsident der Bundesvereinigung der Fachverbände
Präsident der Handwerkskammer Münster
Bismarckallee 1, 4400 Münster
Vizepräsident:
Hugo Uhl
Frankfurt/Main 56, Harheimer Weg 82
Vizepräsident der Bundesvereinigung der Fachverbände
Bundesinnungsmeister des Bundesinnungsverbandes des Steinmetz-, Stein- und Holzbildhauer-Handwerks

Weitere Mitglieder:
Heinz Bonjean
Hauptverband des Deutschen Maler- und Lackiererhandwerks
Lentstraße 8, 5000 Köln
Rolf Hasenclever
Präsident des Bundesverbandes Metall
Westerfelder Weg 90, 5880 Lüdenscheid
Ludwig König
Präsident des Zentralverbandes des Deutschen Friseurhandwerks
Tengstraße 36, 8000 München 40
Hans Langemann
Vorsitzender des Baugewerbeverbandes Nordrhein
Osterather Straße 7, 5000 Köln-Nippes

Hans-Theodor Ruff
Vizepräsident des Bundesverbandes des holz- und kunststoffverarbeitenden Handwerks
Schießplatz 18–20, 8510 Fürth
Hermann Schlüter
Präsident des Zentralverbandes des
Deutschen Bäckerhandwerks
Paschenburgstraße 70, 2800 Bremen

Gesamtvorstand

Präsident:
Paul Schnitker
Präsident der Bundesvereinigung der Fachverbände des Deutschen Handwerks
Präsident des Hauptverbandes des Deutschen Maler- und Lackiererhandwerks
Präsident der Handwerkskammer Münster
Bismarckallee 1, 4400 Münster
Vizepräsident:
Hugo Uhl
Bundesinnungsmeister des Bundesinnungsverbandes des Deutschen Steinmetz-, Stein- und Holzbildhauer-Handwerks
Harheimer Weg 82, 6000 Frankfurt/Main 56

Gruppe Bau-Handwerk
Wilhelm Diekmann
Präsident des Zentralverbandes des Dachdecker-Handwerks
Hohenzollernring 52, 5000 Köln 1
August Hackert
Präsident des Zentralverbandes des Deutschen Baugewerbes
Herner Straße 233, 4630 Bochum
Hans Langemann
Vorsitzender des Baugewerbeverbandes Nordrhein
Osterather Straße 7, 5000 Köln-Nippes
Minister a.D. Karl Möller
Präsident des Gesamtverbandes Handwerk Niedersachsen
Im Burggarten 3, Postfach 32, 4590 Quakenbrück

Gruppe Ausbau-Handwerk
Heinz Bonjean
Hauptverband des Deutschen Maler- und Lackiererhandwerks
Lentstraße 8, 5000 Köln
Herbert Kruggel
Präsident des Zentralverbandes des
Deutschen Elektrohandwerks
Gödekestraße 7, 3100 Celle
Heinz Schmalen
Vorsitzender des Zentralverbandes Sanitär-, Heizung- und
Klimatechnik
Düsseldorfer Straße 140, 5000 Köln-Mülheim

Gruppe Nahrungsmittel-Handwerk
Fritz Bleekmann
Präsident des Deutschen Konditorenbundes
Am Altmarkt 28–32, 4100 Duisburg-Hamborn
Hermann Schlüter
Präsident des Zentralverbandes des
Deutschen Bäckerhandwerks
Paschenburgstraße 70, 2800 Bremen
Hermann Viellieber MdL
Präsident des Deutschen Fleischerverbandes
Eichhornstraße 46, 7750 Konstanz

Gruppe Bekleidungs-, Textil- und Leder-Handwerk
Jakob Kraus
Vorsitzender des Bundesverbandes des
Bekleidungshandwerks e. V.
Wormser Landstraße 16, 6720 Speyer

Gruppe eisen- und metallverarbeitendes Handwerk
Ludwig Ebbinghaus
Vizepräsident des Zentralverbandes des
Kraftfahrzeughandwerks
Bonner Straße 97, 5650 Solingen-Ohligs
Werner Fischer
Präsident des Zentralverbandes für das Juwelier-, Gold- und
Silberschmiedehandwerk
Oststraße 35, 4730 Ahlen

Rolf Hasenclever
Präsident des Bundesverbandes Metall
Westerfelder Weg 90, 5880 Lüdenscheid

Gruppe holzverarbeitendes Handwerk
Hans-Theodor Ruff
Vizepräsident des Bundesverbandes des holz- und kunststoffverarbeitenden Handwerks
Schießplatz 18–20, 8510 Fürth
Karl Schölch
Präsident des Zentralverbandes Karosserie- und Fahrzeugtechnik
Sandershäuser Straße 89, 3500 Kassel-B.

Gruppe Gesundheits- und Körperpflege, chemisches und Reinigungs-Handwerk
Ludwig König
Präsident des Zentralverbandes des Deutschen Friseurhandwerks
Tengstraße 36, 8000 München 40

Verschiedene Handwerke
Josef Kiefer
Präsident des Bundes Deutscher Buchbinder-Innungen
Tauernstraße 20, 8000 München 90

Zentralfachverbände

Verband	1. Vorsitzender	Geschäftsführer/ Geschäftsstelle
Zentralverband der Augenoptiker (BIV)	Herbert Volz Bäckenbuckel 19 6904 Ziegelhausen Tel. (0 62 21) 5 99 80	Dr. Peter Gunkel Stresemannstraße 12 4000 Düsseldorf Tel. (02 11) 32 06 97
Zentralverband des Deutschen Bäckerhandwerks e. V.	Hermann Schlüter Paschenburgstr. 70 2800 Bremen Tel. (04 21) 44 89 11	Dipl.-Volkswirt Gerd Lübbering Bondorfer Straße 6 Postfach 1 08 5340 Bad Honnef Tel. (0 22 24) 7 10 58

Verband	1. Vorsitzender	Geschäftsführer/ Geschäftsstelle
Zentralverband des Deutschen Baugewerbes e. V.	Dipl.-Ing. August Hackert Herner Straße 233 4630 Bochum Tel. (0 23 21) 5 35 25	RA Wolfgang Barke Kölner Straße 99 5300 Bonn-Bad Godesberg Tel. (0 22 21) 37 90 61–67
Bundesverband des Bekleidungs- handwerks e. V.	Jakob Kraus Wormser Landstr. 16 6720 Speyer Tel. (0 62 32) 7 54 59	Assessor Hannes Less Bavariaring 32/Or 8000 München 2 Tel. (0 89) 77 50 48
Bundesverband des Deutschen Bestattungs- gewerbes e. V.	Werner Peter Hermannstraße 119 1000 Berlin 44 Tel. (0 30) 6 25 10 12	Dr. Ernst Fichtler Graf-Recke-Straße 71 4000 Düsseldorf 1 Tel. (02 11) 66 77 05
Deutscher Boots- und Schiffbauerverband Hamburg-Messe	Cornelius de Dood Hasteder-Oster- deich 235 2800 Bremen 11 Tel. (04 21) 44 71 30	Dipl.-Kfm. Claus Asbeck Jungiusstraße, Messehaus 2000 Hamburg 36 Tel. (0 40) 34 46 10
Bund Deutscher Buch- binderinnungen (BIV)	Josef Kiefer Tauernstraße 20 8000 München 90 Tel. (0 89) 64 75 85	Assessor Hannes Less Bavariaring 32/Or 8000 München 2 Tel. (0 89) 77 50 48
Zentralverband des Deutschen Dachdecker- handwerks – Fachver- band Dach-, Wand- und Abdichtungstechnik – e. V.	Bau-Ing. Wilhelm Diekmann Richard-Wagner- Straße 13 4680 Wanne-Eickel Tel. (0 23 25) 3 09 89	Dipl. disc. pol. H. J. Müssig Hohenzollernring 52 5000 Köln 1 Tel. (02 21) 24 23 31
Verband des Deutschen Drechslerhandwerks e.V.	Leonhard Wild Findelwiesenstr. 12 8500 Nürnberg Tel. (09 11) 46 54 73 und 66 16 06	Walter Vogel Fürther Freiheit 6 Postfach 1 32 8510 Fürth/Bayern Tel. (09 11) 77 79 19 und 77 79 10
Zentralverband des Deutschen Elektro- handwerks (BIV)	Herbert Kruggel Gödekestraße 7 3100 Celle Tel. (0 51 41) 70 33	Dipl.-Volkswirt Claus Thewes Ossietzkystraße 8 Postfach 70 12 09 6000 Frankfurt/Main 70 Tel. (06 11) 61 03 69

Verband	1. Vorsitzender	Geschäftsführer/ Geschäftsstelle
Verband des Deutschen Faß- und Weinküferhandwerks e. V.	Eberhard Lang Zwerchstraße 4 7103 Schwaigern/ Wttbg. Tel. (0 71 38) 3 47	Dr. Kurt Roeckl Ottostraße 7/III 8000 München 2 Tel. (0 89) 59 10 07
Deutscher Fleischerverband e. V.	Hermann Viellieber MdL Eichhornstraße 46 7750 Konstanz Tel. (0 75 31) 6 29 92	Assessor Theo Wershoven Kennedyallee 53 6000 Frankfurt/Main 70 Tel. (06 11) 63 90 43/4
Bundesinnung für das Flexografenhandwerk	Reinhold Appel Haldenstraße 43a Postfach 108/ Fa. Appel & Daus 4630 Bochum Tel. (02 34) 5 18 51	Ing. (grad.) Hartmut Flothmann Weinbergstraße 2 6200 Wiesbaden Tel. (0 61 21) 52 20 61
Zentralverband des Deutschen Friseurhandwerks (BIV)	Ludwig König Tengstraße 36 8000 München 40 Tel. (0 89) 37 22 41	Dipl.-Volkswirt Bernd Müller Merlostraße 6 5000 Köln 1 Tel. (02 21) 72 43 76
Bundesinnungsverband des Gebäudereinigerhandwerks (BIV)		Ursula Ostwald Dottendorfer Straße 86 5300 Bonn 1 Tel. (0 22 21) 23 90 28-9
Bundesverband Gerüstbau	Paul Stüben Große Haken-Straße 36–46 5600 Wuppertal-Barmen Tel. (0 21 21) 55 73 76	Heinz G. Kohl Alt Pempelfort 11a Postfach 32 25 4000 Düsseldorf 1 Tel. (02 11) 36 39 33
Bundesinnungsverband des Glaserhandwerks (BIV)	Rudolf Ruf Rüppurrer Straße 25 7500 Karlsruhe 1 Tel. (07 21) 60 62 75	Dipl.-Volkswirt Ernst Brinkmann An der Glasfachschule 6 6253 Hadamar Tel. (0 64 33) 27 95 u. 26 66
Bundesinnungsverband der Graveure, Galvaniseure, Gürtler und verwandter Berufe (BIV)	Heinz Engelhardt Cronenberger Str. 67 5650 Solingen 1 Tel. (0 21 22) 2 34 09	Eberhard Reineke Elisenstraße 5 5650 Solingen 1 Tel. (0 21 22) 2 40 92

Verband	1. Vorsitzender	Geschäftsführer/ Geschäftsstelle
Bundesinnung der Hörgeräte-Akustiker	Dr. phil. nat. Werner Pistor Königstraße 4 Postfach 3 69 2420 Eutin Tel. (0 45 21) 30 31	Assessor H.J. Helle Adam-Karrillon-Straße 32 6500 Mainz Tel. (0 61 31) 6 30 61
Bundesverband des holz- und kunststoffverarbeitenden Handwerks (Bundesinnungsverband des Tischlerhandwerks)	Wilhelm Festerling Heinrich-Heine-Straße 111 2800 Bremen Tel. (04 21) 8 28 15	Assessor Manfred Dörn Rheinstraße 36 6200 Wiesbaden Tel. (0 61 21) 30 70 28
Zentralverband für das Juwelier-, Gold- und Silberschmiedehandwerk	Werner Fischer Oststr. 35/Hellstr. 18 4730 Ahlen Tel. (0 23 82) 29 14	Hellstraße 18, Postfach 3 26 4730 Ahlen Tel. (0 23 82) 54 61 vorm., 29 14 nachm.
Zentralverband des Deutschen Kachelofen- und Luftheizungsbauerhandwerks	Werner Puls Gertigstraße 2–4 2000 Hamburg 39 Tel. (0 40) 27 02 58	Siegfried Stengel Ing. (grad.) Meckenheimer Allee 67 5300 Bonn Tel. (0 22 21) 63 79 60
Zentralverband Karosserie- und Fahrzeugtechnik e. V.	Karl Schölch Sandershäuser Straße 89 3500 Kassel-B. Tel. (05 61) 5 60 31	Horst Sanden Oeserstraße 33 6230 Frankfurt 80 (Nied) Tel. (06 11) 39 34 00 und 39 42 50
Deutscher Konditorenbund (BIV)	Fritz Bleekmann Am Altmarkt 28–32 4100 Duisburg-Hamborn Tel. (0 21 31) 5 09 86	Dipl.-Volkswirt Hans Werner Jacobi Bismarckstraße 38 Postfach 5 81 4050 M.-Gladbach Tel. (0 21 61) 1 30 40
Zentralverband des Kraftfahrzeughandwerks (BIV)	Dipl.-Kfm. Fritz Haberl Schleibingerstr. 12 8000 München 8 Tel. (0 89) 4 15 02 20	Dipl.-Volkswirt Rolf Binnenbrücker Franz-Lohe-Straße 21 5300 Bonn 1 Tel. (0 22 21) 22 19 63-7
Zentralverband des Kürschnerhandwerks (BIV)	Karl-Georg Koester Hauptstraße 33 5750 Menden Tel. (0 23 73) 13 64	Dr. Bert Knoop Auf der Platte 12 Postfach 23 40 6380 Bad Homburg 1 Tel. (0 61 72) 3 10 25

Verband	1. Vorsitzender	Geschäftsführer/ Geschäftsstelle
Bundesinnungsverband des Deutschen Landmaschinenhandwerks (BIV)	Ing. Franz Tschauner Alt-Niedereschbach 4–10 6000 Frankfurt-Niedereschbach Tel. (06 11) 4 30 93	Walter Haffa Franz-Lohe-Straße 21–23 5300 Bonn Tel. (0 22 21) 22 19 63 Telex: 88 69 443
Hauptverband des Deutschen Maler- und Lackiererhandwerks (BIV)	Paul Schnitker Hammerstraße 36 4400 Münster Tel. (02 51) 4 30 93	Dr. Helmut Senft Börsenstraße 1 6000 Frankfurt/Main Tel. (06 11) 28 46 62
Arbeitsgemeinschaft Zentralverband des Deutschen Mechanikerhandwerks (BIV) und Bundesverband Bürotechnik (BIV)	Mechanikerhandwerk: Werner Buchner Bischof-Adalbert-Straße 8000 München 13 Tel. (0 89) 35 42 07 BV Bürotechnik: Albert Wywias Südring 19 4630 Bochum Tel. (0 23 21) 1 65 23	Dipl.-Volkswirt Klaus K. Otto Rosenstraße 64 Postfach 92 07 4000 Düsseldorf 30 Tel. (02 11) 49 19 80
Bundesinnungsverband der Messerschmiede Fachverband für Schleiftechnik	Friedrich Reiter Ottenser Hauptstraße 50 2000 Hamburg 50 Tel. (0 40) 38 92 22	Dr. jur. Dietmar Kube Westwall 122 Postfach 11 44 4150 Krefeld Tel. (0 21 51) 77 30 87/89
Bundesverband Metall – Vereinigung Deutscher Metallhandwerke –	Ing. Rolf Hasenclever Westerfelder Weg 90 5880 Lüdenscheid-Hellersen Tel. (0 23 51) 44 44 Telex: 08 26 842	Dr. Josef Schulte-Holtmann Ernststraße 37 4300 Essen-Kray Tel. (02 01) 59 30 52
Bundesverband Deutscher Mittelstandsbrauereien e. V.	Hans Sion Unter Taschenmacher 5–7 5000 Köln 1 Tel. (02 21) 21 76 29	Wilhelm Crezelius Bonner Straße 26–28 Postfach Duisdorf 48 5300 Bonn-Duisdorf Tel. (0 22 21) 62 10 41

Verband	1. Vorsitzender	Geschäftsführer/ Geschäftsstelle
Bundesinnungsverband des Deutschen Modellbauerhandwerks (BIV)	Hermann Bubeck Tunnelstraße 16 7000 Stuttgart-Feuerbach Tel. (07 11) 85 04 05	Assessor Josef Fiekens Reinoldistraße 7–9 4600 Dortmund Tel. (02 31) 52 75 51
Zentralverband der Mühlen- und Müllereimaschinenbauer	Helmut Meyer Post Lauf/Pegnitz 8561 Hedersdorf 45 Tel. (0 91 53) 3 63	Uhlandstraße 29 8500 Nürnberg 23 Tel. (09 11) 33 14 18
Deutscher Müllerbund e. V. (Hauptverband der mittelständischen Mühlen und Mischfutterhersteller)	Herbert Seifert Kanalstraße 2 Postfach 3 67 7550 Rastatt/Baden Tel. (0 72 22) 3 21 05	Baumschulallee 6 5300 Bonn Tel. (0 22 21) 63 30 66
Bundesinnungsverband für Orthopädietechnik	Helmut Ginko Duisburger Str. 61 4000 Düsseldorf Tel. (02 11) 44 31 21	Dipl.-Kfm. Franz Schütte Kettwiger Straße 27 Postfach 98 4300 Essen Tel. (02 01) 23 31 33/34
Bundesinnungsverband des Orthopädie-Schuhmacherhandwerks	Walter Schievink Im Bergfeld 26 3001 Arnum Tel. (0 51 01) 24 82	Dipl.-Volkswirt Rolf Henze Ricklinger Stadtweg 92 3000 Hannover Tel. (05 11) 42 10 51
Zentralverband Parkett- und Fußbodentechnik	Fritz Mielke Markusstraße 27 5300 Bonn Tel. (0 22 21) 23 49 88	Meckenheimer Allee 71 5300 Bonn Tel. (0 22 21) 63 12 01
Centralverband Deutscher Photographen	Heinz Bindseil Heinrich-Hertz-Straße 1 2000 Hamburg 76 Tel. (0 40) 2 20 72 75	Dr. jur. Wilh. Hauptmann Max-Joseph-Straße 4 8000 München 2 Tel. (0 89) 59 14 09 Telex: 5 28 099
Zentralverband des Raumausstatterhandwerks (BIV)	Heinrich Schenk Gudrunstraße 43 8500 Nürnberg Tel. (09 11) 44 56 04	Dipl.-Volkswirt Gert Baumann Liebigstraße 8a 6000 Frankfurt/Main 1 Tel. (06 11) 72 78 24

Verband	1. Vorsitzender	Geschäftsführer/ Geschäftsstelle
Bundesverband Deutscher Rolladenhersteller e. V.	Heinz Roßkamp Alte Jülicher Str. 109 5160 Düren Tel. (0 24 21) 4 16 21/2	Assessor Hans Stoffels Alte Jülicher Straße 105 Postfach 2 10 5160 Düren Tel. (0 24 21) 4 16 21/2
Zentralverband Sanitär-, Heizungs- und Klimatechnik	Ing. Heinz Schmalen Düsseldorfer Str. 140 5000 Köln-Mülheim Tel. (02 21) 6 47 51 und 84 29 64	Meckenheimer Allee 67 5300 Bonn Tel. (0 22 21) 63 79 60 und 63 38 87 Telex: 8 869 665
Zentralinnungsverband des Schornsteinfegerhandwerks (BIV)	Ferdi Kampert Oemkenstraße 95 4660 Gelsenkirchen-Buer Tel. (0 23 22) 7 58 48	Ass. Theodor Hartmann Worringer Straße 57 4000 Düsseldorf Tel. (02 11) 35 43 18
Bundesinnungsverband des Deutschen Schuhmacherhandwerks (BIV)	Paul Lange Rüttenscheider Straße 175 4300 Essen Tel. (0 21 41) 77 47 69	Ing. Manfred Rütten Corneliusstraße 36 Postfach 50 26 4000 Düsseldorf 1 Tel. (02 11) 37 72 39 und 37 13 44
Bundesinnungsverband des Deutschen Steinmetz-, Stein- und Holzbildhauerhandwerks (BIV)	Hugo Uhl Harheimer Weg 82 6000 Frankfurt/ Main 56 Tel. (06 11) 50 49 53	Joachim Sukrow Am Hirtenacker 47 6000 Frankfurt 90 Tel. (06 11) 76 59 43
Deutscher Textilreinigungs-Verband	Ernst Neipp Augustastraße 3 7218 Trossingen 1 Tel. (0 74 25) 60 86-7	Dr. Ralf Senf Dottendorfer Straße 86 5300 Bonn Tel. (0 22 21) 23 80 21 und 23 80 22
Zentralverband der Uhrmacher (BIV)	Fritz Vollbrecht Breite Straße 65 3410 Northeim Tel. (0 55 51) 33 51	Joachim Kaddatz Altkönigstraße 9 Postfach 1 34 6240 Königstein/Ts. Tel. (0 61 74) 2 18 29 und 43 31

Verband	1. Vorsitzender	Geschäftsführer/ Geschäftsstelle
Zentralverband des Deutschen Vulkaniseurhandwerks	Hans Günther Härdtle Blaubeurer Str. 68 7900 Ulm Tel. (07 31) 3 72 11	Marienburger Straße 30 5000 Köln 51 (Bayenthal) Tel. (02 21) 38 06 80
Zentralverband Werbetechnik	Karl Ortmann Goethestraße 32 4000 Düsseldorf Tel. (02 11) 67 44 64	Assessor Mathias Michael Klosterstraße 73–75 4000 Düsseldorf 1 Tel. (02 11) 35 70 65
Verband Deutscher Zahntechnikerinnungen (BIV)	Klaus Kanter Raimundstraße 146 6000 Frankfurt/M. Tel. (06 11) 56 14 07	Dipl.-Volkswirt Helmar Klutke Gustav-Freytag-Straße 36 Tel. (06 11) 56 44 66

Stand: 1976

Hauptausschüsse

1. Hauptausschuß für Lohn- und Tarifpolitik
   Vorsitzender: ZDH-Vizepräsident Langemann, Köln
2. Hauptausschuß für Sozialpolitik und Arbeitsrecht
   Vorsitzender: Heinz Bonjean, Köln

Regionale Vereinigungen der Landesverbände des Handwerks

Verband	1. Vorsitzender	Geschäftsführer/ Geschäftsstelle
Baden-Württemberg Arbeitsgemeinschaft der Fachverbände des Baden-Württembergischen Handwerks	Ing. Paul Seeger Forststraße 1 7151 Birkmannsweiler Tel. (07195) 2929	Dr. Kurt Geiger Heilbronner Straße 43 7000 Stuttgart 1 Tel. (07 11) 29 95 41
Bayern Gesamtverband des Bayerischen Handwerks	Dipl.-Kaufmann Fritz Haberl Schleibinger Str. 12 8000 München 8 Tel. (089) 4150220	Dr. Wilhelm Hautmann Max-Joseph-Straße 4 Tel. 55 75 01
Berlin Vertretung des Berliner Handwerks		Blücherstraße 68 1000 Berlin 61

Verband	1. Vorsitzender	Geschäftsführer/ Geschäftsstelle
Bremen Arbeitsgemeinschaft der Fachverbände des Handwerks im Lande Bremen	Tischlermeister Wilhelm Festerling Heinrich-Heine-Straße 111 2800 Bremen Tel. (04 21) 8 28 15	Fritz Buschmeyer Ansgaritorstraße 24 2800 Bremen 1 Tel. (04 21) 31 07 91
Hamburg	Elektromeister Horst Gronninger Kreuzstraße 10 2000 Hamburg 1 Tel. (0 40) 33 55 18	Dipl.-Volkswirt Werner Korella Gr. Bahnstraße 101 2000 Hamburg 50 Tel. (0 40) 85 70 86
Hessen Vereinigung der Fachverbände des Hessischen Handwerks e. V.	Willi Riedel Elsa-Brandström-Straße 4 6000 Frankfurt/M. Tel. (06 11) 38 13 08	Dipl.-Volkswirt Manfred Wettlaufer Gartenstraße 9 6000 Frankfurt/M. 70 Tel. (06 11) 61 49 17
Niedersachsen Gesamtverband Handwerk Niedersachsen	Minister a. D. Karl Möller Im Burggarten 3 Postfach 32 4570 Quakenbrück Tel.: priv. (0 54 31) 36 11 Büro (0 54 31) 33 15	Hans-Dieter Koech Herschelstraße 28 3000 Hannover Tel. (05 11) 1 76 28
	Sozialpolitischer Ausschuß Willi König Hildesheimer Straße 317 3000 Hannover	Hans-Dieter Koech Herschelstraße 28 3000 Hannover Tel. (05 11) 1 76 28
Nordrhein-Westfalen Landesvereinigung der Fachverbände des Handwerks Nordrhein-Westfalen e. V.	Tischlermeister Friedrich Dopheide Bilker Straße 27 4000 Düsseldorf Tel. (02 11) 32 94 04	Ing. Manfred Rütten Corneliusstraße 36 4000 Düsseldorf Tel. (02 11) 37 72 39 und 37 13 44
Rheinland-Pfalz Arbeitsgemeinschaft der Fachverbände des pfälzischen Handwerks	Albrecht Neser Weinstraße Süd 15 6719 Kirchheim/ Weinstraße Tel. 20 23	Assessor Manfred Kientz Ludwigsplatz 10 6700 Ludwigshafen-Mundenheim Tel. (06 21) 51 09 05

Verband	1. Vorsitzender	Geschäftsführer/ Geschäftsstelle
Rheinland-Rheinhessen Landesvereinigung handwerklicher Unternehmerverbände Rheinland-Pfalz e. V.	Malermeister Werner Bomm Luisenstraße 3 5413 Bendorf	Wolfgang Kesselheim Moltkestraße 13 5400 Koblenz Tel. (02 61) 3 30 50
Saarland Arbeitgeberverband des Saarländischen Handwerks	Landesinnungsmeister für das Buchdruckerhandwerk Edwin Hügel, MdL Bahnhofstraße 34 6652 Bexbach	RA Hoppe Hindenburgstraße 69 6600 Saarbrücken 6 Tel. (06 81) 5 30 99
Schleswig-Holstein Wirtschaftsverband Handwerk Schleswig-Holstein	Schlossermeister Max Ostermann Dingstätte 35 2080 Pinneberg	Dipl.-Volkswirt H. Schütt Fleethörn 25 2300 Kiel Tel. (0431) 94646

Stand: 1976

Wirtschaftliche und sonstige Einrichtungen des Handwerks

Deutscher Genossenschaftsverband (Schulze-Delitzsch e. V.)
5300 Bonn
Heussallee 5
Tel. (0 22 21) 50 91
Präsident
Anwalt Dr. Horst Baumann
Kurfürstenstraße 74
5300 Bonn-Bad Godesberg
Tel. (0 22 21) 36 49 48

Gesellschaft für Handwerksausstellungen und -messen mbH
Theresienhöhe 14
8000 München 12
Tel. (0 89) 50 30 03

Vorsitzender
Senator Joseph Wild
Auf dem Kyberg 16
8024 Oberhaching
Tel. (0 89) 6 13 20 24

Hauptgeschäftsführer
Dr. jur. Werner Marzin
Genfer Platz 10
8000 München 49
Tel. (0 89) 7 55 78 64

Iduna Vereinigte Lebensversicherung a. G. für Handwerk, Handel und Gewerbe
Neue Rabenstraße 15–19
Postfach 2 61
2000 Hamburg 36
Tel. (0 40) 44 18 41

Iduna Allgemeine Versicherung a. G. für Handwerk, Handel und Gewerbe
Neue Rabenstraße 15–19
Postfach 2 61
2000 Hamburg 36
Tel. (0 40) 44 18 41
Generaldirektor
Horst Becker
Auf den schwarzen Bergen 34
2101 Ehestrof/Harburg
Tel. (0 40) 7 96 21 84

Münchener Verein Allgemeine Versicherung a. G. München
Pettenkoferstraße 19
8 München 3, Postfach 20 06 28
8000 München 2
Tel. (0 89) 51 52-1

Vorsitzender des Aufsichtsrates	Vorsitzender des Vorstandes
Senator Joseph Wild	Direktor Hans Amler
Auf dem Kyberg 16	
8024 Oberhaching	
Tel. (0 89) 6 13 20 24	

Münchener Verein Krankenversicherungsanstalt a. G. München
Pettenkoferstraße 19
Postfach 20 06 28
8000 München 2
Tel. (0 89) 51 52-395

Vorsitzender des Aufsichtsrates	Vorsitzender des Vorstandes
Senator Joseph Wild	Direktor Hans Amler
Auf dem Kyberg 16	
8024 Oberhaching	
Tel. (0 89) 6 13 20 24	

Münchener Verein Lebens- und Altersversicherungs-anstalt a. G. München
Pettenkoferstraße 19
Postfach 20 06 28
8000 München 2
Tel. (0 89) 51 52-395

Vorsitzender des Aufsichtsrates	Vorsitzender des Vorstandes
Senator Joseph Wild	Direktor Hans Amler
Auf dem Kyberg 16	
8024 Oberhaching	
Tel. (0 89) 6 13 20 24	

NOVA Krankenversicherung a. G.
Kapstadtring 8
2000 Hamburg 39
Tel. (0 40) 6 37 31
FS: 2 174 187
Vorsitzender
Generaldirektor Herbert Petersen
Rupertistraße 79
2000 Hamburg 52
Tel. (0 40) 86 35 15

NOVA Unfallversicherung AG
Kapstadtring 8
2000 Hamburg 39
Tel. (0 40) 6 37 31
FS: 2 174 187
Vorsitzender des Vorstandes
Generaldirektor Herbart Petersen
Rupertistraße 79
2000 Hamburg 52
Tel. (0 40) 86 35 15

Pensionskasse des Bäckerhandwerks VVaG
Spinozastraße 7 und 9
1000 Berlin 41
Tel. (0 30) 8 23 10 35

Vorstandsmitglied
Dietrich Blecke
Detmolder Straße 16
1000 Berlin 31
Tel. (0 30) 8 53 58 26

SIGNAL Krankenversicherung a. G.
Ostwall 64
Postfach 2 37
4600 Dortmund
Tel. (02 31) 54 11-2 04

Vorsitzender des Aufsichtsrates
Präsident
Dipl.-Ing. Georg Schulhoff
Breite Straße 11
4000 Düsseldorf
Tel. (02 11) 32 05 31

Vorsitzender des Vorstandes
GD Heinrich Frommknecht
Sigurdweg 5
4600 Dortmund-Lücklemberg
Tel. (02 31) 73 28 60

SIGNAL Unfallversicherung a. G.
Ostwall 64
Postfach 2 37
4600 Dortmund
Tel. (02 31) 5 41 11-2 04

Vorsitzender des Aufsichtsrates
Präsident
Dipl.-Ing. Georg Schulhoff
Breite Straße 11
4000 Düsseldorf
Tel. (02 11) 32 05 31

Vorsitzender des Vorstandes
GD Heinrich Frommknecht
Sigurdweg 5
4600 Dortmund-Lücklemberg
Tel. (02 31) 73 28 60

Inter Lebensversicherung a. G.
Erzbergerstraße 9–13
6800 Mannheim
Tel. (06 21) 44 40 51

Vorsitzender des Aufsichtsrates
Hermann Schlüter
Paschenburgstraße 70
2800 Bremen
Tel. (04 21) 44 89 11

Vorsitzender des Vorstandes
Jürgen List
Hasselklingerweg 12
6943 Birkenau
Tel. (0 62 01) 48 40

Inter Krankenversicherung a. G.
Erzbergerstraße 9–13
6800 Mannheim
Tel. (06 21) 44 40 51

Vorsitzender des Aufsichtsrates	Direktor
Hermann Schlüter	Jürgen List
Paschenburgstraße 70	Hasselklingerweg 12
2800 Bremen	6943 Birkenau
Tel. (04 21) 44 89 11	Tel. (0 62 01) 48 40

Arbeitsgemeinschaft berufsständisch orientierter Versicherungsgesellschaften
Geschäftsführung:
Signal Krankenversicherung a. G.
Ostwall 64
Postfach 2 37
4600 Dortmund
Tel. (02 31) 54 11-2 04

Arbeitsgemeinschaft des Deutschen Kunsthandwerks e. V.
Max-Joseph-Straße 4
8000 München 2
Tel. (0 89) 51 19 76/77 u. 94

Vorsitzender	Geschäftsführer
Baudirektor Max Gangkofner	Assessor Peter Nickl
Post Zwiesel	Max-Joseph-Straße 4
8371 Theresienthal 12	8000 München 2
Tel. (0 99 22) 3 57	Tel. (0 89) 51 19 76/77 u. 94

Verlagsanstalt Handwerk GmbH
Reinoldistraße 7–9
Postfach 14 71
4600 Dortmund
Tel. (02 31) 52 75 51

Vorsitzender des Aufsichtsrates	Direktor
Präsident	K. Günter Nicola
Dipl.-Ing. Georg Schulhoff	Reinoldistraße 7–9
Erasmusstraße 18	4600 Dortmund
4000 Düsseldorf	Tel. (02 31) 73 22 74
Tel. (02 11) 33 45 93	

Deutsches Handwerks-Institut und seine Forschungsinsiute

Deutsches Handwerks-Institut e. V.
Ottostraße 7/V
8000 München 2
Tel. (0 89) 59 36 71

Vorstand
1. Vorsitzender: Prof. Dr. Abel
Stellv. Vorsitzender: Präsident Karl Schöppler
Stellv. Vorsitzender: HGF. Dr. Hanns Schwindt

Weitere Vorstandsmitglieder:
Generalsekretär Dr. Klaus-Joachim Kübler
Dr. Klaus Laub
Präsident Paul Schnitker
Ministerialdirigent Dr. Otto Tschentscher

Kuratorium
Vorsitzender: Präsident Karl Schöppler
Stellv. Vorsitzender: Präsident Joseph Wild

Forschungsrat
Vorsitzender: Dr.-Ing. Bodo Delventhal

Hauptabteilung Wissenschaft
Forschungsinstitute:
Institut für Handwerkswirtschaft München
Ottostraße 7/V
8000 München 2
Tel. (0 89) 59 36 71
Leiter: Dr. Klaus Laub

Forschungsinstitut für Berufsbildung im Handwerk an der Universität zu Köln
Haedenkampstraße 2
5000 Köln-Lindenthal
Tel. (02 21) 4 70 25 82
Leiter: Prof. Dr. Martin Schmiel

Seminar für Handwerkswesen an der Universität Göttingen
Kreuzbergring 16
3400 Göttingen
Tel. (05 51) 39 48 82/86
Leiter: Prof. Dr. Abel

Heinz-Piest-Institut für Handwerkstechnik an der Technischen Universität Hannover
Wilhelm-Busch-Straße 18
3000 Hannover
Tel. (05 11) 71 28 31
Leiter: Dr.-Ing. Bodo Delventhal

Institut für technische Betriebsführung im Handwerk
Karl-Friedrich-Straße 17
7500 Karlsruhe
Tel. (07 21) 13 51
Leiter: Prof. Dr.-Ing. Günter Rühl

Handwerksrechtsinstitut München e. V.
Max-Joseph-Straße 4
8000 München 2
Tel. (0 89) 59 43 30
Leiter: Prof. Dr. Ludwig Fröhler

Literaturhinweise

Abraham a Santa Clara, Sämtliche Werke

Adler, G., Über die Epochen der deutschen Handwerkerpolitik, 1903

Agricola, De re metallica, 1556

Albert, W., Gott segne das ehrbare Handwerk, 1927

Allgemeine deutsche Biographie, 1880

Amend, A., Die Stellung des Handwerks in der DDR, 1963

Annalen des historischen Vereins für den Niederrhein, 1876

Archive der Stadt Köln und handwerklicher Organisationen

Beck, Th., Beiträge zur Geschichte des Maschinenbaus, 1900

Beckmann, J., Beiträge zur Geschichte der Erfindungen, 1888

Bechtel, H., Wirtschaftsstil des Spätmittelalters, 1933

Bechtel, H., Wirtschaftsgeschichte Deutschlands vom 16. bis 18. Jahrhundert, 1952

Below, G. v., Die Entstehung der deutschen Stadtgemeinde, 1889

Below, G. v., Probleme der Wirtschaftsgeschichte, 1920 und 1926

Beißel, St., Die Bauführung des Mittelalters, 1889

Berlepsch, Chronik der Gewerke, 1850

Biermann, E., Karl Georg Winkelblech (Karl Marlo) – Sein Leben und sein Werk, 1909

Böttger, H., Das Programm der Handwerker, 1893

Bolanz, M., Steuerpolitik und gewerblicher Mittelstand, 1962

Boos, H., Geschichte der rheinischen Städtekultur, 1897–1901

Bopp, G., Die Entwicklung des deutschen Handwerksgesellentums im 19. Jahrhundert unter dem Einfluß der Zeitströmungen, 1932

Bossert, H. Th., Geschichte des Kunstgewerbes aller Zeiten und Völker, 1928–1935

Brandel/Creutzburg, Die Zunftlade, 1973

Braun, E., Das Handwerk, 1935
Brinkmann, C., Wirtschafts- und Sozialgeschichte, 1953
Britze, H. H., Rechtskriterien des Handwerksbetriebes in gewerblicher Hinsicht, 1962
Brodmeier, B., Das Deutsche Handwerksinstitut, 1967
Bruck, W. F., Probleme der Handwerkerwirtschaft, 1930
Bücher, K., Beiträge zur Wirtschaftsgeschichte, 1922
Bundesfachverbände, Archive und Informationsschriften

Chroniken der Städte vom 14. bis 16. Jahrhundert, 1874
Claßen, M., Die staatliche Sozialpolitik von 1839 bis 1918, 1962
Conradi, H., Die Abwanderung der Handwerker in die Industrie, 1961
Courts, G., Handwerk – Brücke zur Zukunft, 1975

Deierling, E., Selbsthilfe auf ständischer Grundlage, 1957
Deutsches Handwerksblatt 1955–1976
Deutsche Handwerkszeitung 1974–1976
Deutsches Wirtschaftsblatt 1970–1976
Dieling, F., Zunftrecht, 1932
Dopsch, A., Verfassungs- und Wirtschaftsgeschichte des Mittelalters, 1928
Drechsler, P., Handwerkssprache und Brauch, 1896

Eberstadt, R., Der Ursprung des Zunftwesens, 1915
Ebner, Th., Vom deutschen Handwerk und seiner Poesie, 1895
Eckart, R., Stand und Beruf im Volksmund
Eder, J. M., Geschichte der Photographie, 1905
Esser, T., Fünfzig Jahre Handwerker-Schutzgesetz, 1948

Fehring, M., Sitte und Brauch der Tischler, 1929
Feldhaus, F. M., Lexikon der Erfindungen, 1904
Feldhaus, F. M., Leonardo da Vinci, der Techniker und Erfinder, 1922
Fischer, W., Handwerksrecht und Handwerkswirtschaft um 1800, 1955
Förster-Feldenkirchen, Alte, heilige und schöne Dinge, 1955

Förster, R., Das deutsche Volk in Vergangenheit und Gegenwart, 1851

Gatz, K., Das alte deutsche Handwerk, 1934
Gatz, K., Vom guten Handwerken, 1949
Gatz, K., Zwischen Auftrag und Vollendung, 1949
Geitel, M., Beiträge zur Geschichte der Erfindungen im 17. und 18. Jahrhundert, 1897
Gierke, Rechtsgeschichte der deutschen Genossenschaft, 1868

Hauff, L., Die Entwicklung der Frauenberufe, 1911
Haussherr, H., Wirtschaftsgeschichte der Neuzeit, 1955
Hegemann, H. W., Der Stilverlust im 19. Jahrhundert, 1911
Hegemann, H. W., Die gestaltenden Handwerke, gestern, heute, morgen, 1963
Heil, B., Die deutschen Städte und Bürger im Mittelalter, 1912
Henne am Rhyn, O., Kulturgeschichte des deutschen Volkes, 1892
Herold, G. E., Die Rechte der Handwerker und ihrer Innungen, 1835
Heyne, M., Das altdeutsche Handwerk, 1908
Hoffmann, J. G., Die Befugnis zum Gewerbebetriebe. Zur Berichtigung der Urtheile über Gewerbefreiheit und Gewerbezwang mit besonderer Rücksicht auf den Preußischen Staat, 1841
Hoffmann, W. J., Die geistigen Einflüsse der Renaissance, 1962
Hüllbusch, U., Gewerkschaften und Staat, 1961
Huizinga, J., Wege der Kulturgeschichte, 1930
Huth, H., Künstler und Werkstatt der Spätgotik, 1923

Isenberg, H., Die Geschichte des deutschen Malerhandwerks, 1929

Kange, H., Das Verbot der Berufsausübung im Mittelalter, 1940
Kautzsch, R., Geschichte der deutschen Handschriftenillustration im späten Mittelalter, 1894

Keller, L., Zur Geschichte der Bauhütten und der Hüttengeheimnisse, 1898

Keutgen, F., Ämter und Zünfte, 1903

Klenz, H., Scheltenwörterbuch, 1910

Klersch, J., Adolf Kolping, Ein Lebensbild, 1946

Klersch, J., Geschichte des Kölner Schneider-Handwerks, 1951

Knoll, A., Handwerksgesellen und Lehrlinge im Mittelalter, 1931

Kölner Handwerkszeitung, 1924–1928

Kötzschke, R., Grundzüge der deutschen Wirtschaftsgeschichte bis zum 17. Jahrhundert, 1921

Kolbenschlag/Patzig, H. G., Die deutsche Handwerksorganisation, 1968

Kopp, M., Das ehrsame Handwerk einst und jetzt, 1903

Krebs, W., Auf der Walz vor 50 Jahren, 1927

Krebs, W., Alte Handwerksbräuche, 1933

Krieg, G. L., Deutsches Bürgertum im Mittelalter, 1868

Kulischer, J., Allgemeine Wirtschaftsgeschichte des Mittelalters und der Neuzeit, 1954

Lamprecht, H., Das soziale Lebensbild des Handwerks, 1952

Leers, J. v., Die Geschichte des deutschen Handwerks, 1940

Lehnert, B., Das deutsche Handwerk in Vergangenheit und Gegenwart, 1926

Leser, G., Die Stellung der Klein- und Mittelbetriebe in der Entwicklungspolitik, 1964

Levison, W., Aus rheinischer und fränkischer Frühzeit, 1948

Linke, K., Die Geschichte des deutschen Handwerkerstandes, 1924

Loesch, H. v., Die Kölner Zunfturkunden bis zum Jahre 1500, 1907

Lütge, F., Deutsche Sozial- und Wirtschaftsgeschichte, 1952

Lützelberger, R., Hans Sachs, sein Leben und seine Dichtung, 1876

Martin, A., Das deutsche Badewesen, 1906

Mascher, A., Das deutsche Gewerbewesen von der frühesten Zeit bis zur Gegenwart, 1866

Matschoß, C., Die Entwicklung der Dampfmaschine, 1908
Metzen, Th., Die steuerliche Belastung des Mittelstandes in Frankreich, 1963
Meusch, H., Die Handwerkerbewegung 1848/49, 1949
Meyer, M., Die Geschichte der Preußischen Handwerkerpolitik, 1884
Mitgau, H., Berufsvererbung und Berufswechsel im Handwerk, 1952
Mogk, E., Die deutschen Sitten und Bräuche, 1909
Mummenhoff, E., Der Handwerker in der deutschen Vergangenheit, 1908
Muthesius, K., Goethe und das Handwerk, 1927

Neuburg, C., Zunftgerichtsbarkeit und Zunftverfassung in der Zeit vom 13. bis 16. Jahrhundert, 1880
Neuestes Konversationslexikon für alle Stände, 1835

Ortjohann, Handwerk und Gewerbe in Spruch und Sprache, 1900
Ortloff, J., Das Recht der Handwerker, 1803
Otto, E., Das deutsche Handwerk in seiner kulturgeschichtlichen Entwicklung, 1908

Peter, H., Das Handwerk und die fortschreitende Technisierung, 1963
Pinder, W., Deutsche Dome des Mittelalters, 1910
Pirenne, H., Sozial- und Wirtschaftsgeschichte Europas im Mittelalter, 1950
Planitz, H., Die deutsche Stadt im Mittelalter, 1954
Potthoff, O., Kulturgeschichte des deutschen Handwerks, 1938

Reichensperger, Über das Kunsthandwerk, 1875
Reschauer, H., Geschichte des Kampfes der Handwerkerzünfte, 1882
Roehl, H., Beiträge zur Preußischen Handwerkerpolitik, 1900
Rösemeier, H., Was man von der Geschichte des Handwerks wissen muß, 1902
Rössle, K., Die Erneuerung des Handwerks, 1935

Rohrscheidt, K. v., Vom Zunftzwange zur Gewerbefreiheit, 1898

Rosenbaum, H., Der Einfluß der Berufsart und der Berufsstellung auf die Einkommensverwendung, 1961

Rumpf, M., Deutsches Handwerkerleben und der Aufstieg der Stadt, 1955

Sartorius von Waltershausen, A., Wirtschaft und Technik als Entwicklung, 1936

Siebertz, P., Gottlieb Daimler, ein Revolutionär der Technik, 1942

Sieveking, H., Grundzüge der neueren Wirtschaftsgeschichte, 1921

Simon, O., Die Fachbildung des Preußischen Gewerbe- und Handelsstandes nach den Bestimmungen des Gewerberechts und der Verfassung des gewerblichen Unterrichtswesens, 1902

Sinz, H., Wie sie wurden, 1937

Sinz, H., Die großen Vorbilder, 1955

Sinz, H., Erbgut des Handwerks, 1955

Sinz, H., Volksbuch vom deutschen Handwerk, 1958

Sinz, H., Meister fallen nicht vom Himmel, 1960

Sinz, H., Betriebschronik, 1960

Sinz, H., Ein Herz für das Handwerk, 1973

Sinz, H., Von der Römerzeit bis heute, 2000 Jahre Kölner Handwerk, 1975

Sombart, W., Die deutsche Volkswirtschaft im 19. Jahrhundert, 1927

Sombart, W., Der moderne Kapitalismus, 1928

Schanz, G., Zur Geschichte der deutschen Gesellenverbände im Mittelalter, 1877

Schieder, W., Anfänge der deutschen Arbeiterbewegung, 1962

Schlieper, F., Berufserziehung im Handwerk, I–V, 1961

Schmoller, G., Zur Geschichte des deutschen Kleingewerbes, 1870

Schrader, H., Tilman Riemenschneider, 1927

Schrot, G., Untersuchungen zur Geschichte des Handwerks im republikanischen Rom, 1963

Schulz, A., Deutsches Leben im 14. und 15. Jahrhundert, 1892

Schuster, Ch., Freiheit und Bindung im Gewerbe, 1961
Schuster, F., Zur Mechanik Leonardo da Vincis, 1915
Stadelmann, R., und *Fischer, W.*, Die Bildungswelt des deutschen Handwerkers um 1800, 1955
Steinhausen, G., Geschichte der deutschen Kultur, 1913
Stieda, W., Zur Entstehung des deutschen Zunftwesens, 1876
Stockbauer, Nürnbergisches Handwerksrecht des 16. Jahrhunderts, 1879

Tessenow, H., Handwerk und Kleinstadt, 1919
Thieme/Becker, Allgemeines Lexikon der bildenden Künstler, 1901
Thissen, O., Beiträge zur Geschichte des Handwerks in Preußen, 1901
Tillmann, H., Froh und zünftig, 1954

Uhlemeyer, R., Berufskunde des Handwerks, 1948

Vocke, H., Geschichte der Handwerksberufe, 1959
Volckmann, E., Gewerbe und Gewerbegassen, 1921

Waezoldt, W., Dürer und seine Zeit, 1935
Warth, Th., Lehrlingsausbildung und Ausbildungskosten, 1963
Wege, E., Die Zünfte als Träger wirtschaftlicher Kollektivmaßnahmen, 1930
Werner, O., Zur Physik Leonardo da Vincis, 1910
Wernet, W., Handwerksgeschichte, 1938
Wernet, W., Soziale Handwerksordnung, 1939
Wernet, W., Handwerkspolitik, 1952
Wernet, W., Über die Lehrlingshaltung im Handwerk, 1958
Wernet, W., Gegenstand und Aufgaben der Handwerksforschung, 1959
Wernet, W., Handwerk im Widerstreit der Lehrmeinungen, 1960
Wernet, W., Handwerksgeschichte als Forschungsgegenstand, 1961
Wernet, W., Handwerk in moderner Sicht, 1965

Wernet, W., Zur Stellung des Selbständigen in der Gesellschafts- und Sozialpolitik, 1966
Wissel, R., Des alten Handwerks Recht und Gewohnheit, 1929
Wissel, R., Der soziale Gedanke im alten Handwerk, 1930
Wittich, D., Der deutsche kleinbürgerliche Materialismus der Reaktionsjahre nach 1848/49, 1960
Woermann, K., Geschichte der Kunst, 1920
Wurmbach, E., Das Wohnungs- und Kleidungswesen des Kölner Bürgertums um die Wende des Mittelalters, 1932

Zelle, A., Partner Handwerk, 1953
Zentralverband des Deutschen Handwerks, Schriftenreihe
Zentralverband des Deutschen Handwerks, Jahresberichte
Zils, W., Bayerisches Handwerk in seinen alten Zunftordnungen, o.J.
Zoepfl, Fr., Deutsche Kulturgeschichte, 1928
Zwiedineck-Südenhorst, O. v., Weltanschauung und Wirtschaft, 1942

Personenregister

Sachregister

Dieter Zimmerling

Die Hanse

Handelsmacht im Zeichen der Kogge

400 Seiten, 22 Abbildungen, gebunden

»Dieter Zimmerling erzählt nicht nur die Geschichte berüchtigter Freibeuter, sondern berichtet auch über die Auftraggeber und beleuchtet die Hintergründe hanseatischer Geschäftstüchtigkeit.«

Quick

»Die Hanse existiert nicht mehr, ihr guter Name aber hat sich bis heute erhalten. Zimmerlings Buch über die Hanse liest sich ausgesprochen flüssig und spannend. Der Leser merkt, daß vom Verfasser hier eine ungeheure Vorarbeit geleistet werden mußte, um das großartige Material zusammenzutragen.«

Der Tagesspiegel

Packende Kulturgeschichte

Hermann Schreiber
Die Hunnen
Attila probt den Weltuntergang
352 Seiten, 28 Abbildungen, davon 8 in Farbe, gebunden

»Was immer von den dunkelhäutigen Reitern aus der Steppe bekannt ist – Schreiber hat es in lesbarer Form zusammengefaßt.«
Welt am Sonntag

Hans Dieter Stöver
Die Römer
Taktiker der Macht
464 Seiten, 19 Abbildungen, 19 Karten, gebunden

»Die römische Geschichte – von der Gründung Roms bis zu Cäsars Tod – ist noch nie so kurzweilig, aufregend erzählt worden.«
Der Rotarier

Carl W. Weber
Die Spartaner
Enthüllung einer Legende
440 Seiten, 16 Seiten Bildteil, gebunden

Das hinreißende Panorama über Aufstieg und Untergang eines Stadtstaates, der die Geschichte Europas maßgebend beeinflußt hat.

Econ Verlag · Postfach 9229 · 4000 Düsseldorf 1